아동권리와 복지

CHILDREN'S RIGHT AND WELFARE

머리말

이 책을 쓰기 시작하던 당시인 2015년 크리스마스 이전에도 아동학대 보도로 많은 아픔을 안고 원고를 정리했습니다. 2013년 칠곡 계모 아동학대 살인사건 판결 보도, 2015년 인천 송도 어린이집 아동폭행 사건, 2015년 인천 11살 여아 탈출 사건 등이었습니다. 그 후로 2016년 부천 초등학생 아들 시신훼손 사건이 드러났습니다.

그런데 이 책을 마무리하는 2016년 2월 15일 뉴스에도 아동에 대한 슬픈 큰 소식들이 3건이 전해지고 있습니다. 작은딸 학교 안 보내 구속된 엄마, 큰딸은 '학대 후 산에 버렸다'고 실토해 시신을 발견한 사건, 3세 아들을 안은 채로 한강에 입수해 아기를 놓아두고 혼자 나온 엄마 이야기, 어린이들이 등록이 되지 않은 채 돌봄을 받고 있으나 해결책이 없다는 보도 등입니다.

이런 세상이 살만한 세상인가? 말 못하는 어린이들이 태어날 자리와 부모를 선택하지 못한다는 이유로 이런 아픈 삶을 살도록 보고만 있을 것인가? 건물의 청결상태는 화장실이 어떻게 청소되고 유지되는지를 보면 다른 방들의 상태를 가늠할 수 있습니다. 마찬가지로 어떤 나라의 복지상태는 아동복지의 상태를 보면 알아챌 수 있습니다. 선거권도 없고 권리 주장도 할 수 없는 발달적 특성을 가진 어린이에 대한 그 사회의 인식과 대우를 면면히 살펴보면 다른 복지의 상황은 다 보인다는 것입니다. 우리나라가 살만하다고 말할 수 있으려면 힘없고 빈곤가정에서 태어났다 하더라도 그들의 행복한 삶을 위해 이웃들이 함께 그들의 행복을 위해 노력하는 세상이 될 때 가능할 것입니다.

아동권리와 아동복지를 함께 쓰는 이 책의 저자들은 아동복지, 사회복지, 유아교육의 현장에서 오랫동안 아동의 행복한 삶을 드높이는 일에 깊은 관심을 가지고 일생을 현장에서 몸부림치면서 살아온 동료들입니다. 아동복지의 원리는 창조주의 지음을 받은 아동 존재와 권리를 존중하면서 전문가와 비전문가, 가정과 교육기관의 협력과 관심으로 좀 더 나은 아동들의 삶을 향상시키는 일에 도움이 되기를 바라는 마음으로 이 책을 출간하려는 데 뜻을 모아 시작했습니다. 결코 아동복지에 대한 지식을 조금 늘리는 정도의 수준에 머문다면 이 책은 무용지물일 뿐입니다. 이 책을 사용하는 과정에서 정말 내 주변의 어린이들을 어떻게 직접 도울 수 있는지를 알아 구체적으로 도움을 베푸는 실천의 책이 되어야 의미가 있는 책이 된다는 뜻입니다. 아동복지의 따뜻한 마음(mind)과 실천적 기술(skills)을 쌓아 배운 만큼 아동을 위해 주고 아는 만큼 책임을 지는 학습자가 되어야 한다는 점은 아무리 강조해도 지나치지 않습니다.

이 세상이 아동복지에 대한 지식이 부족해 이 모양이 된 것이 아니고 아동복지에 책임을 지는 정직한 지성인이 적어서 이 모양이 되었다는 것은 누구도 부인하지 못하는 사실이기 때문입니다. 아동복지의 목적은 '아동의 행복한 삶을 드높이는 일'이라는 사실을 마지막 페이지까지 놓치지 않으려고 몸부림쳐 완성한 교재이지만 학습자 여러분의 삶 자체도 지속적으로 이 목적에 부합하도록 이어지기를 간절히 소망해 보면서 〈여러분〉(작사 · 작곡 윤항기, 노래 윤복희)이라는 노래 가사로 저자들의 마음을 전하고 싶습니다.

네가 만약 괴로울 때면 내가 위로해 줄게
네가 만약 서러울 때면 내가 눈물이 되리
어두운 밤 험한 길 걸을 때
내가 내가 내가 너의 등불이 되리
허전하고 쓸쓸할 때 내가 너의 벗 되리라
나는 너의 영원한 형제야 나는 너의 친구야
나는 너의 영원한 노래여
나는 나는 나는 너의 기쁨이야

네가 만약 외로울 때면 내가 친구가 될게
네가 만약 기쁠 때면 내가 웃음이 되리
어두운 밤 험한 길 걸을 때
내가 내가 내가 너의 등불이 되리
허전하고 쓸쓸할 때 내가 너의 벗 되리라
나는 너의 영원한 형제여 나는 너의 친구야
나는 너의 영원한 노래야
나는 나는 나는 너의 기쁨이야

이 책이 완성될 때까지 바쁜 일정 속에 협력해 주심으로 책이 완성될 수 있도록 수고해 주신 동역자 정희영, 김종명, 김미애 교수님께 깊은 감사의 마음이 넘칩니다. 2015년 2학기에 아동복지 수업을 같이 하면서 행복한 기억을 남겨준 백석대 학우들에게 고마운 마음을 금할 수 없습니다. 특히, 15학번 김가영, 기보연, 유승은, 이휘선, 정가희, 정수연 학우들의 집중적인 도움으로 일이 순조롭게 진행된 것을 깊이 감사하게 여깁니다. 또한 모든 과정을 인내와 독촉으로 책답게 마무리될 수 있도록 앞장서 주신 파워북 김재광 상무님의 공로와 직원들의 노고에 깊이 감사를 드립니다. 이 모든 일의 주인이시고 아동들을 영원히 사랑하고 살도록 터를 닦으신 예수님의 뜻이 이루어지고 그 분께 영광을 돌리는 도구로 사용될 수 있기만을 바랄 뿐입니다.

2016년 2월

저자들을 대신하여 이상욱 씀

차례

Part VI 결론

CHAPTER 14 아동의 행복한 삶을 드높이는 우리

Part

I

아동 행복의 출발점

CHAPTER

01

아동을 대하는 태도의 전환

21세기 아동복지는 우리와 함께 이 세상을 살아가는 우리 주변의 모든 어린이들을 위해 행복한 생활환경을 만들어 가고 행복한 삶을 유지하게 해주며 행복한 미래의 삶을 보장해 주려는 통합적 활동이라는 것을 대전제로 삼는다. 그래서 우리는 아동행복의 출발점이 무엇이어야 하는지 함께 찾아가 보고자 한다.

어린이가 행복한지 아닌지를 감지하기는 참으로 쉽다. 어른들과 달리 그들은 자신을 숨기는 가면을 아직 만들어 내지 않고 즐거우면 즐거운 웃음을, 슬프면 슬픈 기색을 바로 그 얼굴과 태도로 보이는 일에 매우 자연스러운 존재로 우리 앞에서 살고 있기에 그들은 천진난만하다고 인정받고 귀엽다는 칭찬을 듣는다. 하지만 이러한 시기가 오래가지 않아 아이들도 어른들의 그 가면을 점점 만들어 가면서 '열길 물길은 알아도 한 길 사람 속은 알 수 없다'는 속담이 적용되는 대상이 된다. 아동의 행복시간을 길게 해줄 수 있고 자신의 잘못과 관계없이 어른들의 잘못된 생각이나 태도로 인해 힘들게 살고 있는 어린이들을 위한 행복의 출발점은 무엇인가 점검하는 일로부터 아동복지 실현의 문을 열어보고자 한다. 어린이가 행복하게 산다는 것은 우리 삶의 공동체가 건강하다는 의미일 수 있기에 우리 삶의 질을 높이는 점에서도 행복의 출발점 확인은 또 하나의 중요한 시작일 수 있다. 행복은 하나의 요인으로 좌우되는 삶의 모습이 아니고 복합적인 결집요인으로 구성되어 있다. 아동 행복의 출발점 역시 다양한 요소들이 있어 제1부에서 그 내용을 점검하고자 한다. 어린이가 살고 있는 그 시대의 어른들이 어린이를 보는 관점들, 아동권리에 대한 수용의 폭과 실천 양상 그리고 아동의 행복을 중요하게 여기는 정도를 하나씩 살펴보자.

아동을 대하는 태도의 전환

CHAPTER 01

활동 1-1

19세가 되어 우리는 성인이 된 지 얼마 지나지 않았습니다. 우리의 어린 시절을 돌아보면서 토론 주제를 함께 생각해 봅시다.

토론 주제 우리의 어린 시절과 현 시대 어린이들의 삶을 비교해본다면 누가 더 행복하게 지내고 있다고 생각하십니까? 그런 답변에 대한 구체적인 이유를 제시해 주세요. 각자가 대답한 내용을 다음과 같이 정리해 봅시다.

참여자 성명	누가 더 행복한가?		이유를 설명하시오
	과거의 어린이	지금의 어린이	
나 자신			
전체 의견			

활동 1-2

- 우리 가족은 나의 존재를 어떻게 생각했으며 나를 어떻게 대해 주었는가?
- 그때 내 기분이 어떠했는지 표현해 보자.

우리가 나누어 본 이야기 속에서 어른들과 우리 사회가 어린이의 존재를 어떻게 생각하는지에 따라 어린이를 대하는 태도가 달라지고 그에 따라 어린이도 지대한 영향을 받고 자랐다는 것을 확인할 수 있었다. 한 가족 내에서 자녀들을 차별하는 부모로 인한 마음 아픈 이야기는 흔히 보는 사례라 할 수 있다. 다음은 인류 역사 속에서 어린이를 어떤 존재로 생각했는지 살펴본 후 어떤 아동관이 우리 어린이들의 행복을 위한 출발점이 될 수 있는지 결정해 보기로 하자.

1. 고대 스파르타의 아동관

고대 그리스 스파르타 도시국가에서는 아동의 생존과 생활은 국가가 아동을 사용할지의 여부를 결정함으로써 시작되었고 아동들은 그 사회의 자식이고 폴리스의 운명을 짊어진 자로 여김을 받았다. 풀루타크Plutarch는 실제로 있었던 일을 소개한다. "아이들을 아버지의 뜻대로 기를 수는 없었으며, 아버지가 레스케Lesche라고 부르는 장소로 아이를 안고 갔다. 그곳에서는 부족의 장로들이 공식적으로 아동을 검사하여 튼튼하고 힘이 강하면 기르도록 명하였다. …그러나 잘못 태어나거나 불구자일 경우에는 아포테타이Apothetai라고 하는 타이게투스Taygetus 산기슭 골짜기에 버렸다. 그들은 처음부터 자연이 건강과 힘을 충분히 갖추어 주지 않은 아동의 생명은 그 자신이나 국가에 전혀 도움이 되지 않는다고 여겼기 때문이다. 아동을 기를 수 있도록 장로들이 결정하면 포도주로 목욕을 시켰다. 포도주를 너무 많이 사용하면 허약한 사람에게 발작을 일으키거나 의식을 잃게 만들기도 하지만 강철처럼 몸을 강하게 단련시키기 때문이었다."(바클레이, 1993).

2. 예수의 아동관

고대 로마의 지배를 받고 있었던 이스라엘 신약시대에는 아동을 살려둘 것인가 버릴 것인가의 생사여탈권을 부모들이 가지고 있었다. 또한 아동들은 부모의 소유였기에 빚 때문에 자녀들을 팔거나 빼앗기는 사례도 있었다. 이스라엘 구성원의 수를 셀 때 여성이나 어린이들은 사람의 수로 헤아리지 않았다.

이런 사회 문화적 풍토에서 예수는 어린아이는 결코 작은 자가 아닌 큰 자, 곧 성인과 동등한 인간이며, 그들이 그렇게 기다리고 갈망하는 하나님 나라의 도래와 무관한 존재가 아닌 하나님 나라의 시민이며 예수 자신과 동격인 존재임을 행동과 말로 보여 주었다. 어린이를 소홀이 취급하고 어린이를 실망시키는 일들은 어린이들을 죽이는 것과 같은 치명적인 일임을 일깨워 주었다. 예수는 그 시대 어른들이 무시의 대상인 아동들을 받아들임의 대상으로, 하나님 나라와 무관한 존재로 본 어린이들을 하나님 나라의 주인공으로 보고 어른들이 귀찮아 멀리하고픈 상대인 아동들을 안아주시며 축복해 준 대상으로 대접하였다(이상욱, 2008).

3. 중세의 아동관

중세6~15세기 유럽 초기에는 아동기를 생애에서 분리된 시기로 간주하였다. 중세 화가들은 종종 느슨하고 편안한 가운을 입고 게임을 하면서 어른을 올려다보는 어린이의 모습을 그리곤 하였다. 문서에는 다른 사람으로부터 7~8세 이하의 어린이들을 구분하고 심지어는 어린 청소년들을 충분히 성장하지 않는 자로 표현하는 용어들이 포함되었다. 14세기까지는 건강, 수유, 의복과 게임을 포함하는 어린이 돌봄에 대한 많은 영역들에 대한 조언을 주는 책자들이 흔했다(Alexander-Bidon & Lett, 1997 ; Lett, 1997). 법률에서 용인한 내용은 어린이들을 학대하는 성인으로부터 어린이들을 보호해야 한다는 것과 법정에서는 연약한 나이 때문에 범죄를 저지른 청소년들에게 관대하게 대했다는 점이다(Hanawalt, 1993). 중세에는 어린이가 상처받기 쉬운 존재라는 분명한 인식이 존재했다. 그러나 종교적인 문서에는 어린이의 기본적 본성과 반대로 묘사되었다. 때로는 어린이를 귀신에 사로잡혀 정화가 필요한 존재로 그려졌고, 다른 시대에는 순수하여 천사와 가까운 존재로 묘사되기도 했다(Hanawalt, 1993). 두 아이디어는 후대의 아동관에 전조가 되었다.

아리에스Aries는 그의 저서 《아동의 탄생Centuries of Childhood》에서 아동기의 개념이 서양에서 15세기 말부터 나타나며 그 이전에는 생애 주기에서 아동기라는 개념이 없었다고 주장한다. 중세시대에는 어른과 어린이가 크게 다르다고 생각하지 않아 어린이들이 '작은 어른'으로 회화에 묘사되었다는 주장을 한다. 16세기가 되어서야 화가들이 어린이들을 어린이처럼 그리기 시작했으며, 19세기와 20세기에 이르러서야 '가족의 중심은 어린이'라는 관념이 널리 퍼졌다. 어린이를 "세상에 나올 준비가 되지 않으며, … 어른들의 세계에 발을 들이기 전까지는 특별한 보호와 관리 일종의 격리를 받아야 하는 대상이라고 생각하게 되었다는 것이 아리에스의 견해이다(Montgomery, 2015).

4. 종교개혁시대 아동관

16세기 원죄를 믿은 청교도는 어린이들은 죄와 고집을 갖고 태어나 문명화되어야 한다는 견해를 가졌다(Shahar, 1990). 가혹하고 엄격한 양육 형태가 타락한 어린이를 길들이기 위해 추천되었다. 어린이들이 어른 같은 자세를 갖도록 빳빳하고 불편한 옷을 입혔고, 불순종하는 학생들은 교사들에 의해 일상적으로 매를 맞았다. 그럼에도 불구하고, 자기 자녀들에 대한 사랑과 애정은 대부분의 청교도 부모들이 극단적으로 억압하는 조치를 사용하는 것을 막아주었다(Moran & Vinoskies, 1986). 청교도들이 영국에서 뉴욕으로 이민 갔을 때, 어린이 양육을 자신들의 가장 중요한 의무라는 신념을 가졌다. 비록 청교도들은 어린이의 영혼이 원죄에 의해 타락된 것으로 간주하였지만, 자신의 아들과 딸들이 선과 악을 구분하는 이성을 사용하도록 가르치려고 노력하였다(Clarke-Stewart, 1998). 청교도들은 자기 자녀들에게 자존감과 자기 통제력을 훈련시켰기 때문에 청교도 부모들은 점차적으로 가혹함과 허용 사이에서 적절한 균형을 채택하였다.

5. 계몽주의시대의 아동관

17세기 계몽주의는 인간존엄성과 존경 이상을 강조하는 새로운 철학을 가져왔다. 아동기의 개념은 과거의 그것보다 더 고상한 것이었다.

1) 존 로크

영국 철학자 로크(John Locke, 1632~1704)의 저작들은 20세기 관점인 행동주의의 선구자 역할을 해주었다. 로크는 어린이를 빈 서판백지이라고 하는 라틴어 '타불라 라사tabula rasa'라고 보았다. 이 아이디어에 의하면 어린이들은 전혀 아무것도 아닌 것에서 시작한다. 어린이들의 성격은 전적으로 경험에 의해서 형성된다. 로크는 부모는 효과적인 모범과 착한 행동에 대한 보상을 통하여 자신이 원하는 방식으로 어린이의 행동을 형성할 수 있는 합리적인 교사로 보았다. 로크는 현대 연구자들이 지지하는 어린이 양육 실천-예를 들어, 보상으로 돈이나 과자보다는 오히려 칭찬과 승인의 사용-을 추천하고 있다는 점에서 시대를 앞서간 학자이다. 로크는 신체적 체벌을 반대하며 다음과 같이 이야기하였다. "학교에서 반복적으로 매 맞는 아이들은 공포와 분노를 경험하지 않고 책과 교사를 쳐다볼 수 없다." 로크의 철학은 어린이를 거칠게 대하는 태도에서 친절과 사랑으로 대하는 태도로 전환하도록 유도해 주었다.

로크의 사상을 주의 깊게 살펴보면 그는 발달을 연속적인 과정으로 간주하였음을 알 수 있다. 성인과 같은 행동들은 부모들의 따뜻하고, 일치하는 가르침을 통하여 점진적으로 형성되어 간다고 주장하였다. 어린이를 빈 서판으로 보는 로크의 관점은 어린이를 형성해주는 환경의 힘을 강조한 것이다. 양육에 대한 로크의 믿음은 발달의 많은 과정의 가능성과 새로운 경험에서 기인하여 나이가 든 후에 나타나는 높은 가소성의 가능성을 암시하였다. 마지막으로, 로크의 철학은 어린이는 자신의 운명에 영향을 주는 행동을 하지 않고 오히려, 다른 사람들이 그 위에 쓰는 '빈 종이'로 설명한다. 그러나 모든 현대 이론들은 어린이를 자기 자신의 발달에 본질적으로 공헌하는 능동적 · 목적적 존재로 보고 있다.

2) 장자크 루소

18세기 프랑스 철학자 루소(Jean-Jacques Rousseau, 1712~1778)는 어린이에 대한 새로운 견해를 소개하였다. 루소는 어린이들은 어른들의 교육에 의해 채워지는 백지도 아니고 빈 통도 아니라고 주장하였다. 루소는 자연적으로 옳고 그름의 감각이 주어진 존재이며 질서 있고 건강하게 성장하는 타고난 계획을 부여받은 고귀한 야만인noble savages이라고 하였다. 루소가 믿었던 바는 어린이의 형성된 도덕적 감각, 생각, 느낌의 독특한 방식들이 어른들의 훈련에 의해서만 해를 입는다는 것이다. 아동의 발달단계, 즉 영아기, 아동기, 후기 아동기 그리고 청소년기의 욕구를 어른들은 수용해야 한다는 아동 중심 철학이 그의 철학이다.

루소의 철학은 두 영향력 있는 개념을 포함한다. 첫째는 단계의 개념이고 두 번째는 성숙의 개념이다. 그것은 유전자적으로 결정되고, 자연적으로 발현되는 성장 과정을 말한다. 루소는 어린이들은 자기 자신의 운명을 결정하는 존재로 보았다. 발달을 자연에 의해 면밀하게 짜여진 단 하나의 통합된 과정을 따르는 불연속적 계단 같은 과정으로 보았다.

6. 어린이 능력에 대한 다른 평가

인류학자 몽고메리Montgomey는 다양한 민족의 어린이들의 삶을 연구하였다. 차가족은 어린이들을 무능력하고 순종적인 어린이로 보는 반면, 투아레족은 어린이를 무능력하고 종속적인 존재로 여기면서 어린이가 항상 수동적이지만은 않으며, 때로는 적극적으로 자신의 목적을 위해 어른들과 결탁하기도 하고 어린이라는 지위를 이용하기도 한다고 설명한다. 로저 굿맨Roger Goodman의 연구에 따르면 일본인들은 어린이들을 종종 물건이라고 부르는 등, 부모와 별개의 존재가 아니라 부모의 신체 일부가 떨어져 나온 존재로 여겼다. 일본어의 어린이 표현을 살펴보면 대체로 어린이를 독립적 · 개별적 · 자주적 존재로 생각하지 않았다.

어린이를 순종적으로 키우는 사회에서도 어린이가 모든 면에서 미성숙하다고 생각하지 않는 상충된 시각을 보이기도 한다. 찰스 스탠포드Charles Stanford는 대만 어촌 마을 안강Angang에서 보여준 상반된 두 가지 육아관에 대해서 언급하였다. 하나는 아이는 태어나기 전부터 이미 사람이기에 스스로 크는 법을 알고 있다는 관점이다. 이때 부모의 할 일은 오로지 스스로의 자연스러운 성장을 방해하지 않고 지켜주는 일이다. 다른 하나는 아이가 사람이 되기 위해서 유교의 가르침인 효와 예를 배워야만 한다는 관점이 있다. 대만 어린이들은 위의 상반된 두 가지 관점의 영향을 받았다. 부모들은 자녀들이 부모에게 순종하는 것을 중요하게 여기지만 한편으로는 독립심이 강하고 자기 주장이 강한 아이가 되기를 바란다(Montgomery, 2015).

7. 동등한 인간으로서의 어린이

알마 고틀리브Gottlieb에 의하면 서아프리카 벵Beng족은 '아이들은 태어날 때부터 완벽한 언어적 · 사회적 능력을 가지고 있다'고 생각한다. 벵족은 아직 태어나지 않은 아이의 영혼은 영적 세계에 있으며 그들은 인간 세상의 모든 언어와 문화를 알고 있다고 믿는다. 인도네시아 발리에서는 생후 210일이 될 때까지는 아기를 신성한 존재로 여긴다. 그들은 아기를 존칭으로 불러주고 바닥에 내려놓지 않으며 가장 귀중한 존재로 대한다. 조이 핸드리Joy Handry에 의하면 일본인들은 어린이를 죄 없이 태어난 타락하지 않은 존재로 보며 그들의 순수함을 지켜 주는 일일 부모의 가장 중요한 의무라고 생각한다. 이처럼 어린이는 어른과 동등한 인간이며 작다고 무시해서는 안 된다고 생각하는 사회도 있다(Montgomery, 2015).

8. 가족을 완성하고 부모의 지위를 부여하는 어린이

인류학에서는 어린이를 사회를 재생산하고 가계를 유지하는 수단이자 가족의 근간으로 중요시했다. 친족의 범위가 넓지 않은 앵글로-아메리칸 사회에서 가족을 정의하는 기준은 어린이다. 어린이는 부모에게 자손이 되어줄 뿐만 아니라 보다 넓은 친족관계를 만들어 낸다. 레이몬드 퍼스Raymond Firth는 티코피아 섬에서는 동서, 처남 관계가 자녀에 의해 형성된다고 설명하였다. 조상 숭배의 전통이 있는 사회에서는 자녀를 낳아 대를 잇지 못하면 조상이 될 수 없으며 부모가 사후에 조상으로 받들여지기 위해서는 자손이 필요하다. 다산을 장려하는 가나의 아샨티Ashanti사회에서는 자녀를 10명 낳은 어머니는 공개적으로 존경을 받는다. 때로는 캐나다 북부 이누피악Inupiaq족과 말레이시아 랑카위Langkawi 섬사람들 같은 경우 자녀는 혼인관계를 견고하게 만들고 부모에게 완전한 성인의 지위를 부여한 매개체가 된다. 자녀를 가지면 사회적 신분이 상승하기도 하고 여성에게 자녀는 경제적 자립의 수단이 되기도 한다(Montgomery, 2015).

9. 경제적 투자대상으로서의 어린이

북미에서는 100여 년 전부터 어린이의 존재가 경제적 생산자에서 소비자로, 경제적으로 쓸데없는 존재에서 정서적으로 값을 매길 수 없는 존재로 바뀌었다. 하지만 비서양권 사회에서는 여전히 어린이를 경제적 투자대상으로 생각하고 일종의 보상을 바라는 경우가 있다. 될 수 있는 한 이른 나이부터 일터로 나가 가계에 도움을 주기를 바랄 때도 있고, 장기적인 관점에서 부모가 늙은 뒤에 돌봐줄 후견인이자 안전망이 되어 주기를 원할 때도 있다. 서아프리카의 곤자Gonja족은 어린 시절의 은혜를 부모에게 갚기를 원하고 태국의 부모-자녀관계는 도덕적 채권자-채무자로 간주하였다. 잠비아의 통가Tonga족 그웸베Gwembe마을의 가족관계는 부모와 자식 간의 경제적 호혜관계로 여겼다. 탄자니아 남부 나야큐사Nyakyusa족은 부모들이 딸의 신부대를 받기 위해 일찍 결혼시키기 원하고 아들을 가진 부모는 되도록 장가를 늦춰 가급적 오래 아들의 노동력을 가계에 보태고자 하였다. 핵가족에서 태어난 아이들보다는 대가족을 중시하는 가정에서 태어난 아이들은 아동기에 노동을 해야 할 확률이 높았다. 이러한 가정의 부모들은 나이가 들었을 때 부양을 받기 위해 자녀에게 투자한다는 생각이 강하다(Montgomery, 2015).

10. 원하지 않았던 자녀, 인간으로서 거부당한 어린이

사람들이 자녀를 원하는 이유는 대부분 자녀 그 자체, 그리고 자녀로 인해 가족 공동체에 사랑과 애정이 찾아오길 기대하는 마음에 있다. 하지만 자녀를 원하고 보살피고자 하는 마음이 모든 부모의 본성이라고 말할 수는 없다. 레이몬드 퍼스는 원치 않았던 자녀, 예를 들자면 생계가 곤란할 때 생긴 아이나 사생아 등은 낙태를 당하거나 버려지기도 하다는 사실을 언급하였다. 절박한 상황에서 이크족 부모의 행위, 브라질 북부 파벨라Favela의 영아 살해와 아동 방치가 그 예이다. 우리나라도 1997년 IMF 관리하에 들어간 경제적 상황에서 자녀를 보육원에 보낸 숫자가 많았다는 것도 같은 사례이다.

성인들이 어린이를 대하는 많은 사례 가운데 지금까지 제시한 10가지 경우 중 몇 개의 아동관은 어린이들에게 행복한 생활을 제공할 수 있는 가능성이 있다. 나머지 다수의 아동관은 어린이들에게 매우 어두운 그림자를 남길 수 있다. 이런 아동관들은 시대적으로나 지역적으로 우리와 멀리 떨어져 있어 우리와 관계가 없는 경우인가? 아니면 시대와 지역을 뛰어넘어 여전히 우리 사회에 남아 있으며 우리 어린이들이 이 영향으로 불행한 삶을 살고 있다고 생각하는가? 아동복지를 시작하려는 우리가 아동에 대한 바람직한 태도를 가지고 있지 않는 한 아동복지의 상황은 개선될 여지가 전혀 없다. 그래서 우리는 아동과 함께 일하는 사람들의 아동관을 점검하고 아동을 수단으로 여기지 아니하며 목적으로 대우하는 관점에서 출발하려는 단단한 심지를 가져야 할 것이다.

CHAPTER

02

아동권리 수용과 실천

CHAPTER 02

아동권리 수용과 실천

아동의 행복한 생활을 향상시키기 위하여 우리가 아동을 바라보는 관점을 변화시키고 있는지 점검해 보았다. 이제는 아동권리에 대한 실질적인 수용과 실천 여부를 확인해야 하는 과정이다. 우리나라 헌법 제10조에 모든 국민은 인간으로서의 존엄과 가치를 가지며 행복을 추구할 권리를 가진다고 하였다. 국가는 개인이 가지는 불가침의 기본적 인권을 확인하고 이를 보장할 의무를 진다고 명시하고 있다. 헌법 제34조 제1항에는 모든 국민은 인간다운 생활을 할 권리를 가진다고 밝히고 있다.

활동 2-1

위의 두 헌법 조문을 눈여겨 살펴보자. 이 문구가 우리 삶에 살아 적용되고 있는지를 점수로 평가해 보자. 5점 척도(1 : 최저, 5 : 최고)로 1~5의 숫자로 평점을 적어보자.

1. 우리나라에서 지금까지 살아오면서 나는 인간으로서의 존엄과 가치를 지닌 존재로 얼마나 인정받고 살아 왔다고 말할 수 있는가? (   )
2. 내가 행복을 추구할 권리가 있다는 사실을 생활에서 어느 정도 인식하는가? (   )
3. 대한민국 어린이들이 어느 정도 인간다운 생활을 할 권리를 누리고 있다고 평가할 수 있는가? (   )

1. 인권개념과 논쟁점

위에서 보았던 헌법에 나타난 권리들을 보통 인권의 한 종류로 본다. 인권 human right이란 인간으로서 가지고 누리는 권리임과 동시에 정의로움을 추구하는 것이어야 한다. 그러나 인권의 실체가 막연하게 다가오는 이유는 정의로움을 추구하는 인간으로서의 권리의 구체적인 내용에 대한 단일 견해가 존재하지 않기 때문이다. 인권의 보편성 측면에서 4가지 상이한 입장이 있어 우리가 명쾌한 인권개념을 갖기 어려운 이유를 다음과 같이 설명한다.

첫 번째 입장은 **급진적 보편주의**이다. 이 관점에서 인권은 인간 모두에게 인정되는 보편적인 권리로서, 인종, 국적, 장애, 연령, 성별, 직업을 떠나 인간이라면 누구나 인정받을 수 있고 주장할 수 있는 정당하고 옳은 자격이다. 이에 따르면 언제 어디서나 적용 가능한 한 가지 형태의 인권만이 존재한다.

두 번째 입장은 첫 번째 입장과 반대인 **급진적 상대주의**로 불린다. 인권 역시 역사적 · 사회적 산물로 인권의 인정 여부는 어디까지나 특정 사회의 문화에 달려 있다는 주장이다. 문화만이 모든 궁극적 가치의 기원이며 이에 따라 인권개념 자체가 약화되거나 경우에 따라서는 부정되기도 한다.

세 번째 입장은 **강한 상대주의**이다. 원칙적으로는 문화와 다른 환경에 의해 인권의 존재 여부가 결정된다는 점에서 급진적 상대주의와 공통점이 있다. 하지만 보편적 인권의 존재 역시 부정하지 않는다는 점에서 차이를 보인다. 그러나 문화적으로 특정 가치를 점검할 수 있을 때에야 보편적 인권이 그 의미가 있음을 강조한다는 점을 고려한다면, 이 입장 역시 가치의 변화와 상대성에 무게를 두고 있음을 알 수 있다.

인권의 보편성 논쟁의 마지막 입장은 **약한 상대주의**이다. 보편적 인권을 전제한다는 점에서는 급진적 보편주의와 맥을 같이 하지만 문화에 따른 보편적 인권의 수정에 공감한다는 점에서 의미 있는 차이를 보인다(배창옥 외, 2015).

2. 인권의 특성과 기본가치

1) 인권의 불가양도성

인권은 보편적universal이며 양도 불가능한inalienable 속성을 지닌다. 인권의 보편성에 대한 논쟁에도 불구하고 보편주의 원칙은 국제인권법의 초석으로 간주된다. 1948년의 세계인권선언 이후 인권의 보편성은 협약, 선언, 결의안 등 여러 국제인권법을 통해 지속적으로 강조되었다. 인권은 인간이라면 누구나 향유할 수 있는 권리로 만약 특정 개인이나 집단만이 향유할 수 있는 권리가 있다면 이는 인권이 아니다. 이의 연장선상에서 인권은 다른 사람이 대신 누리거나 다른 사람에게 양도할 수 없는 성격을 지닌다. 이는 자연법 사상에서 강조되는 자연권과 인권의 만남이 발견되는 대목이다.

2) 인권의 상호의존성

인권은 상호의존적interdependent 특성을 지닌다. 인권 목록에 언급된 사례들은 마치 독립적인 것처럼 보이지만 실상은 그렇지 않다. 예를 들면, 건강에 대한 권리나 교육에 대한 권리는 사회보장 및 사회보험에 대한 권리가 보장되지 않으면 유명무실에 가깝다. 소득보장이 제대로 되지 않은 상황에서 학교선택권이 무슨 소용이 있겠는가? 이처럼 한 가지 인권의 박탈은 다른 인권에 부정적인 영향을 준다. 반면 한 인권의 개선이 다른 인권의 증진을 가져올 수 있는 것 또한 인권의 특성이다. 예를 들면, 아동보호에 대한 권리개선은 가정의 보호 및 지원에 대한 권리증진과 선순환 관계에 있다. 이와 같이 인권에는 상호의존적인 특성이 내재되어 있다.

3) 인권의 불가분성

인권은 불가분한indivisible 특성을 지닌다. 그 이유는 인권 목록 전체가 하나를 이루고 있으며, 각 부분들을 따로 떼어내서는 안 된다는 것을 의미한다. 그렇다면 원래 인권목록을 통한 인권 구분을 시도하면서 혼란을 주는 것일까? 이에 대해 조효제(2007)는 스코트의 견해를 인용하여 인권이 국제인권법을 통해 성문화되는 과정에서 법정권리와 그렇지 않은 권리로 구분할 필요성이 제기되면서 인권 목록이 등장하게 되었다고 보았다. 그런데 인권보장의 관점에서 보면 인권 목록이 인권의 내용을 더 견고하게 하는 역할을 하고 있음에 주목할 필요가 있다. 다시 말하면, 한 인간에 대한 명실상부한 인권보장은 인권 목록에 언급된 것들이 제대로 이루어졌을 때 가능하다는 것을 보여 준다.

4) 인권의 평등과 비차별성

인권은 평등하며equal 비차별적인non-discriminatory 특성을 지닌다. 평등은 인간의 존엄성, 자유, 박애와 함께 인권의 기본 가치이기도 하다. 여기서의 평등은 모든 것을 동일하게 대우하는 것을 의미하는 것은 아니다. 같은 것은 같게즉, 동등하게, 다른 것은 다르게 대우하는 것을 의미한다. 예를 들어, 동일한 업종에서 동일한 일을 하면서도 내국인 근로자에 비해 외국인 근로자가 낮은 임금을 받는다면 이는 차별대우로서 평등에 위배되는 것이다. 또한 기회 및 조건의 평등 역시 중요한다. 이런 관점에서 여성 혹은 장애인 차별에 대한 적극적 조치의 실행은 매우 중요하다. 평등 혹은 비차별은 어느 국제인권법을 막론하고 강조되는 중요한 인권 특성이다(배창옥 외, 2015).

3. 인권에 대한 국가의 3중 의무

인권에 대한 현대적 이해의 특징 중 하나는 인권보장을 위한 국가의 의무를 강조한다는 것이다. 인권에 대한 국가의 삼중적 의무는 다음과 같다.

첫째, 존중의 의무이다. 이는 국가가 개인의 권리와 자유의 향유를 침해하지 않을 의무를 말한다. 이 의무는 인권 목록 중 시민적·정치적 영역에 적용되어온 국가의 불간섭 부작위의 의무와 유사하다. 이 의무의 핵심은 국민 개개인이 자신의 문제에 대한 해결책을 스스로 찾을 수 있도록 국가가 개인의 자유와 권리를 보호하는 것이다. 예를 들면, 적법 절차를 따르지 않은 구금이나 고문을 하지 않을 의무가 여기에 해당한다.

둘째, 보호의 의무는 제3자가 개인의 권리와 자유를 침해하지 못하도록 국가가 입법 혹은 다른 방식의 조치를 취할 의무를 말한다. 예를 들면, 기업의 부당노동행위와 노동착취, 가정에서의 아동학대와 가정폭력으로부터의 개인보호에 대한 국가의 의무가 여기에 해당한다. 보호의 의무는 모두 개인의 자유와 권리를 보호한다는 측면에서 존중의 의무와 공통점을 지니고 있는 반면에, 제3자에 대한 국가의 관여와 개입을 전제로 한다는 점에서 개인과 국가 양자관계에 바탕을 두는 존중의 의무와 일정한 차이를 보인다.

셋째, 실현의 의무는 개인의 권리와 자유가 효과적으로 실현될 수 있는 조건 마련과 관련된 국가 조성의 의무를 말한다. 따라서 이 의무는 국가가 보다 광범위한 조치를 취할 것을 요구한다. 실현의 의무에 따르면 실업, 장애, 노령의 경우처럼 국민 개개인에게 기본적 욕구를 충족할 다른 대안적 방법이 없을 때 국가가 식량, 주거, 건강, 교육을 제공할 의무를 지닌다. 구체적으로 기초적인 사회보장제도를 수립하고 공공주거를 제공하는 등 기초적인 인권이 실현될 수 있도록 국가가 적절한 법률, 행정, 예산, 사법상 조치를 취할 의무가 실현의 의무에 포함된다(배창옥 외, 2015).

4. 인권의 속성과 아동권리

권리의 속성은 '이익interests 또는 수혜advantage를 받는다'는 이익설, '무엇인가 의지will에 따라 선택할 수 있다'는 의지설, 그리고 '어떤 자격을 부여받았다'는 자격부여설이 있다. 권리는 이 세 가지 속성을 가졌음에도 불구하고, 남에 대하여 특정한 지위나 직책이 가져다주는 어떤 힘power, 권력 또는 권한을 행사하기 앞서, 이미 어떤 것을 수혜하거나 어떤 자격을 가지고 있다는 점을 전제한다는 점에 주목할 필요가 있다.

린지(Wringe, 1981)는 권리는 힘권력, 의무와의 상관correlatives, 청구행위claim action가 아님을 밝히고 있다. 물론 린지의 설명은 권리가 이 세 가지 성격을 전혀 갖지 않는다는 뜻이 아니라, 반드시 이 세 가지 성격으로만 이해되는 것은 아니라는 것이다. 첫째는 권리는 힘을 가졌을 때만, 혹은 힘을 가진 자만이 행사하는 것이 아니다. 이 경우 힘권력, 권한은 도덕권moral right뿐만 아니라, 실정권positive right에 반드시 상응하는 실체가 아니다. 바꿔 말하자면 권력이나 권한을 전혀 소지하지 않은 사람이라 해서 권리를 행사할 수 없는 것은 아니다. 예를 들면, 차를 구입할 경제적인 능력이 없다고 해서 운전면허시험에 응시할 권리가 없다고 할 수 없다. 둘째, 권리는 반드시 의무와 짝을 이루는 상관개념으로 이해해서는 안 된다. 즉, 의무를 이행할 수 있는 주체만이 권리를 행사할 수 있다거나, 또는 권리의 수혜 요건이 반드시 의무이행으로부터 나와야 하다는 뜻이 아니다. 셋째, 권리의 속성은 실제로 청구할 수 있는 것이 아니다. 권리의 개념은 청구의 개념이 선행한다는 것이다. 이런 논의에 비추어 볼 때 권리의 본질적 속성은 모종의 '부여받은 자격entitlement'이라고 표현할 수 있다(김정래, 2004).

이런 관점에서 김정래(2004)는 권리는 힘 있는 자만이 누릴 수 있는 특권이 아니며, 의무이행자만이 향유하는 상관개념으로 이해해서도 안 되고, 청구행위능력이 있는 사람만이 행사할 수 있는 것도 아니라고 한다. 또 다른 차원에서 보면, 명문화된 실정법에 의해 보장된 권리실정권만이 권리로서 성립되는 것이 아니라, 명문화되기 이전에 성립할 수 있는 천부적인 것으로 이해되어야 한다고 계속 강조한다.

이러한 심층 분석에 의해 밝혀지는 권리의 미묘한 속성을 가장 잘 이해할 수 있는 영역은 아동이 향유하고 행사하는 권리, 즉 아동의 권리분야일 것이라고 김정래(2004)는 주장하면서 아동은 두말할 필요도 없이 성인에 비해 능력힘, 특히 정치 · 경제적인 힘이 없고, 아동이 미성년자인 한 성년이 이행해야 할 의무와 같은 이행 의무가 없으며, 청구능력은 부족하지만 이러한 아동에게도 천부적으로 향유하고 행사하는 권리가 부여되며, 또한 그것은 정당화될 수 있다고 결론을 내린다. 따라서 아동의 권리를 이해하는 데에는 미숙하고 보호받은 존재가 아닌 능동적인 주체로서의 아동의 이해뿐만 아니라 권리의 명확한 이해를 요구한다고 말한다.

5. 아동권리협약

1948년 '세계인권선언The Universal Declaration of HUman Rights' 이 모든 인간에 대한 보편적이고 종합적인 의미에서 인권선언의 경전이라고 할 수 있다면, 아동권리협약The Conveton on the Rights of the Child은 아동권리에 대한 보편적인 당위성을 부여해 주는 경전이라고 할 수 있다. 다시 말하면, 1989년 11월 20일 국제연합에 의해 채택된 '아동권리협약'은 아동의 권리문제에 관한 체계적이고 종합적인 권리규범이다. 아동권리협약이 채택되기 전 국제연맹에 의해 1924년 '아동의 권리 제네바 선언'이 채택되었고, 그 후 1959년에 아동권리선언이 천명되었다. 그리나 이 두 선언은 구속력과 강제성이 미약하고 상징적인 의미를 주는 경우가 대부분이었다.

우리나라에서도 1923년 이미 '어린이권리공약 3장'을 발표하였기에, 이동권리협약이 세계 최초의 아동권리에 관한 문서는 아니었다. 이런 상황에서 아동에 대한 인식이 높아지고, 또한 과거에 소수인minority group, 여성, 흑인, 소수민족 등의 인권신장에 대한 노력이 경주된 결과, 1959년 채택된 아동의 권리선언을 법적 구속력을 가진 국제규범으로 만들자는 폴란드 정부의 제안으로, 아동권리협약이 마련되었다. 이 협약은 18세 이하의 모든 아동을 보호의 대상으로 함과 동시에 적극적인 권리의 주체로 인정하는 아동권리의 한 획기적인 국제문서이다(김정래, 2004). 유엔아동권리협약의 특색을 다음과 같이 정리할 수 있다.

- 어린이의 권리보호만을 목적으로 만들어진 국제사회 최초의 협약이다.
- 어린이도 권리를 가진 주체로 인정한 유일한 협약이다.

- 국제협약 중 가장 많은 국가의 비준**협약을 최종적으로 확인 · 동의하는 절차**을 받은 협약으로 미국과 소말리아를 제외한 모든 유엔 가입국이 비준하였다.
- 시민 · 정치적 권리부터 경제 · 사회 · 문화적 권리까지 모든 인권의 영역을 포괄하고 있는 최초의 국제협약이다.

무차별의 원칙(Non-discrimination)
모든 어린이는 부모님이 어떤 사람이든, 어떤 인종이든, 어떤 종교를 믿든, 어떤 언어를 사용하든, 부자든, 가난하든, 장애가 있든 없든 모두 동등한 권리를 누려야 한다.

아동 최선의 이익 원칙(Best Interests of the Child)
아동에게 영향을 미치는 모든 것을 결정할 때는 아동의 이익을 최우선적으로 고려해야 한다.

생존 및 발달보장의 원칙(Survival and Development Rights)
생애 시기에서 특별히 생존발달을 위해 다양한 보호와 지원을 받아야 한다.

참여의 원칙(Participation Rights)
책임감 있는 어른이 되기 위해 어린이 자신의 능력에 맞게 적절한 사회 활동에 참여할 기회를 가지고, 자신의 생활에 영향을 주는 일에 대하여 의견을 말할 수 있어야 하며 그 의견을 존중받을 수 있어야 한다.

그림 2-1 | 아동국제협약의 4원칙

6. 아동의 4대 기본권

인간으로서 보유한 기본권 안에서 아동이 누려야 하고 지켜주어야 할 기본 권리는 생존권, 보호권, 발달권, 참여권이 있다. 생존권survival rights은 적절한 생활수준을 누릴 권리, 안전한 주거지에서 살아갈 권리, 충분한 영양을 섭취하고 기본적인 보건서비스를 받을 권리 등 기본적인 삶을 누리는 데 필요한 권리이다. 보호권protection rights은 모든 형태의 학대와 방임, 차별, 폭력, 고문, 징집, 부당한 형사 처분, 과도한 노동, 약물과 성폭력 등 어린이에게 유해한 것으로부터 보호받을 권리를 의미한다. 발달권development rights은 잠재능력을 최대한 발휘하는 데 필요한 권리로 교육받을 권리, 여가를 즐길 권리, 문화생활을 하고 정보를 얻을 권리, 생각과 양심/종교의 자유를 누릴 권리이다. 참여권participation rights은 자신의 나라와 지역사회활동에 적극적으로 참가할 수 있는 권리로 자신의 의견을 표현하고, 자신의 삶에 영향을 주는 문제들에 대해 발언권을 지니며, 단체에 가입하거나 평화적인 집회에 참여할 수 있는 권리이다.

생존의 권리(Right to Survival)

적절한 생활수준을 누릴 권리, 안전한 주거지에서 살아갈 권리, 충분한 영양을 섭취하고 기본적인 보건서비스를 받을 권리 등 기본적인 삶을 누리는 데 필요한 권리이다.

보호의 권리(Right to Protetion)

모든 형태의 학대와 방임, 차별, 폭력, 고문, 징집, 부당한 형사처벌, 과도한 노동, 약물과 성폭력 등 어린이에게 유해한 것으로부터 보호받을 권리이다.

발달의 권리(Ruggt to Development)

잠재능력을 최대한 발휘하는 데 필요한 권리이다. 교육받을 권리, 여가를 즐길 권리, 문화생활을 하고 정보를 얻을 권리, 생각과 양심과 종교의 자유를 누릴 권리가 여기에 속한다.

참여의 권리(Right to Participation)

자신의 생활에 영향을 주는 일에 대하여 의견을 말할 수 있어야 하며 그 의견을 말하고 존중받을 권리이다. 표현의 자유, 양심과 종교의 자유, 의견을 말할 권리, 평화로운 방법으로 모임을 자유롭게 열 수 있는 권리, 사생활을 보호받을 권리, 유익한 정보를 얻을 권리 등이 있다.

그림 2-2 | 아동국제협약의 아동의 4권리

CHAPTER

03

합의된 아동복지 목적 설정 : 행복

CHAPTER 03

합의된 아동복지 목적 설정 : 행복

아동복지의 긴 여정을 준비하기 위해 제1장에서는 모든 아동들을 위해 더 나은 행복한 생활을 해나가도록 하기 위해 바람직한 아동을 대하는 태도가 무엇인지를 생각해 볼 수 있는 역사적 아동관과 아동관에 대한 철학적 관점들을 살펴보았다. 2장에서는 사회 문화적인 관점에서 아동 권리가 무엇이고 어떻게 수용되고 실현되어야 하는지에 대한 당위성을 점검해 보았다. 이제 아동복지의 구체적인 현장에 들어가기 전 마지막 작업으로 사회적으로 합의consensus된 아동복지의 목적과 그 내용을 설정하는 중요한 작업이 우리에게 놓여 있다. 아동복지의 목적인 행복은 아동복지정책과 계획을 세우는 방향성을 제시해 주며 아동복지서비스의 내용과 방법을 선정하는 데 기준점이 되고 아동복지서비스가 원래대로 잘 진행되었는지를 평가하는 지표를 제공해 준다는 점에서 가장 중요하다. 그 중요한 목적이 사회적으로 합의된 내용이어야 하는데, 그 이유는 일정한 사회적 힘이 결집되어야만 효과를 발휘하여 우리 아동들의 더 행복한 생활이 더 빨리 더 많이 이루어질 수 있기 때문이다.

1. 행복개념

아동복지의 목적을 행복으로 삼아 실천하기 위해 우리는 행복에 대한 개념과 유형 그리고 접근방식을 알아야 한다. 정리된 행복이론과 실천을 살펴본 후 자신이 실천할 수 있는 가능한 방식으로 내 삶의 행복지수를 높일 수 있다는 확신을 가져보자. 행복의 개념, 종류와 접근방식이 다양하다는 뜻은 행복해질 수 있는 다양한 방법이 존재한다는 의미로 해석될 수 있다.

국내에서의 행복연구는 행복, 안녕감, 삶의 질, 삶의 만족도, 주관적 안녕감, 심리적 건강, 복지감, 웰빙 등의 여러 용어로 사용되어 왔다(소선숙, 2011). 고대부터 내려오는 행복 개념은 쾌락주의적 전통hedonic tradition과 자기실현적 전통eudaimonic tradition으로 나누어 설명된다. 이런 접근에 근거하여 행복개념 중 전자는 행복은 개인이 주관적으로 경험하는 유쾌한 상태라고 말하는 주관적 안녕감subjective well-being으로, 후자는 행복은 개인의 잠재적 가능성을 충분히 발현하는 것이라고 말하는 심리적 안녕감psychological well-being으로 사용된다. 이러한 개념의 적용에 근거하여 행복에 대한 개념을 세 영역, 즉 행복감, 주관적 안녕감, 심리적 안녕감psychological well-Being으로 나누어 접근해보자.

1) 행복(감)

행복을 다루는 모든 단행본이나 연구 논문에는 행복에 대한 다양한 개념적 접근이 있어 도움이 되기도 하고 혼란을 주기도 하지만 개인이나 집단의 조작적 개념으로 이해할 수 있는 측면이다. 행복을 설명하는 상향이론은 행복이 생활 속에서 경험하는 여러 가지 즐거운 순간들에 의해 결정된다는 것이다. 즉, 기쁜 순간을 더 많이 경험할수록 더 많이 행복하다는 것이다. 행복의 전제조건은 결혼, 직업, 종교, 재

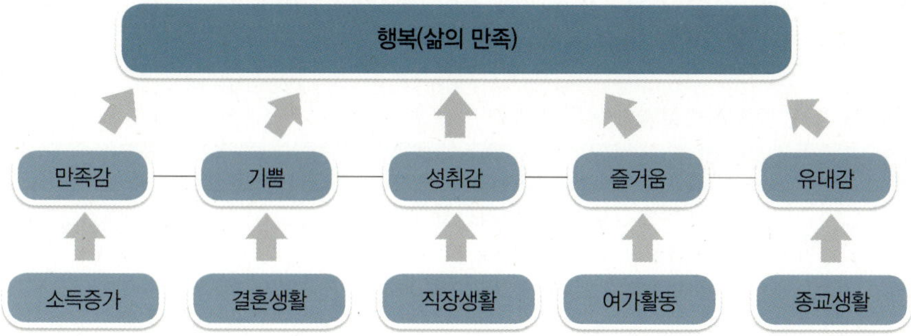

그림 3-1 | 행복의 상향이론
출처 : 권석만(2008).

정상태, 건강, 주거, 여가활동 등이다.

행복증진방법은 환경 여건이나 상황을 개선하는 일이다. 그 내용을 그림 3-1과 같이 표현할 수 있다(Diener et al., 1999).

행복을 설명하는 하향이론은 행복이 개인의 유전적 기질, 성격, 정서 성향에 강한 영향으로 이루어진다는 것이다. 즉, 행복의 요인이 개인의 안정적인 내적 경향성과 심리적 특성에 기인한다는 것이다. 행복의 전제조건이 유전적 기질, 성격, 정서 성향이다. 행복증진방법은 개인 태도와 신념의 변화이다. 하향이론은 그림 3-2와 같이 표현할 수 있다.

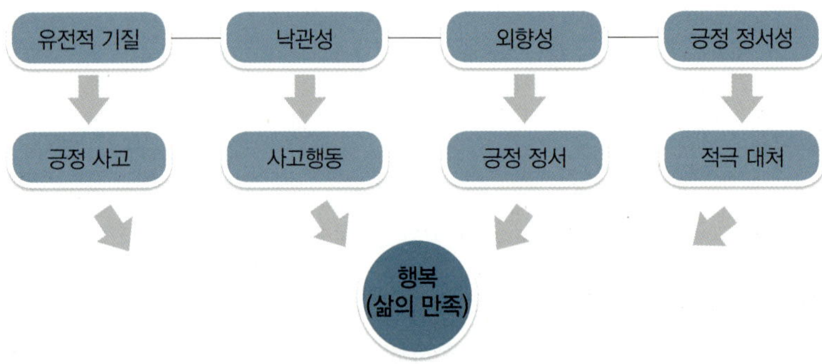

그림 3-2 | 행복의 하향이론
출처 : 권석만(2008).

이 두 이론을 종합하면 표 3-1과 같이 나타낼 수 있다.

표 3-1 | 행복을 설명하는 두 이론

종류	상향이론(bottom-up)	하향이론(top-down)
행복요인	기쁜 순간을 더 많이 경험할수록 더 행복함	안정적인 내적 경향성, 심리적 특성
전제 조건	결혼, 직업, 종교, 재정상태, 건강, 주거, 여가활동이 조건	유전적 기질, 성격, 정서성향
행복증진방법	환경 여건, 상황 개선	개인 태도, 신념 변화

2) 주관적 안녕감

주관적 안녕감은 총체적 감정으로서 개인의 지각된 주관적인 행복감이다(McDowell & Newell, 1990). 빈호벤(Veenhoven, 1991)은 주관적 안녕을 '개인이 자신의 삶에 대한 질적 수준을 호의적으로 판단하는 정도'로 보고 평가하는 두 측면인 ① 감정적 측면으로는 개인이 경험하는 다양한 감정의 쾌락 정도hedonic level이고, ② 인지적 측면으로서는 자신의 욕망이 성취되었다고 자각하는 정도라고 한다. 이러한 주관적 안녕감을 디너(Diener, 1984)는 ① 덕virtue이나 신성함holiness과 같은 내부적 기준에 의한 행복과, ② 주관적 관점에서 스스로 만족하는 삶을 행복이라 하는 것, ③ 행복은 부정적인 감정분노, 두려움, 공포, 신경이 곤두 선 상태 등보다 긍정적인 감정즐거움, 기쁨 같은 유쾌한 감정이 우세한 심리상태라는 세 가지 행복이 있다고 설명한다. 빈호벤의 감정적 측면은 디너의 세 번째 개념과 같고 빈호벤의 인지적 측면은 디너의 두 번째 개념과 같다.

지금까지 발달해온 주관적 안녕감에 대한 심리학적 이론은 ① 목표나 욕구가 이루어질 때 행복하다는 성취이론telic theory, ② 쾌락 및 고통pleasure and pain이론, ③ 행동의 과정에서 행복을 얻을 수 있다는 활동이론active theory, ④ 성격에 따른 반응 경향성으로 행복을 보는 하향적top-down 이론과 일상생활에서 일어나는 긍정적·부정적 경험의 합이 행복이라는 상향적bottom-up 이론, ⑤ 행복을 쉽게 느끼는 기억, 조건화, 인지 원리로 행복을 설명하는 연상이론association theory, ⑥ 행복은 어떤 기준과 실제조건 차이의 비교에서 온다는 판단이론judgement theory과 같은 6가지 이론으로 구성되었다(Diener, 1984).

주관적 안녕감에 대한 초기 연구들은 재정 수입, 사회적 지위 같은 객관적 변인과의 관련성을 주로 연구하였으나(Andrew & Withey, 1976 ; Campbell, 1976 ; Diener, 1984), 이러한 연구들은 건강·부·나이·성·수입과 같은 인구 사회적인 변인들은 주관적 안녕감에 미치는 영향이 크지 않다는 것을 발견하였다. 그리하여 다양한 객관적인 조건들보다는 개인의 성격 특성, 기질, 동기수준 등의 심리적 변인에 의한 다양한 정의가 있지만 여러 학자들은 주관적 안녕감의 인지적 측면과 감정적 측면이라는 두 가지 측면의 연구를 진행해 왔다(Diener, 1984 ; Veehoven, 1991 ; Myers & Diener, 1995).

우선 인지적 안녕감은 생활 만족감life satisfaction으로 한 개인이 자신의 전체적인 삶에 대한 인지적인 개인적 판단에 의해 이루어지며(Diener, 1984 ; 류연지, 1996), 캐먼(Kammen, 1982)에 의하면 행복감은 환경 자체라기보다는 객관적인 기준을 주관적으로 해석한 결과에 의해 좌우된다고 하였다. 주관적 안녕의 원인을 개인의 인지적 동기과정에서 찾으려 한 류보머스키(Lyubomirsky, 2001)에 의하면, 행복한 사람과 불행한 사람의 차이는 시회 비교 · 자기평가 · 대인지각의 차이에서 온다고 한다(이수정, 2003 재인용).

둘째로, 정서적 안녕감은 구체적 · 일시적 상황에서의 정서상태가 아닌 좀 더 지속적이고 깊이 있는 정서상태를 의미한다. 브레드번(Bradburn, 1969)은 행복은 개인이 체험하고 있는 긍정적 정서와 부정적 정서를 비교하여 얻어지는 전반적인 평가라고 한다. 여기서 정서경험의 강도와 빈도가 가장 중요하며(Kahnemen, 1990 ; Thomas & Diener, 1990), 긍정적인 정서경험의 빈도가 다른 결정인자보다 정서적 안녕감에 보다 더 중요하다고 한다(Diener & Larson, 1993).

3) 심리적 안녕감

행복에 대한 자기실현적 입장을 취하는 리프(Ryff, 1989)와 다른 학자들(Ryff & Keys, 1995 ; Ryff & Singer, 1996, 1998, 2008)은 행복을 주관적 안녕감으로 이해하는 쾌락주의적 입장을 비판하면서 사회구성원으로서의 한 개인의 긍정적인 기능의 중요한 측면을 간과하고 있다고 하였다. 자기실현적 행복의 목표와 활동을 추구하는 사람들이 즐거움을 추구하는 사람들보다 훨씬 만족감이 크다는 사실을 발견하고 이러한 행복감을 심리적 안녕감이라는 용어로 사용하였다(소선숙, 2011). 셀리그먼(Seligman, 2002, 2009)이 통합적으로 제시한 행복의 세 의미[1] 중 의미 있는 삶

1) ① 즐거운 삶(pleasant life, 쾌락주의적 입장, 주관적 안녕감, 현재+과거+미래에 대한 긍정적 감정, ② 의미 있는 삶(meaningful Life, 자기실현적 입장, 심리적 안녕감, 친밀한 대인관계 · 생산

이 심리적 안녕감에 해당된다. 심리적 안녕감은 긍정 정서상태를 의미하는 정서적 안녕, 개인의 원활한 기능수준과 적응상태를 의미하는 심리적 안녕, 그리고 적극적 사회 참여와 기여를 뜻하는 사회적 안녕으로 구성된다(권석만, 2008). 심리적 안녕은 주관적이고 전반적인 심리적 안녕감을 말하며 한 개인이 느끼는 인생 전반 혹은 인생 전체에 대한 행복이나 만족 정도를 의미한다(Andrew & Robinson, 1991).

심리적 안녕감은 좋은 삶에 대한 임상, 상담과 발달심리학의 여러 이론에 바탕을 두었다. 그 이론들은 ① 매슬로Maslow의 자아실현, ② 로저스Rogers의 완전히 기능하는 인간, ③ 융Jung의 개성화, ④ 올포트Allport의 성숙, ⑤ 에릭슨Erikson의 심리사회적 단계psychosocial stages, ⑥ 뷸러Buhler의 기본적 삶의 경험, ⑦ 뉴가튼Neugarten의 성격의 변화, ⑧ 프랭크Frank의 의미에의 의지, ⑨ 야호다Jahoda의 정신건강 등을 기초로 하여, ① 자아수용Self-Acceptance : SA, ② 긍정적인 대인관계Positive Relations with others : PR, ③ 자율성Autonomy : AU, ④ 환경통제력Environmental Mastery : EM, ⑤ 삶의 목적Purpose in Life : PL, ⑥ 개인의 성장Personal Growth : PG 등 6개의 하위요인을 설정하고 이 6개 요인의 합이 높을수록 삶의 질이 높다고 하였다(권석만, 2008).

4) 통합적 행복론

(1) 어원에 근거한 행복개념

우리나라 문화권에서 행복의 '행幸'은 바란다는 의미이고 '복福'은 '示신 시', '畐찰 복'의 결합어로 신이 채워주는 것이다. 행복은 신이 채워주기를 바라는 마음이라는 뜻으로 '행운' 또는 '신들과의 화합'이라는 의미를 담고 있는 것이어서 '행운과 같은 것'으로 이해되기도 한다. 이 경우 행복은 본인의 의지나 노력보다는 다른 요인에 의해 결정되는 경우가 대부분이다(도성달, 2008). 행복의 사전적 의미는 복된 좋

성, 사회적 활동 · 봉사활동, 소명으로서의 직업, ③ 몰입하는 삶(engaged life, 일, 친밀한 관계, 여가활동에 열정적으로 몰입하는 삶)

은 운수, 생활에서 충분한 만족과 기쁨을 느끼는 흐뭇한 상태라고 설명되어 있다국립국어연구소, 표준국어대사전.

'에우다이모니아eudaimonia'라는 용어는 서양 최초의 윤리학 텍스트에서 아리스토텔레스가 사용한 행복이다. 이 단어의 'eu'는 '좋다' 또는 '아주 경사스럽다'라는 뜻이고 'diamon'은 '대인적인 차원의 수호신'이다. 두 단어를 종합한다면 '좋은 수호신을 가지고 있다'는 뜻이다. 이 용어는 '행복하고 진실된 좋은 마음을 가진', '좋은 수호신을 가진'이라는 뜻으로 이해되며 영어로는 'the good life', 'well-being웰빙'으로 번역되기도 한다.

영어권의 행복의 어원은 고대 영어와 중세 영어의 '해프happ'로, 세상에서 일어나는 기회와 행운을 의미한다. 여기에서 파생한 단어들이 '우연한 일', '우연', '불운한' 그리고 '아마도'이다. 어원은 '행운' 또는 '기회'를 뜻하는 아이슬란드어 'happ'로 haphard우연, happenstance우연한 일와 어원이 같다. 영어의 good hap은 원래 good luck을 의미했는데, hap은 '우연', '행운'을 뜻하는 것으로 happiness와 언어적 관련성이 있다. happiness는 원래 행운, 우연의 뜻 '가능성이 생기다'이다. 즉, 'happiness행복'와 'good luck행운' 사이에 구체적인 어휘적 관련성이 있는데, 이 두 단어는 영어로 각각 happy와 lucky에 해당한다. 영어 문화권에서 기쁨joy이나 즐거움pleasure처럼 아주 직접적인 감정을 표현하는 말을 만족satisfaction이나 흡족contentment과 같은 말과 구분하고 있다. 사전적 정의로 행복happiness은 만족감에서 강렬한 기쁨에 이르는 모든 감정상태를 특징짓는 안녕상태라고 한다.

프랑스의 행복bonheur이라는 단어도 이와 비슷하게 좋은bon이라는 단어와 프랑스어의 행운 또는 운heur이라는 단어에서 기원한다. 이는 중세 고지독일어의 '글뤽gluck'의 어원 설명과 완벽하게 일치하는 것으로, 행복과 운을 뜻하는 독일어이다. 이탈리아어, 스페인어 그리고 포르투갈어의 '펠리시타felicita', '펠리시다드felicidad' 그리고 '펠리시다데felicidade'는 모두 라틴어 '펠릭스felix : 운 그리고 가끔은 운명'에서 기원한다(McMahon, D., 2006). 이탈리아 문화권에서는 joy에 해당하는 gioia와 행복happiness에 해당하는 felicita를 구분하고 있다. felicita 속에는 아주 많은 gioia가 포함될 수 있지만, 행복해지기 위해 항상 기쁠 필요는 없다는 예민한 구분이다.

소베에트 대백과사전에서 행복happiness이란 자신의 존재 조건에 대한 최대의 내면적 만족으로 충만하고 의미 있는 삶과 자기 삶의 목적 실현에 부응하는 존재상태에 대한 인간 정신의 의식이라고 정의하고 있다.

2. 행복의 종류

1) 에카르트 폰 히르슈하우젠의 5가지 행복

《행복은 혼자 오지 않는다》의 저자 에카르트 폰 히르슈하우젠Eckart von Hirschhausen은 독일어의 행복gluck에는 다소 불행한 개념이 내포되어 있다고 설명하였다. 그는 영어의 luck, pleasure, happiness 같은 행복을 가리키는 용어에 상응하는 방식으로 다섯 종류의 행복을 구분하였고 제시한 내용은 다음과 같다(Hirschhansen, 23−27).

(1) 공동의 행복

사랑, 우정, 가족 등과 관계된 모든 것을 말한다. 대다수의 사람들에게 이것이 가장 중요하고 큰 행복이며 행복과 불행의 가장 중요한 원천이 된다. 사랑, 관계, 친구와의 우정, 가족, 자식, 따뜻한 마음이다. 궁극적으로 가장 중요한 것이며 존중하고 가꾸고 키워나간다.

(2) 우연의 행복

행운은 좁은 의미에서 볼 때 지속적인 행복의 원천은 아니다. 영어로 luck 또는 serendipity라고 하며 행운 좋은 기회, 뜻밖의 기분 좋은 만남, 재수 좋은 발견, 길거리에서 주운 동전 등으로 인한 행복이다.

(3) 순간의 행복

향락으로 즐길 줄 모르는 사람은 누릴 수 없는 행복이다. 하지만 무엇이 좋다고 해서 많이 하는 것이 반드시 더 좋은 것만은 아니다. 즐거움을 높이는 것은 향락의 강도를 말하며 양이 아니라고 한다. 영어로 pleasure이며 초콜릿, 마사지, 애무, 맥주 첫 모금 같은 감각적 즐거움이 여기에 해당한다. 즐거움이 많다고 무조건 더 좋은 것은 아니다. 여유롭게 맛보며 즐긴다.

(4) 자기 극복의 행복

지속적인 만족은 순간에 그치지 않고 나중까지 계속 행복하게 해준다. 대표적인 예가 집중적인 몰입flow 후에 오는 만족감이다. 몰입을 위한 노력은 시간 낭비가 아니라 채움이다. 마음속의 나약함을 극복하고 자긍심을 얻을 수 있다. 몰입의 경지를 느끼는 행복은 약점을 극복하고 도전하고 노력하며 과감하게 뛰어들고 성장한다.

(5) 충만한 행복

삶을 완전한 것으로 만들어 주는 가슴 벅찬 순간들을 말한다. 완벽한 고요, 대자연, 아름다운 음악의 선율, 소름 돋는 절정의 기쁨이다. 영어로 bliss, beauty, wow이며 자연, 창조, 영적 체험의 아름다움에서 얻어지는 행복이다. 평정심을 유지하고 자연을 체험하며 여유롭게 살아간다.

2) 3단계 행복

(1) 1단계 행복

행복의 가장 직접적인 의미는 기쁨이나 즐거움 같은 감정 혹은 느낌을 말한다. 이런 느낌들은 일시적이며 분명하고 특별한 현상을 가지고 있다. 뉴욕대학교 법학 및 철학 교수 토머스 네이글Tomas Nagel의 말을 빌리면, 기쁨과 같은 느낌이 있는데,

이런 느낌은 원했던 일이아마도 예기치 않게 이루어졌을 때 생기며, 그 느낌 속에는 원했던 일이 이루어졌다는 생각 외에는 다른 생각은 별로 없는 상태이다. 이러한 의미의 행복을 '1단계 행복'이라고 부를 수 있다.

(2) 2단계 행복

한 사람이 '행복하다'라고 말할 때 그가 항상 기쁘거나 즐겁다는 것을 의미하는 것은 아니다. 즉, 1단계 행복만을 의미하는 것은 아니다. 2단계 행복은 살면서 느낀 즐거움과 고통을 비교해보고 장기적으로 삶이 더 즐거웠다는 것을 의미한다. 이런 의미의 행복은 기쁨이나 즐거움 같은 느낌들의 전체적인 균형상태에 대한 종합적인 판단을 한 것이다. 따라서 행복이란 감정 그 자체와 그런 감정에 대한 판단이 혼합된 상태라 할 수 있다. 같은 의미로 흡족함contentment, 삶에 대한 만족life satisfaction이 있으며, 이것이 '2단계' 행복이다. 벤담이 윤리학과 법률의 기초가 되는 '최대 다수의 최대 행복'을 말할 때의 행복이란 2단계 행복, 즉 오랫동안 축적된 긍정적인 감정과 부정적인 감정 사이에서 긍정적인 감정이 더 우세하다고 판단한 상태를 의미한다.

(3) 3단계 행복

아리스토텔레스가 말한 '에우다이모니아eudainmonia'는 종종 '행복'으로 번역된다. 에우다이모니아는 사람들이 자신의 진정한 잠재력을 실현하는 삶으로 현대의 심리학자나 철학자들은 최선의 삶 또는 행복의 의미로 종종 사용해왔다. 이런 행복을 우리는 '3단계 행복'이라고 부를 것이다. 행복을 말할 때 대부분은 표 3-2에 제시된 세 가지 의미의 행복 중 하나를 의미한다.

표 3-2 | 행복의 세 가지 의미

1단계 행복	2단계 행복	3단계 행복
순간적인 느낌들	느낌들에 대한 종합적인 판단	삶의 질
기쁨 즐거움	웰빙 만족	존재의 번영 자아실현
보다 직접적인 ⇦ 보다 세속적이며 감정적	보다 확실한 측정이 가능 보다 절대적 보다 인식적	보다 상대적 ⇨ 보다 도덕적이고 정치적 보다 많은 도덕적 규범과 가치를 포함

3) 권창희의 3가지 행복

행복은 그 질적 성격에 따라 3가지로 구분해 볼 수 있다. 첫째는 쾌락적 행복pleasure happiness이다. 이 행복은 쾌락 중추의 다소간 직접적 자극을 통해 느껴지는 행복이다. 식욕, 갈증, 성욕, 알코올, 진통제, 마약 등에 의존해 느끼는 즐거움으로 순간적이고 찰나적인 즐거움일 때가 많다. 둘째는 성취적 행복achievement happiness이다. 이 행복은 자기가 좋아하고 잘하는 일을 통해 얻는 행복이다. 예를 들면, 오랜 연습 덕분에 훌륭한 공연을 마친 음악가의 행복, 가난했던 사람이 각고의 노력 끝에 부자가 되었을 때 느끼는 즐거움, 또는 긴 재수 끝에 합격한 고시생의 환희 같은 것이다. 셋째는 온전한 행복authentic happiness이다. 사회나 인류가 보편적으로 추구하는 미덕과 가치나 의미를 자기 삶을 통해 실현할 때 밀려오는 즐거움이다. 테레사 수녀 같은 사람은 보편적 인류애라는 가치를 자신의 삶 속에 실현하고자 한 온전한 행복을 추구한 사람이다(권창희 외, 23-25).

3. 행복을 얻는 방법(긍정심리학적 접근)

행복에 대한 이해를 위해 고전적 행복개념을 심리적 · 윤리적 · 철학적 · 종교적 · 정치적 관점에서 접근할 수 있다. 이러한 관점들은 특정 문화, 종교, 사상, 학파에서 주장한 내용들로 현대적 관점의 행복이론의 내용 전개를 통한 이해와 확장이 요청된다. 이러한 맥락에서 행복에 관한 심리학적 이론과 행복의 유형을 살펴보고자 한다.

정신분석학의 선구자인 프로이트는 행복을 쾌감과 관련지어 다음과 같이 설명하였다. "한편에서는 고통과 불쾌감이 없기를 바라고 다른 한편으로는 강렬한 쾌감을 원한다. 좁은 의미에서 볼 때 행복이란 단어는 오직 후자하고만 관련이 있을 뿐이다." 《행복의 심리학The Psychology of Happiness》 저자인 옥스퍼드대학교 교수 미첼 아질레Michael Argyle는 "행복은 기쁨을 느끼는 상태, 긍정적인 감정의 경험, 삶에 대한 만족, 그리고 우울이나 분노 등의 부정적 감정이 없는 상태이며 기쁨은 행복의 감정적 측면이고, 만족은 행복의 인지적 측면이다."라고 행복을 정의하였다. 행복개념의 심리적 접근은 여러 연구자들에 의해 이루어져 왔다. 인간은 어떤 심리적 조건이나 상태에서 행복감을 느끼는 것일까? 행복은 어떤 심리적 과정을 통해서 경험되는 것일까? 이러한 물음들에 대하여 권석만(2008)의 《긍정심리학》에서 제시된 욕망충족이론, 비교이론, 목표이론, 적응과 대처이론을 중심으로 살펴보자.

1) 욕망충족이론

욕망충족이론이란 인간에게는 식욕, 성욕, 재물욕, 권력욕, 명예욕 등과 같은 다양한 욕망이 있고 이런 욕망이 충분히 충족되었을 때 행복감을 느낀다는 것이다. 이런 주장은 쾌락주의적 입장과 맥락을 같이 한다. 인간의 행복 정도는 욕망의 충족으로 인한 쾌락이나 만족수준에 비례하고 욕망을 충족시킬 수 있는 외부적 또는 상황적 조건에 비례한다고 설명한다.

인간에게는 욕망과 동기가 있다. 욕망desire은 욕구need, 충동impulse, 동기

motive라는 용어와 같이 사용된다. 심리학에서는 동기라는 용어를 선호하고 '특정한 목적을 향해 행동하게 하는 내면적인 원동력'이라고 설명한다. 동기의 기능은 다음과 같다(Ford, 1992). 동기는 목표 지향적인 행동을 유발하고 목표 지향적 행동을 지속하게 하는 추진력, 즉 에너지를 제공하며 목표 지향적 행동을 조절하는 기능을 한다. 이와 같이 목표가 성취되었을 때, 즉 동기가 충족되었을 때 느끼게 되는 심리적 체험은 만족감이다.

인간의 욕구는 다양하고 발달적 위계가 있다. 인간의 욕구는 생리적 욕구와 심리적 욕구로 구분된다. 프로이트는 성적 욕구와 공격성 욕구를 인간의 가장 근원적인 욕구로 보았다. 인간의 삶은 이러한 욕구의 충족을 위한 과정으로 본다. 인본주의 심리학자인 매슬로는 욕구의 위계적 발달이론에서 생리적 욕구, 안전욕구, 애정욕구, 존중욕구, 자기실현욕구를 제시하였고 욕구는 서로 위계적인 관계를 지니고 있으며 상위욕구로의 발달은 하위욕구의 안정된 충족을 필요로 한다고 주장한다.

생리적 욕구는 욕구가 분명하고 태어날 때부터 갖추어진 욕구로 모든 인간들이 공유하는 선천적인 욕구이다. 이런 욕구들은 개체와 종족의 보전에 기여하고 진화의 과정에서 선택되어 왔으며 우리의 생물학적 유산을 이룬다. 음식, 수분, 산소, 따뜻함, 고통회피, 자극추구 등이 있다. 심리적 욕구는 생리적 근거보다는 학습의 영향이 더 뚜렷한 후천적 욕구로 다른 종들과 공유되지 않고 모든 사람에게 발견되지 않는다. 이런 욕구들은 환경과의 상호작용과정에서 습득되기 때문이다. 따라서 어떤 욕구를 습득한 정도가 다르고 또 욕구를 만족시키는 방법이 다를 수 있다. 이런 다양한 욕구는 서로 관계를 지니며 체계적으로 발달하는 경향이 있다.

욕망충족이론은 행복에 대한 쾌락주의적 입장과 종종 맥락을 같이 한다. 인간의 행복 정도는 욕망의 충족으로 인한 쾌락, 만족수준에 비례하고 욕망을 충족시킬 수 있는 외부적 또는 상황적 조건의식주, 재산, 계층, 지위, 교육수준에 비례한다고 설명한다. 그러나 욕망충족이론은 다음과 같이 한계를 보여 주었다.

첫째, 다양한 욕망을 충족시킬 외부적 조건과 행복도의 상관관계는 미미하다. 둘째, 욕망을 지속적으로 충족시키기는 어렵다. 셋째, 하나의 욕망이 충족되면 다른 욕망이나 상위 욕망이 부각되며 그 충족을 요구한다. 넷째, 충족된 욕망은 그 상태에 익숙해져 행복감을 느끼지 못하는 경향이 있다. 다섯째, 개인적 욕망이 충분히 충족되어도 더 풍요로운 다른 사람을 보면 행복감이 저하된다. 이처럼 행복은 욕망 충족 이외에 타인과의 비교, 지향하는 목표, 적응과정 등과 같은 다양한 심리적 요인의 영향을 받는 것으로 여겨진다.

행복은 동기의 유형에 따라 행복에 미치는 영향이 달라진다고 설명하면서 외재적 동기와 내재적 동기에 많은 관심을 집중하고 있다. 외부적 보상의 충족으로 느끼는 동기보다 행위 자체에서 만족을 얻게 되는 동기를 추구하는 사람들이 더 행복감을 느낀다는 것이다. 외재적 동기extrinsic motivation는 외적인 보상을 얻기 위해 행동할 때 작동한다. 외적 보상은 돈, 소유물, 지위와 권력, 사회적 인정, 명예 등과 같이 외부에서 발생하는 행동 유인요인이다. 내재적 동기intrinsic motivation는 외부적 보상과 상관없이 일 자체를 위한 활동에 참여하도록 이끌릴 때 작동하는 것이다. 기본적인 심리적 욕구에 의해 생겨나며 행위 자체에서 만족감을 느낄 수 있는 것이다. 이런 동기는 인간에게 내재해 있는 심리적 성장과 자기실현 욕구를 반영하는 것으로서 이런 동기의 충족은 행복에 필수적이다.

외재적 동기는 타인의 인정, 칭찬을 얻기 위한 욕구에서 파생된다. 또한 사회적 비판과 처벌을 회피하기 위한 욕구에서 파생되기도 하며 외재적 동기 자체로는 행복을 고양시키는 역량이 없다. 외재적 가치를 추구하는 사람들은 주관적 안녕 수준이 저하되는 것으로 나타났고 내재적 목표를 추구하는 사람들은 주관적 안녕수준이 저해되어 있는 것으로 나타났다(Kasser & Ryan, 1993, 1996). 두 동기의 구분은 행복과 정신건강을 이해하는 데 중요하다. 데시와 라이언(Deci & Ryan, 1985 ; Ryan & Deci, 2000)에 따르면, 내재적 동기를 지닌 사람들은 외재적 동기가 부여된 사람들에 비해 업무성, 끈기, 창의성, 자존감, 활기가 향상되었으며 전반적 행복수준을 더 높게 보고했다. 또한 건강증진 행동, 종교적 참여, 친밀한 인간관계, 정치적 활동과 같은 다양한 영역에서도 긍정적 결과를 나타낸다. 내재적 동기를 지니고 흥미로운 일에 전념하게 될 때 몰입이라는 독특한 긍정적 심리상태를 경험하게 된다.

이러한 일관된 결과에 근거하여 데시와 라이언(2000)은 내재적 동기를 '새롭고 도전적인 것을 추구하며, 자신의 능력을 확장하여 연마하고, 항상 탐구하며 배우고

자 하는 선천적 성향'이라고 정의하면서 인간의 대표적인 긍정적 속성으로 간주했고 나아가 내재적 동기를 유능성의 욕구, 관계성의 욕구, 자율성의 욕구라는 세 가지의 기본적인 욕구를 제시하였다. 이러한 욕구들이 충족될 수 있을 때 내재적 동기가 촉진된다. 보상적이든 처벌적이든 외부에서 주는 유인가는 내재적 동기를 감소시킨다. 왜냐하면 자신의 수행이 자발적인 내면적 흥미에 의한 것이기보다 외부적 보상이나 처벌에 의한 것이라고 지각하도록 만들기 때문이다.

2) 목표이론

목표이론은 욕망추구이론의 발전된 형태로 목표달성을 했거나 목표를 향한 진전이 되고 있다고 믿을 때 행복을 느낀다고 설명한다. 가치는 동기가 사회적 영향을 받아 인지적 믿음의 형태로 변화된 것이라고 할 수 있다. 가치는 우리의 선택과 행동에 영향을 미치고 어떤 목표를 지향하게 만드는 중요한 심리적 요인이 된다.

우리는 개인적 가치를 부여하는 목표들을 향해 살아가거나 그 성취를 이루는 과정에서 행복을 느낀다. 왜냐하면 목표를 향해 살아가는 것은 삶의 의욕과 생동감을 주고 일상적인 삶의 방향과 의미를 제공하기 때문이다.

목표의 유형에 따라 행복에 대한 영향력이 달라진다. 목표가 내재적 동기와 잘 부합할 때 행복감이 증가한다. 자기수용, 긍정적 인간관계, 다른 사람을 돕는 것과 관련된 목표를 추구하는 사람들이 물질적 성공, 신체적 매력, 사회적 명성을 추구하는 사람들보다 행복수준이 더 높다(Cantor & Sanderson, 1999 ; Kasser & Ryan, 1993). 지나치게 물질주의적이거나 권력지향적인 사람들은 행복수준이 낮은 경향이 있다(Sirgy, 1998). 인간의 내재적 욕구**유대감, 친밀감, 자기수용**를 충족시키는 목표를 달성하는 것이 더 큰 행복감을 주기 때문이다.

문화는 추구하는 목표와 행복의 관계에 영향을 미치는 중요한 요인이다. 그 문화에서 높이 평가하는 목표를 성취할수록 행복감이 증가한다. 개인주의 문화와 집단주의 문화에서 추구하는 목표가 소속한 문화에서 수용되거나 중시되느냐에 따라 목표가 행복에 미치는 영향이 달라질 수 있다.

디너와 루커스(Diener & Lucus, 2000)는 주관적 행복을 설명하는 다양한 이론을 통합하는 한 가지 방법으로 평가이론evaluation theory을 제안하였다. 행복은 지속적으로 유입되는 정보들을 어떻게 평가하느냐에 의해서 결정된다는 것이다. 행복은 정보를 처리하는 능동적인 인지과정에 의존하며 대부분의 경우 가장 중요한 평가요소는 주요한 목표를 향해 얼마나 진전되고 있느냐는 것이다.

스나이더, 란드와 시그먼(Snyder, Rand & Sigman, 2002)에 따르면, 희망hope은 두 가지 믿음의 결과이다. 첫째는 목표에 이르는 경로에 대한 것으로서 목표를 달성하는 방법을 찾을 수 있다는 믿음이다. 둘째는 목표를 향한 추구의지에 관한 것으로 목표를 달성할 만큼 충분히 동기와 의지를 지니고 있다는 믿음이다. 희망수준이 높은 사람들은 긍정 정서를 더 많이 느끼고 미래에 행복해질 것이라고 기대하며 더 확신에 차 있고 스트레스에도 더 성공적으로 대처한다. 목표를 향한 대안적인 방법들을 찾을 가능성이 높고 더 많은 사회적 지원을 받아내는 경향이 있다.

3) 비교이론

비교이론은 행복과 불행이 발생된 사건 자체보다 그 사건에 대한 인지적 해석에 달려 있다는 주장이다.

인간은 자신의 상태를 어떤 기준과 비교하여 그 기준과의 긍정적 차이를 인식할 때 행복감을 느낀다. 자존감은 자신에 대해 내리는 판단과 관련이 있고 자신을 평가할 때 어떤 기준과의 비교를 통해 자신의 가치에 대한 결론을 내린다. 사람은 자기 평가를 위해 다른 사람, 과거의 삶, 이상적 자기상, 지향하는 목표 등을 기준으로 삼는다. 개인은 자신의 현재 상태를 이러한 기준들과 비교했을 때 우월한 방향으로 차이가 클수록 더 높은 행복감을 경험한다.

자기평가에 대한 일반적인 비교기준은 다른 사람이다. 사회적 비교social comparison는 자기 평가를 하는 대표적인 방법으로 어떤 사람들을 비교대상으로 하느냐에 따라 평가결과가 크게 달라진다. 자신과 비슷한 사람들과 비교하는 수평적 비교lateral comparison, 자신보다 더 나은 사람들과 비교하는 상향적 비교upward comparison, 자신보다 못한 사람들과 비교하는 하향적 비교downward comparison가 있다. 비교방식의 선택에 따라 주관적 안녕감은 영향을 받는다. 높은 기대수준과 낮은 성취상태에 있다 하더라도 목표를 향해 적절한 진전이 있다고 느낀다면 행복감을 느끼게 된다.

행복의 자기보고 척도에서 높은 점수를 얻는 사람들은 상당히 융통성 있게 선택적으로 사회적 비교를 하는 경향성이 있다. 이들은 행복감을 유지하고 긍정적인 대인관계를 유지하는 데 도움이 될 수 있도록 적절한 사회적 비교를 선택하여 활용한다(Lyubomirsky, 2001). 자신에게 도움이 될 수 있도록 적절한 비교기준을 선택하는 것은 행복한 사람들의 지혜 중 하나이다.

현재의 자신을 평가하는 두 번째 비교기준은 과거의 자신이다. 과거와의 비교에서 긍정적인 변화를 인식할 때 행복감을 느낀다. 예를 들면, 수입의 경우 빈곤상태에서는 수입증가가 행복에 미치는 영향이 큰 반면, 부유한 상태에서는 그 영향이 저하된다. 행복한 삶을 지속하기 위해서는 점진적인 긍정적 변화를 지속적으로 인식하는 것이 필요하다. 삶 속에서 사소한 것이라도 긍정적 변화를 인식하고 그것을 소중하게 여기는 것이 행복한 삶을 영위하는 한 가지 비결이라고 할 수 있다.

자기를 평가하는 세 번째 방법은 이상적 자기와의 비교이다. 자신에 대한 절대적 기준을 세우고 그 기준과 비교하는 것으로 평가결과는 자존감의 기초가 된다. 자기평가에서 중요한 한 가지 기준은 이상적 자기상ideal self-image으로 자신이 지녀야 한다고 생각하는 특성들을 의미한다. 이상적 자기상에는 이상적 자기와 의무적 자기가 있다(Higgins, 1987). 이상적 자기ideal self는 스스로 이상적인 것으로 여기는 자신의 특성인 반면 의무적 자기ought self는 부모와 같이 중요한 사람들에 의해 기대되는 자신의 모습이다. 우리는 자기평가를 할 때 이상적 자기와 더불어 의무적 자기와도 비교하게 된다. 또 다른 비교는 실제적 자기와 의무적 자기의 비교이다. 실제적 자기와 이상적 자기의 괴리가 클수록 불행감이 증대하고 부담감을 느끼게 된다.

자기를 평가하는 네 번째 방법은 지향 목표와의 비교이다. 어떤 사건들이 얼마나 행복감에 영향을 미치는지는 우리가 지향하는 목표와의 비교를 통해서 이루어진다. 어떤 사건에 대한 인지적 평가에 의해 정서가 유발된다는 가정하에 평가과정을 일차적 평가와 이차적 평가로 구분하고 있다. 일차적 평가primary appraisal는 개인이 추구하는 목표와 관련지어 사건의 의미를 평가하는 과정이며, 이차적 평가secondary appraisal는 사건 상황에 효과적으로 대응하기 위한 대처방법을 평가하는 과정이다. 목표 관련성goal relevance은 특정한 사건이 현재 추구하는 내 목표와 관련성을 지니고 있는 정도이며, 목표합치성goal congruence은 사건이 목표 추구에 도움이 되는 정도이다. 우리가 지향하는 목표와 매우 밀접한 관련성을 가진 사건이나 목표 추구에 도움이 된다고 평가되는 사건에 대해서는 긍정적인 감정을 느끼게 된다.

4) 적응과 대처이론

"우리 시대에 가장 위대한 발견은 인간은 마음가짐을 바꿈으로써 인생을 바꿀 수 있다는 것이다."라고 윌리엄 제임스는 표현했다. 긍정적인 환경과 행복감 속에 있더라도 그러한 상태가 지속되면 행복감은 저하된다. 이는 인간은 지속되는 긍정적 상태에 적응하기 때문이다.

(1) 적응과정의 중요성

동일한 쾌락 자극을 반복적으로 접하면 쾌락 자극을 점점 덜 느끼게 되는데 이런 현상을 적응adaptation이라고 한다. 적응은 지속적인 반복 자극에 대해서 인식이 점진적으로 감소되는 지각적 경향으로 둔감화desensitization, 습관화habituation라고도 한다. 행복은 항상 주어지는 자극보다 최근에 발생한 새로운 긍정적 사건에 대한 반응이다. 인간은 긍정적 변화에 대해서 상당히 빠른 시간 내에서 적응하게 된다. 복권당첨자, 교통사고환자에 대한 연구(Brickman et al., 1978)가 자주 인용된다.

적응현상이 일어나는 이유는 다음과 같다. 첫째, 적응과정은 어떤 특정 감각을 유발하는 외부의 자극에 의해 압도되지 않도록 보호해주는 기능을 한다. 둘째, 적응은 주변에서 일어나는 변화에 민감해지도록 해준다. 이런 경향성은 행복을 이해하는 데 중요하다. 뜨겁게 사랑하는 사람과 결혼생활을 하게 되면서 그 열정이 왜 식게 되는지, 열망하던 성취를 이루고 나서 왜 그 기쁨이 왜 오래 가지 못하는지, 그래서 우리는 항상 새로운 경험을 추구하게 되는지를 이해할 수 있다.

행복의 비밀 중의 하나는 우리가 '반복에 둔감하며 변화에 민감하다'라는 점이다. 동일한 활동을 반복하게 되면 흥미를 잃게 되지만 매번의 활동 속에서 약간의 변화를 주게 되거나 새로움을 발견하게 되면 흥미를 유지할 수 있다. 그 반복된 활동 속에서 미묘한 변화를 포착하거나 창의적으로 변화를 추구하게 되면 오히려 민감화가 일어나는 흥미가 증대될 수 있다.

(2) 대처의 중요성

새로운 변화에 대한 적응과 관련하여 중요한 요인이 대처coping이다. 적응은 수동적인 과정인 반면 대처는 능동적인 적응과정이다. 대처능력은 주관적 안녕과 밀접한 관계를 가지고 있다. 신경증적 대처를 하는 사람보다는 성숙한 대처를 하는 사람이 유쾌한 감정을 더 많이 느낀다. 새로운 변화에 대해서 긍정적 의미를 부여하고 합리적으로 행동하며 필요할 때는 도움을 요청할 줄 알고 역경 속에서 분발하며 문제해결적 대처를 하는 사람이 행복감을 많이 느낀다. 대처에는 낙관성이 중요하다. 미래에 대해 낙관적인 사람들은 삶에 대한 만족도와 행복도를 더 높게 보고한다(Diener et al., 1999).

낙관주의는 현재에 대한 긍정적 평가와 미래에 대한 희망적 기대를 의미한다. 현재 사건의 긍정적 측면과 변화에 주의를 기울이고 그 의미를 다양하게 해석하여 미래의 희망으로 연결한다. 이런 현상은 긍정적 환상으로(Selley Taylor & Jonathan Brown, 1998) 테일러(Taylor, 1989)는 《긍정적 환상Positive Illusions》이라는 책에서 가능한 한 긍정적인 관점에서 바라보고자 하는 전반적 경향이야말로 행복의 조건이라 주장한다. 자신과 미래에 대한 긍정적 편향이 정확한 자기평가보다 정신건강에 더 유익하다고 주장한다. 테일러와 브라운(Taylor & Brown, 1988)은 자신에 대한 긍정적 평가, 미래에 대한 낙관적 신념, 통제감에 대한 실제 이상의 과장된 지각이 모두 정신건강을 향상시킨다고 설명한다.

자존감과 행복 수준이 높은 사람들은 부정적 피드백을 더 잘 수용한다(Aspinwall & Brunhart, 2000).

행복은 주어지는 것이 아니라 적극적으로 발견해야 한다.

첫째, 미세한 것이라도 긍정적 변화에 주목하여 긍정적 변화가 있음을 자각해야 한다. 둘째, 사건의 부정적 측면을 인정하되 긍정적 측면에 주의를 기울여야 한다. 셋째, 사건의 의미를 긍정적으로 해석하고 받아들이며 부정적 사건에 대해서는 수용을 하고 미래를 위한 교훈적 의미를 발견해야 한다. 마지막으로 미래에 대한 긍정적 기대를 지니고 최선의 결과를 유발할 수 있도록 대처해야 한다.

4. 어린이의 행복한 삶

아동복지의 목적을 어린이의 행복한 삶이라고 설정한다면 다음 두 가지 질문을 충족시킬 수 있어야 한다. 첫째 질문은 어린이의 행복은 누구에게 달려 있는가이다. 어린이는 쉽게 행복해지는 특징이 있다. 어린이의 행복은 그 어린이를 돌보는 부모와 교사에게 달려 있기에 그들이 먼저 행복해질 수 있어야 한다. 둘째 질문은 우리 사회의 부모와 교사는 행복한 삶을 누리기에 충분한 생활여건이 조성되어 있는가이다. 부모와 교사가 심리적으로 안정되어 있고 경제적으로 생활이 보장되었으며 환경적으로 어린이의 건강, 영양, 양육, 교육하기에 적합하게 지원을 받고 있는가? 이런 관점에서 아직 준비가 안 되어 있거나 부족한 상태에 있다면 아동복지의 현실적 과제가 될 것이다.

우리는 아동으로 자라나 이제 성인이 되어 미래를 준비하고 있지만 우리와 함께 살아가는 나약하고 미성숙한 우리 후진들을 위해 아동복지의 정신mind과 기술skill을 하나씩 익히고 실천해 나가며 함께 행복하게 사는 사회를 만들어 가보자.

Part

II

아동복지 실현의 토대

CHAPTER

04

아동복지 이해의 토대

CHAPTER 04

아동복지 이해의 토대

아동복지가 실천되기 위해서는 아동복지의 기본적 이념에 대한 이해가 선행되어야 한다. 이를 위해 아동복지에 대한 개념의 이해가 필요하고 아동복지에 대한 개념의 이해는 넓은 의미에서의 사회복지에 대한 이해를 통해 보다 명확해진다. 이 장에서는 아동복지와 사회복지의 개념에 대해 함께 언급하고 아동발달의 역사가 어떻게 이루어졌는지 우리나라와 외국의 예를 들어 설명할 것이다. 아동복지에 대한 역사적 이해는 현재와 미래 아동복지의 실천을 위한 보다 효과적인 방향을 제시해 줄 수 있다.

1. 아동복지의 개념

1) 아동의 개념

아동은 일반적으로 신체적 · 정신적으로 미성숙한 발달의 단계에 있는 사람을 일컫지만 구체적인 개념과 범위는 전문분야 및 관할 내용에 따라 기준이 달라진다(최윤영, 2013). 아동이란 발달적 특성이 중요한 근거로 작용한다. 아동에 대한 발달적 관점에서의 정의는 신체적 성장과 정신적 성숙이라는 두 가지 측면에서 고려한다. 따라서 출생한 이후 신체적 성숙이 마무리되는 기간 사이의 생애주기 내에 있는 연령층의 집단을 의미한다. 그러나 아동에 대한 개념은 아동기에 해당하는 인구집단의 보편적인 특성과 욕구를 중심으로 정의내리기도 하고, 한 사회가 그 사회의 아동에게 부여하는 독특한 일련의 역할과 기대로 설명하는 사회적 개념으로 정의되기도 한다(이문국 외 역, 1999). 표 4-1은 아동의 연령과 명칭이 아동 관련 법에 따

표 4-1 | 아동 관련 법의 명칭과 연령 범위

법률명	명칭	연령범위
헌법	아동	18세 미만의 자
	형사 미성년	14세 미만의 자
UN아동권리협약	아동	18세 미만의 자
헤이그 국제아동탈취협약 이행에 관한 법률	아동	16세 미만의 자
아동복지법	아동	18세 미만의 자
입양특례법	아동	18세 미만의 자
한부모가족지원법	아동	18세 미만의 자(취학 중인 경우는 22세 미만)
아동의 빈곤예방 및 지원 등에 관한 법률	아동	18세 미만의 자
실종아동 등의 보호 및 지원에 관한 법률	아동	실종 당시 14세 미만인 아동
청소년 기본법	청소년	9세 이상 24세 이하의 자
청소년 보호법	청소년	만19세 미만의 자
아동청소년의 성보호에 관한 법률	아동 · 청소년	19세 미만의 자
소년법	소년	19세 미만의 자
근로기준법	연소자	15세 미만의 자(최저 연령) 중학교에 재학 중인 18세 미만의 자
민법	미성년자	만 19세 미만의 자
형법	형사 미성년자	14세가 되지 아니한 자
모자보건법	영유아	출생 후 6년 미만인 자
영유아보건법	영유아	6세 미만의 취학 전 아동
유아교육진흥법	유아	만 3세에서 초등학교 취학 전 아동
도로교통법	어린이	13세 미만의 자
국민기초생활 보장법	아동	18세 미만의 자
미성년자보호법	미성년	20세 미만의 자

출처 : 조용남(2015).

라 어떻게 달라지는가를 보여 준다.

오늘날 아동은 신체 · 인지 · 정서 · 사회적 측면에서 성장하고 발달해 가는 존재로 인식하고, 생존뿐만이 아닌 전인적 발달을 이루기 위해 성인의 보호가 필요한 존재이며, 독립된 인격의 주체로서 개별적인 요구와 특성을 가진 존재로 인식되고 있다(조성연 외, 2005). 이에 따라 아동기는 영아기와 유아기 이후 시기로 5~12세 연령으로 규정되고 있으며, 이 시기는 다른 단계와는 차이가 있는 주요 발달과업을 지니는 연령으로 인식되고 있다(Newman & Newman, 1984).

국제법**아동의 권리에 관한 국제협약**에서는 아동을 18세 미만으로 정확하게 규정하고 있는 반면에 국내의 경우는 법에 따라 명칭과 범위가 다양하게 규정되고 있기 때문에 그들의 권리와 의무에도 많은 차이가 나고 있다. 이러한 차이를 보이게 되는 것은 아동을 주체로 한 권리와 지위의 규정이 세워지지 않았기 때문으로 볼 수 있다(김선택, 2010 ; 이재연, 2010). 아동의 요구와 이익, 특성들이 사회적으로 공유되고, 인식되어서 한 개인으로서 존중되지 못하고 있음을 보여 주는 것이라 할 수 있다(최윤진, 1997 ; Henry H., Foster, J. R. & Doris, J. F., 1972). 이처럼 아동에 대한 호칭과 범위가 일관성이 없는 법률적 기반으로 인해 아동정책이 실제 수립 시행될 때 기본방향조차 제대로 설정하지 못하게 되는 원인이 되며, 궁극적으로는 실제적인 복지활동이 이루어지지 못하게 되는 요인이 될 수 있다(김수진, 2008).

2) 아동복지의 개념

아동복지는 '아동'이라는 단어와 '복지'라는 단어의 합성어로서, child welfare라고 영어로 표기할 수 있다. welfare는 복지를 뜻하는 말로 '행복, 보호' 등의 다른 의미를 가지고 있다. welfare는 well과 fare의 합성어로 well은 '잘, 훌륭히, 충분히, 나은' 등의 뜻을 가진 부사이며, fare는 '지내다, 되어 가다'라는 의미의 동사이다. 즉, welfare란 '잘 지내다 혹은 충분히 되어 가다'란 의미이다. 따라서 child welfare**아동복지**란 '아동이 행복하게 잘 지내다, 아동이 충분히, 훌륭하게 되어 가다'를 의미한다고 볼 수 있다. 그러나 아동이 행복하게 잘 지내는 것이 무엇을 의미하는지 아동이 충분히, 훌륭하게 되어가는 것이 무엇을 의미하는지는 시대와 국가, 학자마다 그 의미가 다 다르다. 우리나라 「아동복지법」 제3조에서는 아동이 행복한 삶을 누릴 수 있는 기본적인 여건을 조성하고 조화롭게 성장 · 발달할 수 있도록 하기 위한 경제적 · 사회적 · 정서적 지원을 말한다.

아동복지의 개념은 여러 학자들의 견해와 그 초점에 따라 다양하게 정의되어 왔다. 카두신과 마틴(Kadushin & Martin, 1988)은 아동복지의 의미를 넓은 의미와 좁은 의미 두 가지로 분류하여 정의하였다. 먼저 좁은 의미의 아동복지는 특수한 욕구를 가진 아동과 가족을 대상으로 사회복지기관을 비롯한 특정기관에서 제공하는 서비스라고 정의하였다. 넓은 의미의 아동복지는 모든 아동들의 행복을 위해 그들의 신체적 · 사회적 · 심리적 발달을 보호하고 촉진하기 위한 모든 대책이라고 정의하였다.

프리들랜더와 앱트(Friendlander & Apte, 1980)는 사회적 · 경제적 활동으로 아동복지의 기능적 측면을 강조하였다. 빈곤 · 방치 · 유기 · 질병 · 결함 등을 지닌 아동을 대상으로 이들이 신체적 · 정서적 · 지적 발달에 있어서 안전하며 행복할 수 있도록 공공기관과 민간기관에서 사회 · 경제 · 보건적인 활동을 실시하는 것이라고 설명하였다.

레어드와 하트만(Laird & Hartman, 1985)은 아동복지는 비복지상황에 처한 아동들의 욕구를 충족시키기 위한 공적이며 전문적인 지원과정이라고 정의하였다.

장인협 · 오인수(2001)는 아동복지는 사회구성원으로서 아동의 기본적인 욕구를 충족시키고 건전한 성장과 발달을 도모하기 위해 여러 가지 활동을 가능하게 하는 공적인 방법과 절차라고 정의하며, 방법과 절차에는 아동과 관련된 법령, 공공조직 및 민간기관, 사회복지 전문직과 같은 제도화된 실천방법을 모두 포함하고 있다고 보았다.

「아동복지법」에서는 아동복지를 '아동이 행복한 삶을 누릴 수 있는 기본적인 여건을 조성하고 조화롭게 성장 · 발달할 수 있도록 하기 위한 경제적 · 사회적 · 정서적 지원'으로 규정하고 있다. 「청소년기본법」에서는 '청소년이 정상적인 삶을 영위할 수 있는 기본적인 여건을 조성하고 성장 · 발달할 수 있도록 제공되는 사회적 ·

경제적 지원'이라고 설명한다(김성경, 2015).

이상의 정의들을 종합하여 아동복지의 개념을 살펴보면 협의의 개념인 보호대상 아동 중심의 복지에서 모든 아동을 대상으로 하는 광의의 개념으로 그 인식이 확대되어가고 있음을 알 수 있다. 이는 단순한 보호를 위한 민간이나 개인 차원의 활동이 아닌, 사회제도 차원에서의 복지대책이 이루어져야 함을 보여 준다. 따라서 아동복지의 주체가 부모를 포함한 민간단체, 국가를 비롯한 공공단체와의 협력적 관계를 통해 이루어져야 하며, 아동의 생리적 · 신체적 · 정신적 · 사회적 욕구와 특성을 존중해 줄 수 있는 방향으로 포괄적 의미를 내포하고 있음을 보여 주고 있다(한성심 외, 2009). 다시 말하면, 아동복지에 대한 인식의 차원이 개인적인 것으로부터 국가적인 것으로 그 방향이 변화했다고 볼 수 있다.

이러한 인식의 변화를 위해서 아동복지의 개념을 정의하면, '특별한 문제나 욕구가 있는 아동을 포함한 모든 아동들이 가족 및 사회의 일원으로서 건강하고 건전하게 성장할 수 있도록 개인 · 민간 · 지역사회와 국가가 상호 협력하여 아동의 권리를 실질적으로 보장하는 제반의 활동'으로 정의할 수 있다(이재연, 2010).

3) 아동복지의 범위

아동복지는 아동의 행복한 삶과 건전한 성장 · 발달을 도모하기 위한 것으로 아동이 처해 있는 환경에 대한 이해가 매우 중요하다. 인간은 유기체적 존재로서 인간을 둘러싼 사회적 환경의 모든 부분에서 영향을 받고, 영향을 미치게 된다. 아동 또한 아동과 관계되어 있는 모든 환경과 상호작용하면서 성장 · 발달하게 되기 때문에, 아동을 둘러싸고 있는 환경에 대한 정확한 이해가 그 기초가 되어야 적절한 서비스를 실행할 수 있다.

따라서 아동이 관계된 모든 환경은 아동복지의 범위가 되어야 한다. 아동 주변의 환경요인은 아동문제의 원인이 됨과 동시에 해결책이 되는 중요한 관련 변인이기 때문에 아동복지를 연구하고 정책과 서비스를 개발 · 적용하기 위해서는 아동의 욕구와 문제를 사회적 환경에 대한 이해와 더불어 연구하고 탐색해 나가야 한다. 예를 들면, 아동복지를 포함한 사회복지에 관한 사회적 힘의 근원을 제공해 주는 사회학이 아동복지에 영향을 미친다. 아동복지를 포함한 사회복지정책을 실현하기 위해서는 법적 조치를 마련하는 법학이 요구되며, 아동을 포함한 사회구성원의 사회적 적응과정을 이해하기 위해 사회학이 필요하다. 또한 국가적 차원에서의 아동복지 서비스를 제공하기 위한 수준을 결정하는 기준 제공을 위해 정치적 힘이 필요하며, 아동복지에 직접적인 영향을 미치는 아동과 부모를 위한 상담, 치료, 연구 등에 활용하기 위해 심리학적 접근이 요구된다. 경제학 역시 아동복지와 직접적인 연관이 있다. 아동복지 실현을 위해서는 실천에 부합되는 재정이 요구되며 이 재정은 고용, 임금, 소득의 분배, 그리고 조세의 개념과 연관이 있기 때문에 이러한 것들을 다루는 경제학 역시 아동복지와 관련이 있는 것이다. 또한 인간은 그가 속한 사회와 문화의 상호관계 속에서 살아가므로 사회와 문화의 상호관계를 연구하는 문화인류학 역시 아동복지에 영향을 미치는 학문이라고 볼 수 있다. 이상의 것을 그림으로 정리하면 그림 4-1과 같다.

레어드와 하트만(Laird & Hartman, 1985)은 브론펜브레너Bronfenbrenner의 생태체계에 대한 관점을 통해서 아동을 둘러싼 체계들을 설명하였다. 즉, 정치, 경제,

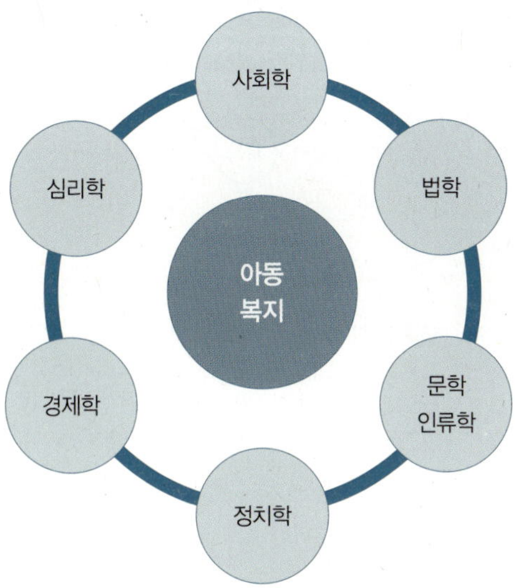

그림 4-1 | 아동복지 관련 학문

철학, 이념, 문화라는 커다란 거시체계 속에 사회적 서비스, 의료, 학교, 법원, 경찰, 레크리에이션, 주택, 교통 그리고 종교, 문화체계라고 하는 중간체계를 제시하였다. 그리고 미시체계로서 아동과 가족, 이웃, 친구 등을 제시하였다. 이처럼 아동을 둘러싼 환경은 가족에서부터 사회의 문화 · 철학 · 정치 · 경제에 이르기까지 매우 광범위하다. 또한 이러한 모든 체계는 역사적 맥락 안에서 이해되어야 함을 강조하고 있다. 아동복지의 구체적인 실현을 위해서 아동에 대한 올바른 이해가 선행되기 위해 아동복지의 범위를 위와 같이 규정하고, 아동복지에 대한 연구와 정책 및 서비스가 개발되고, 적용되는 것이 요구된다(한성심 외, 2009). 이것을 그림으로 정리하면 그림 4-2와 같다.

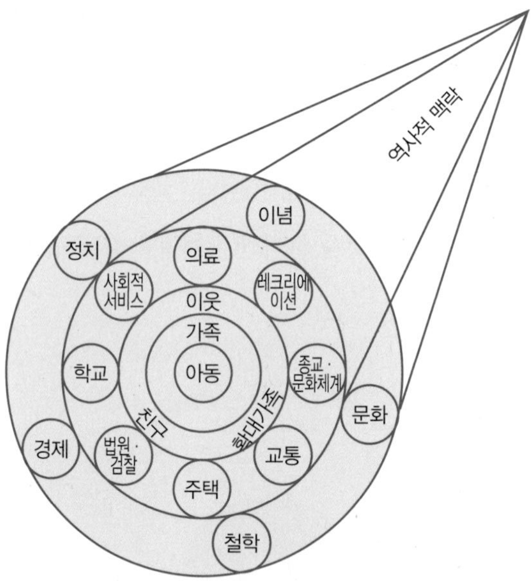

그림 4-2 ㅣ 아동복지의 범위

출처 : Laid & Hartman, 1985

2. 사회복지와 아동복지

아동복지는 사회복지의 한 분야로서 아동복지의 발전된 논의를 위해서는 사회복지에 대한 이해가 먼저 선행되어야 한다. 사회복지는 사회제도로서 사회가 추구해야 하는 궁극적인 목표가 될 수 있다. 사회사업 또는 사회복지에 대한 사회정책은 사회의 병리적인 현상에 대해서 조직적이고, 과학적으로 해결하기 위한 복지활동 중 하나로서, 전문사업가나 집단 및 국가에 의해 행하여진다. 사회복지활동은 사회사업social work, 사회복지social welfare 및 사회봉사social service라는 개념으로 함께 사용되고 있으며, 이것이 모두 동일한 것으로 혼용되고 있다. 하지만 의미와 내용에 큰 차이가 있다(성영혜 · 김연진, 2005).

던햄Dunham은 사회복지를 '인간노력의 광범위한 분야field'로서 넓은 의미로 바라보았고, 이에 반해 사회사업은 이 분야 중 한 부분인 전문직profession으로 구분하였다. 사회복지는 '가족 · 아동생활 · 건강 · 사회적응 · 여가 · 생활수준 및 사회적 관계성과 같은 영역에 있어서 인간의 욕구를 해결하는 데 도움을 줌으로써 사회적 행복의 추진을 위한 조직적 노력'이라고 바라보며, '사회사업은 개인 · 집단에 관심을 두고, 이것은 보호 · 치료 및 예방을 포괄하는 것'으로 설명하고 있다(Dunham, 1967).

프리들랜더Friedlander는 사회복지란 "개인과 집단이 원하는 건강상의 만족스러운 기준에 도달할 때까지 행하는 계획적인 사회적 서비스와 시설의 조직적인 제도"라고 정의하였다. 사회사업이란 "개인으로 하여금 개인을 집단의 일원으로서 사회적 · 인간적인 만족과 독립을 성취하도록 원조하여 주고 인간관계에 관한 과학적 지식과 숙련을 기초로 한 전문적 활동"으로 정의한다. 이러한 정의는 사회복지는 조직적 제도를 통해서 복지활동이 이루어지는 것에 초점을 맞추며 사회사업은 전문적인 활동을 통해서 보다 구체적인 복지활동이 이루어지는 것을 의미한다고 볼 수 있다(Fridlander, 1995).

윌렌스키Wilensky는 사회복지 기능의 두 가지 측면을 강조하여, 사회복지를 잔여적 사회복지와 제도적 사회복지로 나누어서 설명한다. 잔여적 사회복지는 인간이 정상적인 기능을 수행하지 못할 때 이를 보완하여 주는 것을 강조한 것이며, 제도적 사회복지는 개인이나 집단이 만족할 수 있는 삶과 건강을 누릴 수 있도록 사회적 서비스를 제도화하는 것으로 구분하였다(Wilensky, 1965).

사회복지의 개념은 점차 다음과 같은 방향으로 변화되어 가고 있다(Romanyshin, 1971 ; 성영혜 · 김연진, 2005 재인용). 잔여적 개념에서 제도적 개념으로, 자선에서 시민권으로, 특수한 서비스에서 보편적 서비스로, 최저조건에서 최적조건으로, 개인적 개혁에서 사회적 개혁으로, 자발성에서 공공성으로, 빈민복지에서 복지사회로 개념이 변화되고 있다. 이것을 그림으로 나타내면 그림 4-3과 같다.

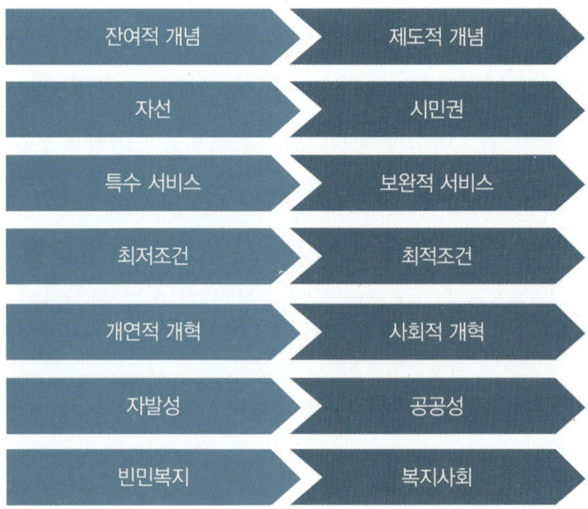

그림 4-3 | 사회복지개념의 변화

3. 아동복지발달의 역사

아동복지발달의 역사는 크게 우리나라와 외국의 아동복지의 발달로 나누어서 살펴볼 수 있다. 우리나라 아동복지발달사를 전통사회, 근대 이전, 근대, 현대로 나누어 살펴보고자 한다. 또 외국의 아동복지는 영국, 미국, 스웨덴, 일본을 중심으로 살펴보고자 한다. 그 이유는 영국은 아동복지의 근간이 되는 법을 제정하였고 미국과 스웨덴은 세계 여러 나라 가운데 아동복지가 가장 잘 발달된 나라 중에 속하며, 일본의 경우는 아시아를 대표하여 예를 들기 위해서이다.

1) 우리나라 아동복지발달사

(1) 전통사회의 아동복지

《삼국사기》에 의하면 신라 2대 남선왕이 서기 18년에 백성들이 기근으로 굶주렸을 때, 국고를 열어서 구휼했다는 기록이 남아 있으며, 3대 유리왕 5년에 관리에게 명하여 늙은 홀아비, 늙은 과부, 부모가 없는 아이, 늙고 자식이 없어 노인으로 자활할 수 없는 사람, 병든 사람을 조사하여 이들에게 식료품을 주어서 부양하였다는 기록이 있다(권오구, 1997). 이 시기의 빈민을 위한 구제는 전문적인 부서나 기관이 존재하지 않았으며, 왕의 정치를 통해 한시적으로 이루어졌다고 볼 수 있다(함세남 외, 1996).

고려시대는 신분제 사회로 홀아비, 과부, 고아 및 노인은 극빈층의 삶을 살거나, 특히 고아는 인신매매, 유괴 등을 통해서 노비로 살게 되는 경우가 허다했다. 성종 10년에는 고아이면서 병이 있는 자를 관곡을 주어 구휼하였고, 10세 이하에 한해서 관에서 급양하고, 연령이 지나고 나면 본인이 원하는 바대로 주거지를 정할 수 있게 해주었다. 고려 말 충목왕 3년에는 '해아도감'을 설치하여 고아들을 보호하고 양육하도록 하였다. 이는 우리나라 최초의 관설 영아원으로 볼 수 있다(함세남 외, 1996). 또한 병란이나 기근으로 인해서 기아, 고아, 빈민아들이 발생하게 되면 승려나 사역승으로 삼거나 양자녀 또는 조비로 삼기도 하였다. 이는 불교가 고려의 국교였기에 자선을 행하는 자비심과 복전福田(복을 낳는 밭)사상에 기초하여 가난하고, 보호받지 못하는 아동을 구휼하기에 힘썼음을 알 수 있다(한성심 외, 2009 ; 문선화 외, 2009).

(2) 근대 이전의 아동복지

조선시대의 아동보호 관련 법령으로 제9대 성종 원년(1470)에 편찬된《경국대전》에 고아와 부양자가 없는 노인에 대해서 의료와 식량을 나라에서 구제한다는 규정이 있다. 1661년 현종 2년에는 요보호아동 보호에 대한 법령이 제정되었다. 이 법령에 의해서 관의 허가에 의해 버려진 아이나 굶주린 아이들에 대해 민간 입양이 실시되었으며 이들에 대한 옷값이 지급되었다. 그 후에 아동의 처우에 대한 법령으로 '수양임시사목', '자휼전칙' 등이 만들어지면서 아동보호법령의 체계를 갖추었다.

수양임시사목은 제19대 숙종 22년(1696)에 제정되어 실시된 복지제도로 흉년에 한하여 일시 보호의 수단으로 민간수용을 허가하여 부모나 보호자가 없는 무의무탁 아동을 양육하도록 한 제도이다. 수양을 원하는 사람이 있을 경우에 수양이 필요한 아이의 부모 유무와 부양책임자의 유무 등을 친척 또는 동리의 장, 이웃사람들에게 자세히 조사하여 면밀히 밝힌 후, 그 사실을 진휼청에 보고하여 등록하고 허가를 얻어 시행하도록 규정하였다.

자휼전칙**字恤典則**은 1783년(정조 7년)에 만들어진 법이다. 정조는 다음의 언급을 통해 어린아이들에 대한 그의 사랑과 관심을 잘 표현하고 있다. "흉년이 들어 굶주리는 해에 우리 백성들 중 가장 말할 데 없고 괴로운 사람은 바로 어린아이들이다. 장정들은 그런대로 살아갈 수 있지만, 어린아이들은 이와 달라 제 힘으로 입에 풀칠을 할 수 없으므로 훌쩍거리며 살려 주기를 바라며 의지할 데가 없게 된다."(http://m.mk.co.kr/news/opinion/2014/1018381) 한양 5부에서 4~10세 걸식아동들을 진휼청에 보고하면 아이들이 굶어 죽지 않도록 양식을 공급하였으며 진휼청 밖 빈터에 흙집을 지어 거처하게 하였고, 버려진 영아들에게 유모를 찾아주어 젖을 먹을 수 있도록 하였다. 또한 지원자를 물색하여 양육에 필요한 양식과 의복을 지급하였고, 병에 걸린 자들에게는 혜민서에서 치료를 받을 수 있도록 하였다. 버려진 아이들은 국가에서 이들이 자립할 때까지 돌보도록 하였다.

조선시대의 아동복지의 주요 내용을 살펴보면 다음과 같이 정리할 수 있다(성영혜 · 김연진, 2005 ; 함세남 외, 1996).

① 태아의 보호

조선시대 형법전인《대명률大明律》에 '부인 범죄자가 임신 중인 경우'에 친족에게 책임을 맡겨 두었다가 출산하여 백일이 지난 뒤에 비로소 처형하는 규정이 있다. 사형이 확정된 임산부는 감옥에 구금하여 출산 후 백일 뒤에야 사형을 집행하는 법이 있다.

② 친족부양의 책임

자휼전칙에 부랑걸식하는 아동은 반드시 부모, 친척 또는 주인이 없는 것을 확인한 후 국가에서 도움을 주는 것을 기준으로 하였으며, 성종 원년(147)에 편찬된 《경국대전》에도 동일한 기준을 적용하여, 친족부양의 책임을 제일로 규정하고 있다.

③ 양자제도

조선시대 양자제도는 대를 잇기 위한 동종의 양자관계와 고아를 위한 민가수양의 방법이 있다. 입양수양과 관련된 법령인 수양임시사목收養臨時事目에 의하면 아동을 수양하기 원하는 사람은 아동의 연령, 용모를 적어서 서울의 당해부서울의 행정지역 5부와 지방의 군현郡縣에 신고하여 공인을 얻어 관에서 정해주는 대로 수양관계를 확정했다.

④ 집단수용보호

자휼전칙에 의하면 진휼청을 수용, 보호시설로 두고, 풍년이든 흉년이든 3세까지 진휼청유접소서울와 임시구호소지방에 아동을 보내 구호하도록 하였다.

(3) 근대 아동복지

우리나라에서 근대적 성격을 띤 아동복지사업은 조선시대 말 갑오경장 이후 외국 선교사들의 유입과 이들의 포교를 위한 구호 및 육아사업에서 비롯되었다고 볼 수 있다. 서양인 선교사의 수용시설을 위한 아동보호방법이 최초로 도입되었으며, 근대적 육아사업은 1854년 프랑스 메스트로 신부에 의한 고아구제사업이 효시가 된다고 볼 수 있다(이순형 외 공저, 2003). 19세기 말 파리가 산업혁명의 여파로 심각한 빈곤상태에 놓이고 이러한 여파로 인해 거리에 고아와 걸식아들이 많아졌으며 이를 해결하기 위해 프랑스교회에서 고아구제사업을 실시하게 된다. 여기에서 아이디어를 얻은 메스트로 신부는 이것을 모델로 삼아 한국의 빈민아들을 위해 고아원을 설립하게 된다. 이것이 바로 한국 가톨릭교회의 초석이 되는 파리외방전교회가 설립한 1854년의 조선영해회 고아원 설립을 의미한다. 이 영해회 사업의 연장으로 1880년에 천주교고아원이 세워진다. 1883년에는 프랑스 교회에 의하여 지금의 명동 천주교회 고아원을 개설하여 기아, 고아, 빈궁한 아동을 수용하여 보호하게 된다. 1886년에는 미국 선교사 언더우드에 의해 고아들을 모아 예수학당과 구세학당이 시작되었다. 1892년에는 선교사 랜디스에 의해 인천에 고아학원이 만들어졌다. 1906년에는 복지가 이필화가 경성 고아원을 설립하였다. 이 고아원은 한일병합 후 일제 총독부 직영 사회사업기관인 제생원 사업으로 전환되어 계속적으로 유지되었다. 이처럼 갑오경장 이후, 종교단체들이 서울, 평양, 인천 등에 여러 개의 구호·의료활동을 개시하였고, 한일병합 이후에는 그 시설의 수가 증가하였으며, 종교단체만이 아닌 민간 독지가나 개인 등이 함께 하였다(문선화 외, 2009).

이 시기에는 식민지 시대의 지식인들이 광복을 위해 아동들에게 교육·계몽운동을 펼쳤으며, 민간 차원에서도 아동 보호를 위한 운동이 활발하게 일어났다(전남련, 2003). 천도교는 민족독립운동의 성격을 지니는 사회운동을 통해 '소년운동선언'을 1923년에 발표하면서, 아동의 인권을 보호하고자 하였고, 잡지 〈어린이〉의 창간과 '색동회' 등의 연구기관을 만들어 아동문제를 연구하고, 아동운동을 확장해 나갔다. 기독교는 아동보호를 위해서 교육활동, 의료·보건활동 등의 사회사업에 힘썼으나, 일제의 탄압으로 인해 중지되었다(박정란·서홍란, 2001).

1920년대 말부터는 총독부가 아동애호운동을 통해서 민족독립운동 중심의 소년운동을 탄압하였고, 어용소년단체를 장려하였다.

제1차 세계대전 이후 빈곤층이 급증하게 되어 국가적·제도적 차원에서 이를 해결하고자 하였다. 조선총독부는 1944년 우리나라 최초의 근대적 생활보호법이라 할 수 있는 조선구호령을 공포하였다. 이는 일본의 구호법을 가져온 것으로 13세 이하의 유아와 임산부를 구호의 대상으로 간주하였고, 보육원을 구호시설로 인정하였으며, 거택 구호를 원칙으로 하였으나 이러한 여건이 되지 않는 경우에 시설에 수용하거나, 수용을 위탁할 수 있도록 하였다. 이때 발생하는 비용은 국가에서 부담하도록 하였다. 그러나 그 목적이 일제 말기의 유화정책으로 실행되었기 때문에 빈민구제에는 그 실효성이 없었다(구자헌, 1991).

(4) 현대적 아동복지

현대적 의미에서의 아동복지는 크게 구호적 아동복지와 잔여적 아동복지로 나누어 살펴볼 수 있다. 구호적 아동복지는 한국전쟁 전후로 구호사업 중심의 복지를 말한다. 잔여적 아동복지는 근대적 복지가 이루어지면서 복지 관련 법들이 제정되고 사회복지의 기본 구조를 성립하게 된 이후에 이루어진 복지를 의미한다.

① 구호적 아동복지(1945~1960년)

이 시기는 광복 이후로부터 한국전쟁까지의 시기로, 빈곤과 혼란의 시기였기에 1947년 제정된 헌법에는 복지에 관련된 사항이 없었고, 해방 전 일본이 발표한 조선구호령과 미군정 시대의 복지 관련 법을 답습하고 있었다. 정부 차원에서 복지활동이 일어나지 못하였지만, 민간 차원에서 자선구제사업이 일어났다. 종교단체 중심의 외국 원조단체들의 지원과 사회사업을 통해서 현금, 현물이 보급되었는데, 이 시대 가장 핵심이 되는 재원 및 서비스 제공원이 되어 주었다(한성심 외, 2009).

한국전쟁 이후 전쟁 고아를 위한 시설 중심의 구호사업이 복지 사업의 가장 중심에 있었다. 아동수용보호시설이 전체 수용시설의 80% 이상을 차지하였으며, 이는 해외의 지원을 통해서 운영되었다(이혜경, 1992).

미군정 시기인 1946년에 「아동노동법규」가 제정되어 14세 미만의 어린이의 노동을 금하고, 학교 수업시간에는 누구라도 노동을 하지 못하도록 하였으며, 노동시간도 제한을 두었다. 1947년「미성년자노동보호법」을 통해 아동의 건강과 성장을 돕고, 아동의 이익을 보장하기 위한 법으로 재정비되었다(문선화, 2009).

이 시기 아동복지시설의 수용인원은 1945년 1,819명에서 1960년 5만 6,042명으로 증가하였으며, 시설 수도 100개가 넘어 아동복지사업은 시설보호사업이라 할 수 있었다. 또한 전쟁시기에 혼혈아동의 문제가 발생하여, 이를 중심으로 하는 해외입양이 시작되는 계기가 되었으며, 1955~1960년 사이 3,525명의 혼혈아동이 해외로 입양되었다(한성심 외, 2009).

② 잔여적 아동복지(1961~1980년)

근대적 성격의 복지가 이루어지기 시작하면서 복지 관련 법들이 제정되고 사회복지의 기본구조를 형성하게 되었다. 1961년「생활보호법」,「아동복리법」,「고아입양특례법」, 1963년「사회보장에 관한 법률」,「아동복지법」시행규칙,「보호시설에 있는 고아의 후견직무에 관한 법률」시행령,「산업재해보상보험법」, 1967년「고아입양특례법」시행령, 1970년「사회복지사업법」, 1976년「입양특례법」등이 제정되었다. 그러나 이 당시 정부는 군사쿠데타를 통해 집권하여 정부의 정당성과 정통성을 세우기 위한 의도가 있었기 때문에, 복지를 위한 입법조치이기보다는 장기 집권을 위한 기반을 마련하기 위한 것이었다. 따라서 '선 성장, 후 분배'라는 가치가 바탕이 되어, 산업화 추진과 경제 성장에 부정적인 영향을 끼치지 않는 선에서 복지가 고려되었다(한성심 외, 2009 ; 문선화 외 2009).

1961년「아동복리법」은 '모든 아동의 건전 육성'을 목적으로 하였으나, 국가 재정상의 어려움으로 인하여 '요보호아동'으로 그 대상을 제한하였고, 이것은 1981년「아동복지법」제정까지 우리나라 아동복지의 근간이 되었다. 아동복지시설과 수용아동의 수는 1967년 568개 시설에 6만 5,212명을 고비로 최대로 증가하였고, 1970년대 이후에는 감소하였으며, 1960년대까지는 외국의 지원이 아동복지시설 운영재정의 50%를 넘게 담당하였지만, 1970년대부터 외국단체가 점차 철수하면서, 상대적으로 국가보조가 증가하기 시작하였다(장인협 · 오정수, 2001).

아동복지사업은 탈시설정책을 중심으로 이루어지면서 가정보호를 강조하였는

데, 이는 비용적 측면과 가정을 통한 심리적 유대관계가 가장 중요한 환경이라는 인식에서 기인하게 되었다. 그리하여 예방적 차원을 아동복지정책의 기조로 삼고, 요보호아동의 개별적 욕구를 존중하여 다양하고 적절한 보호를 행해야 함을 강조하게 되었다. 이를 위해 가정위탁보호, 영유아보육서비스가 강조되었으며, 1960년대와 1970년대에는 국내 및 해외 입양사업이 확대되었다(장인협 · 오정수, 2001 ; 송주미, 1998).

1976년에는 '불우아동 건전육성대책'을 수립하고, '불우아동결연사업'을 전개하였으며, 아동상담사업이 1965년에 시작되어 불우아동 발생의 예방을 도모하며, 입양 위탁, 거택보호 및 일시보호사업과 아동의 지도와 감독의 기능을 담당하도록 하였다(한성심 외, 2009).

③ 보편적 아동복지(1981~1999년)

1981년「아동복리법」을「아동복지법」으로 개정하면서, 요보호아동을 포함한 모든 아동을 대상으로 하는 보편적 아동복지에 대한 인식전환이 시작되었다. 이를 비롯한 사회복지 관련 법들이 개정되고 제정되었지만 복지사업 간의 부조화 현상이 있었으며, 복지의 주체도 국가와 민간 그리고 전문기관 사이에서 공통된 발전체계를 가지지 못한 것이 이 시기의 특징이다(한성심 외, 2009 ; 문선화 외, 2009).

이 시기의 주요한 아동복지사업으로 가정위탁보호사업이 더욱 관심을 받게 되었다. 소년소녀가정세대에 대한 지원과 가정위탁보호사업에 대한 지침을 마련하고, 1986년 아시안게임과 1988년 올림픽 개최를 통해 해외입양에 대한 부정적 시각이 대두되면서 국내입양을 활성화할 수 있도록 정책을 마련하였다. 1991년「영유아보육법」제정을 통해서 저소득층뿐만이 아닌 일반아동에게까지 복지의 대상이 확대되면서 대표적인 가족보충사업이 되었다(한성심 외, 2009 ; 문선화 외, 2009).

지속적인 산업화와 도시화로 인해서 아동의 학교부적응문제에 대응하기 위한 학교사회사업의 도입이 시작되었다. 1995년 시범 운영을 시작하였고, 1997년에는 학교사회사업학회가 결성되었다. 1991년에는 우리나라가 '아동권리에 관한 국제협약'의 당사국이 되어 아동권리에 대해서 정부 차원의 노력이 이루어지는 단계로 접어들게 되었다.

④ 권리 중심의 보편적 아동복지(2000년~현재)

아동권리의 구체적 실현은 2000년 「아동복지법」이 개정되면서 제도적 기반의 마련과 함께 시작되었다. 개정된 법의 핵심 사항은 아동학대에 대한 안전과 지원을 공고히 하기 위한 것으로 아동복지지도원을 사회복지전담공무원으로 전문성을 높였고, 1990년 후반 IMF로 발생한 빈곤아동에 대한 보호를 위해서 지역아동센터가 마련되었으며, 소년소녀가장에 대한 용어를 소년소녀가정youth family으로 변경하여 아동의 보호받아야 할 권리를 공고히 하였다(문선화 외, 2009).

또한 아동권리에 대한 국제협약의 당사국으로서 국내법을 지속적으로 검토하고, 국무총리 소속하에 아동정책조정위원회를 두어 관련 부처 간의 협의를 이끌어 내고자 하고 있다. 2004년에는 아동복지의 주관부서가 여성가족부로 이관되어 보육정책기능을 강화하고, 보편적 보육을 위한 재정 지원이 확대되었으며, 민간 주도의 빈곤아동 지원사업인 위스타트We Start가 시작되었다. 2008년은 새 정부의 출범으로 아동복지업무와 보육업무, 청소년보호위원회에서 담당하던 청소년복지업무 등이 보건복지가족부로 이관되어 아동복지 및 청소년복지가 통합된 정책을 이루어 가기 위해서 논의되었다(한성심 외, 2009).

2) 외국의 아동복지발달사

아동복지를 실천하기 위해서는 무엇보다도 먼저 아동복지의 필요성에 대한 인식이 있어야 한다. 아동복지의 필요성에 대한 인식은 아동에 대한 관점에 따라 그 양상이 다르게 나타난다. 아동이 불필요한 존재, 혹은 성인들의 성적 부산물이라고 생각하거나 성인의 축소판이라고 생각하는 경우 아동을 귀찮게 여기거나 아동의 필요를 채워줄 필요가 없다고 생각하게 된다. 따라서 아동복지의 필요성이 존재하지 않게 된다. 고대나 중세시대에서는 아동에 대한 관점이 위에서 언급한 바와 같이 성적 부산물이나 성인의 축소판이라는 생각이 지배적이었다. 이러한 상황에서 아동복지는 매우 미미하게 이루어졌다고 볼 수 있다. 근대에 들어서 루소나 록크 등의 철학자들에 의해 아동은 그들 나름의 생물학적 시간표를 지닌 존재라는 생각이 전파되면서 아동이 성적 부산물이나 성인의 축소판이라는 개념에서 벗어나게 되었으며 아동을 그들 나름의 존재로 인식하게 되었다. 이후 페스탈로치나 프뢰벨 등의 학자들이 아동 중심 사상을 주장하면서 아동에게 적절한 교육과 서비스가 제공되어야 한다는 인식이 증가하게 되었다. 또한 스탠리 홀Stanley Hall이 중심이 되어 이루어진 '아동연구운동'은 아동 중심 사상을 더욱 확산시키기에 충분했다. 이후 1909년과 1930년 제1차, 3차 미국 백악관회의에서 어린이헌장에 대한 의결과 발표가 이루어지면서 아동복지에 대한 개념은 이전의 미미하고 구호적 의미에서 아동의 인권과 복지권으로의 변화를 가져왔다.

이상의 변화를 거쳐 온 외국의 아동복지의 발달사를 살펴보기 전에 아동에 대한 관점이 어떠하였는지를 근대 이전과 근대, 그리고 현대로 나누어 살펴보고자 한다.

(1) 근대 이전의 아동

고대사회는 가족 · 씨족을 중심으로 하는 부족 공동체였기 때문에 아동은 부족의 안전과 종족 보존을 위한 수단으로 여겨졌다. 아동 개개인의 가치나 존엄성은 무시되었고, 부족 안에서 노동력을 제공하고, 종족 보존에 기여할 수 있는가가 생존의 중요한 판단기준이었기 때문에 영아 살해, 유기, 낙태, 인신매매가 당연하게 여겨졌다. 카두신Kadushin에 의하면 아마존 강 유역의 인디언들은 갓 태어난 아기를 강물에 넣어보고, 건강한 아이만을 살렸다고 한다. 또 세네카seneca가 비정상아를 죽이는 것은 당연하며 현명한 소치라고 말한 것을 보아도 당시 아동의 인권이 무시되고 있는 시대적 분위기를 알 수 있다(성영혜 · 김연진, 2002). 또한 당시의 분위기는 아이들을 강이나 광장에 버리면 자녀가 없는 사람들이 주워기르도록 하는 관행이 있었으며, 가난으로 인해 자녀를 팔 권리도 부모에게 있었다(한성심, 송주미, 2009).

중세에 들어서 영아 살해와 유기가 기독교 사상으로 인해 죄악시되었다. 콘스탄틴 황제는 BC 318년에 '영아를 살해하는 것은 죄'라는 조항을 법전에 명시하였으며, 부모가 부양능력이 없을 때는 다른 사람으로 하여금 의식주를 제공하여 아동을 부양하도록 조치하였다. 국가적으로 빈민아동의 구제에 대해서 관심을 갖기 시작한 계기는 1215년 영국 존왕이 선포한 대헌장Magna Carta이다. 대헌장을 통해서 왕이 모든 아동의 부모혹은 후견인의 책임을 다 하겠다고 공포하였다. 또한 수도원이 운영하는 수용보호시설의 형태를 갖춘 구빈원이 있었는데, 이 숙박소는 순례자를 접대하는 장소에서 노인, 과부, 고아, 병자들을 구제하는 것으로 그 목적이 다양하게 이용되었다. 이때부터 교회의 아동보호사업이나 서비스가 싹트기 시작하여, 가난하고 보호받지 못하는 아동을 돌보기 위한 노력을 기울이기 시작했다고 볼 수 있다(문선화 외, 2009).

그러나 15~16세기 르네상스 이후의 가정 양육형태는 아동의 내면에 악하고 못된 성품이 있기 때문에 엄하고 무서운 모습으로 나타났고, 엄격한 신분계층을 통해서 사회가 유지되고 있었기 때문에 아동의 지위도 신분에 따라서 존중되었다. 아동을 성인하고 동일한 인격체로 보기 시작하는 아동존중사상을 최초로 주장한 것은 17세기 들어서 코메니우스에 의해서였다. '성인의 축소판'으로 아동을 바라보던 기존의 사상을 거부하고, 존엄한 인격체로 존중하는 이러한 사상은 18세기 루소, 페스탈로치에게 이어진다(김운삼 · 박은주 · 이연희, 2008).

(2) 근대의 아동

근대 사회는 산업혁명과 상공업의 발달로 봉건제도가 무너지고, 자본주의 제도가 새롭게 들어서게 되는 시기였다. 산업혁명은 농노들의 일자리와 농토를 잃게 하였고, 도시의 빈민으로 전락하게 하여 부랑자가 되게 하였다. 종교개혁으로 수도원이 해산되었으며 수도원에서 보호하던 많은 빈민들은 길거리로 내몰렸다. 자본가 계층과 노동자 계층의 탄생으로 인한 대량 실업과 빈민 노동자와 부랑인의 급증, 사회적 약자인 노인 · 아동들의 보호에 대한 문제들은 더 이상 개인의 문제가 아닌 국가적 차원에서 다루어져야만 했다(김운삼 외, 2008 ; 문선화 외, 2009).

1601년 엘리자베스는 「구빈법」을 제정하여 국가적 차원에서 빈곤계층을 책임지려는 시도를 시작하였고, 이 법은 보호를 필요로 하는 아동에 대한 규정을 함께 세웠기 때문에 아동복지의 기원이라고 볼 수 있다. 이 법은 빈민을 노동능력에 따라서 노동능력이 있는 빈민과 없는 빈민 그리고 요보호아동으로 그 대상자를 분류하였다. 이 법의 아동복지적 의의는 요보호 아동에 대한 국가의 책임을 최초로 규정하고, 최초로 위탁보호제도를 실시한 점이다. 또한 도제 생활을 통해 기술습득을 하여 자립의 기반을 마련할 수 있도록 한 것에도 그 의의가 있다.

그러나 산업혁명으로 인해 아동들이 많은 일자리에 포진하게 되었다. 그리하여 아동의 노동 착취가 문제시되었고, 의무교육도 시행되지 않던 시기였기 때문에 문제는 더 심각하였다. 1802년에는「공장법」을 제정하여 9세 이하의 아동에게는 노동을 금하였고, 1847년에는 1일 노동시간을 10시간 이내로 제한하였다. 19세기 중반까지 고아가 되었거나, 유기된 아동은 구빈원에 수용되었다. 하지만 이곳의 생활은 너무나 열악하여, 1851년 빈민생활조건개선협회가 노숙아동과 방임아동을 보호하는 아동시설을 세우기도 하였으며, 많은 개혁가들이 아동시설의 참혹상을 알려 정부 차원의 개선이 이루어지기도 하였다(문선화 외, 2009).

19세기 말 서유럽은 모성이 강조되면서, 어머니의 역할과 의무가 중시되어, 1839년 유아보호법을 제정하여 무책임한 남편으로부터 여성이 자녀를 보호하고 양육할 수 있는 권리를 인정받게 되었고, 1834년에는 사생아에 대한 구빈법이 제정되어 모성을 보호하고자 하였으나, 책임이 증대되어 여성에게 부담을 가중시키기도 하였다.

반면에 19세기에는 일반인들에게까지 피임술 혜택이 확대되지 않았기 때문에 상류계층이 아닌 여성들 사이에서는 의도적인 유아살해와 유기 및 낙태가 공공연하게 이루어졌으며, 영국에서는 원하지 않는 아이를 없애는 방법으로 인공유산이나 살해 또는 대리양육이 사용되었다. 이러한 사회문제를 해결하기 위해서 1872년「유아생명보호법」이 제정되었으며, 1880년대에는 부모의 학대로부터 아동을 보호하기 위한 법이 제정되었다(한성심 · 송주미, 2009).

(3) 현대의 아동

20세기 이후에 아동의 권리에 관심을 갖게 되어 아동은 인격적 존재로서 인정받게 되었다. 그리하여 아동복지가 아동의 욕구와 관심에 초점을 맞추어 예방적 차원에서의 대책이 구체화되고, 체계화되기 시작하였다.

아동권리사상, 아동복지사상이 사후관리 차원이 아닌 예방적 차원에서 개입되기 시작하였다. 1909년 미국의 루스벨트 대통령은 백악관 회의에서 아동에 대한 가정의 보호와 양육을 강조하였다. 이 선언에서는 가난 때문에 아동이 가정으로부터 이탈되어서는 안 되며, 불가피한 경우에는 잘 선정된 위탁가정에서 보호받아야 하고, 시설을 이용할 경우라도 소숙자 제도를 권장하며, 아동의 의존성이 나타나지 않도록 해야 한다는 원칙을 제시하고 있다. 이러한 성과로 1912년 아동연방국을 설치하게 되었으며, 이를 통해 아동문제, 아동노동, 비행 등을 담당하도록 하였다(문선화 외, 2009).

아동권리에 관한 선언이나 권리 규범은 1924년 국제연맹이 '아동권리에 관한 제네바 선언'을 함으로써 아동을 권리의 주체로서 인식하는 보호 규범이 선언되어 아동권리 신장의 시작점이 되었다. 1989년 국제연합에 의해 채택된 아동권리협약은 법적 구속력을 갖는 국제규범을 통해서 아동권리에 관한 기존의 관심들이 통합되고, 국가별로 아동의 권리를 보장하기 위한 방안들이 시도되었다(김운삼 외, 2008).

또한 빈곤계층의 아동과 부모에 대한 교육에 대한 관심이 높아져 미국에서 1960년대부터 헤드 스타트 프로그램을 통해 보상교육을 실시하였고 정상적인 교육기회를 제공하여 건강한 성장과 발달을 도모할 수 있도록 돕고 있다(한성심 · 송주미, 2009).

이제는 아동복지의 대상이 요보호아동을 넘어서 일반 아동으로 확대되어 보편적 아동복지에 대한 인식이 확산되었다. 1933년에는 「아동청소년법」이 제정되어 일반 아동과 청소년의 복지와 사회참여를 활성화시키고자 하고 있다. 또한 아동수당 제도가 발전하여 1974년 영국에서는 모든 아동을 대상으로 수당을 제공하는 「아동수당법」을 제정하였다(문선화 외, 2009).

20세기는 아동복지의 전문화가 이루어져 아동의 욕구를 고려한 수용시설 및 특별 위탁가정 보호 등의 제도가 등장하였고, 아동복지 서비스 또한 세분화되고, 아동복지를 담당하는 전문가가 양성되어 현장에서 구체적이고, 실질적인 복지활동이 이루어지고 있다(김운삼 외, 2008).

(4) 여러 나라의 아동복지발달사

① 영국의 아동복지발달과정

영국은 국가적 차원에서 최초로 아동복지 대책을 마련하였으며, 다른 여러 나라의 아동복지에 영향을 주고 있다. 그 시작은 엘리자베스의 「구빈법」으로 1601년 법제화되어, 영국 복지제도의 기틀을 마련하였으며, 이후 300여 년간 영국의 복지제도의 근간을 이루어 보호자가 없는 빈곤아동에 대한 복지가 이루어질 수 있었다.

그러나 18세기의 산업혁명은 빈곤가정과 결손가정의 아동이 늘어나게 하였으며, 이에 대한 대책마련이 요구되었고, 과도한 아동의 노동력 착취로 인한 문제는 심각한 사회문제로 대두되었다. 1780년경부터 일요학교유아학교가 설립 · 보급되어 영국에서의 공교육의 기틀을 마련하게 되는 계기가 되었으며, 1833년 「공장법」이 제정되어 아동의 노동을 1일 12시간으로 제한하였고, 1847년에 새롭게 개정되어 9세 미만의 아동의 노동을 금지하였으며, 노동시간을 하루에 10시간으로 제한하였다.

또한 가정에서 자녀양육기능이 약화되자 1870년 세계에서 최초로 초등교육을 의무화시켰으며, 1872년에는 「유아생명보호법」이 제정되었고, 1874년에는 출생신고를 의무화하여, 유아와 사생아 보호를 위한 법적 제도를 마련하였다. 학대나 방임상태에 있는 아동을 위해서 1884년 아동학대방지협회를 설립하고, 1889년에는 「아동학대방지법」이 제정되었다(김운삼, 2008).

1900년대 들어서는 1906년「학교아동급식법」, 1907년「학교아동보건법」, 1908년「아동법」을 통해서 학교아동 보건을 지원하고, 부모의 방관이나 태만으로부터 아동의 건강 확보를 복지의 중심으로 추진하였다. 1948년「신아동법」으로 체계가 정비되어 가정으로부터 보호와 양육이 유지될 수 없는 아동을 지역사회와 공동단체가 부모역할을 담당하도록 규정하였다(한성심 외, 2009).

1945년 커티스를 대표로 하는 위원회를 구성하여 아동복지행정의 통합, 아동 개개인의 욕구 중시, 가정 존중을 권고하였으며, 가족수당제도를 도입하여 모든 가정에 아동급여를 제공하는 소득보장제도가 실시되었다(김운삼 외, 2008).

1989년 정비된「아동법」은 현재 영국의 아동복지체계를 제공하고 있다. 부모는 자녀양육의 책임을 지며, 아동보호를 국가에서 담당하게 되는 경우에는 아동의 최선의 이익을 우선적으로 고려하고, 아동의 의견이 존중되고 미래에 대한 의사결정에 참여할 수 있어야 하며, 가정에서 떠날 수밖에 없는 상황에서는 시설이 아닌 대리가정에서 보호되도록 조치해야 한다는 '아동의 권리에 관한 국제협약'의 원칙에 의거하고 있다.

영국의 대표적인 아동복지정책 및 서비스를 살펴보면 다음과 같다(한성심 외, 2009).

- 아동수당 지급 : 아동이 있는 가정에 시행되고 있는 가장 보편적이고 일반적인 경제적 지원으로 아동수당이 있다. 가정의 소득수준이나 기여 여부에 관계없이 모든 아동에게 주어지는 소득보장제도로서, 1991년부터 첫째 자녀에게 많은 비율의 혜택이 주어지고, 한 부모의 경우 급여액이 추가로 지급된다.
- 국민보건서비스 : 아동보건서비스로 아동의 건강보호를 국가에서 책임지고 있어서 출생부터 무료로 국민보건서비스가 실시되고 있다.
- 가족신용대부제도 : 빈곤가정을 위한 제도로, 부양가족이 있는 저소득 근로자의 근로의욕을 고취시키기 위해 봉급생활자와 자영업자를 대상으로 경제적 지원을 하는데, 이는 아동의 수와 연령, 가족의 소득에 따라 차등적으로 지급된다.

- 공공보육 : 지방행정부에서 운영하고 있는 공립보육시설을 무료로 이용할 수 있다.
- 위탁보호사업 : 부모가 없거나, 적절한 양육이 이루어지지 않는 아동은 위탁되는데, 보호대상아동의 50%가 위탁가정에 맡기어지고 있다.
- 입양에 의한 대리보호 : 시설에 의한 대리보호의 대안으로 중요한 아동복지 사업의 일환이 되었는데, 1976~1989년까지 입양에 관한 규정을 정하고, 양부모에게 생계비 수당을 지원하고 있다.
- 아동학대에 대한 대책 : 1989년「아동법」의 제정으로 국가적 개입과 보호의 의무를 명시하여, 학대한 자를 처벌하고, 학대받은 아동을 지원하기 위한 전문 요원 양성과 서비스를 개발하고 있다.

② 미국의 아동복지발달과정

미국은 영국의 청교도집단의 이주로 인해서 국가가 세워졌기 때문에 영국의 사회복지제도의 영향을 많이 받았다. 따라서 1860년대 남북전쟁 이전은 영국의「구빈법」의 영향으로 빈민구제와 시설보호를 통한 아동보호가 이루어졌다. 영국과 마찬가지로 미국 또한 종교단체의 주도로 시설보호를 중심으로 시작되어 1727년 뉴올리언스 우슬린 수도원에 의해 처음 설립되어, 1740년 영속적인 보호시설인 베더스타 고아원이 최초로 설립되었다(김운삼, 2008).

그러나 남북전쟁 후 미국은 경제성장을 통해서 경제대국으로 변화되면서, 그 이면에 빈곤, 인종, 교육 등의 사회문제들이 내재되어 있었다. 1850년 이후 건전한 아동발달을 위해 위탁보호사업이 전개되었는데, 건전한 아동의 발달을 위해서 시설에서 보다 개선된 차원인 일반가정에서 아동보호가 필요함을 인식하게 되어 이루어진 사회운동이었다. 이러한 운동의 일환으로 빈곤가정을 보호하는 위탁사업을 위해 뉴욕아동구제협회가 1853년 세워졌고, 공립유아원이 1873년에 설립되었다(한성심 외, 2009).

20세기의 가장 큰 아동문제는 노동문제로 1900년대 초까지도 심각한 사회문제였다. 1859년에는 14세 이하 아동의 노동금지, 야간작업 금지 및 노동시간 제한,

학교출석 배려에 대한 내용으로 「아동노동법」이 제정되었다. 그러나 아동을 보호하기 위한 관심과 노력으로 1912년 아동국이 신설되고, 1909년부터 백악관 회의가 개최되어 10년마다 이 회의를 통해 아동문제를 논의하고, 국가적 차원에서 대책을 마련하기 시작하면서부터 이루어졌다(한성심 외, 2009).

현재 미국 아동복지사업의 국가적 · 제도적 근간을 이루게 된 것은 1935년에 제정된 「사회보장법Social Security Act」(1935)이다. 이 법의 주요 내용은 요보호 아동부조 프로그램으로 보호를 필요로 하는 아동을 그의 가정이나 친척집에 머무를 수 있도록 정부에서 보조금을 지원하도록 한 것이다. 또한 가정이 없는 아동, 방치된 아동, 비행의 우려가 있는 아동을 위해 주 정부에서 지원되는 연방정부의 보조금제도가 포함되었다. 1960년대에 보호대상아동가정부조Aid to Families with Development Children : AFDC로 명칭을 바꾸었다. 1996년 복지개혁으로 인해 AFDC는 빈곤가정일시부조Temporary Assistance to Needy Families : TANF가 이를 대신하게 되어 복지수혜자들의 자립을 강조하고, 지원받을 수 있는 자격과 기간에 대해서 제한을 두게 되었다(문선화 외, 2009).

미국 아동복지사업 중 1960년대에 시작된 보상교육인 헤드 스타트 프로그램Head Start Program은 빈곤가정의 취학 전 아동과 부모를 대상으로 교육적 환경을 제공하여 주는 중요한 아동복지사업이다. 또한 1974년에는 「가출 아동에 관한 소년법」, 「청소년 비행 예방법」, 「아동학대예방 및 처우법」이 제정되고, 1980년 입양 관련 법이 입법되어 아동복지제도가 체계화되었다(문선화 외, 2009).

급격한 사회변동으로 인해 출산율은 저하되고, 이혼은 증가했으며, 여성취업률이 높아지고, 거주지가 자주 이동하게 되면서 아동복지체계에도 많은 변화를 가져오게 되었다. 현재 미국의 아동복지는 카두신Kadushin의 3s모델에 의해서 조직되었다. 이는 지지적 서비스를 통해서 부모역할을 지원해 주는 것으로, 각종 가족서비스, 지역정신보건 서비스, 아동학대와 방임에 관한 보호적 서비스 등이 포함된다. 또한 보충적 서비스는 요부양 아동가족부조, 의료보호, 탁아서비스 등이 있다. 마지막으로 대리적 서비스는 부모의 역할을 보완해 주는 것으로 가정위탁, 입양, 시설보호 등이 포함된다. 그러나 1980년대 이후에 사회복지예산의 삭감과 적절한 통계 자료의 미흡, 정부 관계법들의 상충으로 급증하는 학대, 방임, 비행, 가출 등의 문제에 포괄적으로 대처하지 못하고 심각한 문제만을 대처하는 것으로 그 범위가 축소되고 있다(김운삼, 2008).

③ 스웨덴의 아동복지발달과정

대표적인 복지 선진국으로 알려진 스웨덴은 전통적인 입헌군주국으로 19세기 말부터 복지의 기틀을 마련하기 시작하였지만, 제1 · 2차 세계대전 이후 현대적 의미로서의 복지의 개념이 세워지기 시작했다고 볼 수 있다. 그 이전인 1763년에 제정된 「구빈법」을 통해서 고아를 포함한 요보호자들을 구빈원에 보호하기 시작하였으며, 1800년대에 어린이집이 자선시설로 설립되었고, 1881년 「노동금지법」이 제정되어 노동착취로부터 아동을 보호하기 위한 국가적 제도가 정비되었다(김운삼, 2008).

근대적 의미의 「아동복지법」은 1902년의 「아동복지법」의 제정과, 1934년의 「청소년보호법」의 제정을 통해서 그 기초를 마련하게 되었다. 1956년 기존의 「구빈법」을 요보호자를 위한 생활보호를 실시하도록 「공적보조법」으로 개정하였으며, 1963년 16세 이상의 모든 국민이 보험의 혜택을 받게 하는 「국민보험법」이 제정되었다. 현재 1981년 제정된 「사회사업법Social Service Act」을 통해서 사회복지활동이 이루어지고 있다.

스웨덴의 아동복지사업의 주요내용을 살펴보면 다음과 같다(한성심 외, 2009).

- 아동수당지급 : 1948년 처음 도입된 이 제도는 16세 이하 모든 아동에게 지급되는 아동복지제도로 1980년 제도정비를 통해서 더욱 발전하였다. 아이가 셋 이상인 가족은 자녀수당을 지급받고, 편부모의 경우 다른 한쪽 부모로부터 부양금을 받지 못하면, 국가가 생계비를 빌려주기도 한다. 또한 주택수당housing allowance은 자녀가 있는 모든 가족을 대상으로 임금과 자녀 수, 기

타 한계를 고려하여 주택비용을 지원하는 것으로 1987년에 약 25%의 자녀가 있는 가정에서 지원을 받았다.

- 부모보험parental insurance : 건강보험의 한 형태로 아동의 출산과 양육에 대한 비용을 지원해주는 것으로, 부부의 요구에 따라 부모휴가가 가능하며, 휴가를 선택한 부모가 다시 직장에 복귀할 수 있도록 보장하고, 휴가 시에도 정상임금의 90%를 지급하며, 1년간의 휴가가 주어진다. 아이의 출산이나 양육자의 병가로 인한 휴가를 보장하는 휴직제도로 1974년부터 시행되었다.
- 보육사업 : 최초의 보육시설은 1850년에 설립되어 빈곤층의 일하는 어머니를 지원하기 위해 민간단체에서 운영되었고, 1930년대 이후에 국가적 지원이 확대되어 갔다. 1973년에 「취학 전 교육법」을 제정하여 6세까지의 어린이를 대상으로 보육을 강조하였고, 지방자치단체에서 6세 이하의 유아를 위한 유아원과 보육시설을 마련하였으며, 장애아들을 위해 보육서비스를 제공하도록 하였다. 1977년 그 대상을 12세 아동까지 확대하여 취업부모와 공부하는 부모의 자녀를 보호할 수 있도록 지방자치단체의 책임을 명시하였다. 1995년부터는 시의 재정 지원을 통해서 영유아보육시설을 활성화하고, 이를 통해서 안전한 보육서비스의 혜택을 누릴 수 있도록 하고 있다.
- 보호대상 아동을 위한 사업 : 보호대상 아동은 위탁을 통해서 보호받을 수 있도록 하고 있으며, 아동학대 및 방임에 관해서는 강력한 제제법을 가지고 있다. 장애아를 위한 경제적 지원, 장애아 부모를 위한 각종 지원을 강조하고 있으며, 장애아 통합교육과 재활치료에 필요한 사항을 법률로 규정하였다.

④ 일본의 아동복지발달과정

일본의 아동복지는 19세기 말의 메이지시대에 입헌군주국으로 출발하면서부터 시작되었다. 1874년 휼구규칙의 제정을 통해서 13세 미만의 제한된 아동만이 공적 부조의 대상으로 규정되었고 그 이후 1929년 「구호법」이 제정된 이후에야 국가적 관심이 확대되어 구체적인 구호의 사항을 포함하게 되었다. 급격한 산업혁명을 통한 산업발전은 많은 문제들을 양산하였고, 이 시기의 복지는 선교사들의 민간단체를 통해서 이루어졌다. 1900년대 선교사들에 의해 유아원이 설립된 이후, 1918년부터 공립보육시설이 설립되었다. 이 당시 설립된 시설들은 고아들을 위한 보육원, 정신지체아 시설, 감화원 등이었으며, 일부는 지금까지도 남아 있다. 1921년에는 「아동보호법」안의 제정, 1937년 「모성보호법」의 제정으로 빈곤한 가정 및 재정능력을 상실한 가정의 여성과 13세 이하의 자녀를 대상으로 다양한 부조가 제공되었다. 1933년에는 고아와 비행청소년 등에 대한 대책으로 「소년교호법」이 제정되었고, 「아동학대방지법」도 제정되어 아동보호에 대한 대책을 마련하였다.

제2차 세계대전 이후 부랑아와 고아문제에 대한 대책들이 발표되어 1947년 「아동복지법」이 제정되기에 이른다. 「아동복지법」은 보호대상아동만이 아닌 일반아동의 성장과 발달을 보장하는 것을 중심으로 아동복지에 대한 다양한 규정들이 포함되었으며, 같은 해 「교육기본법」 및 「학교교육법」에 장애아동의 특수교육 의무화를 포함시켰다. 1948년 「소년법」 및 「소년원법」, 1949년 「신체장애자복지법」, 1951년에는 어린이헌장이 선포되었다.

일본은 1960년대에 경제성장과 더불어 미혼모, 비행청소년, 결손가족, 아동학대 등의 다양한 사회문제가 나타났기 때문에 이를 해결하기 위해서 많은 제도가 정비되었다. 1965년 「모자보호법」의 제정, 1966년 「특별아동부양수당법」의 제정, 1967년 「아동복지법」의 일부 개정, 1971년 「아동수당법」 등이 제정되었다.

사회복지 주관부서는 후생성의 사회복지행정 주업무담당부서로 아동가정국과 사회국이 있다. 아동가정국은 아동, 임산부, 모자가정, 정신박약아의 보호와 지원 업무를 수행하며, 사회국은 요보호가정, 저소득계층의 가족과 아동들에 관한 행정 업무를 담당하고 있다.

아동복지행정의 전문기관은 아동상담소와 복지사무소이다. 아동사무소는 각 현과 지정도시에 의무적으로 설치하도록 하였으며, 그 주요 기능은 아동과 부모를 위한 상담서비스, 요보호아동을 적절한 시설 및 위탁가정에 배치, 일시보호시설을 통한 요보호아동들의 보호와 관찰 등이 있다. 상담소의 종사자는 아동복지사, 상담원, 심리판정원, 정신과 전문의, 아동지도원, 보모 등이며, 일시보호소를 부설기관으로 운영한다. 복지사무소는 도부현, 시, 특별구에 의무적으로 설치하도록 하였으며, 정, 촌에 대해서는 임의로 설치하도록 되어 있다. 주요 기능으로는 빈곤가정의 재정 지원 및 생활보호, 아동들의 현안문제에 관련된 업무, 조산시설과 모자원 입소 조치, 모자가정 상담, 아동과 임산부 상담 및 지도, 정신박약자 지도 등이 있다.

일본은 1944년 자녀양육 지원정책엔젤 플랜, Angel Plan을 수립하여 출산율 저하에 대한 대책을 마련하고 있으며, 1997년에 「아동복리법」을 개정하여 아동의 권리와 자립의 지원, 자녀양육 지원체계 등을 강화하고 있다(김운삼 외, 2008 ; 한성심 · 송주미, 2009).

CHAPTER

05

아동복지 실천의 토대

CHAPTER 05

아동복지 실천의 토대

1. 아동복지 실천 원리

1) 아동복지정책적 접근의 기본전제

아동복지정책적 접근의 기본전제는 표 5-1과 같이 학자들마다 조금씩 다르게 주장하고 있다. 이들이 주장한 견해와 《사회사업백과사전》과 아울러 우리나라 「아동복지법」과 정책을 근거로 하여 여섯 가지 정책적 접근의 기본전제를 다음과 같이 요약하여 학습하고자 한다. 제시된 기본전제는 아동이 성장하는 데 필요한 복지의 요소를 중심으로 고안된 것이라 할 수 있다. 첫째, 안정된 가정환경보장, 둘째, 소득

표 5-1 | 아동복지정책적 접근의 기본전제

프레데릭슨 (1957)	사회사업백과사전 (1965)	장인협 · 오정수 (2000)	이순형 외 (2006)
• 부모의 계몽 • 가정생활의 보존과 강화 • 경제적 안정 • 종교 • 교육 • 놀이 • 위험한 착취로부터 해방 • 특수욕구를 지닌 아동에 대한 특별 서비스 등	• 가족생활 • 부모의 보호 • 적절한 가정경제 · 주거 • 건강과 의료보호 • 교육 • 유희나 교우 • 윤리적 표준 • 이념과 가치 • 교육적 · 직업적 지도 • 법적 보호 등	• 안정된 가정생활 • 경제적 안정 • 보건 및 의료보호 • 교육 • 노동 • 오락 • 특수보호 등	• 부모 및 가정 • 교육 및 훈련 • 보건 및 의료 • 놀이 및 여가 • 노동 및 피착취 • 특수보호 등

과 주거보장, 셋째, 건강보장, 넷째, 교육보장과 복지서비스 제공, 다섯째, 유해노동으로부터의 보호, 마지막으로 건전한 놀이의 제공서비스에 관하여 학습하고자 한다. 표 5-1을 살펴보면 아동복지정책적 서비스 접근에 관한 학자들의 견해를 다음과 같이 요약정리할 수 있다(Frederickson, 1957 ; 사회사업백과사전, 1965 ; 장인협 · 오정수, 2000 ; 이순형 외, 2006).

(1) 안정된 가정환경 보장

다운스(Downs, 2004)에 의하면 아동복지서비스에 원칙이 있다고 주장한다. 그가 주장한 첫째 원칙은 아동이 성장하는 가정에 부모나 보호자가 아동의 영양, 수면 등 적절하고 안정된 가정환경을 제공하는 것이 필수요소라는 것이다. 다운스는 아동은 신체적 · 성적 · 정서적 학대로부터 자유롭고 안전한 환경에서 성장하여야 한다는 것이다. 아동의 가정이 안전한 환경을 제공할 능력을 상실하였을 경우, 제1원칙인 안정된 가정환경과 제2원칙인 아동의 건전한 복지 사이에 충돌하는 상황이 발생한다고 주장한다. 다운스(2004)가 주장한 것과 같이 한국사회는 안정된 가정환경의 기회를 상실하는 문제가 많이 발생하고 있다. OECD 국가 중 이혼율이 가장 높은 것으로 알려져 있듯이 가족 위기와 해체현상으로 건전한 아동복지 실현의 기반을 위협하고 있는 것이 사실로 드러나고 있기 때문이다. 따라서 아동을 보호하기 위한 가족의 문제해결을 위한 도구로서 건강가정지원센터를 이용할 수 있다. 위의 기관을 통하여 가족상담서비스 확충이 절실히 필요하며 불가피하게 가정을 벗어나는 경우 가정위탁서비스를 통하여 아동이 안정된 가정환경에서 성장할 수 있도록 보호하는 것이 중요하다. 「아동복지법」에 의하면 가정위탁이나 입양이 안 되는 경우, 시설보호서비스를 제공하는 경우라 할지라도 가정과 유사한 형태의 공동생활가정제도가 바람직하다고 강조하고 있다. 동아일보(2008. 5. 28) 보도[1]에 의하면 방임으로 학교에 못 간 아동 수와 가난과 방임으로 초등학교에 다니지 못하는 어린이

1) 동아일보(2008. 5. 28). 보도자료.

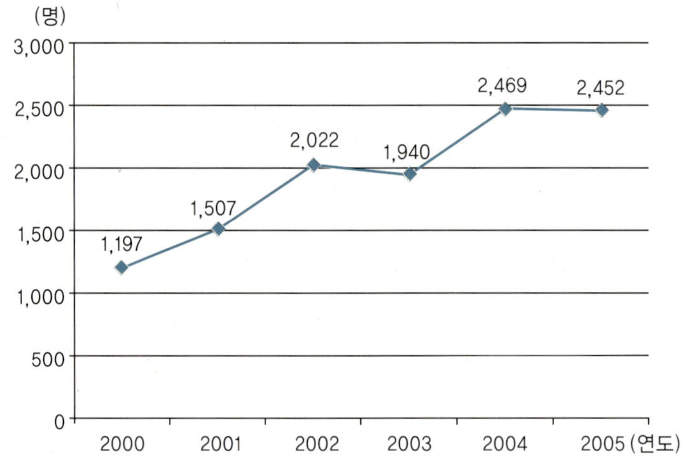

그림 5-1 | 방임으로 학교에 못 간 초등학생 수

출처 : 동아일보(2008. 5. 28).

가 전국적으로 약 2,500명(2005년 기준)이라고 밝히고 있다. 자녀에 대한 교육열이 갈수록 높아지지만 미취학 아동은 2000년과 비교해 5년 사이 2배로 늘었다. 이러한 사실은 대다수의 아동들이 안정된 가정환경에 속하지 못하였기에 꾸준히 증가하고 있다. 「아동복지법」을 제정하여 시행하고 있지만 영국과는 달리 실제 「아동복지법」을 위반하는 경우 법의 효력에 아무런 영향을 미치지 못하고 있어 안정된 가정환경 보장에 관한 대책이 더욱 절실한 실정이다.

(2) 소득과 주거보장

아동의 건전한 발달을 돕기 위해서는 안정된 가정생활에 필요한 최저 생계비를 보장하는 소득보장에 따른 물질적 욕구가 충족되어야 하는 것이 기본이다. 아동의 기본적 욕구로서 의식주 해결은 신체적 · 정신적 발달에 필수적 요소이다. 경제적 불안정은 가정 빈곤으로 인하여 아동의 최소 욕구를 충족하지 못하게 하거나 건전한 성장발달에 장애를 초래하게 된다. 교육과 문화적 경험기회 박탈은 물론 지적 발달과 정서적 발달을 저해하는 요소가 되기도 한다. 따라서 경제적으로 빈곤한 가정의 자녀들은 상대적으로 아동학대 · 방임 · 비행에 노출될 확률이 높은 것으로 조사되고 있으며 사회문제와 행동문제를 유발할 확률이 높다고 할 수 있다. 물론 빈곤이 아동에게 미치는 영향은 신체적으로 영양 부족을 초래하는 결과를 가져오는 것은 물론 심리적 박탈감과 불안감, 대인관계와 인격 형성에 부정적인 영향을 끼치게 되어 교육기회와 문화적 경험기회 박탈, 인지능력의 향상과 학습능력의 발달에 부정적인 영향을 미친다는 연구결과도 있다(장명림, 2009).[2] 따라서 국가는 이러한 아동을 위한 대책을 마련해야 한다. 「아동복지법」에서 언급한 대로 빈곤가정을 지원하는 기초생활보장제도를 적극 활용, 저소득층을 위한 각종 소득공제제도, 아동양육비를 지원하는 아동양육수당제도를 도입하는 것은 물론 저소득 가정의 아동을 위한 무료급식 확대와, 정기적인 건강검진 및 현재 시행하고 있는 아동지역센터를 적극 지원하고 활용하여 빈곤이 세습되는 연결고리를 단절해야 할 책임이 국가에 있다.

(3) 건강과 의료보호

유엔아동권리협약[3] 제24조에 의하면 아동이 최상의 건강수준을 유지하고 질병 치료와 건강 회복을 위한 의료시설을 사용할 수 있는 권리를 보장한다. 물론 개별 국가는 아동의 건강수준을 적절하게 유지할 책임이 있다. 우리나라 「아동복지법」은 아동의 건강과 안전을 위한 보호자와 국가의 책임을 규정하고 있다. 또한 「모자보건법」과 「저출산 · 고령사회기본법」은 모성의 생명과 건강을 보호하고 자녀의 출산과 양육을 도모하기 위하여 모성의 의무, 국가와 지방자치단체의 책임을 규정하고 있다. 국가가 얼마만큼 성의를 가지고 위와 같은 법을 실행할 의지가 있느냐에 따라 아동의 건강이 보장된다고 할 수 있다. 또한 우리나라 「국민건강보험법」은 아동의 출산과 양육의 어려움을 해소하고 출산 친화적 환경을 조성하기 위하여 2006년부터 6세 미만 모든 아동에 대한 입원진료비를 무료로 하고 2007년 8월부터는 외래진료비를 경감하는 조치를 취하고 있다.

---

2) 장명림(2009), 교육취약계층 가정 유아의 교육 및 생활 실태조사를 통한 체계적 지원 방안 연구, 책임연구자 : 장명림(육아정책개발센터).

3) 유엔아동권리협약(Convention on the Rights of the Child : CRC)은 1989년 11월 20일 유엔총회에서 채택되었다.

활동 5-1

'치료 사각지대'로 내몰린 빈곤층

본 기사는 사회복지단체인 '부스러기사랑나눔회'가 단체에 소속된 600개 지역아동센터의 빈곤층 아동 3,641명을 대상으로 조사해 지난 4월 국가인권위원회의 '빈곤과 사회권 심포지엄'에서 발표한 보고서이다.

이 보고서에 따르면 내성적인 성격 · 정서불안 · 우울증을 가진 아이가 26.9%(981명), 다른 아이를 때리는 등 공격성을 보인 아이가 26.5%(965명)에 이르는 등 53.4%(1946명)가 정신건강에 빨간불이 켜져 있다. 이러한 조사결과는 일반 아동대상의 역학조사결과보다 2배 이상 높은 결과를 보여 주고 있다. 이러한 문제에 대한 국가적인 예방책과 대책에 관하여 사회복지적인 측면에서의 해결방안을 검토하고 토론하자.

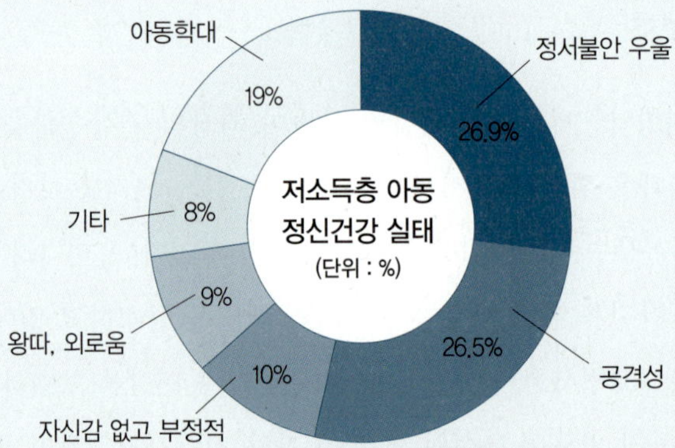

저소득층아동 정신건강 실태

출처 : 세계일보(2007. 10. 28).

(4) 교육기회와 복지서비스

네 번째 아동복지서비스의 정책적 접근성의 기본전제는 교육기회와 복지서비스에 관련된 사항이다. 학교는 지식을 전달하는 기능뿐만 아니라 아동의 전인격적 성장을 위한 교육서비스를 제공하는 기관이다. 우리나라 「헌법」 제27조[4]와 유엔 아동권리협약 제28조도 초등교육은 의무적이며 모든 사람에게 무료로 제공되어야 하고, 일반교육 및 직업교육을 포함한 여러 형태의 중등교육의 발전을 장려하고 있다. 이러한 협약에 따라 각 국가는 이에 대한 아동의 이용 및 접근이 가능하도록 재정적 지원을 제공하도록 규정하고 있다. 따라서 초등교육과 중등교육의 기회 제공과 일부 고등교육까지 포함하고 있으며 우리나라도 0~5세까지는 무상 보육서비스를 제공하고 있다. 최근에는 유아교육의 중요성이 더욱 강조되고 있으며 국가적인 차원에서 아동보육비를 지원하고 있다. 특히, 기초생활보호대상자들의 자녀들에게 교육급여를 제공하고 있으며 차상위계층을 포함하여 열악한 환경에서 살아가는 아동을 대상으로 1960년대부터 실시된 영국의 슈어스타트Sure Start, 미국의 헤드스타트Head Start 호주의 페어스타트Fair Start 프로그램은 빈곤의 악순환을 극복하기 위한 정책으로 추진하고 있으며 우리나라도 각 지방자치단체별로 다양한 프로그램을 실시하고 있다. 특히, 경기도에서 저소득지역의 아동을 위하여 민간 차원에서 교육, 복지, 건강서비스를 결합한 위스타트We Start 프로그램이 시행되고 있고 공공 차원에서는 희망스타트 프로그램과 방과후 아동지역센터를 통하여 방과후 아동을 지도하는 프로그램을 현재 운영하고 있다.

(5) 유해노동과 환경으로부터 보호

우리나라 「아동복지법」 제29조에 의하면 아동에게 음행을 시키거나 음행을 매개하는 행위, 장애를 가진 아동을 공중에 관람시키는 행위, 아동에게 구걸을 시키거나 아동을 이용하여 구걸하는 행위, 공중의 오락 또는 흥행을 목적으로 아동의 건강 또는 안전에 유해한 곡예를 시키는 행위를 금하고 있다. 유해노동으로부터 아동보호를 법률로 규정하는 것은 아동발달의 관점에서 아동에게 교육과 놀이의 기회를 충분히 보장하고 정상적인 성장발달을 도모하고자 하는 정신에서 나온 것이라 할 수 있다. 다음은 아동복지서비스의 원칙에 대하여 학습하고자 한다.

4) 모든 국민은 능력에 따라 균등하게 교육을 받을 권리를 보장한다.

(6) 건전한 놀이서비스

아동의 성장발달에 있어서 놀이는 필수적인 것이다. 놀이를 통하여 사회화 과정을 경험하게 되며 협동심을 통하여 팀워크를 배운다. 그리고 대인관계의 기술 습득을 할 수 있다. 따라서 놀이는 단순한 욕구나 감정 발산을 충족시키며 신체적 · 정신적으로 건전하게 성장할 수 있는 촉진제로 간주할 수 없을 정도로 중요한 성장발달의 기제가 되는 것이다. 아동에게 놀이가 갖는 가치는 신체적 · 정서적 및 사회적 성장발달에 기여하는 것은 물론 아동에게 실제 생활경험을 제공하는 역할을 한다. 성장 후의 사회생활에 대한 준비와 훈련이기도 하다. 특히, 아동에게는 가족구성원 이외에 또래집단의 아동과 놀이활동을 할 수 있는 기회가 주어져야만 사회성이 발달한다. 표 5-2에서 여러 학자들의 견해를 정리한 것을 좀 더 구체적으로 학습하고자 한다.

표 5-2 | 놀이이론 주장 근거와 유익한 장점

놀이이론 주장	왜 놀이를 해야만 하는가?	장점
잉여에너지이론(Spencer)	신체의 자연적 에너지 소비	신체적
에너지 재생산설(Patrick)	신체의 자연적 운동기능 회복 및 지루함을 회피하기 위해	신체적
반복이론(Hull)	인간 종의 진화과정 시기 반복	신체적
연습이론(Gross)	성인기에 필요한 지식과 기술 연습 및 개발	신체적, 인지적
정신분석이론 (Freud & Erikson)	주위환경에 대한 통제력, 무의식적 충동 표현, 불안감 감소	정서적, 사회적
인지발달이론 (Bruner & Piaget)	인지발달 촉진, 새로운 학습 가능성 수용, 이미 일어난 학습을 통합	인지적, 사회적
신경심리학 (Weininger & Fitzgerald)	우반구와 좌반구 기능 통합	생리적, 인지적

출처 : 김수영 · 김수임 · 허선자 역(1998), p. 32.

2. 아동복지서비스의 실천 원칙

제1절에서 우리나라의 「아동복지법」(2015)[5]을 토대로 아동복지서비스의 정책적 접근의 기본전제를 학습하였다. 제2절에서는 「아동복지법」을 바탕으로 아동복지서비스의 여섯 가지 원칙을 근거로 아동복지서비스를 제공하도록 해야만 하는 사실을 발견한다. 미국의 경우 45년간의 경험적인 실증조사를 통하여 사례를 분석하고 의사결정 프로젝트를 통하여(The Casey Outcomes and Decision-Making Project, 1998)[6] 아동복지서비스의 원칙을 다음과 같이 마련하였다. 첫째, 아동의 안전과 가족의 지지, 둘째, 아동과 가족의 복리, 셋째, 가족에 대한 지역사회 지원, 넷째, 가족중심적 서비스, 다섯째, 문화다양성의 능력, 여섯째, 책임성과 적시성, 마지막으로 시스템과 자원의 조정이다. 이러한 원칙을 근거로 하여 우리나라의 「아동복지법」에서 다루고 있는 여섯 가지 원칙에 대하여 학습하고자 한다.

1) 권리와 책임의 원칙

우리나라 「아동복지법」에 근거한 아동복지서비스는 아동–부모–사회의 상호관계를 바탕으로 실시되어야 하는 것을 강조한다. 이러한 삼자 상호관계는 항상 권리와 책임의 주체를 강조한다. 아동은 아동으로서의 권리와 책임을 부여받았고, 부모는 부모로서의 아동을 양육하고 보호하여야 할 권리와 책임을 감당해야 하며, 사회는 사회로서의 권리와 책임을 충실히 이행할 때 아동복지서비스를 실천하게 되는 원칙이다.

5) 법률 제13259호, 2015. 3. 27, 일부개정, 2015. 9. 28 시행

6) Jury Decision Making: 45 years of Empirical Research on Deliberating Groups. Devine, Dennis J.; Clayton, Laura D.; Dunford, Benjamin B.; Seying, Rasmy; Pryce, Jennifer Psychology, Public Policy, and Law, Vol 7(3), Sep 2001, 622-727. DOI: 10.1037/1076-8971.7. 3. 622.

2) 보편성과 선별성의 원칙

두 번째 보편성과 선별성의 원칙은 「아동복지법」에 근거한 아동복지서비스에서 과거 선별적인 서비스대상이 아닌 전체 아동을 대상으로 하는 포괄적이고 기회균등적인 복지서비스로 예방적 서비스를 목적으로 한다. 이전의 선별성은 요보호아동 · 특수아동을 대상으로 하는 보충적이고 열등처우적인 극히 제한적인 대상에 서비스 제공을 실시하였다.

3) 발달적 기능의 원칙

세 번째 원칙으로서 아동복지의 거시적 측면을 고려하여 아동발달기능에 관심을 두고 사회의 부정적인 문제들에 관하여 의도적인 변화를 초래하여 아동발달체계와 보조서비스를 맞추는 일련의 아동복지서비스 활동이다. 아동복지 전문가들은 아동의 문제해결을 위해 사회의 변화 및 사회문제의 해결을 도모하고 아동복지와 관련된 다양한 부분과의 유기적 관계를 고려할 수 있어야 하는 것은 물론 사회적 변화와 함께 아동의 다양한 욕구 파악과 거시적 안목에서 모든 아동의 권리나 복지의 필요성을 지각하여 아동과 사회를 바라볼 수 있어야 한다.

4) 포괄성의 원칙

아동복지사업은 다양한 아동문제에 종합적으로 접근할 수 있도록 프로그램 서비스가 통합적으로 제공되어야 하며, 어느 분야에서든 상호 간의 의뢰, 조정, 보완함으로써 아동의 전인적인 특성을 살려야 하는 것은 물론 다양한 욕구를 충족시킬 수 있도록 지역사회 내 관련 기관 간의 연계망을 구축할 필요성의 원칙을 의미한다.

5) 전문성의 원칙

아동복지서비스를 전문가와 전문기관에서 효율적으로 제공하기 위해서는 아동의 욕구를 충족시킬 수 있는 아동 및 인간발달을 이해하는 전문적인 지식과 기술을 갖춘 충분한 전문 인력이 절실히 필요하다. 21세기와 더불어 아동의 문제나 욕구가 점점 첨단화되어가고 어려워지는 실정이다. 아동의 건전 육성 중 특히 기술적 방법에서 중요하게 고려되어야 하는 원칙이다.

6) 무차별성의 원칙

「아동복지법」 제3조 제1항과 아동권리협약 제2조 제1항의 표현에 의하면 아동은 자신 또는 부모의 성별, 연령, 종교, 사회적 신분, 재산, 장애 유무, 출생지역, 인종 등에 따른 어떠한 종류의 차별도 받지 않고 성장하도록 해야 한다. 특히, 다문화가족, 새터민 그리고 외국인 자녀들이 급속도로 증가하고 있는데, 특별히 아동들이 차별을 경험하지 않고 성장하도록 무차별성의 원칙이 지켜져야 한다. 협약 당사국은 자국의 국민인 아동뿐만 아니라, 자국의 관할권 내에 있는 모든 아동을 차별하지 말아야 한다는 뜻이다. 따라서 협약 당사국은 아동의 국적이나 합법 혹은 불법적 체류를 불문하고 자국 내에 있는 모든 아동을 차별 없이 다루어야 한다.

3. 아동복지 실천방법

1) 아동복지서비스 대상자로서의 아동의 특성

최선희 · 김희수(2004)의 연구에 의하면 빈곤가정의 아이들은 교사와의 관계를 제외하곤 모든 영역, 즉 영양섭취, 신체 발육, 신체적 · 정신적 건강, 부양 자아의 관계 및 양육활동, 친구관계, 안정된 생활 등 대부분의 항목에서 뒤처지고 있는 것으로 조사되었다. 특히, 빈곤한 아동들의 가족구조 형태를 살펴보면 대부분 결손가족으로 드러나고 있다는 것이다. 이처럼 취약한 구조를 가지고 있는 경우 아동발달에 지장을 초래하고 있는 것으로 조사되었다. 이러한 조사연구를 토대로 아동발달과정에서의 몇 가지 특성을 학습하고자 한다.

첫째, 발달과정을 의미한다. 동적인 발달상태에 있으며 외부의 영향에 민감한 반응을 한다. 따라서 아동은 어떤 문제에 대한 개입을 하기 위해서는 현재 상태의 모습에서 장래의 원만한 발달 가능성의 모습을 그리면서 개입의 목표와 계획을 세워야 함을 강조한다.

둘째, 행동언어와 의사소통이다. 아동은 성장발달과정에서 느낌을 행동으로 표시하고 즉각적 반응을 하며, 놀이를 현실로 간주하기 때문에 사회복지사나 유치원 교사는 아동의 관점을 배우고 아동의 반응을 세밀하게 관찰할 필요가 있다.

셋째, 부모에 대한 의존성이다. 아동은 부모나 기타 보호자에게 의존적이어서 아동을 위한 사회복지사들은 부모나 기타 보호자의 돌봄을 서비스의 일부로 포함하여야 한다.

넷째, 또래관계에 대한 이해가 중요하다. 특히, 놀이를 통한 활동과 또래관계 형성에 관한 것이다. 아동의 돌발행동은 또래와의 상호작용 형태와 밀접한 관련이 있음을 감지해야 한다. 특히, 장애를 가진 아동, 즉 자폐증적 · 사회적 문제행동, 틱 장애 등과 같은 신경증적 행동도 또래와의 관계와 상호연관이 있음을 알 수 있다.

다섯째, 미성숙상태를 의미한다. 일반적으로 대부분의 아동은 집중시간이 매우 짧은 것이 사실이다. 아동의 자아는 개인차가 있지만 아직 미성숙하고 발달하는 과정에 있기 때문이다. 또한 아동은 현재의 동료관계가 영구화, 영속화될 것이라 생각하는 경향이 있다. 따라서 전문가들은 아동의 발달과정을 이해하며 사정, 개입, 종료계획을 세우는 것이 필요하다.

마지막으로 아동의 특성은 비자발적인 아동복지서비스 대상인 경우가 존재한다. 비자발적인 아동복지서비스 대상은 전문가의 도움에 초기 저항을 유발할 수 있다. 전문가 개입에 참여의지나 문제인식이 약해 개입 영향력이 미약하게 나타날 수 있다. 또한 전문사회복지사와 유치원 교사들은 끊임없는 질문으로 아동을 괴롭히지 않도록 주의해야 한다. 전문가들은 아동의 특성을 근거로 하여 전문가들의 행동 매뉴얼을 만들어 활용할 필요가 있다. 특히, 전문가들은 아동과의 따뜻하고 친밀한 관계, 있는 그대로를 정확하게 이해하고, 자유로움을 만끽하도록 분위기 조성은 물론 아동의 질문이나 행동에 즉각적 반응을 나타내고 공감적인 태도를 표현하는 것이 중요하다. 그리고 집중적인 관심과 아동의 행동에 반응을 주도하고 지켜야 할 규정에 대하여 예스나 노우의 경계를 분명하게 설정하며, 특히 개별 상담을 하게 될 경우 아동의 발달수준을 고려하여 충분히 이해하는 선에서 하도록 노력해야 한다.

(1) 아동복지의 원조관계

① 초기 세션(sessions)에서의 목표

- 아동의 신뢰를 얻을 수 있도록, 즉 아이에게 구조화되지 않은 상태에서 방해하지 않는 시간을 허용하는 신뢰관계를 수립하는 것이 중요하다.
- 아동의 상황, 욕구 및 문제에 관하여, 특히 아동이 어떤 놀이에 집중하든지 방해하지 않고 아동의 입장에서 문제의 관점을 배우는 자세가 중요하다.
- 사회복지사나 다른 유아교육전문가들은 너무 다양한 과업을 주지 않도록 하는 것이 중요하며 놀이하는 동안 아동의 반응을 관찰한다.
- 아동의 흥미를 유발하여 아동의 기능, 아동의 생활양식 및 대응 양식에 관한 초기사정을 실시한다.
- 사회복지사나 유아교육전문가는 아동이 어떤 것에 관심을 두고 있는지에 관하여 잠정적인 활동으로 받아주는 관계를 수립한다.

② 목표를 달성하기 위한 지침

- 현재 주어진 상황을 아동의 입장에서 잘 이해할 수 있도록 아동이 사용하는 언어로 설명한다.
- 아동에게 왜 여기에 오게 되었는지 자연스런 분위기를 조성한 가운데 상황을 설명하고 솔직하고 쉽게 설명해 준다.
- 아동의 권리를 인정한다. 즉, 아동을 인격적 존재로서 우선적으로 아동의 생각, 아동의 느낌, 아동의 행동에 초점을 두고 이해한다.
- 아동이 처해 있는 문화적 여건, 경제적 여건, 가족의 관계와 윤리적 다양성

에 관하여 이해하는 관점에서 대처한다.

- 아동의 놀이나 사용하는 언어에 대한 존중, 아동의 성장능력에 대한 적절한 표현으로 대응하도록 한다.
- 아동의 권리와 자유와 책임의 내용을 이해하기 쉽게 설명함으로써 관계를 구조화하고, 아동이 사무실에서 할 수 있는 행동이 무엇인가에 관한 한계를 설정하며, 비밀보장을 유지한다.
- 놀이를 하는 과정에서 아동의 잠재능력을 발견할 수 있는 긍정적인 언어로 대화를 시작한다.
- 아동이 전혀 준비되지 않은 상태에서 사회복지사나 유아교육전문가의 입장 또는 부모의 관심영역으로 아동을 몰아가지 않도록 주의한다.
- 끊임없는 질문으로 아동이 싫증내지 않도록 주의하는 한편 흥미를 유발하는 질문을 한다.
- 정형화된 면접 절차를 회피하고, 비언어적 놀이 도구 등을 활용하여 자연스럽게 면접을 진행하도록 한다.

특히, 사회복지사나 유아교육 담당 전문가들은 아동의 저항을 아동의 적응노력으로 이해하고 수용해야 한다. 아동은 도움을 받는 과정을 통하여 자신을 중요한 존재로 인식하지 못하게 되는 것은 물론 부정적인 행동을 유발할 소지가 있기 때문에 차차 이해할 수 있도록 부정적인 행동을 감소시켜 나가도록 노력한다.

(2) 서비스 목표 및 계획수립

서비스 목표와 계획수립 단계에서는 사정 기록지, 사례관리 보호계획서를 가지고 아동복지서비스 대상자의 문제와 욕구를 해결하기 위한 개입 전략과 방법을 다각적으로 모색하는 것을 의미한다. 이 목표 수립 단계에서 사례 조정자는 아동복지서비스 대상자가 서비스의 목표와 과정을 분명하게 알고 있는지, 사례관리자가 대상자의 적극적이고 자발적인 의사를 반영하여 보호서비스를 계획하였는지, 서비스 계획은 일정과 행위가 분명하고 평가 가능한 것인지 등을 점검해야 한다. 특히,

아동의 문제나 욕구가 단일서비스나 예방 프로그램에 의해 해결되는 경우는 그에 적합한 보호서비스를 계획한다. 아동을 보호하기 위하여 다양한 서비스를 필요로 하며 집중적 사례관리를 받아야 하는 학령기 아동을 위한 보호계획에는 가능하다면 아동, 부모, 교사 등을 함께 참여시키는 것이 바람직하다. 이 단계에서는 제공될 보호서비스의 내용, 서비스 제공자, 서비스의 양과 횟수, 시간 및 기간 등을 상세하게 조정한다.

2) 아동복지서비스 실천과정과 방법

(1) 초기 단계

① 초기 접수

초기접수intake과정은 서비스대상자인 아동과 사회복지사 간에 이루어지는 최초의 대면 접촉, 즉 아동의 문제와 욕구를 파악하는 것이 중요하지만 강압적으로 질문을 하지 않도록 심혈을 기울이며 아동과 부모의 기대가 본 사회복지기관이나 어린이를 돌보는 시설의 목적과 기능에 부합하는 것인가 확인을 하는 것이 중요하다. 아동에게 서비스 제공 여부와 어떠한 서비스를 제공하게 되는지 결정하는 것이 가장 중요한 과업이기 때문이다.

- 문제 및 욕구 확인
- 서비스 제공 가능성과 개입 형태 결정
- 초기 저항 다루기
- 서비스 진행과정에 대하여 자세히 설명

② 서비스 계약

사회복지사와 서비스대상자 간의 협력을 도모하고 증진시켜 서비스 효과를 높이기 위해 꼭 필요한 사항이다. 사회복지사나 유아교육전문가는 전문적 관계에서 노출한 제반사항을 반드시 비밀보장을 약속하고, 서비스대상자는 자기 스스로 마음을 열고 결정하고 동의할 수 있도록 윤리적인 관점에서 도움을 제공한다.

(2) 욕구사정 및 계획단계

① 생태체계적 사정

생태체계적 사정은 생태체계적 관점 내에서 아동복지서비스를 효과적으로 제공하기 위한 사정으로서 아동의 사회경제적 여건, 가족 배경 및 문화적 다양성을 고려한 아동의 문제 사정이 생태체계적 관점에서 이루어지는 것이 바람직하다. 특히, 아동의 현재 처해 있는 사회적 상황에 대한 사정은 가족의 역동성뿐만 아니라 사회적 환경, 환경의 요구와 기회 등에 대한 광범위한 이해로부터 시작되는 것을 의미한다.

② 사회복지사나 유아교육전문가가 수행해야 할 과제

- 아동은 발달단계상 어디에 위치하고 있는가? 주의 깊게 관찰한다.
- 아동에게 요구되는 발달과업은 무엇인가? 에 우선순위를 둔다.
- 이러한 과업에 대하여 아동이 어떻게 대응하고 있는가? 에 관심을 둔다.

전문가들은 위와 같은 질문을 토대로 수행 원칙을 결정한다.

- 특정한 발달단계에서 기대되는 것과 관련하여 아동의 상황을 이해
- 아동의 독특한 대응방식을 이해하고, 가능한 강제로 강화하거나 수정하기보다는 자연스럽게 놀이를 통하여 자기 스스로 찾아가도록 이해해야 한다.
- 아동의 독특한 놀이 행동을 통하여 전달하는 바가 무엇인가를 분석한다.

③ 아동복지서비스 실천수칙

따라서 전문가들은 아동의 사회적 상황과 발달 간의 상호작용을 사정하는 과정에서는 다음과 같은 질문을 토대로 수행하는 것이 유용하다.

첫째, 특정한 특성과 적응양식을 가진 아동이 특정한 상황을 만났을 때 어떠한 일이 발생하는가?

둘째, 아동과 가족구성원의 상호작용을 위하여 보다 만족스럽게 변화되어야 할 것은 무엇인가? 보다 바람직한 양육환경을 제공하기 위하여 변화되거나 추가로 필요한 사항은 무엇인가?

위의 질문을 토대로 아동복지서비스 실천수칙을 살펴보고자 한다.

첫째, 부모와 아동 간의 상호작용에서 일어나는 상황을 분석한다.

둘째, 아동의 욕구를 충족시키는 부모의 능력이 각 발달단계에 따라 달라질 수 있음을 이해한다.

셋째, 아동을 위하여 도움이 되는 환경상의 자원은 무엇인가를 분석한다.

넷째, 아동의 발달과정상의 장애요인은 무엇인가를 분석한다. 가령, 청각이나 시각의 손상이 일정 기간 동안 발견되지 않은 채 방치될 경우 학습문제를 가져올 수 있다.

다섯째, 부모역할의 효과적인 수행을 위하여 필요한 사항이 무엇인가를 분석한다. 가령, 일부 가정에서 아동의 가정 외 배치는 소득보장, 자조집단활동, 보육서비스 등의 제공으로 예방될 수 있는 경우가 있다. 이런 과정에서 아동담당 전문 사회복지사나 유아교육전문가가 활용할 수 있는 검사와 조사내용에 관하여 학습하고자 한다.

- 심리검사 : 아동이나 가족의 문제 진단, 개입전략과 방법을 결정하는 데 적절한 도움을 주기 위하여 심리검사를 실시한다. 성격유형검사MBTI, MMTIC, 성격종합검사집-나무-사람 그림검사, 학교생활화, 가족화, 도형그림검사, 문장완성검사, 사회성숙도검사, 로르샤흐카드와 아동지능검사KEDI-WISC, 행동평가ADHD 감별진단척도, 학습장애검사기초학습능력검사 등을 활용한다.
- 가족관계 및 역동조사 : 아동들은 자신의 어려움이나 욕구, 문제의 발달이력 등을 효과적으로 표현하기 어려우므로 부모가 가장 중요한 정보원 중의 하나가 된다. 특히, 아동문제를 보다 체계적으로 파악하고 원조하기 위해 가계도가 활용된다. 가계도를 통해 세대 간 전승되는 독특한 양육방식이나 가족문제를 확인하는 것은 현재의 문제역동을 이해하는 데 많은 도움이 된다.

• 다양한 정보원에 대한 조사 : 부모와 가까운 친척이나 아동을 보호하는 위탁가정이나 아동으로부터 수집한다. 아동의 입장에서 문제를 어떻게 지각하는가 하는 것은 궁극적으로 아동행동을 이해하는 기초가 되고, 결과적으로 개입효과에도 영향을 미치기 때문에 보호계획을 수립할 때부터 고려되어야 할 사항이다.

(3) 보호계획 및 개입단계

• 보호계획care plan : 개입을 위한 아동문제의 사정은 아동발달의 시각에서 접근해야 한다. 사회복지실천이 효과가 있으려면 구체적인 기법이나 방법의 선택이 아동의 인지능력이나 발달단계에 근거해야 한다. 특히, 아동발달에 대한 지식은 아동의 초기 사정단계뿐만 아니라 개입의 방향과 방법을 구체적으로 계획하고 실천하는 데도 필수적이라고 할 수 있다.

• 개입단계intervention stage : 심리치료모델, 행동수정모델, 클라이언트중심모델 등을 활용할 수 있다. 또한 장애가 있는 아동이나 대화하는 데 문제가 있는 경우 놀이치료, 인지치료, 가족치료 기법을 활용한다. 아동담당전문 사회복지사는 필요에 따라 다양한 모델을 절충적으로 활용할 수 있어야 한다.

• 위기개입crisis intervention : 아동담당 전문사회복지사는 위기에 어떻게 대처하는가에 대한 훈련이 되어 있어야 한다. 특히, 아주 다양한 위기의 종류를 파악한다. 예를 들면, 정학처분, 부모의 이혼, 친구의 갑작스런 사망사고, 신체상해, 임신, 아동학대, 성학대 피해자임을 말을 하거나 급성 정신장애의 양상을 보일 때 등을 명확하게 구별한다. 또한 대형 참사 목격자들이 심각한 후유증에 시달리는 것을 방지하기 위하여 위기 개입이 필요하다. 만약 위기사건을 직접 경험하였거나 목격한 아동은 72시간 이내에 한곳에 모아 놓고 감정을 표현하게 하고, 자기가 본 충격적 장면, 회상되는 장면, 친구를 잃은 것에 대한 감정 등을 털어놓게 함으로써 외상 후 스트레스장애의 심각한 증상이 장기화되는 것을 미연에 방지해야 한다.

(4) 종결단계

- 종결시점을 결정 : 문제가 해결된 시점에 서비스대상자에게 설명을 하거나 목표가 달성된 때를 기점으로 간단명료하게 설명한다.
- 종결에 대한 준비 : 첫째, 아동에게 종결이라는 개념을 이해하기 쉽게 설명해 주어야 한다. 어른들로부터 학대나 버려진 경험이 있는 경우 다시 버려지는 것으로 이해할 수 있기 때문에 종결은 버리는 관계가 아니라 아동 자신의 성장이 진행되는 과정과 변화를 의미하는 것을 이해할 수 있도록 상세히 설명하도록 해주어야 한다. 종결 단계 3주 전에 이러한 상황을 상세히 설명하여 종결을 준비하도록 한다. 둘째, 아동전문담당 사회복지사는 아동에게 종결을 한 이후에도 지속적으로 관심을 갖고 도움을 요청할 경우 필요하면 언제나 도움을 줄 수 있다는 사실을 명확하게 알리는 것이 중요하다. 셋째, 정직하게 설명한다. 상담과정에서 경험했던 긍정적 사건이나 자기 스스로 결정해서 할 수 있을 만큼 변화된 내용 등을 되새길 수 있도록 환기시키며 간단한 수료식을 통해 성취의욕을 돋우어 줄 수 있도록 제고해 주는 것이 좋다.

4. 개별사례(case work) 접근

1) 사례 발굴방법

「아동복지법」에 의하면 국가와 지방자치단체는 아동학대의 예방과 방지를 위하여 다음 각 호의 조치를 취하도록 되어 있다. 특히, 아동학대의 예방과 방지를 위한 각종 정책의 수립 및 시행을 하는 과정에서 아동학대의 예방과 방지를 위한 연구 · 교육 · 홍보 및 아동학대 실태조사를 실시하고 있다. 아동학대에 관한 신고체제를 구축 · 운영 및 피해아동의 보호와 치료 및 피해아동의 가정에 대한 지원도 실시하고 있다.

(1) 아동학대 신고의무자에 대한 교육(아동복지법 제26조)

- 관계 중앙행정기관의 장은 「아동학대범죄의 처벌 등에 관한 특례법」 제10조 제2항 각 호의 어느 하나에 해당하는 사람(이하 "아동학대 신고의무자"라 한다)의 자격 취득과정이나 보수교육과정에 아동학대 예방 및 신고의무와 관련된 교육내용을 포함하도록 하여야 한다(아동복지법 개정 2014. 1. 28 ; 2015. 3. 27).
- 관계 중앙행정기관의 장 및 시·도지사는 아동학대 신고의무자에게 본인이 아동학대 신고의무자라는 사실을 고지할 수 있고, 아동학대 예방 및 신고의무와 관련한 교육(이하 이 조에서 "신고의무교육"이라 한다)을 실시할 수 있다(아동복지법 신설, 2015. 3. 27).
- 아동학대 신고의무자가 소속된 다음 각 호의 기관의 장은 소속 아동학대 신고의무자에게 신고의무 교육을 실시하고, 그 결과를 관계 중앙행정기관의 장에게 제출하여야 한다(아동복지법 신설, 2015. 3. 27). 그 외 병·의원특히, 산부인과, 소아과, 보건지소의 의사, 간호사, 읍·면·동 사회복지전담공무원, 학교나 어린이집, 사설학원의 교사, 종교기관교회, 성당, 절 등의 종사자 등, 이장, 통반장, 부녀회, 학교 앞의 다양한 상인분식집 주인, 문구점 주인 등 지역주민, 홍보를 통해 서비스 욕구가 있는 아동이나 부모의 자발적 방문, 지역을 순회하면서 사례조정자의 이웃리치를 통해 도움이 필요한 사례들을 발견한다.

(2) 통합적 사례관리

빈곤아동이나 장애아동처럼 복합적인 욕구를 가지고 있는 경우 단일기관의 한두 개의 서비스로 문제가 해결되기 어렵기 때문에 다양한 기관의 여러 가지 아동복지서비스가 동시에 제공되는 것이 일반적이다. 특히, 서비스 간의 연계와 통합 조정이 없으면 아동복지서비스의 중복이나 누락이 발생하기 용이하기 때문에 아동복지서비스 간의 통합과 조정을 통한 통합적 사례관리는 필수적이다.

(3) 1차 욕구사정 및 등록

- 접수된 아동들의 문제나 욕구를 가정방문이나 서비스 제공자기관 담당자 면접을 통해 대략적으로 파악한다.
- 사례관리서비스가 필요하다고 판단될 경우 대상자가 서비스 받기를 원하는지의 여부를 확인 후 승낙받는다. 서비스 수급에 대한 동의가 있으면 사례관리대상자로 등록한다.

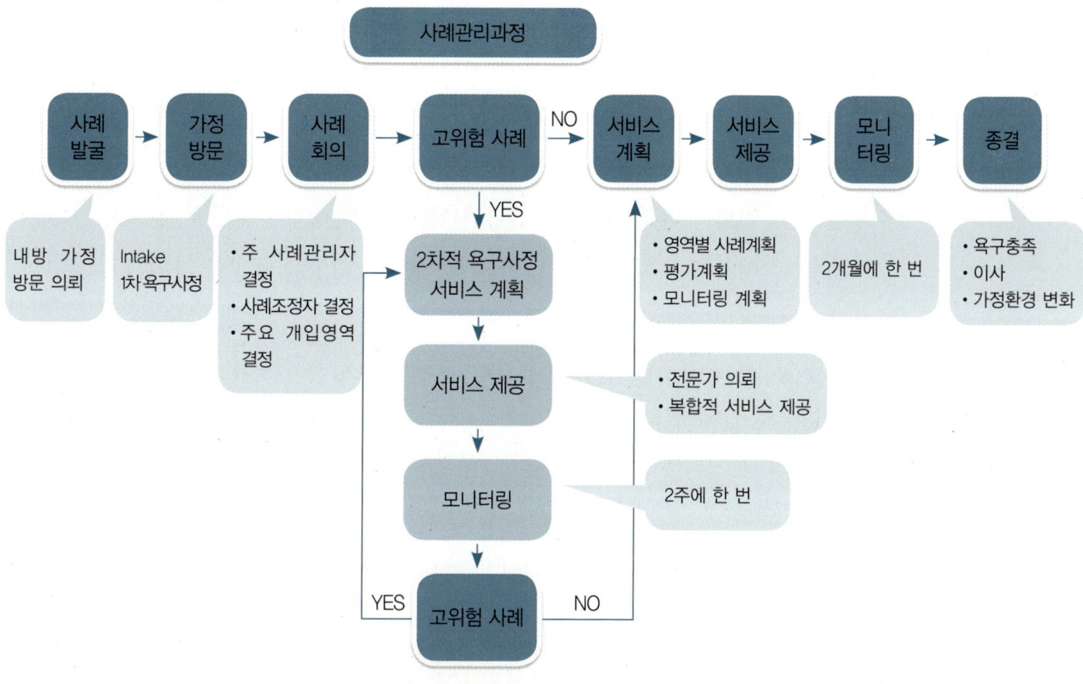

그림 5-2 | 사례관리서비스의 과정

출처 : 이봉주 외(2004). 경기도 We Start 마을 만들기 사업 추진 길잡이 ; 정익중(2005). 강원도 철원 We Start마을 욕구조사 및 지원방안 연구.

(4) 사례회의

사례회의case conference는 긴급한 사항이 발생하였을 경우 사회복지사가 주로 아동학대를 막는 방법에 대하여 논의하는 것을 의미한다. 영국의 경우 다중징계위원회와 긴급사례위원회의 사례회의를 통해 주 사례관리자, 사례조정자를 결정하거나. 또한 고위험사례 여부를 판정하고 전문가들이 어느 선에서 개입하게 될지 우선순위를 결정하도록 한다(김종명 외, 2013). 사례기록을 주의 깊게 정리하고 관련 정보의 비밀보호는 사회복지실천윤리에서 가장 기본적인 사항임을 명심하도록 한다. 특히, 사례기록과 정보를 외부에 공개해야 하는 경우라면 반드시 대상자로부터 동의를 얻어야 하며 공문발송 절차를 따르는 것이 바람직하다(Department of Health in UK, 2010).

① 기존사례 점검표

- 질문 1 : 달라진 상황은 없는가?
- 질문 2 : 어떤 변화가 나타났는가? 긍정적 혹은 부정적인가?
- 질문 3 : 변화가 나타난 요인은 무엇인가? 새로운 개입전략은 무엇인가?
- 질문 4 : 변화를 유지 확대할 방안은 무엇인가? 개입을 촉진할 자원은 무엇인가?
- 질문 5 : 추가적으로 변화되어야 할 요소는 무엇인가? 이를 촉진할 수 있는 자원은 무엇인가?

② 신규사례 검토

- 질문 1 : 알아야 될 추가적인 정보는 없는가?
- 질문 2 : 클라이언트의 주요 호소문제와 욕구는 무엇인가?
- 질문 3 : 클라이언트의 실제 욕구와 문제는 무엇인가?
- 질문 4 : 단기, 중기, 장기적 개입목표는 무엇인가?
- 질문 5 : 개입목표를 달성하기 위한 개입전략은 무엇인가?
- 질문 6 : 클라이언트의 장점은 무엇이며 개입전략에 적극 반영하고 있는가?

(5) 2차 욕구사정

- 질문 1 : 지내는 동안 건강과 상처를 경험한 적이 있는가?

- 질문 2 : 가족 중에 누가 아픈 사람이 있거나 다친 사람은 없는가?
- 질문 3 : 가장 가까운 친구가 있는가? 그리고 가족 중 누군가 심하게 아프거나 다친 적이 있는가?
- 질문 4 : 가까운 친구가 죽은 적이 있는가? 아니면 가까운 친척 중에 누가 죽은 경험이 있는가?
- 질문 5 : 가까운 친구 관계가 문제가 생겼거나 아니면 가까운 친척과의 관계가 나빠진 적이 있는가?
- 질문 6 : 가까운 친척 중에 인종차별을 당하거나 공격이나 협박을 당한 적이 있는가?
- 질문 7 : 현재 재정적인 어려움을 겪고 있는가?
- 질문 8 : 가족 중에 경찰 조사를 받았거나 재판을 받거나 아니면 재판 중에 있는가?
- 질문 9 : 최근에 집을 이사했거나 도둑이나 소매치기를 당한 경험은 없는가?
- 질문10 : 집을 이사해서 재정적인 어려움은 없는가?

이상과 같이 가족욕구 사정도구와 면접을 통해 사례관리대상자의 문제 및 상황, 욕구, 자원 등을 다차원적으로 파악하여 이를 서비스계획의 자료로 활용하고, 앞으로 이루어질 개입의 효과성 평가에 기초자료로 활용한다(Department of Health in UK, 2010).

① 아동에 대한 직접적인 사정

이 섹션에서는 주로 아동의 발달 및 인성에 관련된 내용을 파악한다(Department of Health in UK, 2010).

- 질문 1 : 아동은 신체적으로 건강, 즉 신장, 체중, 질병, 입원치료 여부, 장기적인 병 · 허약, 치아건강, 시력, 청력, 생리 등 신체발육에 지장은 없는가?
- 질문 2 : 아동의 발달 정도 및 장애 여부에 관한 질문으로 신체장애, 발달장애, 학습장애, ADHD, 정서장애 등 표준화된 검사를 활용하여 장애 여부를

측정한 적이 있는가?

인성검사결과 및 아동학대와 방임에 관한 조사결과, 그리고 현재 이용하고 있는 의료 관련 서비스에 관련된 질문지를 활용하여 다음과 같이 개인적인 사항을 구체적으로 조사하여 분석한다(Department of Health in UK, 2010).

- 질문 1 : 잠은 잘 자는가?
- 질문 2 : 울고 싶은 심정이 있는가?
- 질문 3 : 밖에 외출을 좋아하는가?
- 질문 4 : 집을 떠나고 싶어 하는 마음이 있는가?
- 질문 5 : 위의 통증을 가지고 있거나 몸에 통증 그리고 근육통증을 가지고 있는가?
- 질문 6 : 충분한 에너지를 가지고 있는가?
- 질문 7 : 음식을 즐겨 먹는가?
- 질문 8 : 자기 스스로 자기 일을 할 수 있는가?
- 질문 9 : 삶의 가치를 없다고 생각하는가?
- 질문 10 : 스스로 모든 일을 잘하고 있는가?
- 질문 11 : 어린 시절에 했던 것처럼 지금도 스스로 즐기며 살고 있는가?

다음 섹션에서는 주로 아동의 학습에 관련된 내용에 관한 질문지를 작성하여 분석한다.

- 질문 1 : 학습능력의 정도를 파악한다. 아동이 읽기, 쓰기, 말하기, 수학문제 해결능력, 외국어 구사능력 및 컴퓨터 사용능력의 여부를 판단하는 질문지를 작성한다.
- 질문 2 : 아동이 현재 이용 중인 서비스에 관한 질문지를 작성한다. 아동이 학원, 학습지, 방과 후 교실, 공부방, 특기적성교육 프로그램 등에 참여하고 있는지를 조사한다.

- 질문 3 : 아동이 방과 후에 학습문제가 있을 때 누가 도와주는가의 질문에 대해 학원, 학습지 교사, 부모, 형제, 친구, 없다 등을 조사한다.
- 질문 4 : 아동의 가정에서 학습조건에 관한 상세조사, 특히 아동이 조용히 공부할 수 있는 방이 있는가? 사용 가능한 컴퓨터는 있는가? 인터넷 사용이 가능한가? 전과나 문제지 등을 참고로 하여 문제를 해결하고 있는가 등을 조사한다.
- 질문 5 : 아동이 방과 후의 시간을 누구와 어디서 주로 보내는가?

다음 섹션에서는 주로 아동의 학교 및 사회 적응 관련 내용에 관한 질문지를 활용한다(Department of Health in UK, 2010).

- 질문 1 : 학교에서 주로 어떤 활동을 즐겨 하는가?(합창반, 방송반, 미술부 등, 학교 또는 학급 차원의 간부 활동 등)
- 질문 2 : 학교 적응력 측정 질문지 – 표준화된 척도를 활용하여 조사한다.
- 질문 3 : 학교 부적응에 관한 측정 – 결석 및 조퇴, 징계, 학교폭력, 집단따돌림, 도벽, 흡연, 음주, 친구관계 등을 파악하는 데 주력한다.
- 질문 4 : 아동이 학교에서 참여하고 있는 동아리나 모임, 즉 지역아동센터 등의 활용 여부, 교회 참석 여부 등을 구체적으로 조사한다.

다음 섹션에서는 모든 아동의 진로에 관련한 내용을 조사한다(DfES, UK, 2004).

- 질문 1 : 아동의 특기와 취미 활동에 관한 기회를 극대화하는 내용
- 질문 2 : 좋아하는 과목, 싫어하는 과목, 잘하는 과목, 잘하지 못하는 과목 등 위험을 최소화할 수 있는 지역 변경 프로그램
- 질문 3 : 진로계획 또는 희망직종(되고 싶은 사람) 및 서비스를 구축하기 위한 국가의 프레임 워크 제시 및 어린이와 청소년을 도울 수 있는 전략 도입
- 질문 4 : 적성검사결과 측정 – 아동 관련 서비스 욕구 결정 및 가용할 수 있

는 비공식적 자원활용방안을 찾는다.

끝으로 중요한 사항은 아동의 건강, 안전, 즐거움과 성취감, 긍정적인 기여, 경제적 안정보장을 고려하여야 한다. 특히, 지방자치제가 된 후로 교육감이 정치적 성향에 따라 보육과 유치원 교육의 예산 확보를 정치적으로 이용하는 사례를 방지하도록 하는 장치가 필요하며 아동과 청소년을 위한 공통 사정 준거 틀[7]을 준비해야 한다.

다음 섹션에서는 주로 아동의 가족원의 상황을 파악하기 위한 질문지를 작성한다.

- 질문 1 : 아동의 주 양육자는 누가 담당하는가?(부, 모, 조부모, 친척 또는 위탁부모)
- 질문 2 : 가족구성원들의 신체적 · 정신적 상태를 체크한다.
- 질문 3 : 가족원의 음주 및 가정폭력 문제 여부를 상세하게 조사한다.
- 질문 4 : 현재 제공되고 있는 서비스(직업재활, 가사 돌봄 서비스, 도시락배달서비스 등)
- 질문 5 : 지역사회와의 교류에 관한 질문(거주기간, 이 지역으로 오게 된 계기, 참여하고 있는 지역사회단체나 모임, 이용하고 있는 지역사회기관 등)
- 질문 6 : 주 양육자의 양육 및 훈육방법, 학교 방문 여부 및 교육 관심도 측정 질문
- 질문 7 : 주 양육자의 자원봉사활동 참여 여부 및 가족원 관련 서비스 욕구에 관한 질문
- 질문 8 : 가용할 수 있는 비공식적 자원 체계 수립 확보 여부

---

7) Common Assessment Framework (CAF) for Children and Young People, change for children, DfES, 2004.

(6) 그룹사례(group work)방법

그룹접근방법은 집단생활을 경험하게 하여 즐겁게 동참하는 태도를 기르며 협동, 자주, 자율의 정신을 갖도록 유지하는 것을 의미한다. 국가의 청소년수련원이나 체험학습활동, 위스타트, 드림스타트 등 다양한 사회복지프로그램을 활용한다. 그룹사례방법은 자녀의 건강과 발전에 해가 되는 문제가 있는 아동에게 무슨 일이 일어나고 있는지 이해하는 것은 아이들과 가족들과 그 일을 맡은 아동담당 전문사회복지사의 전문적인 업무의 핵심활동으로 남아 있다. 이를 통해 도움을 받을 수 있는 지식은 지난 20년 동안 극적으로 확장되었다. 그러나 항상 실무자 및 관리자에게 자신의 임무가 쉽지 않았다. 아동 및 그 가족욕구조사(DH, DfE, DES, HOME OFFICE, 2000)를 위한 프레임 워크의 개발은 아동의 발달욕구에 대한 실천 경험을 축적하여 여러 분야에서 크게 인정받고 있다. 출간된 실무 지침서의 목적은 전문가를 지원하여 자신의 실무를 판단, 분석, 의사결정을 하는 데 있어서 자신의 과업에 충실하도록 하는 평가 프레임 워크를 증거를 기반으로 작성하여 활용하도록 하는 것을 의미한다.

즉, 문화적, 언어적으로 다양한 교실에서 성공적인 전략의 몇 가지 주요 특징에 관한 세밀한 연구조사에서 확인된 외국의 사례내용을 토대로 살펴보고자 한다. 첫 번째 그룹은 형성과정에서 교사 지원 및 간섭에 관한 내용이다(Cohen 1997 ; Campbell & Li, 2008). 이 실험은 다양한 교실(Leask, 2009)에 대한 교육 및 교과과정개발에 학생의 강점, 욕구와 관심 및 교사능력과 교사의 이해를 필요로 하는 연구조사를 실시하였다. 두 번째 발견은 주어진 비공식 학습환경에서 '힘의 균등'을 확립하는 것이다(LEKI, 2001 ; Turner, 2009). LEKI(2001)는 5년간의 연구에서 국제학생들은 현지로컬 학생들의 태도와 그 학생들과의 힘으로 배치되는 문제로 인하여 그룹 프로젝트를 부정적으로 평가한 것으로 나타났다. 리스크(Leask, 2009) '참여적 불평등' 요구(Turner, 2009)를 해결하기 위해 교실 안에서 거의 동등한 대화를 할 수 있는 또 다른 '제3의 공간'이 필요했다는 사실을 발견하였다(Leask, 2009). 이러한 발견은 상호의존과 버팀목으로 세 번째 발견과 연결된다(Klimmel & Volet,

2010 ; Leask 2009). 위의 공동연구자들은 그렇지 않은 또 하나의 큰 관심사인 경우, 개인으로 평가하지만 일련의 업무와 관련하여 그룹 안에서 발전한다는 평가가 더 효과적인 평가라 하였다. 이러한 연구내용은 폭넓은 교육 및 학습내용과 연관된다는 것이 주제다(Campbell & Li, 2007 ; Montgomery, 2009). 연구결과의 공통 주제는 '소규모 한정된 지역 결정'이라고 한 문맥과 연관된 특정 전략을 통해 긍정적인 학습환경을 창조하는 것으로 본다(Leask, 2009). 이러한 연구 문헌은 대화형 그룹 작업에 참여를 저해하는 요인을 해결하기 위한 전략과 관련하여 범위 설정을 지원하는 연구를 말한다. 어떤 전략의 범위를 구성하게 될지 아직 명확하지는 않지만 '무엇인가를 누락시키는 포괄적인 교수법이라 한다. 즉, '효과적인 학생 협력에 이바지하는 학습환경을 만들어 준다고 할 수 있다(Hernandez, 2002).

위와 같은 여건에서 집단상담을 하게 될 경우 아동의 사회성을 높이고자 할 때, 아동이 동료 또래집단의 지지를 필요로 할 때, 아동의 정서적 문제가 집단의 역동성을 통해 변화를 강화시키고자 할 때, 많은 아동을 단시간 안에 도와주어야 할 경우, 비슷한 문제를 가진 아동이 동시에 발생하였을 경우에 실시하면 많은 도움을 얻을 수 있다.

그룹상담의 전문 지식은 심리적 작업의 중요한 한 부분이다(Nevenka Podgornik, 2015). 전문가가 필요한 일반적인 지식 기반이 심리상담을 구현하기 위해, 이론을 통합하는 조직과 집단행동 및 개발, 이론에 대해 개인, 가족, 작은 그룹에 대한 연구 및 사회문제에 대한 연구, 즉 어린아이, 배우자 및 노인건강, 정신건강, 약물 남용, 이론 분야의 이해와 발명, 빈곤, 차별, 폭력, 남용 이론과 연구, 각종 단체 및 문화를 이해하기 위한 연구이론으로서 위험이 높은 집단, 상담 지식과 사회복지의 원칙으로서 데이터를 수집, 정리, 개입, 평가 및 사회사업의 실제적인 부분에서 절차에 따라 계약 체결, 도입 의료방법론과 연구에 대한 명확하고 정확한 의사소통, 그리고 상담지식에 연결되어 있는 프로세스에 대한 지식, 잠재적인 사용자뿐만 아니라 자신이 받을 그들의 영향**사회사업의 전문화 과정**의 경로를 이해하기 위한 중요한 절차 및 사회·정치에 관련된 전반적인 지식을 의미한다.

(7) 집단운영방식

집단운영방식에는 그룹 안에서의 대화를 주로 사용하는 방식, 프로그램 도구를 주로 활용하는 방식(Leask, 2009) 등이 있다.

① 집단의 종류

- 과업집단 : 일정한 과업을 완성하는 것을 목표로 하는 집단
- 상담집단 : 심리상담을 목표로 하는 집단
- 주제별 집단 : 서비스대상자의 유형에 따라 주제를 가지고서 운영하는 집단
- 자조집단 : 지도자의 가르침 없이 아동끼리 모여 주어진 이슈에 대해 서로 감정을 나누는 형태로 진행되는 집단(Turner, 2009 ; Leask, 2009).

② 집단의 사례

드라마 반, 연극반, 자원봉사반, 음악반, 시사토론반, 게임, 각종 스포츠, 기타 놀이, 그림 및 작품 제작, 게시판 제작, 생태체험, 야외놀이 등

③ 집단상담 운영방침

집단을 폐쇄형 또는 개방형으로 운영할 것인가를 결정한다.

- 폐쇄형 집단 : 집단 성원을 미리 선정한 후 집단을 운영
- 개방형 집단 : 집단을 개방하여 언제든지 새로운 성원을 영입하고 그만둘 수 있도록 운영한다(Campbell & Li, 2007 ; Montgomery, 2009).

④ 장점

많은 서비스대상자가 참여할 수 있다. 처음 그룹에 들어온 아동이 기존 구성원들로부터 역할과 기능을 본받고 협력할 수 있다. 그룹 작업에 참여를 저해하는 요인을 해결하기 위한 전략을 세운다(Klimmel & Volet, 2010 ; Leask 2009).

5. 아동복지 실천기술

1) 상담기법

(1) 개별상담

- 개별상담기법을 숙지하는 것과 우선 아동과의 신뢰관계를 형성하는 일이 중요하다.
- 관계형성기술, 자료수집방법, 상담 중간의 기법, 상담의 종결 등에 필요한 지식과 기술을 익힌다.
- 정신건강검사 DSM-IV에 의하여 행동장애 및 학습장애 등이 발견되는지 검진한다.

(2) 가족상담

- 첫 번째 면담 이후 가족을 만날 것인지 결정하여 아동의 동의를 통해 가족을 상담한다.
- 비행청소년의 경우 가족과 주변 친구를 탐문하여 상담을 실시한다.
- 부모교육 프로그램을 활용한다. PETParent Effectiveness Training, STEPSystematic Training for Effective Parenting 등이 있는데, 부모교육 프로그램은 부모가 자녀를 효과적으로 훈육하는 방법을 알려 주어 자녀와의 상호작용을 잘 할 수 있도록 유도하는 방법이다.
- 부모들을 대상으로 동기부여의 시간을 가지는 단계로서 부모들은 양육 태도에 변화를 보이겠다는 의지를 서로 대화를 통하여 나눌 수 있는 장을 만든다.
- 아동전문담당 사회복지사가 부모들에게 자녀의 바람직하지 않은 제반 행동을 나열해 보도록 찾아보는 단계로서 구체적이고 상세한 내용을 인지할 수 있도록 나열하게 한다.
- 아동전문담당 사회복지사가 부모에게 적절한 훈육기법사례를 소개한다.

- 아동전문담당 사회복지사가 부모로 하여금 배운 기법을 연습하고 실천할 수 있도록 지속적으로 지지해 주는 단계이다. 이러한 실습을 하는 방법은 부모가 심각한 부부 갈등상태에 있는 경우나, 사회경제적 어려움 또는 정신병리적 문제 등을 가지고 있는가를 조사하여 효과적으로 실시하도록 한다.
- 아동전문담당 사회복지사는 문제의 양상과 부모의 협조 여부, 아동의 연령을 모두 고려하여 적절하게 부모교육 프로그램과 가족치료기법을 사용하도록 해야 한다. 특히, 새로 들어온 구성원이 낯설어하는 점과 구성원에 따라서 치료의 단계가 약간씩 다른 단점을 보완하여 실시한다.

(3) 개별상담과 집단상담의 판단기준

- 개별상담 : 아동문제의 정도가 심각하고 정서적 문제와 관련이 있는 경우 실시하게 되는데, 개별상담에서 아동의 심리적 상태가 어느 정도 안정되어 보이면 집단놀이로 전환하는 것이 바람직하다.
- 집단상담 : 아동의 사회적 부적응을 해결하고자 할 경우 실시한다.

(4) 부모상담

부모와 상담의 관계에서 전문사회복지사는 사회복지의 네 가지 개념을 기반으로 한다. 전원 관점(Saleeby, 1997), 참여자의 윤리(Hoffman, 1994), 처리능력(Rosenfeld, 1993)과 현재 또는 개념과 치료 공동 존재(Andersen, 1994) 등이다. 전력 관점의 실시는 사실에 기초하여 상담사의 행동은 그들이 발견하고자 하는 목표를 얻을 수 있도록 도움을 줄 뿐만 아니라 내담자들의 능력과 소스를 연구하고, 아동의 꿈을 실현하며, 장애물과 불행의 사슬을 파괴하는 데 도움을 주는 것을 기반으로 한다. 또한 전원 관점은 전문가의 접근과 사용자를 향한 관계에 대해 생각해야 한다고 요구한다. 그것은 가능성, 용량(Saleeby, 2009)에 대한 문제에서 사용자의 관계와 이해의 방향을 재설정할 필요가 있다. 아동에 대한 사회복지실천이 효과를 거두기 위해서는 아동에 대한 접근과 함께 가족이나 교사의 협력도 병행되어야 하는 것이다. 부모상담 접근에 관한 요법으로 지도, 상담, 협의의 심리요법을 활용할 수 있다.

① 지침서(guidance)

어떤 특정문제에 직면하여 자기 스스로 해결할 수 없어 고민하는 부모에게 객관적인 자료와 정보를 제공하거나 구체적인 해결방법을 제시하여 당사자의 지적 이해를 통해 당면한 문제를 해결할 수 있도록 도와주는 활동을 의미한다. 이 지침서는 그들이 당면한 특정한 문제해결을 위한 일반적인 지식과 정보 제공에 목적을 두고 있지만, 부모상담은 아동의 후견인과 부모 그리고 위탁가정 대리인의 인격적 측면까지 접근하여 변화를 유도하기 때문에 특정한 문제해결에만 제한하지 않고 보다 광범위한 문제해결을 목표로 한다.

② 협의의 심리치료요법(psychotherapy)

상담보다 더 깊숙한 개인의 인격 심층부분까지 접근하여 인격의 전체적인 변화를 기대하면서 적응성을 높이는 데 그 목적이 있다. 예를 들면, 아동의 심리치료에는 아버지의 인격적인 부분에 대한 접근도 중요한 요소로 작용한다. 특히, 3~7세 남자아이들은 자신을 아버지와 동일시하면서 아버지의 행동이나 생각을 그대로 모방하려고 하는 특성이 내재되어 있다. 정서장애가 있는 아동의 경우 장애의 원인이 가족력에 따라 조부모, 부모 그리고 형제 등을 포함한 가족구성원 전체의 상호관계에 기인하는 경우가 많은 것으로 알려져 있다. 따라서 가족치료요법은 개인 심리치료요법과 병행해서 실시하는 집단 심리치료요법을 활용한다. 가족치료요법에는 상담치료사와 가족구성원 전체가 다 같이 만나서 이야기를 나누는 형태의 집단상담의 형태를 취하지만 특정 가족구성원들에 대해서만 따로 상담하는 집단 심리치료요법의 형태가 있다.

(5) 부모상담의 목적(현정환, 2003)

① 치료관계의 유지

부모의 요구에 의해 상담이나 놀이치료가 시작되는 경우 아동의 심리상태나 심리치료요법에 대한 부모의 이해를 돕기 위해 상담이나 놀이치료가 완료될 때까지 정기적으로 약속된 시간에 아동을 데리고 오도록 하는 동기를 강화시키는 것이 부모상담의 제1의 목적이라 할 수 있다.

② 정보수집

놀이치료를 시작하기 전에 자녀에 관한 고민내용이나 상담을 시작하기 전까지의 자녀의 건강, 심리상태 그리고 부모의 양육태도와 가족상황 등에 대한 정보를 정확하게 수집하여 그 자료를 토대로 아동의 문제행동을 진단하고, 이에 따른 치료기법을 적용하여 상담을 실시한다. 무엇보다 중요한 것은 부모의 책임감을 느끼도록 상담을 유도하여 부모 자신도 자녀의 치료에 긍정적, 능동적으로 참여하고 있다는 의식을 심어줄 필요성이 제기된다.

③ 정보 제공

아동에 관한 정보를 분석하여 부모에게 제공한다. 부모로부터 얻은 정보와 놀이치료를 하는 과정에서 얻게 된 아동의 행동을 분석 검토하여 가정에서의 바람직한 환경 조정이나 부모의 대처할 수 있는 치료방법에 대하여 구체적인 결과를 설명해 준다. 특히, 자녀의 비정상적인 문제행동에 대한 진단결과 분석에 관한 구체적인 내용을 부모에게 상세히 알려주지 않는 것을 원칙으로 하는 것이 좋다.

④ 부모 자신에 대한 심리치료

아동의 문제행동과 부모의 심리상태가 매우 밀접하게 연관되어 있을 경우에는 부모나 가족구성원을 대상으로 한 상담이나 심리치료요법을 실시하여, 부모 스스로 자신의 문제행동을 통찰하고 보다 성숙한 인격으로 행동할 수 있도록 도와주어야 한다.

(6) 부모상담 종결

계약 기간 동안 치료세션의 종결 시점이 다가오면 아동과 함께 치료 종결 시점 날짜를 사전에 상의하여 정하거나 아동에게 남아 있는 상담세션의 수를 사전에 알리도록 한다. 아동의 발달수준이 늦어질수록, 상담치료를 종결한다는 신호도 보다 구체적으로 알려주어야 한다.

2) 교육서비스

우리는 21세기를 맞아 서로 대립되는 세력들이 이상적 사회에 관한 나름대로의 철학적 가치를 주장하며 경쟁적인 체제를 갖춘 새로운 전환기에 직면하게 된다. 우리 주변에서 일어나는 많은 사건들을 짐작하여 보건대 우리가 또 한 번의 역사적 체제 변화를 향해 나아간다는 것을 체험할 수 있다. 과거 실패한 가족계획정책에서 알 수 있듯이 저출산에 직면한 것은 물론 초고령화 사회 진입에 도달하게 되었다. 또한 여성의 적극적 경제활동 참여로 인하여 여성의 개인적 독립과 전 생애 기간에 걸쳐 노동활동을 하는 특징으로 이어진다. 전 세계의 글로벌라이제이션으로 다국적 기업이 등장하고 신금융자본주의 영향으로 통합된 글로벌 경제 질서가 재편하게 되었다.

복지자본주의시대 도래로 복지는 물론 교육의 양극화 현상은 더욱 두드러지게 나타난다. 일반 생산직 노동자와 미숙련 노동자들에게 안정된 수입과 직업이라는 보장은 더 이상 기대할 수 없게 되었고 정규직과 비정규직의 비현실적인 임금격차는 물론 우리 사회에 인권차별로 이어지는 결과를 초래하게 되었다. 불안정한 직업으로 특징지어지는 삶의 연속으로 받아들여져야 하는 시대에 살게 되었으며 안정되고 인간다운 삶을 보장받는 필요한 조건에 대한 기대는 과거 윌리엄 베버리지 시대에 주장했던 것에 불과한 시대가 도래하게 된 것이다. 복지국가는 교육의 형평성 보장과 소득재분배가 잘 이루어진 생활여건을 평등하게 만드는 데 주력해야 한다. 평등한 사회, 기회 균등한 사회, 교육의 형평성, 소득재분배가 이루어지는 정의로운 사회를 구축해야 한다. 특히, 교육을 통하여 기회와 삶 속에서 맞는 평등이 효율성의 필수조건이 될 수 있듯이 인적자본은 역동적이고 경쟁적인 지식경제를 유지하기 위해 반드시 활용해야 하는 가장 중요한 인적자원으로서 우리는 엄청난 규모의 인구학적 불균형을 초래하는 고령화에 직면하게 되었다. 양극화된 미래사회는 아무리 좋은 여건을 갖춘 창조경제라 할지라도 경제적 비용부담을 감당할 수 없을 것이다. 양극화를 초래하지 않는 창조경제를 성공하기 위해서는 교육양극화의 단초가 되는 소득분배정책과 주택보장정책 및 공평한 교육보장에 더욱 심혈을 기울여야 할 것이다(김종명 외, 2013).

특히, 에스핑 앤더슨(2002)이 주장한 것처럼 아동 중심의 사회적 투자전략을 세울 필요가 있다. 21세기의 복지개혁은 더 많은 소득, 불평등한 소득분배의 감소, 교육에 대한 보편적 접근을 창조하는 데 근접해야 한다고 주장하였다. 하지만 이러한 기대와는 달리 보편적 교육 확대는 어느 정도 이루어졌지만 빈곤의 사회적 대물림의 영향을 약화하는 데 실패하였다. 교육과 직업의 연결은 세습화된 대로 빈익빈 부익부의 전형적인 형태를 유지하고 있는 실정이 되고 있다. 이에 대한 증거로 2015년 1월 19일 뉴욕타임스에 보도[8]된 미국의 저소득층 대학진학률을 살펴보면 저조하다는 것을 명확히 알 수 있다. 미국 내 전체 대학 졸업자는 물론 우수한 저소득층 자녀가 늘어나고 있는데도 소득에 따른 양극화 현상이 명문대 진학률에까지 나타나고 있는 것이다. 미시간대학과 조지타운대학의 분석을 보면 2006년 기준 미국의 82개 주요 대학의 학부생 가운데 가구소득이 중간 이하 출신은 14%에 불과했다. 이러한 문제는 1982년에도 동일한 비율인 14%였다. 이는 24년이 지나도록 상대적으로 가난한 학생들의 진학률이 전혀 나아지지 않은 것에 대한 증거라 할 수 있다. 하버드, 컬럼비아 등 '아이비리그'동부의 8개 사립 명문대학를 포함한 28개 명문 사립대학의 소득계층별 진학률도 전혀 다를 게 없다. 이들 대학의 학부생 가운데 소득분포에서 하위 40% 이하 가구 자녀들의 비율은 2001년 10%에서 2009년 11%로 거의 변화가 없었다. 따라서 에스핑 앤더슨(2002)이 주장한 사회적 통합과 경쟁력 있는 지식

8) YTN, 2015년 1월 19일자 보도

경제로 나아가기 위한 요건으로 가족의 유일한 소득원이 저임금인 것과 저임금 노동자가 가족의 여러 소득원 중 하나인 것을 별개의 문제로 인식하고 있다. 그는 불안정한 부부관계와 계층 간 결혼이 가족복지의 양극화를 야기할 수 있는 요인이 된다고 보고 있다. 따라서 전 세계적으로 사회적 배제가 공통된 정책목표로 부각되었다. 사회적 보호로부터 배제된 사람들을 어떻게 제도권 내에서 보호할 것인가? 정부의 대책을 강구해야 하는 것이 관건이다.

아동의 권리 중에서 교육받을 권리는 가장 우선시해야 한다. 우리나라 「헌법」 제27조에 명시되어 있는 바와 같이 "모든 국민은 능력에 따라 균등하게 교육을 받을 권리를 가진다."라고 법으로 보장한다. 경제성장에 따라 우리나라도 초등학교와 중학교는 의무적으로 무상교육을 실시하여 국가의 의무와 책임을 분명히 하고 있다. 하지만 위에서 외국의 예를 들어 설명하였지만 우리나라의 경우도 학생의 진학에 부모의 경제력이 끼치는 영향이 갈수록 심각해져 형평성을 해칠 뿐만 아니라 경제성장을 저해하는 수준에 이르렀다는 경제학자의 주장이 나올 정도로 교육의 형평성 문제가 심각하다. 한겨레신문[9]에 김세직[10]의 연구를 토대로 보도된 내용을 살펴보면 올해 서울대에 합격한 서울지역 학생의 출신 자치구를 조사해보니, 최고 21배 차이가 나타났다. 학생 100명당 서울대 합격자가 강남구에서는 2.1명인 데 반해 강북구는 0.1명이다. 강남구와 함께 이른바 '강남 3구'로 불리는 서초구가 1.5명, 송파구가 0.8명으로 상위 1~3위를 휩쓸었다. 한편, 구로구와 금천구는 각각 0.2명으로 강북구와 함께 하위 1~3위를 차지했다. 자치구별 사설학원 수와 서울대 합격률의 관계도 비슷한 경향을 보였다. 김세직(2014)은 강남권 학생들의 높은 합격률과 관련해 "타고난 잠재력이 이 정도로 막대하고 월등히 앞선다고 할 수 있을지 의문"이라고 분석하였다. 이 연구와 더불어 김세직(2014)은 2015년도 서울대에 합격한 서울지역 학생들의 출신 학교 분포를 분석한 결과 학생 100명당 서울대 합격자

9) "서울대 합격자, 강남구가 강북구의 21배". 김지훈기자. http://www.hani.co.kr/arti/society/schooling/651270.html. 웹사이트 방문 2016년 1월 11일 방문.

10) 서울대 경제학부 교수, 서울대 경제연구소의 〈경제논문집〉 '경제성장과 교육의 공정경쟁' 논문. 2014년 7월 발표.

가 과학고 41명, 외고 10명이었는데, 일반고는 0.6명으로 나타났다고 밝혔다. 또 과학고 · 외고 등 특목고 출신 학생의 합격률이 일반고보다 15~65배나 높은 것으로 조사되었다. 특목고의 수업료가 일반고의 3배 이상 높은 연 800만 원 이상으로 조사되었다. 김세직(2014)은 '진짜 인적자본'이 충분하지 않은 학생도 돈을 많이 투입하여 사교육 같은 치장법으로 '겉보기 인적자본'을 크게 향상시킴으로써 자신보다 '진짜 인적자본'이 높은 학생보다 좋은 대학과 직장에 갈 확률이 높아질 가능성을 배제할 수 없다고 덧붙였다. 그는 '진짜 인적 자본'과 '겉보기 인적 자본'을 구분하고자 시도하였다. '진짜 인적 자본'은 개인이 가진 노동자로서의 잠재력과 이를 개발하는 노력을, '겉보기 인적 자본'은 수능 성적이나 스펙같이 사교육이나 비싼 등록금을 내는 특목고와 자사고를 다니며 높일 수 있는 요소를 뜻하는 것으로 설명한다.

위와 같은 연구를 토대로 우리나라 공교육을 바로 세우기 위한 가장 기초적인 과정인 어린이집, 유치원, 일반학원, 일반학교, 아동교육단체, 교육콘텐츠 개발 및 교육체험학습 발굴과 더불어 실행 및 공교육 수준을 향상시킬 수 있는 방안 마련이 시급하다. 끝으로 정부는 고등학교까지 무상교육 실시를 위한 구체적인 계획을 수립해야 한다. 따라서 교육은 대상자 안에 내재되어 있는 힘이 원활하게 발휘되어 건강한 생활이 지속될 수 있도록 필요한 기술과 정보를 제공해 주는 것이다. 첫째, 아동복지서비스대상자가 잘못 가지고 있던 가치나 정보를 바로 잡아 주는 것, 둘째, 대략적으로 알고 있던 사실들을 정확하게 가르쳐 주는 것, 셋째, 대상자가 이미 잘 수행하고 있는 것을 발견하고 그것이 더 잘될 수 있도록 확대시켜 주는 것이라 할 수 있다. 대상자의 강점을 찾아 강화시켜 주는 것이 중요하다. 다음은 좀 더 상세하게 아동들의 교육에 관련된 사항을 학습하고자 한다. 「교육법」이 「교육자치법」으로 바뀌면서 이 법의 목적은 교육의 자주성 및 전문성과 지방교육의 특수성을 살리기 위하여 지방자치단체의 교육 · 과학 · 기술 · 체육 그 밖의 학예에 관한 사무를 관장하는 기관의 설치와 그 조직 및 운영 등에 관한 사항을 규정함으로써 지방교육의 발전에 이바지하는 것을 목적으로 규정하는 데 좀 더 상세한 기술이 언급되지 않고 있다. 하지만 세 가지 측면에서의 교육을 학습하고자 한다.

• 일상생활 기술교육 : 대화기술, 아동이 학교에서 잘 놀며 친구를 사귈 수 있

는 방법들, 옷 갈아입기 등을 통하여 스스로 할 수 있는 교육을 한다.

- 자기표현 기술교육 : 아동들이 자신의 다양한 감정을 알아차리고 그 감정을 인식하도록 도와주는 것, 부정적이라고 인식되더라도 그 감정을 허용하도록 도와주는 것이다.
- 주의산만 과잉행동아동을 위한 교육 : 이러한 아동들은 보고 듣고 만지는 것과 같은 지각능력 전달장애 등으로 인해 학습능력이 뒤떨어지는 경우를 말하는데, 또한 이러한 아동들은 낮은 자존감, 낮은 자기상을 가지고 있을 수 있으므로 사례관리자는 심리검사를 통해 명확한 진단을 받게 하는 것이 중요하다.

칼 로저스(Carl Rogers, 1951)는 교육과정에 성인치료와 함께 자신의 경험을 적용하고 학습자 중심 교육의 개념을 개발했다. 그는 학습자 중심의 교육에 관한 다음과 같은 다섯 가지 가설을 주장했다. 첫째, 사람이 직접 다른 사람을 가르칠 수 없다는 것이다. 사람은 다른 사람의 학습을 용이하게 할 수 있으며 이는 모든 사람이 그 또는 그녀가 중심인 경험을 토대로 끊임없이 변화하는 세계에 존재하는 자체가 자신의 인격이론의 결과라는 것이다. 둘째, 각 사람은 인식과 경험을 바탕으로 반응하고 응답한다. 즉, 학생이 하는 어떤 일에 대하여 교사가 믿는 그 믿음이 무엇보다 중요하다는 것이다. 셋째, 초점은 학생(로저스, 1951)에 있다고 보는 것이다. 넷째, 이러한 배경에서 학습자의 경험은 학습하는 방법이 무엇이든지간에 필수적이라는 것이다. 다섯째, 각각 학생은 서로 다르게 자기 스스로 교실에 무엇을 들고 오느냐에 따라 무언가를 배울 수 있고 교육이 이루어진다고 보는 것이다.

칼 로저스(1987)에 의하면 개인의 성격과 인간관계에 대한 자신의 독특한 접근방식인 사람 중심 기법을 개발하여 사람 중심의 심리치료 및 상담**클라이언트 중심의 치료**, 교육**학생 중심 학습**, 조직 및 다른 그룹 설정 등의 다양한 영역에서의 다양한 응용 프로그램을 발견하였다. 그는 특히, 내담자 중심이론, 인간 중심적 접근이론을 주장하기도 하였다. 칼이 말하길 인간은 본래 자율적인 본성을 지니고 태어나서 스스로 다스리는 능력을 발휘하며 성장함을 믿는 철학을 지니고 있다고 주장한다. 이러한 이론들은 철학적인 배경에서 파생한 이론으로서 다음과 같은 목표를 설정하여 교육에 활용할 필요가 있다.

첫째, 건강하고 안정된 생활을 하는 데 필요한 일상의 습관을 갖도록 하며, 즐거운 생활을 할 수 있도록 모든 기능적인 발달을 도모하는 데 조화를 이루게 한다.

둘째, 언어를 바르게 사용하도록 지도하며 동화나 그림책 등에 대한 홍미를 갖도록 한다.

셋째, 생활환경과 사회생활 전반에 걸쳐 올바른 이해와 긍정적인 태도를 갖도록 한다.

넷째, 음악시간을 활용하여 악기 연주를 배우도록 권장하며 그림, 기타 여러 가지 재능을 발견하여 창의적 자기표현에 대한 홍미를 갖도록 한다. 이러한 맥락에서 다음 섹션은 놀이치료에서도 적용해 볼 수 있는 기법을 학습하고자 한다.

3) 놀이치료

(1) 놀이치료의 이해

아동이 언어를 표현할 수 있는 능력이 부족하여 자기표현을 충분히 하지 못하는 경우가 있다. 따라서 놀이를 통하여 자기표현을 할 수 있도록 도와주는 경우를 놀이치료라 정의한다. '놀이치료'의 방법이나 기법은 단순하다. 놀이 장난감은 단어를 생성하는 데 활용되고 놀이 자체가 언어라 할 수 있다. 놀이치료를 활용한 결과 아이는 본성을 회복하게 되고 자신감 내지는 자긍심까지도 생기게 되므로 문제행동은 점점 사라지고 정상적인 행동으로 옮겨가는 과정을 밟게 된다고 할 수 있다. 서영은과 이영선(2009)은 자폐성장애연구조사를 실시하여 장애 및 장애 위험 아동들을 대상으로 하는 놀이치료를 다룬 연구들을 종합 분석하여 놀이치료의 수요가 증가하면서 다양한 환경에서 놀이치료가 실시되고 있으며 특수아동들을 대상으로 한 놀이치료 역시 늘어나고 있다고 밝히고 있다.

버지니아 액슬린(Verginia Axline, 1981)은 위와 같은 능력이 아동에게도 있음을 믿고 적용한 것이 놀이치료(play therapy)라고 하였다. 놀이는 자발적이며, 본질적인 동기가 있는 활동으로서 아동은 놀이를 통해서 좀 더 편안함을 느낄 수 있고 언어적으로 표현하는 것보다 자신이 발견한 자발적인 놀이를 통해서 좀 더 직접적이고 충분히 그들 스스로를 표현하게 되는 것으로 이해된다. 아동들의 경험과 감정을 '놀이로 표현하는 것'은 아동들이 할 수 있는 가장 자연적인 자기치유과정이라는 것이다. 놀이치료는 심리적인 문제를 지닌 클라이언트를 돕기 위해 체계적으로 놀이가 지닌 치료적 힘을 적용시키는 대인관계과정이며 치료자와 아동 간의 상호과정 속에서 놀이가 가지고 있는 치료적인 힘을 활용하여 아동의 문제를 완화시키는 것이라고 볼 수 있다. 놀이치료에서 치료자가 당면하는 가장 큰 문제는 유아의 놀이를 부당하게 중단시키지 않으면서 놀이의 한계를 정하는 것이다. 감정과 공상을 적절하게 표현시킴으로써 유아의 자각을 높일 수 있도록 놀이를 적당히 조정해야 할 것이다. 또한 놀이 중에 치료자가 치료자로서의 역할을 잊고 유아의 놀이 친구가 되어버릴 위험을 경계해야 한다. 이러한 경우는 놀이의 치료적 의미가 없으므로 치료자는 계속 놀이의 내용이나 외형적인 표현에만 반응하기보다 그 내재적 의미가 무엇인지 반드시 알고 대응해야 한다.

(2) 놀이치료의 궁극적 목적

놀이치료의 궁극적 목적은 아동이 사회 정서적 어려움을 해결하고 잘 발달하며 적응할 수 있도록 돕는 것을 의미한다. 놀이치료는 우선 치료적 관계 속에서 놀이라는 매개체를 사용하여 아동의 어려움을 해결하는 것이 목적이다. 치료상황에서 치료자는 아동의 다양한 감정을 표현할 수 있도록 도와주고 이러한 과정을 통해서 아동은 자신이 감정을 표현하고, 해소하며, 자신 내부의 무한한 잠재력을 발견하게 되면서 스스로 문제를 해결하고 성숙해지는 과정을 겪게 된다. 아동을 둘러싼 주변 환경을 개선하는 것도 중요한 목적이다.

(3) 놀이치료의 기능

- 놀이치료는 놀이도구를 사용하여 자기표현을 할 수 있도록 돕는 자연스러운 수단이다. 아동이 놀이도구를 보고 그대로 표현하는 것을 상징적 언어라고 할 수 있다.
- 놀이치료는 유익한 단어 학습의 기능을 내포하고 있다. 즉, 놀이를 통해 세상을 배우고 자기표현의 발달을 가능하게 한다.
- 놀이는 감정을 정화시켜 주는 치료기능과 아동의 정신적 스트레스를 풀어 주는 기능이 있다.
- 놀이는 아동을 위한 심리치료의 수단으로서 자신의 경험을 재현하도록 도와 발달 정도, 성격특성, 심리적 어려움 등을 이해할 수 있는 진단과 평가기능도 갖는다.
- 놀이는 시행착오도 있지만 이를 통해 아이가 세상에 적응하는 것을 배우게 하는 기능이 있다.
- 아동은 놀이를 통하여 사회성과 대인관계능력을 함양한다.

버지니아 액슬린의 놀이의 기타 기능

- 창조적 사고기능 : 문제해결기술을 자극하여 혁신적인 해결책을 만들어 내도록 한다.
- 은유적 사고기능 : 힘든 현실을 이해하는 데 자신의 상상력을 사용하도록 돕고, 놀이를 통한 은유 사용을 통해 갈등과 공포를 대함으로써 통찰력을 얻는다.
- 애착 형성과 관계증진기능 : 아동들은 놀이를 통해 유대감을 발달시키고, 긍정적인 치료관계를 증진시킨다.
- 동기유발기능 : 놀이는 재미를 유발하기 때문에 내재적으로 동기를 유발시킨다.

출처 : Verginia Axline(1981).

(4) 놀이치료 종류 및 접근방법

- 발달놀이치료, 모래놀이, 미술치료, 게임치료, 형제놀이치료, 집단놀이치료 등(Verginia Axline, 1981)
- 모래놀이치료나 미술놀이치료는 언어 사용을 극도로 자제하는 내성적인 아이들에게 적합하다. 협박을 통한 성학대 피해자들의 경우 극한 공포로 말을 하지 못하거나 말하는 것에 대하여 죄책감을 갖는 경우가 있는데, 이 치료를 활용한다.

(5) 놀이치료대상 아동

- 발달장애가 있는 아동 : 발달장애는 발달이 늦은 아이, 자폐성향이 있는 아이, 언어발달이 늦거나 반향어가 나타나 의사소통이 어려운 아이 등을 의미하는데, 아동과 함께 따뜻하고 친절한 관계를 발전시켜야 한다. 그리고 아이를 그대로 받아들인다. 아이가 자신의 감정을 완전하게 표현하는 느낌을 받을 수 있도록 아동과의 관계에서 권한의 경계선을 설정한다.
- 행동문제를 보이는 아동 : 주의가 산만한 아동, 우울하거나 불안이 있는 아동, 또래관계에 문제가 있는 아동, 공격성, 거짓말, 도벽 등의 문제를 보이는 아동을 말한다. 이러한 감정을 가진 아동들은 자신에 대한 염려와 위축된 행동을 보인다.
- 정서장애가 있는 아동 : 유아교육기관이나 학교생활에 적응이 안 되는 아동, 눈을 깜빡이는 등의 틱증상이 나타나는 아동, 야뇨증과 유분증 증상이 나타나는 아동 등이다.

4) 놀이치료의 과정

(1) 초기 면담과정

- 아동이 치료상담센터에 오기 전에 행해야 하는 한 가지 과제는 의뢰인인 부모

가 아동에게 어떻게 말할 것인지에 관해 부모를 도와주는 것이다.

- 자녀의 비밀보장의 경계선에 대하여 부모와 논의하는 것이 중요하다.
- 치료를 위한 초기 면담 시 사정단계에서 아동 및 가족환경에 관한 정보를 수집한다.

(2) 사정, 치료계획 및 과정

- 목표 공식화 단계와 통합단계에서 치료이론 모델에 따라 수집한 자료를 통합 분석하여 아동의 치료능력에 대한 가설과 치료목표를 설정한다.
- 마지막 치료계획단계에서는 두 번째 단계에서 개발된 목표를 클라이언트가 성취하도록 돕기 위해 사용할 전략을 결정한다.
- 아동의 개별 섹션 내용을 결정하는 데 있어서 섹션을 어떻게 구체화할 것인지를 결정해야 한다. 놀이치료의 빈도와 횟수는 일주일에 한 번씩 한 번에 한 시간 하는 것을 원칙으로 한다.
- 놀이도구를 마음대로 선택하고 아동이 선택한 놀이도구를 통하여 상호작용을 자유롭게 하면서 세션을 비교적 비구조화할 것인가를 결정한다.
- 소수의 장난감이나 도구, 자료만으로 치료자가 상호작용 정도를 구조화시킬 것인가를 결정한다.
- 특정한 놀이도구들을 구비해서 치료자가 상호작용의 정도를 일방적으로 결정하여 구조화시키지 않도록 주의한다. 일반적으로 놀이치료의 구조화의 정도는 아동의 발달능력수준에 따라 결정하는데, 발달기능이 낮을수록 보다 구조화된 치료를 실시한다.
- 놀이치료를 하는 동안 얼마나 많은 일을 언어적으로 표현할 것인지를 결정한다. 첫째, 언어적 표현이 거의 없이 경험적인 기법만 사용하게 되는 경우 발달기능수준이 아주 낮은 아동에게 효과적이라 할 수 있다. 둘째, 경험적 놀이치료기법을 실질적인 자기 언어표현과 동반하여 사용한다. 놀이치료과정 중에 아동이 행동표출보다는 언어로 표현하는 것을 배우려고 애쓰는 발

달수준의 아동을 돕는다.

- 치료과정 중에 기능수준이 어느 정도 높은 아동에게는 경험적 요소가 아주 적게 포함된 언어 개입만을 하도록 주의한다.

(3) 놀이치료실

아동치료실은 아동에게 있어서 중요한 영향을 주기 때문에 치료실의 분위기 조성이 치료에 미묘한 영향을 줄 수 있다. 정신분석학 측면에서 실베스터와 쿠퍼(Sylvester & Cooper, 1966)는 치료방법은 간단하지만 평소 자신들이 가지고 놀던 장난감 수준을 넘어서서 치료에 도움이 되는 것으로 아동에게 설레는 마음이 채워져야 한다고 주장한다. 또한 놀이치료 분석가들은 상징적인 세계에 들어가는 것과 놀이치료실에 들어가는 것을 같은 것으로 취급하는데, 이 놀이치료실은 아동이 보호받고 있다는 느낌을 받을 수 있어야 하고, 극히 개인적이며, 안정되고 편안한 공간이라고 느낄 수 있어야 한다(Sullwold, 1982). 위의 학자들이 주장한 이론을 근거로 다음과 같이 정리하고자 한다.

- 개인 놀이치료실 크기는 아동이 가구에 부딪칠 위험이 없을 정도의 크기로서 신체활동을 자연스럽게 할 수 있을 정도로 충분한 공간이 필요하지만 공간이 너무 넓어 아동이 상실감을 느끼거나 너무나 협소하여 고립감을 느낄 정도로 작은 사이즈는 지양하는 것이 좋다. 대부분의 놀이실의 사이즈는 대략 3~4 평보다 넓거나 좁지 않도록 주의한다.
- 집단놀이실은 개인 놀이치료실보다는 약간 넓고 크기는 보통 5~6평 넓이로 한다.
- 놀이도구는 다양한 색상 재료를 활용할 수 있다. 자연스런 천연재료의 흙이나 부드러운 모래, 나무토막, 그림물감, 밀가루 반죽이나 점토, 가족을 연상시키는 인형들, 봉제 동물 인형들, 악기류, 텐트 등 숨어 들어갈 수 있는 곳, 자동차 등 바퀴 있는 장난감, 공작도구풀, 가위, 색종이 등, 공, 풍선, 뜀틀 등을 준비한다.

액슬린(V. M. Axline, 1947, 1981)은 놀이치료에 임하는 치료자가 지녀야 할 기본적인 자세를 다음과 같이 제시하고 있다.

① 놀이치료자의 기본적 자세

- 치료자는 유아와 보다 따뜻하고 우호적인 관계를 형성한다.
- 치료자는 유아의 현재 있는 모습을 그대로 수용한다.
- 치료자는 유아가 현재 자신의 감정을 자유로이 표현할 수 있도록 허용적인 분위기를 만들어 준다.
- 치료자는 유아가 표현하는 감정을 민감하게 느끼고 인정하며 그것을 유아에게 반영시켜줌으로써 유아 자신이 자기 행동에 대한 통찰력을 얻도록 한다.
- 치료자는 유아의 문제해결능력에 대한 깊은 존경심을 가져야 한다. 또한 치료자는 유아의 성장과 적응의 잠재력을 신뢰하고 유아들 스스로가 자기의 문제를 선택, 해결할 수 있도록 도와주어야 한다.
- 치료자는 유아의 말이나 행동에 대해 지시를 하지 않는 비지시적인 방법으로 치료를 진행해 나간다. 치료자는 앞에서 끌기보다는 뒤에서 따라가는 태도를 취한다.
- 놀이치료는 점진적인 과정이므로 치료자는 치료를 서둘러서는 안 된다. 치료자는 인내심을 가지고 서서히 기다려야 한다.
- 치료자는 치료의 전 과정을 통해 현실과 연결이 필요하거나 유아에게 치료에서의 그 자신의 책임을 자각시키는 데 필요한 만큼의 제한시간을 두도록 한다.

② 놀이치료자의 역할

치료실 내에서의 치료적 태도와 치료실 이외의 환경에서 아동이 적절한 경험을 하도록 환경을 조절해 주는 것이다. 따라서 놀이치료자는 아동뿐만 아니라 아동의 주변 환경에 대해서도 정확하게 인식하고 있어야 한다. 특히, 환경 중에서도 아동에게 가장 큰 영향을 미치는 부모에 대하여 누구보다 잘 알고 있어야 하며 부모

면담이나 상담을 통해서 부모의 성격, 정신적 어려움, 가족의 역동성 등에 대해서 잘 파악하고 있어야 한다. 또한 놀이치료가 보다 더 효과적이기 위해서 치료자는 능동적이면서도 비지시적이어야 한다. 치료자는 아동의 모든 행동에 대해서 민감하게 반응해야 하고 시종일관 허용적인 분위기와 수용적인 태도를 보여야 한다. 이러한 태도가 놀이치료를 성공적으로 이끌 수 있기 때문이다(Sylvester & Cooper, 1966 ; V. M. Axline, 1981).

- 놀이치료사는 자기감정을 되도록 개입시키지 않고 중립적 입장에서 놀이를 지켜보며 필요할 때에만 최소한의 도움을 주는 역할을 한다. 인간의 심리기제에 관한 해박한 지식과 통찰력을 갖추도록 사전에 유아교육 훈련을 받아야 한다.
- 초기 세션에는 아동이 낯선 사람과 낯선 환경에서 편안함을 느낄 수 있게 해야 한다.
- 규정된 내용을 잘 지키도록 한다. 치료기간은 보통 20주 정도, 마음의 상처가 깊었던 아동인 경우 아동의 회복되는 상태에 따라 치료기간이 길어지며 1년 이상 걸리는 경우도 있음을 숙지한다.
- 협력작업을 할 경우 놀이치료의 과정을 계획하고 수행할 때 아동의 전체 생태체계를 고려하도록 주의한다(Sylvester & Cooper, 1966 ; V. M. Axline, 1947, 1981).

6. 지역사회개발

1) 지역사회 개발 프로젝트

2000년 이후 우리나라 사회복지제도와 더불어 지역사회복지는 급속도로 변화하기 시작하였고 선진국의 영향으로 우리나라도 사회복지제도를 도입하기에 이르

렸지만 복지 급여 및 서비스는 양적 증가만 부추기는 실정이 되어 버렸다. 특히, 지역사회에서 아동복지서비스는 정치인들의 직접적인 유권자가 아닌지라 관심대상에서 자연히 밀려날 수밖에 없다. 2016년 아동보육서비스 예산 확보에서도 드러났듯이 여 · 야로 나누어진 지방자치정부가 누리과정 예산을 편성하지 않는 초유의 사태를 바라보면서 지역사회개발의 주제로서 아동복지기관이나 시설은 열악한 실정이며 지역사회 차원의 통합적 복지서비스 기반 확충은 답보상태에 있다.

지역사회 거점으로서 아동복지관은 과거 요보호아동의 보호시설에 제한된 아동복지시설과 달리 지역사회 안에 거주하는 일반 아동을 위한 이용시설의 하나로서 아동문제의 다양화와 아동복지의 발전에 따라 최근 그에 대한 관심이 증가하고 있다. 한편, 아동보호시설의 지역사회 개방화와 시설 전환의 일환으로서 그 필요성이 제기되었다(변용찬 외, 1998 ; 어윤배, 1996). 지역사회 연계를 통한 아동의 복지서비스를 효과적이고 효율적으로 제공하는 데 있어서 중요한 역할을 할 수 있는 기관이 되었기 때문이다. 물론 지역사회 아동복지관에 대한 긍정적인 평가만 있는 것은 아니다. 카두신(Kadushin, 1980)은 아동복지시설의 문제점으로 보호의 지속성 결여, 집단생활의 문제 및 과거 보호시설 직원의 비전문성과 학대 및 방임, 지역편중 및 사회로부터의 거부감 등을 예로 들고 있다. 우리나라에도 과거에 불미스러운 사고가 끊이지 않았으며 현재도 이러한 일들이 발생하고 있다. 보호시설 본래의 기능인 수용 보호뿐만 아니라 지역사회 아동을 대상으로 하는 이용시설을 병행함으로써 시설기능을 다양화하는 방향으로 유도하자는 제안을(변용찬 외, 1998 ; 변용찬, 2000) 토대로 지역사회에서 아동복지관은 단순한 아동을 수용 보호하는 복지시설을 탈바꿈하는 과정에서 지역사회를 중심으로 아동의 인격적인 삶이 보장되도록 건전하고 다양한 형태의 복지서비스를 제공하는 이용시설로서 새로운 변화를 시도하게 되었다(양심영, 2001).

전국의 아동복지관과 아동복지시설에 대한 실태조사 부족으로 인하여 표갑수와 장인영(2004)의 조사를 인용하고자 한다. 이들이 조사할 당시 총 273개소 중 양육시설이 238개소로 가장 많았고, 자립지원시설은 13개소에 불과하였으며, 일시보호시설은 9개소, 보호치료소는 6개소, 직업훈련 시설은 5개소, 종합시설은 불과 2개소로 조사되었다. 이들이 연구목적으로 조사한 직업훈련시설이나 시보호시설은 서울 및 대도시에 집중되어 있었으며, 특히 그 당시 충북지역에는 아동양육시설이 8개소, 자립지원시설이 1개소, 상담소가 1개소로 매우 열악한 실정이었다.

2) 지역사회 아동복지서비스의 한계

국가는 전문인력 및 예산부족이라는 명목하에 국가의 인재를 양성하고 지역사회 발전을 도모하기 위한 다양하고 전문적인 서비스 제공에 무관심한 상태로 대다수 복지관의 아동복지 프로그램은 지역사회 내에 방과후 아동지역센터나 보육을 담당하는 것에 불과하고 방학 중 결식아동급식지원 프로그램 및 유료 기능교실 등에 한정되어 있다. 특히, 일반아동을 위한 다양한 서비스나 가출 · 학대 · 폭력피해아동을 위한 일시 보호시설 및 전문서비스는 부족한 실정에 있음이 조사를 통해서 나타나고 있다. 최근 각 광역단위별 아동학대예방센터가 설립되고 부설로 아동쉼터가 확대되고 있기는 하지만 소규모 쉼터의 경우 정원이 6~7명뿐이어서 대처능력이 현저히 떨어지고 있는 실정인데(표갑수 · 장인영, 2004), 아동복지서비스는 지역사회의 여건과 특수성을 감안하는 것이 필수라는 점에서 지방자치단체의 자율성 확보와 지역사회 개발 차원에서 재정적 지원과 자율성이 보장되어야 하는 것은 물론 중앙정부는 지역사회 차원의 통합적 복지서비스 기반 확충에 만전을 기해야 한다.

3) 지방자치정부의 역량 강화

지역사회 주민들의 복지욕구는 급속도로 증가하고 있다. 이러한 복지욕구에 부응하는 복지서비스를 효과적이고 효율적으로 제공하기 위해서는 복지정책에 대한 통합적 시각과 체계적 조정이 요구된다. 통합적 복지서비스를 제공하기 위해서는 개별 제도의 관점이 아닌 지역사회 주민의 입장에서 지역단위의 종합적 사회복지전략 수립이 필수적이다. 현행 법률에 의하면 지방자치정부는 '사회보장에 관한 지역계획'사회보장기본법 제19조, '지역사회복지계획'사회복지사업법 제15의 3, '지역보건계획'지역보건법 제3조 제1항 등 지역단위 종합계획과 분야별 · 제도별 계획을 의무적으로 작성하여야 한다는 것이다(정홍원, 2013). 이러한 사실에 근거하여 살펴보면 지방자치정부가 아동복지서비스 제공에 심혈을 기울여야 함에도 불구하고 아직도 제자리걸음 상태에 있음을 알 수 있다. 따라서 중앙정부는 지방자치정부의 계획 수립에 관하여 재정적 지원을 하고 중앙정부의 정책결정에 의한 지방자치정부의 정책 집행을 효율적으로 지원하는 방안을 강구해야 한다. 특히, 지역단위 복지계획의 목표와 정책수단의 적절성, 실현 가능성을 고려하여 전문가들의 복지 관련 계획에 참여하고 실행에 옮길 수 있도록 적극 지원하여야 한다.

4) 지역사회개발 프로그램으로서 지역아동센터

현재 우리나라에서 시행하고 있는 방과 후 아동지역센터 프로그램을 중심으로 아동보육서비스 전달체계 현황 및 문제점을 검토하고자 한다. 보건복지부 주관하에 현재 우리나라 총 3,600여 개의 시설에서 대략 17만여 명의 아동을 보호하고 있는 것으로 추정된다. 아동복지서비스가 필요한 아동이 대략 300여만 명에 비해서 현실적으로 매우 부족한 실정이다(김인순, 2004). 여성특별위원회가 2000년도에 실시한 실태조사결과에 의하면 전업주부인데도 불구하고 27.3%가 방과후 아동보육서비스 이용을 희망한다(여성특별위원회, 2000)는 조사를 통해서도 알 수 있다. 이태수에 의하면 2007년도 금융위기 이후에는 결식아동이 급증하면서 공부방은 더욱 증가하게 되었으며 민간 중심이 되어 빈곤지역아동의 교육뿐만 아니라 가정의 문제, 지역사회문제를 해결하는 역할과 함께 아동보육서비스를 제공하는 역할을 담당하고 있음을 주장하고 있다(이태수, 2005).

(1) 지역아동센터 실태조사

「아동복지법」 제16조에 의하면 지역아동센터는 지역사회 아동의 보호 · 교육, 건전한 놀이와 오락의 제공, 보호자와 지역사회의 연계 등 아동의 건전육성을 위하

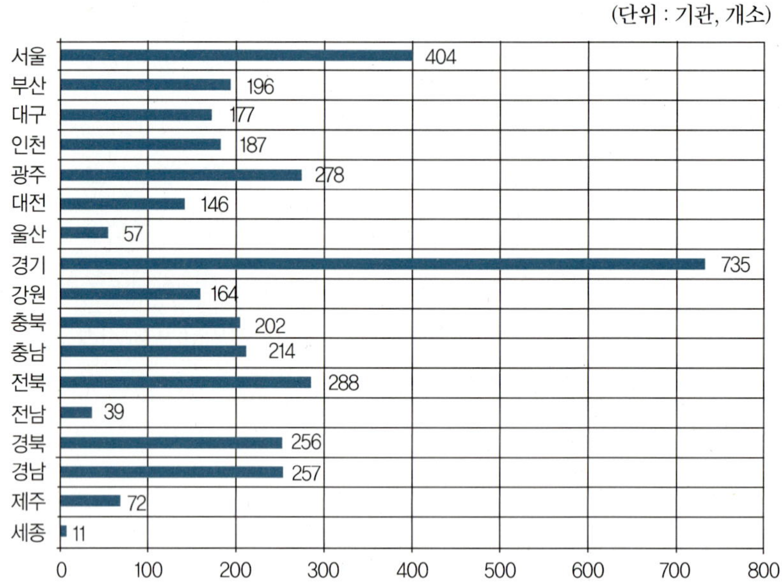

그림 5-3 | 전국 지역아동센터 실태조사

출처 : 지역아동센터중앙지원단(2013). 2012년 12월 말 기준 시설조사결과 ; 웹사이트 https://www.icareinfo.info/NEW_USR_main.asp??=USERCENTER/NOTICE/view&bbs_no=1048, 2016년 1월 16일 현지시간 오후 12시 10분 방문.

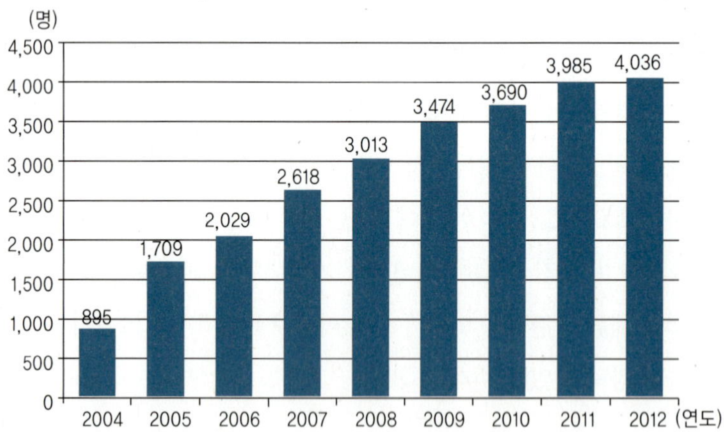

그림 5-4 | 전국 지역아동센터 이용 중인 아동 수

출처 : 지역아동센터중앙지원단(2013). 2012년 12월 현재 이용 실태조사결과 ; 웹사이트 https://www.icareinfo.info/NEW_USR_main.asp??=USERCENTER/NOTICE/view&bbs_no=1048, 2016년 1월 16일 현지시간 오후 12시 10분 방문.

여 종합적인 아동복지서비스를 제공하는 시설로 규정한다. 현재 전국에 있는 지역아동센터는 지역아동센터중앙지원단(2013)에서 2013년 2월 중 진행되었던 2012년 12월 말 기준 전국 지역아동센터 실태조사를 완료한 결과 신고운영 중인 지역아동센터는 총 4,036개소로 조사되었으며, 이용 아동 수는 10만 8,357명으로 조사되었다.

2011년 12월 말 기준 전국 지역아동센터 3,985개소 중 2011년 신고한 센터는 373개소이고, 폐쇄 및 휴지센터는 66개소로 나타났다. 시 · 도별 현황을 살펴보면 경기가 722개소18.1%로 가장 많았고, 그 다음으로 전남이 399개소10.0%, 서울이 395개소9.9%, 전북 286개소7.2% 순으로 나타났다. 2011년 설치 신고한 센터는 경기가 61개소16.4%로 가장 많고, 광주가 55개소14.7%, 전남이 36개소9.7% 순으로 나타났다. 2011년에 폐지 및 휴지 신고한 센터는 총 66개소로 이 중 경기가 16개소24.2%로 가장 많았다. 2011년 개소한 신규센터는 경기가 52개소16.3%로 가장 많고, 전남이 29개소9.1%, 대구가 26개소8.1% 순으로 나타났다. 실태조사결과보고서를 살펴보면 지역아동중앙지원단(2013)과 보건복지부(2012)의 실태조사에서 현격한 차이를 보이는데, 중앙정부의 실태조사가 제때에 업데이트되지 못하고 있음을 알 수 있다. 2011년 말 현재 12개월 동안 정부 보조금을 지원받은 지역아동센터는 3,305개소로 보건복지부 조사 발표에 의하면 99.1%가 정부 지원을 받고 있는 것으로 나타났다.

(2) 정부 지원 지역아동센터

정부 지원을 받고 있는 센터는 경기도 623개소18.7%, 전남 350개소10.5%, 서울 319개소9.6%, 전북 245개소7.3% 순으로 나타난다. 반면, 정부로부터 어떠한 도움도 받지 못하고 있는 센터도 존재하는데, 경기도 99개소15.2%, 서울 76개소11.7%, 광주 74개소11.4%, 대구 61개소9.4% 순으로 조사되었다(보건복지부, 2012).

(3) 지역별 평균 정부 보조금 국고지방비 지원금 현황

보건복지부(2012)는 2011년 지역아동센터에 1년간 재정적으로 지원한 정부지원금은 1개소당 연 평균 4,371만 2,685원이고, 1개소당 월 평균 364만 2,530원으로 밝히고 있다. 정부 지원과 별도로 2011년 지방자치정부에서 지원금을 지원받은 지역아동센터는 불과 2,599개소로 불과 65.2%에 미치는 것으로 조사되었다. 지방자치단체별 지원금 내역을 살펴보면 종사자 처우개선비가 1,446개소31.7%로 가장 많았고, 그 다음으로 프로그램비가 1,102개소24.2%, 인건비가 451개소9.9% 순으로 나타났다. 평균 지방자치단체 자체 지원금은 478만 1,749원으로 나타났으며, 1개월 추정치는 39만 8,479원으로 형식적인 지원에 불과하다(보건복지부, 2012). 결과적으로 아동지역센터를 운영하는 데 필요한 운영자금을 확보하지 못해 폐쇄 및 휴지된 센터가 66개소인 것으로 조사되고 있다.

2012년 12월 현재 보건복지부(2012)가 발표한 시점에 지역아동센터 이용 아동 수는 2010년 10만 233명에서 2011년 10만 4,982명으로 2010년에 비해 4,749명4.7% 증가한 것으로 조사되었다. 특히, 미취학아동의 경우, 2010년 4,376명에서 2011년 4,578명으로 2010년에 비해 202명4.6% 증가한 것으로 조사되었다. 초등학생의 경우 2010년 7만 8,098명에서 2011년 7만 9,731명으로 1,633명2.1% 증가하였으며, 이 중 초등학교 저학년은 2010년에 비해 458명1.2% 감소한 것으로 나타났다. 초등학교 고학년은 2,091명5.2% 증가한 것으로 조사되었다. 중학생의 경우, 이용 아동 수가 2010년 1만 5,075명에서 2011년 1만 7,374명으로 2,299명15.3% 증가하였다. 고등학생의 경우, 2010년 2,346명에서 2011년 3,014명으로 668명28.5% 증가한 것으로 조사되었다. 학년별로 비교하였을 때, 남녀 아동 모두 초등학교 5학년인 경우가 각각 7,540명남, 7,485명여으로 가장 많은 것으로 나타났다.

(4) 지역아동센터 운영 주체 및 연합회 현황

보건복지부 실태조사 보고서(2012)에 의하면 운영 주체가 개인일반인 경우 2,350개소59.0%로 가장 많았으며, 그 다음으로 종교단체 568개소14.3%, 사회복지법인 340개소8.5%, 재단법인 281개소7.1%, 사단법인 176개소4.4% 순으로 나타났다. 법인은 2010년과 비교하여 72개소2.0% 증가하였고, 종교단체와 개인종교인은 37개소1.0% 감소한 것으로 나타났다. 지역 형태별로 구분했을 때, 도시형은 2,859개소71.7%, 농어촌형은 1,126개소28.3%로 나타났으며, 소속연합회는 시 · 군 · 구 지역아동센터 연합회 및 협의회 2,673개소45.6%, 전국 지역아동센터협의회 1,864개소33.5% 순으로 나타났다. 1개만 가입한 경우가 1,980개소49.7%로 가장 많았고, 3개 이상 가입한 경우도 197개소5.0%로 나타났다(보건복지부, 2012).

(5) 지역아동센터 아동담당 전문사회복지사의 역할 및 교육

자원봉사를 통한 지역사회의 자원을 활용하는 방법을 연구하여 재정적 어려움을 해결하도록 노력한다. 아동담당 전문사회복지사의 주요한 기술교육을 일정 기간 제공할 필요가 있으며 특정한 문제상황을 해결하기 위해 다른 기관과의 협력을 강화한다. 또한 아동과 부모를 위해 새로운 자원을 개발하도록 노력하여야 한다. 아동 개인의 문제가 더 이상 아동문제가 아닌, 가정의 문제, 지역사회의 문제와 상호작용하며 연결되어 있다는 것은 주지의 사실이다. 특히, 아동의 경우는 내적 · 외적 영향에 의해서 변화될 발달능력을 많이 가지고 있기에 가족의 빈곤, 방임, 학대 아동의 경우 더욱 그 변수가 크다는 것도 주지의 사실이다. 때문에 지역아동센터를 담당할 담당인력에 대한 전문성 교육은 통합적으로 관리되어야 하며 아동담당 전문사회복지사가 전적으로 감당할 수 있어야 한다.

지역아동센터의 역할기능에서 보았듯이 단순히 학습 제공에서부터 급식, 교육, 특별활동, 아동 · 부모상담, 기관운영 및 지역사회자원 연결, 행정전달체계 등 공식체계와의 연계를 원활히 감당할 수 있도록 전문인력 확보는 물론 교육 훈련이 필요하다. 사회복지사의 여러 역할 중에서도 지역사회복지사의 관점에서 지역사회 자원을 활용하여 아동을 위해 아동의 전반적인 성장과정과 학습과정, 발전과정에 전문적으로 개입, 연결하도록 자원봉사자 담당인력의 양성교육을 정기적으로 실시하여 현장에 투입하도록 한다. 기술적이고 기능적인 교육뿐 아니라 빈곤아동과 지역사회를 바라보는 전문적이고 통합적인 시각의 개발, 현장의 실습 강화, 교육담당자로서의 자세, 올바른 가치 등이 현실적으로 필요하다. 또 지역사회의 서비스 전달체계의 구조를 잘 파악해야 한다. 특히, 아동의 보건위생, 아동복지, 직업재활, 교육체계, 정신건강 등으로 구분되는 전 부분을 조직적으로 잘 파악하여 아동에 관한 학대, 방임, 성학대 등의 문제가 발생하였을 경우 즉각적으로 아동보호전문기관에 사례를 의뢰하여 아동에게 발생하게 될 어떠한 문제도 신속하게 대처할 있도록 전문가로서의 역할을 다하도록 한다.

CHAPTER

06

우리나라 아동복지서비스 전달체계

CHAPTER 06

우리나라 아동복지서비스 전달체계

1. 아동복지정책서비스

본 장에서는 아동복지정책의 역사적 변천과정을 시대별로 간단하게 학습하고자 한다. 먼저 서구사회의 변천과정을 토대로 산업화 과정을 정점으로 산업혁명 이전 18세기에 다루었던 산업화 이전과 이후를 중심으로 학습하고자 하는데, 서구의 아동복지정책이 성립되기까지 고대 및 중세사회, 근대사회의 아동문제가 서로 다른 사회문제의 영향을 받아 변천된 과정을 간단하게 살펴볼 수 있다. 예를 들면, 아동의 권리, 빈곤문제, 가족문제, 노인문제, 장애문제를 다루는 과정에서 다른 인구 대상층의 문제와 아동문제는 분리된 것이라기보다는 어우러져 포괄적인 형태로 이루어진 것임을 알 수 있다.

아동복지의 발달에 관하여 선진국인 영국과의 비교를 통하여 아동복지발달의 역사적인 배경을 학습하고자 한다. 영국은 19세기 초반까지는 청소년 범죄자를 성인들과 같은 동일한 취급을 하였다. 법정에서 받는 벌칙도 매우 엄격하였다. 1838년에는 성인들과 함께 감금할 수 없도록 아이들만 특별히 수감하는 교도소가 생겼다. 1854년에 교도소 감금 대안으로 교화원이 생겨났다. 또한 1847년대에는 경범죄 청소년에 대하여 법정에 보내는 대신 치안판사가 재판하도록 허락되었다. 시대가 변모하면서 치안판사가 소년범죄에 대하여 독립적으로 재판을 진행하는 것이 관례가 되었고, 1908년에 소년범죄에 대하여는 별도의 법원에서 듣도록 하는 것이 법령으로 제정되었다. 그 법령에는 14세 이하의 아이들에 관하여 감금하는 것을 폐지하였다. 1920년 「소년법」에는 특별히 선택된 재판관만이 청소년 재판을 진행하도록 하였다. 부모가 없는 아이들이나 또한 부모가 아이를 돌볼 능력이 없는 경우 구빈법에 따라 아이를 위탁기관에 보내어 돌보도록 하였다. 둘 다의 경우 모두 생활이 매우 어려웠고, 가족들은 자선단체에서 제공하는 음식과 집에서 보답으로 열심히 일하기를 원하였다. 어떤 자선기관은 비용을 지불해야 하기 때문에 성장한 아이들은 일을 하기 위해 호주나 캐나다에 보내지기도 하였다. 1933년 제정된 아동청소년법은 청소년 재판관에게 청소년들을 부모로부터 격리하여 보호할 필요가 있는 아이들을 격리시킬 수 있는 권한을 주기도 하였다. 격리된 아이들은 「구빈법」에 의하여 위탁부모의 집이나 어린이집Children's House에서 돌보도록 하였다(김종명 외, 2013).

산업혁명 바로 직후 19세기 후반 아동복지의 역사는 새로운 국면을 맞이하게 됨에 따라 증가한 다양한 사회문제, 즉 아동의 권리와 복지문제의 심각성을 인식하게 되었다. 일반 사회문제와 별개로 전문 분야로 다루기 시작하게 되었으며 현대사회의 발전과 더불어 아동의 인권에 대한 사회적 인식이 높아짐에 따라 아동이 처한 문제에 대한 국가 · 사회적 개입 형태의 변화는 고대시대, 근대 그리고 현대사회의 어떤 지배적인 사회적 가치나 규범, 사회사상 및 사회 · 경제적 환경과 밀접한 관련을 맺고 있는 요소들을 찾아 접근하는 것이 중요하다. 따라서 아동복지의 변천과정을 각 시대별로 나누어 아동복지제도의 발전과정을 고찰하면 다음과 같이 설명할 수 있다. 위에서 논의했던 것처럼 아동문제에 대한 관심과 개입은 아동이 소속되었던 시대의 지배적 가치, 규범, 사상, 가족구조 및 경제, 사회, 문화적 구조 등과 밀접하게 연관되어 있음을 알 수 있다. 이러한 맥락에서 본 장에서는 아동복지의 역사적인 발전과정을 토대로 산업화 이전의 발전단계로서 고대사회와 중세사회의 아동복지는 어떻게 시행되었는지, 산업혁명 이후의 근세사회를 거치면서 21세기가 시작된 이후의 아동복지의 전문화 단계로 구분하여 학습하고자 한다.

1) 고대사회

가족이나 씨족에 의해 형성된 고대사회에서 아동은 인격적인 주체로서 대우받기보다는 종족 보존에 대한 기여 여부에 따라 생존의 판단기준이 되었다고 할 수 있다. 이러한 사회 · 경제적 환경 속에서 유아에 대한 사회적 태도와 양육 형태는 과연 어떠하였을까? 자연환경과 부족들과의 절박한 생존을 위한 투쟁 속에서 의식주를 해결해야 했던 상황하에 대체로 아동은 인간으로서의 존엄성과 가치에 대한 인식이 얼마나 중요하게 다루어졌는지 검토해 볼 필요가 있음을 시사한다. 고대사회의 원시적인 생활양식으로 미루어 볼 때, 이 시대의 아동양육은 여성에 의한 본능적 양육에 더 가까웠을 것으로 가히 짐작할 수 있다. 모계 중심 부족 및 씨족사회에서 종족 번식은 우선시될 수밖에 없었기 때문이었을 것이다. 부족 간의 생존경쟁과 투쟁 속에서 힘이 있는 부권이 점차 확대되었을 것이다. 부족 공동체 생활에서 아동은 사회의 풍속이나 습관, 미신 등에 좌우되어 희생되는 것은 물론 아동들이 전염병이나 질병 등으로 살아남는 것 자체가 생존 경쟁이었을 것이다. 특히, 원시 공동사회에서는 힘에 의한 위계질서의 구조가 이루어진 형태라 아동들의 가치나 인권에 전혀 관심을 두지 않았을 것이다.

또한 부족이나 종족 등 집단의 안전이 무엇보다 중요시되었을 것이다. 아동 개개인의 인권이나 가치에 따른 그들의 존재감은 고려되지 않았을 것으로 추측할 수밖에 없다. 성영혜과 김연진(1997)의 연구조사에 의하면 아리스토텔레스는 인구조절을 위해 기아보다 낙태가 오히려 더 나은 방법으로 간주하였다고 한다. 당시 고문관이었던 세네카Seneca와 플리니Pliny는 인구조절을 위해 필요한 방법으로 영아 살해와 기아가 중요한 수단으로 받아들여져 그 당시 부모들은 포팅Potting이라 하는 방식으로 바구니에 아기를 담아서 강이나 광장에 버리면 자녀 없는 사람이 주워 기르도록 하는 관습이 있었다는 역사적인 사실을 찾아볼 수 있다. 아동매매도 기아 못지않게 성행하였으며, 534년 유스티니아누스 1세가 제정한 법전에 의하면 "극빈한 부모가 자식을 출생과 동시에 팔 권리를 가진다."는 조항을 명시함으로써 아동매매를 허용했었다는 기록을 찾아볼 수 있다. 이러한 사회적 배경하에서 인간 생명을 중시하는 기독교 정신이 서구사회를 지배하기 시작하면서부터 기아, 낙태, 아동매매, 영아살해 등이 기본 일반적인 가치에 위반되는 것은 물론 죄악으로 간주되었다. 아동살해 금지조항이 포함되었다는 것은 위와 같은 행위가 있었음을 증명해 주는 것이라 할 수 있다. 하물며 기독교 영향을 받은 콘스탄티누스 황제는 이미 "315년 아동을 살해할 수 없다."라는 칙령을 콘스탄티누스 법전에 명시하였으며 콘스탄티누스 법전에 따라 아동의 생명이 존중되기에 부양능력이 없을 때는 다른 사람이 옷과 음식을 제공하여 출생한 아이를 부양하도록 허락하였던 사실을 입증하고 있음을 알 수 있다. 고대사회에 관하여 간단하게 살펴본 바로는 아동을 위한 복지의 이념이나 가치 또는 실천에 관련된 것은 상상할 수조차 없는 상황이었음을 알 수 있다(김연진 · 성영혜, 1997).

앨프레드 카두신(Alfred Kadusin, 1974)에 의하면, 아마존 강 유역의 인디언들은 아기가 태어나면 강물에 그 아이를 넣어 건강한 아이만을 구출하고 그렇지 않은 아이들은 포기하는 생존시험을 했었다는 보고나, 오스트레일리아에 있는 어떤 부족들은 허약한 아이나 장애가 있는 아이들은 양육 부담이 될 것을 두려워하여 내다 버린다는 보고가 있었으며, 원시 고대사회에서는 영아 살해나 유기가 성행하였음을 역사적 사실로 찾아볼 수 있다. 고대사회에서 유아는 인격적 권리를 지닌 인격체라기보다는 본능적인 존재로서 종족보존의 수단으로서 가치만 인정되었음을 알 수 있다.

2) 중세사회

신분적 계급을 중시하는 봉건제 사회로서 중세시대는 종교의 영향이 강했던 시대라 할 수 있다. 주종 간의 신분이 엄격한 중세사회의 틀 속에서 기독교가 지배적인 정신세계를 이끌어 왔으며 아동에 대한 관심은 장원을 위한 경제력, 군사력 확보 수단으로 가치가 부여되는 정도였다. 중세사회의 시대적 배경을 살펴보면 아동에 대한 사회적 태도는 어떠하였을지 궁금증을 유발한다. 중세시대는 출생과 동시에 출신성분이 결정되는 신분제 사회였기에 신분에 따른 처우가 달랐음을 유추해 볼 수 있다. 영주나 지주 계급의 자녀들은 가문의 혈통 계승자로 존중된 반면 천민이나 하류계층은 농노로서 무가치한 생명으로 취급받게 되었다. 굳이 서구사회의 예를 들지 않아도 우리나라 조선시대에서도 양반자녀와 천민자녀들의 삶 자체가 엄격하게 달랐음을 사료를 통해서 알 수 있다. 편견과 소홀한 취급 때문에 아동들이 시대적으로 어려움을 겪었음을 알 수 있다. 또한 기독교적 상황은 아동을 성악설 관점에서 인식하여 매우 엄격하게 다루었다. 기독교적 · 정신적 영향으로 아동의 생명을 빼앗는 행위가 금지되었고 가난하거나 의지할 곳이 없는 아동들을 보호하기 위한 시설로서 교회 교구가 보호하기 시작하였으며 엄격한 통제생활을 하였음을 알 수 있다(이경우 역, 1983). 고대사회와는 달리 중세사회는 아동의 존재를 인정하는 시대로서 신분에 따라 부분적으로 아동들의 권리가 인정되었음에도 불구하고 아동의 인권은 하나의 인격체로서 인정받지 못하였으나, 기독교단체의 활동을 통해서 아동의 인권보호에 대한 출발점을 보게 되었다는 사실에서 역사적 의의를 찾을 수 있다. 중세시대에는 자선적인 행위가 팽배하여 아동의 인권을 보호하기 위한 계기를 마련하였다.

3) 근 · 현대사회

20세기 아동에게 각별한 보호를 제공하여야 할 필요성은 1924년 아동권리에 관한 제네바 선언과 1959년 11월 20일 유엔총회에 의하여 채택된 아동권리선언에 명시되어 있으며 세계인권선언의 시민적 · 정치적 권리에 관한 국제협약특히, 제23조와 제24조, 경제적 · 사회적 · 문화적 권리에 관한 국제협약특히 제10조 및 아동의 복지와 관련된 전문기구와 국제기구의 규정 및 관련 문서에서 인정되었다. 아동권리선언문에 나타나 있는 바와 같이 아동은 신체적 · 정신적 미성숙으로 인하여 출생전 · 후를 막론하고 적절한 법적 보호를 포함한 특별한 보호와 배려를 필요로 한다는 점에 유념하며CRC : Convention on the Rights of the Child(1989, 11, 20), 국내외 양육 위탁과 입양을 별도로 규정하는 아동의 보호와 복지에 관한 사회적 · 법적 원칙에 관한 선언의 제 규정「소년법」집행을 위한 유엔 최소표준규정 베이징규정 및 비상시 무력 충돌 시 부녀자와 아동의 보호에 관한 선언을 상기하고 세계 모든 국가에 예외적으로 어려운 여건하에서 생활하고 있는 아동들이 있으며 이 아동들은 특별한 배려를 필요로 함을 인정하고 아동의 보호와 조화로운 발전을 위하여 각 민족의 전통과 문화적 가치의 중요성을 충분히 고려하고 모든 국가, 특히 개발도상국가 아동의 생활여건을 향상시키기 위한 국제협력의 중요성을 인정하면서 다음과 같이 합의하였다(전문 1989년 11월 20일, 유엔아동권리협약 참조).

1970년 사회서비스국에서 가족의 미래 발전에 대한 방향을 세운 정책을 추진하였으며 1989년 제정된 「아동보호법」이 1991년 시행되었다. 「아동복지법」은 과거에 시행되었던 내용에 관한 법을 포함, 법을 단순화하고자 하는 목표를 두었다. 「아동복지법」아래 지방정부는 지역사회 내에 있는 아동을 보호해야 하는 책임과 의무를 갖게 되었다. 지방정부 사회보호서비스국에 소속된 사회사업가에 의하여 책임과 의무가 실행되었다. 비록 법에는 지방정부가 아동복지서비스를 어떻게 전달해야 되는지 정확하게 정의되어 있지 않았지만, 아동들이 부모의 무관심과 학대로부터 보호되어야 하는 의무를 강조하고 있다. 만일 아동이 위험에 처해진다면 지방정부에 소속된 사회복지사는 그 상황을 즉각 조사하여 아동을 긴급 보호해야 한다.

위와 같은 조치를 취하는 법적 근거로서 영국의 「아동복지법」의 주요 원칙들은 다음과 같이 설명할 수 있다. 첫째, 아동의 복지가 최우선시되어야 한다. 둘째, 아이들은 가족에 의하여 최선의 양육을 받아야 하고, 절대적으로 필요할 때만 격리되어야 한다. 셋째, 결정은 가능한 빠르고, 법정 재판 없이 이루어지도록 노력한다. 넷째, 지방정부 사회서비스 담당 사회사업가는 아이들과 더불어 그 부모들과도 파트너십을 갖고 일해야 한다. 다섯째, 부모들은 아이들에 대한 결정을 말할 수 있는 권리를 가지고 있다. 여섯째, 비록 다른 사람이 아이들을 보육하여도, 부모들은 아이들에 대한 책임을 가지고 있다. 일곱째, 가족은 반드시 아이들과 연락할 수 있도록 지속적인 도움을 제공해야 한다. 여덟째, 아동과 가족들에 대한 서비스는 인종, 종교, 문화, 언어와 장애를 고려하여 필요한 서비스를 제공한다(김종명 외, 2013).

20세기에 접어들면서 아동권리의 사랑, 권리로서의 아동복지사상이 더욱 강조된 것은 분명한 사실이다. 이제는 아동복지분야 전문가들도 사후관리 차원이 아니라 예방 차원에서 적극적 개입이 필요하다. 1900년대, 격동의 세월을 보내며 미국에서는 1924년 국제연맹의 '아동권리에 관한 제네바 선언', 국제연합 1959년 '아동의 권리', 1971년 '정신박약아의 권리', 그리고 1990년 '아동의 권리에 관한 국제협약'을 선포함으로써 보호와 양육을 받을 '아동의 권리를 법적으로 보장하였다. 위와 같은 맥락에서 「아동복지법」[1]은 사회서비스 담당 사회복지사들이 가족들에게 개입할 수 있는 법적 권한을 부여하였다. 아동과 관련된 경우, 가정법원에서 재판을 하게 된다면 판사는 아동과 관련하여 특별한 교육을 받는다. 아동 관련 법정은 다른 법정보다 형식에 치우치지 않으며, 어떤 판사도 전통적인 방식에 따르는 영국 전통 가발이나 법복 가운을 입지 않는다. 가정법원은 비공개적으로 진행되는 특징이 있다. 이러한 상황이라 할지라도 아이들의 복지를 위하여 일하는 사회사업가들은 아동을 보호하기 위하여 가능한 부모로부터 격리하려 하지 않는다. 이유는, 사회사업가들은 아이들을 가정에서 데려오는 것은 별로 안 좋은 일이라는 느낌을 가지고 있기 때문이다. 만일 아동이 위험에 노출되어 있다고 느끼지 않으면 아동들은 가정에서 생활할 수 있도록 사회복지서비스를 가정에 제공해야 한다. 가정에 사회사업가의 전문적인 도움은 물론 재정적 지원을 해준다. 아동이 학대를 받는다고 의심이 되는 경우, 법은 사회복지사, 의사 그리고 임상심리전문가들의 판단에 따라 위탁보호가정으로 보낼 수 있도록 하는 도움을 줄 수도 있다. 이러한 결정들이 이루어지기 전에 주요 고려사항으로 아동의 권리와 유익 그리고 안전보장을 중심으로 먼저 결정해야 한다(김종명 외, 2013).

4) 아동복지정책서비스의 고려사항

아동복지정책서비스에서 중요하게 고려해야 할 사항은 「아동복지법」에 규정하는 내용을 토대로 「아동복지법」이 관련된 대단위 사업계획을 소규모단위로 구체화하는 과정을 아동복지서비스 프로그램이라고 볼 수 있다. 이러한 아동복지서비스 프로그램은 필요에 따라서 더 세분화된 프로젝트project 수준으로 다시 구체화시켜 실행할 수도 있지만 전반적으로 아동복지서비스에 관심을 가지는 것을 의미한다(Liederman, 1995). 즉, 아동복지정책은 국가 예산 기획의 산물인 계획plan을 좀 더

1) 아동복지법 [시행 2008.12.14], [법률 제9122호, 2008. 6. 13, 일부개정], http://www.law.go.kr/LSW/LsInfoP.do?lsiSeq=87473#0000 2012년 1월 12일 웹사이트 방문.

구체화한 사업계획에 해당된다. 이러한 아동복지정책은 다시 프로그램 그리고 좀 더 세분화된 아동복지서비스 프로젝트 등의 순서로 구체화할 필요가 있다.

첫째, 아동을 보호하는 것을 우선으로 한다.

둘째, 가족의 역량강화를 통한 보존을 의미한다.

셋째, 아동과 가족의 욕구에 부합하여 복지서비스를 결정하는 것이다.

넷째, 아동과 관련된 이슈를 명확히 해야 한다.

다섯째, 다양한 접근방식을 통하여 아동을 얼마나 잘 보호하고 가족의 장점을 얼마나 효과적으로 복지서비스를 제공하고 있는지 접근방식을 분석한다.

2. 아동복지서비스 정책대상

2008년에 개정된 우리나라 「아동복지법」 제2조에 의하면 아동이라 함은 18세 미만의 자를 의미한다. 또한 보호를 필요로 하는 아동이라 함은 보호자가 없거나 보호자로부터 이탈된 아동, 또는 보호자가 아동을 학대하는 경우 등 그 보호자가 아동을 양육하기에 부적당하거나 양육할 능력이 없는 경우의 아동을 말한다. 보호자라 함은 친권자, 후견인, 아동을 보호·양육·교육하거나 그 의무가 있는 자 또는 업무·고용 등의 관계로 사실상 아동을 보호·감독하는 자를 말한다. 아동복지의 대상은 특수아동은 물론 모든 일반아동까지 포함한다는 것이 기본정신임을 알 수 있다. 즉, 아동복지의 기본정신은 일반아동과 함께 특수아동의 복지라는 견해를 확고히 해야 할 것이다. 아동복지가 발달된 나라일수록 아동복지사업의 대상은 모든 아동에게까지 확장되지만 아직까지도 많은 나라들이 요보호 아동을 우선적인 대상으로 하고 있다.

1989년 입법화된 영국 「아동복지법The Children Act」은 분산되어 있던 아동보호와 양육에 관한 법을 통합한 것이다. 이 법은 부모의 이혼에 따른 아동의 보호, 요보호아동과 가정에 관한 지원 등을 포함한 제반 관련 법을 한 곳에 모은 것으로, 부모는 자녀의 양육을 책임지며, 법원이나 지방정부에서 아동보호를 담당할 경우에는 아동의 이익이 우선적으로 고려되어야 하고, 아동이 가정을 떠날 수밖에 없으면 지방정부는 시설이 아닌 위탁가정에서 보호되도록 조치하여야 한다는 '아동의 권리에 관한 국제협약'의 원칙에 근거하고 있다(이영찬, 2000). 우리나라 「아동복지법」에서도 국제협약에 근거하여 아동이 건전하게 출생하여 행복하고 건강하게 육성되도록 그 복지를 보장함을 목적으로 한다고 하여 그 내용을 일반 모든 아동을 대상으로 하게 되었다. 구체적으로 아동복지의 필요성 및 아동복지서비스 대상과 범위와 특성을 다음과 같이 학습하고자 한다.

1) 아동복지의 정책적 서비스기능에 따른 분류

아동복지의 정책적 서비스기능에 따른 분류에 대하여 카두신(Kadushin, 1974)은 다음과 같이 설명한다. 카두신은 가정의 역할 중심으로 아동복지서비스가 어떠한 기능을 지니는가에 따라 다음과 같이 세 가지 측면에서 설명한다. 카두신은 지지적 서비스를 1차 방어선the first line of defence, 보조적 서비스를 2차 방어선the second line of defence, 대리적 서비스를 3차 방어선the third line of defence이라는 개념으로 인식하여 설명한다. 주커만(Zuckerman, 1979)은 지지적 서비스와 보조적 서비스의 대부분을 1차 방어선으로 보았으며, 대리적 서비스 중 가정 형태의 서비스를 제공하는 가정위탁과 입양을 2차 방어선, 집단보호서비스를 3차 방어선으로 구분하기도 하였다. 우리나라 「아동복지법」은 1981년 개정되면서 아동복지의 대상을 요보호아동에서 전체아동으로 확대 실시하게 되었다. 결과적으로 지지적 서비스는 모든 아동이 대상이 되는 것으로서 아동의 욕구가 무엇인지를 정확하게 파악하여 보편적 지지서비스를 제공하는 것이 바람직하다.

2) 아동복지서비스기능에 의한 분류

아동복지서비스기능에 따른 분류는 아동양육을 위한 가정의 역할에 대하여 아동복지서비스가 어떠한 기능을 지니는가에 따라 분류하는 것을 의미한다. 아동복지서비스의 기능적 분류를 세 가지로 나누어 학습하고자 한다(Kadushin, 1974).

(1) 지지적 서비스

지지적 서비스supportive service란 1차 방어선의 서비스를 의미하는 것으로서 부모와 아동의 관계에서 일어나는 문제를 해결할 수 있도록 부모나 가족의 기능을 지원하고 능력을 강화시켜 주는 서비스라 설명한다. 즉, 사회복지기관이나 아동상담소 등에서 문제가 있는 아동에 대하여 부모들이 자신의 역할을 잘 수행할 수 있도록 아동복지서비스를 제공하는 일이다. 또한 부모와 자녀 간의 갈등이나 부부간의 갈등의 결과로 부모와 자녀관계에 어려움이 발생하는 경우 다음과 같은 기관을 통하여 사회복지서비스를 제공하도록 한다. 지지적 서비스를 제공하는 주요 사회복지기관은 미국은 가족서비스기관, 아동상담기관을 이용하고 우리나라는 주로 아동복지기관, 아동상담소, 건강가정지원센터 등에서 사회복지서비스를 제공한다. 아동복지기관으로는 종합사회복지관, 아동복지관, 장애인복지관 등이 있으며 아동상담소는 정부의 부처별 고유기능에 따른 행정기관 상담실, 학교상담실, 민간사회기관 상담실 등이 있다. 또한 가족구성원에 대한 개별지도와 집단서비스, 가족치료서비스를 제공한다.

(2) 보조적 서비스

아동이 가정 내에서 생활할 수 있도록 지원하면서, 부모들이 가진 역할의 일부를 대신 수행하는 서비스, 즉 부모의 사망, 질병, 장애, 실업 등의 예기치 않은 상황이 발생하여 보조적 서비스supplementary service가 필요한 경우를 의미한다. 특히, 빈곤가정을 지원하는 소득보장으로서 현금급여 또는 아동수당 및 아동양육수당, 일하는 어머니를 도와주는 돌봄 서비스 및 양육휴가서비스, 부모가 질병이나 부재중일 때 아동의 집안일을 도와주는 가정봉사원서비스 등을 의미한다.

(3) 대리적 서비스

대리적 서비스substitute service는 부모가 아닌 제3자가 부모 역할의 전부를 대신하는 경우를 말하는데, 위탁가정보호서비스, 입양서비스, 집단생활보호시설서비스 등의 서비스를 의미한다.

3) 아동복지서비스 방어선의 위치에 의한 분류

카두신(1974)은 지지적 서비스를 1차 방어선, 보조적 서비스를 2차 방어선, 대리적 서비스를 3차 방어선의 개념으로 인식한 것으로 학습하였다. 하지만 주커만(Zuckerman 외, 1984)은 지지적 서비스와 보조적 서비스의 대부분을 1차 방어선으로 보았다. 대리적 서비스 중 가정 형태의 서비스를 제공하는 가정위탁과 입양을 2차 방어선이라 주장하였으며, 집단보호서비스를 3차 방어선으로 구분한다(Zuckerman E, Francis J. Turner, Herbert S. & Strean, 1984). 공동학자들이 주장하는 아동복지서비스 방어선에 의한 분류를 요약하면 다음과 같다. 1차 방어선은 가정 내 서비스로서 아동상담, 가족복지서비스이다. 2차 방어선은 위탁보호가정서비스로서 위탁가정 보호, 입양서비스이다. 3차 방어선은 집단생활 보호시설서비스로서 그룹 홈, 공동체 생활시설 서비스를 의미한다.

3. 아동복지서비스의 구체적 목표

사회복지정책의 목표로서 퍼니스와 틸톤(Furniss & Tilton, 1977)은 배분의 정의를 실현한다는 관점에서 '평등, 자유, 민주주의, 사회적 연대감, 생활의 안정보장 및 경제적 효율성 보장' 등을 제시하였다. 티트머스(Titmuss R, 1974)는 사회정책의 목표로 '국민최저선 확보, 평등 실현, 완전고용, 보건의료 및 주거보장과 교육보장' 등을 주장하였다. 길버트와 스펙트(Gilbert & Specht, 1974)는 '생존권, 평등, 형평성' 등을 제기하였으며, 브리그스Briggs는 '일상생활 보호를 위한 경제적 보상, 최저소득보장을 통한 빈곤퇴치, 기본적인 삶의 유지를 위한 기본적인 서비스 제공' 등으로 구체화하였다. 기본적인 목표로 '인권존중, 자립성, 개인성장과 발전'을 그리고 사회기능적 목표로서 '사회 안정과 통합, 경제성장, 정치적 안정' 등을 제시하였다(현외성, 2007). 이러한 사회복지정책 목표를 토대로 아동복지서비스적 관점에서 아동복지 실천을 위한 전략으로서 아동복지서비스의 목표를 정립하기 위하여 여러 학자들이 제시한 구체적 목표를 학습하고자 한다(Peter J. Pecora, James K. Whittaker, Anthony N. Maluccio, Richard P. Barth, Diane DePanfilis & Robert D. Plotnick, 2009).

① 목표 1 : 아동의 안전

아동학대나 유기 및 모든 위해한 환경으로부터 보호하고 안전safety하게 양육한다. 아동이 학대를 받지 않도록 보호하며 동시에 가정도 최소한의 양육기준을 수행할 수 있도록 안전하게 보호하도록 보장한다.

② 목표 2 : 연속성

첫째, 국가나 사회복지기관이 아동학대나 위험한 상황이 발생하는 경우 아동을 보호하고자 할 때 아동의 안전만을 고려하는 것은 아동과 가정을 분리하는 또 다른 어려움이 발생하기에 아동보호가 충분하지 않으며, 안정된 가족관계의 유지에 대한 욕구조사를 고려하여 아동이 안전하게 보호받도록 한다.

둘째, 지속적인 사랑과 보호를 제공하는 부모를 갖지 못할 경우, 여러 위탁가정으로 옮겨 다니거나 아동보호시설에서 장기간 보호를 하게 될 경우 아동발달과정에서 건전한 자아상 적립에 손상을 줄 우려가 있음을 명심해야 한다.

셋째, 연속permanence성을 지니면서 영구적인 가정을 갖는 것은 아동의 소속감과 안전을 증진시키고 아동에게 미래에 대한 확신을 가지고 살아갈 수 있도록 하며, 아동기나 사춘기의 어려움을 보다 긍정적으로 극복할 수 있는 힘을 줄 수 있다.

③ 목표 3 : 아동의 복지

첫째, 아동의 기본적 욕구가 충족되고 지속적인 양육과 지원, 자극을 제공하는 환경 속에서 성장할 수 있는 기회를 갖도록 한다.

둘째, 아동복지child well-being서비스는 아동에게 정상적인 발달이 가능하도록 최소한의 기회와 정서적인 욕구를 공급하는 양육의 최적합 기준을 향상시키도록 한다.

④ 목표 4 : 가정의 복지

첫째, 가족이 아동을 돌볼 수 있는 능력을 갖도록 지원하고 가장 기본적인 아동발달, 건강보장, 교육보장, 주거보장 및 사회적 · 정신적 · 문화적 욕구를 충족시키도록 조건을 갖추도록 가정의 복지family well-being서비스를 제공하게 하는 것이 중요하다.

둘째, 왜 우리는 이러한 구체적인 목표서비스를 제공해야 하는가에 부딪히게 되는데, 외국의 사례를 토대로 살펴보면 충분한 이해가 될 수 있다.

외국 아동의 위탁보호서비스의 사례를 살펴보자. 아동복지서비스 시스템은 정신건강 및 약물남용 장애에 대한 '위험'인구로 식별하게 된다(커넬 외, 2009). 커넬의 조사한 바에 따르면 위탁가정에서 보호받고 있는 영유아의 절반 이상 아동이 신경적, 인지적 및 정서적 문제에 관한 위험에 높게 노출되어 있음을 발견하였다. 특히, 취학 연령 아동 절반 이상의 아이들은 행동 및 정서적 문제에 직면한 것으로 임상치료서비스를 받아야만 하는 것으로 조사되었다(Vandivere, 2003). 그러한 이유로 어린 시절 방임으로 위탁보호가정에 진입하기 전에 학대 자체가 도전과 연관된 위탁가정에서 위탁가정으로 여러 이동과 관련하여 위탁보호가정에 도전적인 행동과 연관되어 있다. 예를 들어, 네덜란드에서 고리와 린세이(Gorey & Lindsay, 2004)는 성적으로 학대당한 아이들이 정상적인 다른 아이들보다 다양한 위탁보호가정에 배치된 경험을 하게 되는 경우가 여섯 배나 더 높게 나타난다는 것이다. 하지만 정신보건서비스가 예상되는 범위 내에서 위탁보호아동을 위해 전혀 사용되지 않은 것으로 보고되고 있다.

4. 가족의 욕구수준에 따른 아동복지서비스

아동복지서비스 제공 장소에 관한 가장 전통적이고 일반적인 방법을 다음과 같이 설명한다(장인협 · 오정수, 2000). 첫째, 가정 내 서비스in-home service는 아동이 부모를 비롯한 가족구성원과 함께 생활하면서 필요한 양육과 서비스를 제공받는 경우를 의미한다. 둘째, 가정 외 서비스out-of-home service는 아동이 자신이 거주하는 가정과 가정 밖의 서비스 제공 장소 간에 내왕하면서 보호나 서비스를 받는 경우, 자신의 출생가정을 떠나서 일시적으로 또는 장기적으로 보호시설이나 다른 위탁가정 등에 거주하면서 양육이나 서비스를 제공받는 경우를 설명한다.

미국의 아동보호기금협회에서 개발한 아동복지서비스의 분류는 가족의 욕구

미국 위탁부모에 의한 학대나 방임 사례

신문 헤드라인으로 장식됨에도 불구하고, 위탁보호가정에서 학대와 방임문제가 보편화되지 않고 있다는 보도를 한다. 위탁보호아동의 학대와 방임 정도의 추정은 매우 다양하게 보도된다. 2006년도 미국 국무성 교육국의 학대 보고서에 의하면 전체 아동인구의 대략 0.4%인 90만 5,000명(인구 10만 명당 60.1명 발생)의 어린이가 위탁부모에 의하여 영양결핍상태인 것으로 조사되었거나 또는 3,600명의 어린이가 학대에 노출된 것으로 조사되었다(미국무성 교육부, 2008 ; 미국무성 보건복지부, 2008). 이 비율은 시간이 지남에 따라 상당기간 일정하게 유지된 것으로 나타났다. 위탁보호에 내몰린 50만 명의 아이들, 다르게 표현하자면, 대략 3,600명 0.7% 정도는 위탁부모에 의해 학대당했다고 보도한다. 물론 학대나 방임은, 특히 위탁가정에서만 심각한 것으로 조사된 것은 아니다. 이러한 아이들은 이미 학대를 경험하고 정서적 · 신체적 상해를 극복하기 위하여 잘 관리하고 개발하도록 하는 경우 안전한 환경요소가 필요하다는 것이다. 또한 국가는 위탁아동에 대한 책임을 가지고, 그들이 안전하게 보호받고 있다는 것을 확인할 수 있는 책임이 분명히 있다. 아동복지서비스 시스템은 위탁가정이 아이들을 잘못 대우하지 못하도록 하는 보호장치를 작동할 필요가 있다. 그러나 신문 보도에 의하면 일부 위탁보호를 받고 있는 아동이 끔찍한 경험을 한 것이 분명하다고 보도한다(미 국무성 교육부 · 보건복지부, 2008).

수준에 맞추어 아동복지서비스를 분류하고 있다(Children's Defence Fund, 1993 ; Shireman, 2003).

위탁가정에 배치하는 경우 이러한 움직임의 위탁보호자들의 의식에 대한 증언이 상대적으로 드물다고 본다. 특히, 보호서비스에 대한 보고서의 약 50%를 추가 조치로 선별하는 경우, 대략 20% 정도는 실제로 위탁보호 배치에 대한 결과를 조사한다(Waldfogel, 1998). 그럼에도 불구하고, 미국의 위탁가정보호서비스는 50만 명 이상 어린이들이 수년 동안 비교적 안정되게 보호된 것으로 조사되었다(미 국무성 보건복지부, 2008). 그림 6-1은 아동의 욕구수준에 따른 서비스의 피라미드 형태의 연속성을 잘 보여 주고 있다. 피라미드의 맨 아래로 갈수록 욕구수준은 낮으나 대상자가 많아지며, 피라미드의 위로 올라갈수록 욕구수준이 높고 대상자는 적어진다고 할 수 있다. 첫째, 모든 가정을 위한 서비스, 둘째, 약간의 추가 지원이 필요한 가정을 위한 서비스, 셋째, 특별한 지원이 필요한 가정을 위한 서비스, 넷째, 위기가정을 위한 서비스, 다섯째, 가정 밖의 서비스라 할 수 있다.

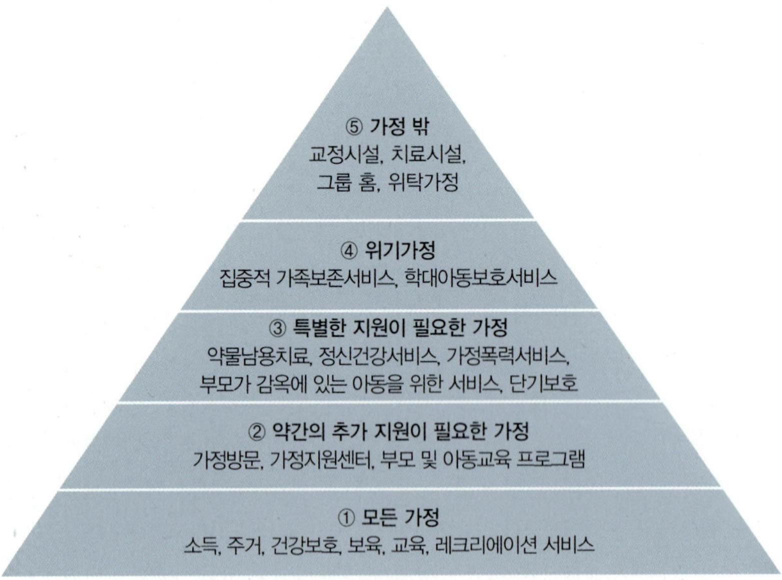

그림 6-1 | 가족의 욕구수준에 따른 아동복지서비스

5. 아동복지서비스 실행

국가는 아동복지의 책임을 완수하기 위하여 여러 가지 정책을 입안하였으며 입안된 정책과 제도는 아동복지의 관계법과 연관된 것이라 할 수 있다. 간단하게 언급하자면 「아동복지법」[2](1981), 「영유아 보육법」[3](1991), 「유아교육법」[4](1982), 「입양특례법」[5](1976), 「모자복지법」[6](1989), 「기초생활보장법」[7](2012) 등 모든 법에서는 국가와 지방자치단체는 아동에 관련된 복지를 증진할 책임을 진다라고 밝히고 있다. 또한 국가뿐만 아니라 모든 국민은 아동 및 한부모가정뿐만 아니라 빈곤한 가정의 복지증진에 협력하여야 한다.

1) 아동을 위한 서비스

아동복지와 관련된 기관이나 조직의 가치관은 아동복지와 관련된 법에 반영되기를 바라는 마음으로 참여자의 마음을 이해하고 공감해 주는 것이 중요하다. 선진국의 경우 사회복지기관이나 자선단체조직은 가족 우선의 정책을 지지하는데, 따라서 도운스(Downs 외, 2000)는 이런 기관과 조직은 부모가 자기 자녀의 이해관계를 가장 잘 반영하는 방식으로 행동할 것이라고 전제한다. 그와 관련하여 국가가 가족문제에 관여하고자 할 경우에는 엄격한 법적 절차를 거치도록 하는 것은 물론 부모의 권리를 보장해 줌과 동시에 아동의 권리를 인정하는 법을 지지한다. 반면에 아동

---

2) [시행 2015. 9. 28] [법률 제13259호, 2015. 3. 27, 일부개정] 공포, 보건복지부(아동복지정책과), 044-202-3415

3) [시행 2016. 1. 1] [법률 제12619호, 2014. 5. 20, 일부개정] 공포, 보건복지부(보육정책과), 044-202-3545

4) [시행 2005. 1. 30] [법률 제7120호, 2004. 1. 29, 제정]

5) [시행 2015. 5. 18] [법률 제13322호, 2015. 5. 18, 일부개정]공포, 보건복지부(아동복지정책과), 044-202-3412

6) [시행 1989. 7. 1] [법률 제4121호, 1989. 4. 1, 제정] 여성가족부(가족지원과), 02-2100-634202-2100-6342

7) [시행 2012. 2. 1] [법률 제11248호, 2012. 2. 1, 일부개정] 보건복지부(기초생활보장과), 044-202-3056

은 부모가 가지는 권리와는 다른 자기 나름의 법적 권리를 가진다고 주장하는 사람들은 아동의 법적 권리를 보장하는 정책을 중심으로(Downs et al., 2000) 아동을 위한 서비스를 제공한다는 것이다.

2) 아동보호서비스의 문제점과 과제

「아동복지법」(2015) 제15조에 의한 아동보호서비스와 조치는 시 · 도지사 또는 시장 · 군수 · 구청장은 그 관할 구역에서 보호대상 아동을 발견하거나 보호자의 의뢰를 받은 때에는 아동의 최상의 이익을 위하여 대통령령으로 정하는 바에 따라 다음 각 호에 해당하는 보호조치를 하여야 한다(개정, 2014. 1. 28). 첫째, 아동복지전담공무원 또는 아동위원에게 보호대상 아동 또는 그 보호자에 대한 상담 · 지도를 수행하게 하는 것이다. 둘째, 보호자 또는 대리양육을 원하는 연고자에 대하여 그 가정에서 아동을 보호 · 양육할 수 있도록 필요한 조치를 신속하게 취한다. 셋째, 아동의 보호를 희망하는 사람에게 가정위탁을 할 수 있는 위탁가정을 찾는다. 보호대상아동을 그 보호조치에 적합한 아동복지시설에 입소시키는 것을 한다. 넷째, 약물 및 알코올중독, 정서 · 행동 · 발달장애, 성폭력 · 아동학대 피해 등으로 특수한 치료나 요양 등의 보호를 필요로 하는 아동을 전문치료기관 또는 요양소에 입원 또는 입소시키는 활동을 한다. 다섯째, 「입양특례법」에 따른 입양과 관련하여 필요한 조치를 행하는 것을 의미한다. 「아동복지법」(보건복지부, 2015)을 토대로 아동이 처한 다양한 문제에 관하여 학습하고자 한다.

(1) 가족문제

리더만(Liederman, 1995)도 지적하였듯이 아동보호서비스에 있어서 가족의 빈곤이나 구성원의 실업에 의한 가족의 경제적 불안정, 전통적 가족제도의 붕괴, 가족구조상의 결함, 부모양육상의 결함 등은 곧 아동을 보호하는 것이나 가족을 강화하고 보존하는 문제, 그리고 아동의 욕구와 가족의 욕구에 어떠한 결정을 내리게 되는 데 있어 전반적으로 관심을 가지게 되는 것이다. 특히, 빈곤으로 인한 영양실조, 불결한 주거환경 등은 아동의 건전한 성장 · 발달에 커다란 장애요인이 되며, 교육 기회의 박탈과 함께 나아가 비행으로까지 연결될 수 있는 것이다. 부모의 이혼, 별거, 사망 등으로 인해 가족이 해체되거나 결손가정이 될 경우도 아동에게 심각한 정서적 상처를 주게 된다.

(2) 주변 환경의 문제

주변 환경(Liederman, 1995)의 문제로서 특히 일반적으로 관심이 덜한 환경오염, 공해문제, 슬럼지역, 위험지역 등은 아동에게 부정적인 영향을 미칠 뿐만 아니라 심각한 사회문제로 대두되고 있다. 선정적이고 폭력적인 대중매체의 영향, 무절제된 성인들의 행태 역시 아동의 건전한 성장발달에 부적합한 주변 환경을 제공하고 있다.

(3) 부적응의 문제

정신지체 · 자폐아동 등 특수한 문제나 욕구를 지닌 장애아동의 경우 심리적으로 자기학대, 자살, 비행, 학업포기 등의 문제행동을 일으킬 소지가 있기 때문에 특별한 보호조치가 강구되어야 한다. 이러한 욕구를 지닌 아동문제는 가족이나 사회환경의 무관심과 무지, 방치에서 기인되는 경우도 있으므로 이에 적합한 개입이 필요하다.

(4) 지원체계의 부족문제

현대사회가 산업사회화, 도시화, 다원화되면서 핵가족하의 증대, 맞벌이 부부의 증가, 결손가정 등으로 인한 아동문제가 확산되고 있다. 저소득층에서 현저하게 나타나고 있는 이러한 현상은 사회적 지원체계의 부족과 제도적 미비로 아동이 가정에 홀로 방치됨으로써 다양한 아동문제를 야기하고 있다.

(5) 경제적 문제

가정의 경제적 불안정은 아동들의 최소한의 욕구가 충족하지 못하는 상태로서 건전한 성장과 발달의 장애요인이 되고 있다. 이러한 문제는 아동의 생명, 보건을 해칠 뿐만 아니라, 적절한 교육, 건전한 여가활동 등 교육의 기회마저 박탈함으로써 지능이나 정서에 커다란 장애를 주게 된다. 따라서 아동은 양육과 보호를 받을 권리가 있다는 사실에 입각하여 아동에 대한 인식과 책임을 강화하여야 하며, 공적 · 사적 프로그램을 통해서 경제적 혜택과 안정이 보장되어야 한다.

(6) 아동학대 예방을 위한 노력을 제고

첫째, 학대 행위자에 대한 교육 및 치료 지원 강화를 할 필요가 있다. 둘째, 신고의무제를 도입 강화할 필요가 있다. 따라서 신고의무자**초 · 중등학교의 교직원, 전문 의료인, 아동장애인보육담당 전문사회복지사, 모자복지시설 종사자, 모자복지 및 가정폭력과 관련된 상담원, 아동복지 지도원 및 아동담당 사회복지사, 사회복지전담공무원, 유치원 교사 및 학원종사자, 구급대원 등**의 신고의무에 대한 법적 강화 조치가 필요하다. 셋째, 전문 인력 확보이다. 아동보호전문가의 수가 절대적으로 부족하기 때문에 전문사회복지사를 교육 · 훈련하여 활용하도록 한다. 넷째, 아동보호체계 강화를 위한 지역사회 연계 강화를 해야 한다. 피해학대아동의 치료 후 가정으로 복귀하였을 경우 학대 재발을 예방하기 위한 가족기능의 강화와 가족 지원 서비스가 지속적으로 이루어져야 한다.

지역사회 아동을 위한 아동복지서비스 프로그램으로 위스타트 등 5대 사업을 중심으로 진행되는 아동복지서비스 프로그램 중심으로 아동복지 과목에서 상세히 학습할 필요성이 제기된다. 다음과 같은 프로그램을 지방정부와 민간 차원에서 운영하고 있다. 위스타트운동,[8] 드림스타트운동,[9] 빈나 2020운동,[10] 굿네이버스[11] 등

---

8) 2012. 1. 29. 웹사이트 방문 http://www.westart-gangbuk.or.kr 참조. 위스타트(WE Start) 운동은 2004년 5월에 시작된 우리 모두(We, our society)가 나서서 빈곤층 아동들의 삶의 공정한 출발(Start)을 도와줌으로써 가난의 대물림을 끊어주자는 취지의 시민운동으로 WE는 복지(Welfare)와 교육(Education)의 영문 머리글자로, 이 두 부문이 운동의 핵심영역이다. 학교, 사

회복지관, 보건소, 지방자치단체 등이 연계해 빈곤아동들이 지역사회에서 최소한의 교육, 복지 권리를 누릴 수 있도록 연결해 주는 위스타트 마을 만들기와 공부방 및 보육시설 활성화 등의 사업을 계획하여 전개하도록 추진한다. 첫째, 위스타트 마을 만들기 : 빈곤층 아이들이 일정 수준의 교육, 복지, 의료 혜택을 누릴 수 있도록 지역 구성원들이 힘을 합쳐 입체적인 복지서비스를 제공한다. 둘째, 교육 출발선 만들기 : 방과 후 교실을 활성화하고 무료교육을 실시해 뒤처진 공부 보충을 도와주며, 사랑의 책 보내기 운동 등을 펼쳐 동등한 교육 기회를 제공하는 것이다. 셋째, 건강 지킴이 : 무료 건강검진과 예방접종을 하고 치료도 해주는 사업으로 보건소, 병원, 약국 등의 협력과 지원을 받아 아이들의 육체적 · 정신적 건강을 지속적으로 관리하도록 돕는다. 넷째, 후견인 맺기 : 사회 저명인사로 구성된 '아이들의 미래를 위한 100인 위원회'가 범죄피해자 가족 어린이들과 후견인 맺기를 지원. 대학생, 고등학생 등이 아이들과 함께 하는 1 대 1 멘토(Mentor)활동을 활성화한다. 다섯째, 희망의 집 꾸미기 : 방과후 갈 곳이 없거나 온종일 직장에 있는 부모의 보호를 받지 못하는 아이들에게 쉬거나 배우는 공간을 제공하는 사업으로 복지관, 주민자치센터, 학교, 종교시설 등을 리모델링해 활용하도록 한다.

9) 2012. 1. 29 웹사이트 방문 http://www.dreamstart.kr 참조. 보건복지부의 주관으로 16개 지역에서 희망스타트 사업을 시작하였다. 위스타트사업을 국책사업으로 채택하여 2007년부터 시작하였으며, 2008년에 드림스타트 사업으로 명칭을 변경하여 전국 32개 센터에서 운영되고 있으며, 2009년에는 새롭게 추가되어 총 70여 개 센터가 전국에서 운영되고 있는 실정이다. 드림스타트 프로그램을 성공적으로 실시하기 위해 한국 청소년상담원에서 보건복지부의 위탁에 의해 2009년부터 사업지원단을 운영하고 있다. 이와 같이 언급한 두 위스타트와 드림스타트 프로그램의 특징은 다음과 같다. 첫째, 아동과 그의 가족을 대상으로 맞춤형 통합서비스를 제공한다. 둘째, 예방 중심의 포괄적 서비스를 지향한다. 셋째, 궁극적으로 자녀세대와 부모세대에게 동시에 개입하는 이 세대 프로그램으로 지향한다. 넷째, 아이들 살기 행복한 '건강한 마을 만들기 프로그램'이다. 다섯째, 전문수행인력에 있어서 민간과 공공기관의 협력과 간호 · 보육 · 교육 · 복지 전문가들 간에 다학제적인 접근이 이루어지는 팀 접근 프로그램이다.

10) 기사 http://www.upkorea.net/news/articleView.html?idxno=21736 http://www.busrugy.or.kr, '빈나 2020 운동'은 '2020년까지 빈곤 · 결식아동이 한 명도 없는 나라 만들기 운동'의 준말로 영국 정부의 빈곤아동 지원 프로그램 슈어스타트를 모델로 삼은 것으로 강명순의원이 중심이 되어 시작한 자선단체의 성격을 지니고 있다. 연도별, 단계별로 지역아동센터 확충, 정부 전담기구 일원화, 아동학대방지 프로그램 구축, 전문 사회복지사 증원, 지역사회복지사제도 정착, 무료급식 · 교육 · 의료 지원체계 확대, 빈곤아동 · 가족수당 지급 등의 프로그램을 전개하고 있으며 실제로 부스러기사랑나눔회가 하는 일은 가난한 지역의 아동과 가정을 대상으로 통합적인 사회복지서비스를 제공하는 희망단체다. 이곳에서 하는 지원 프로그램으로는 첫째, 지역아동센터공부방(서울 12개 기관 등 전국 64곳)을 지원하고 있다. 둘째, 사랑의 음식나눔은행 등이 있으며, 셋째, 복지사업으로는 한부모가정 아동결연사업, 빈곤가정에 사회복지사 파견사업, 지역아동상담센터, 자활사업 신나는 조합, 지역아동센터 실무자 재교육 등이 있다. 부설사업으로 학대, 방임 아동들을 중단기적으로 보호하는 아동쉼터 민들레쉼터가 있으며 13세 이하의 성폭력 피해 여아를 중단기적으로 보호하는 쉼터 로뎀나무집이 있다. 또 서대문지역 내 결손, 빈곤아동의 양육과 보호를 위한 지역아동센터 '옹달샘' 등을 운영하고 있다. 02−392−4630, ARS 060−700−1265, 2012. 1. 29일 웹사이트 방문

11) http://www.goodneighbors.kr, 굿네이버스는 국내전문복지사업, 해외구호개발사업, 대북지원사업을 중심 축으로 하는 기관으로서, 특히 아동권리보호, 네트워크, 사회교육에 중점을 두고 있다. 현재 중앙아동보호전문기관 20개, 아동보호전문기관 14개, 그룹홈 13개, 지역아동센터 9개, 사회개발교육센터 3개, 종합사회복지관 3개, 어린이집 1개, 가정위탁지원센터 및 아동복지센터에서 전문사회복지사업을 수행하고 있다. 굿네이버스가 하고 있는 프로그램 내용으로서 피학대아동 지원사업, 결식아동 지원사업, 가정위탁 지원사업, 아동복지센터운영을 하고 있다.

이다. 위와 같은 전문사회복지 기관 및 프로그램을 중심으로 아동학대를 예방하고 치료하고자 하는 기관에 대하여 좀 더 상세히 학습할 필요성이 제기되는 것은 물론, 이러한 기관들을 적극적으로 활용한다면 아동학대예방은 물론 실제 아동학대가 발생하였다 할지라도 전문적인 도움을 제공할 수 있는 토대가 마련되었다는 점에서 고무적이다. 특히, 지역사회복지사 파견 프로그램을 전개하여 빈곤 · 결손 · 위기 가정의 아동들이 가지고 있는 복합적인 문제를 해결하기 위해 사례관리자는 가정으로 직접 찾아가 아동과 그 가족이 겪는 어려움을 해결할 수 있는 방법을 함께 찾고, 아동과 부모 또는 가족 성원에 대한 심리 · 정서적 상담과 교육서비스를 제공하며 필요에 따라 의료기관, 학교, 상담소, 종교단체, 사회복지기관, 기타 사회서비스 기관 등에서 다양한 도움을 받을 수 있도록 연계함으로써 보다 효과적으로 아동학대를 예방할 수 있을 것으로 사료된다. 현재 부스러기사랑나눔회뿐만 아니라 위에 언급한 기관에서 지역사회복지사사례관리자 파견 프로그램을 실시하고 있다. 전문사회복지사를 확보하여 전국 지역아동센터에서 적극적으로 활용하는 것은 물론 아동과 그 가족들에게 전문적 서비스를 제공하도록 국가적인 차원에서 제고해야 한다. 지역아동센터에 대한 엄정한 평가가 이루어지지 못하였지만 사례연구를 실시하여 보다 효과적으로 운영하도록 해야 한다.

3) 아동의 복지를 위한 가족 지원서비스

- 경제적 지원 : 국민기초생활보장제도, 각종 민간단체와 결연을 맺고 후원이나 지원받을 수 있도록 도움을 제공한다.
- 가족관계 회복 : 상담 및 치료서비스, 부모상담 및 부모교육, 각종 상담실, 사회교육기관을 이용하도록 한다.
- 아동학대, 가정폭력 관련 서비스 연계 : 아동보호전문기관, 가정폭력상담소, 가정폭력과 아동학대에 대해서는 공식적인 서비스가 마련되어 있으므로 사례관리과정에서 활용한다.
- 특정한 문제 가족구성원을 위한 서비스 연계 : 알코올 중독, 정신장애, 만성

질환 등 가족기능에 심각한 영향을 미치는 경우 적합한 서비스를 연계하여 제공한다.

- 직업훈련, 취업 지원 : 특성화 학교, 특수목적 고등학교, 평생교육시설 등, 직업전문학교, 직업 훈련원 등에서 취업활동을 할 수 있게 제공한다.
- 자원봉사자 발굴 및 연계 : 비용 때문에 서비스를 이용하지 못하는 경우 자원봉사자 발굴 등 사례관리자의 역량이 필요하다.

4) 점검 및 재사정

(1) 주기적 점검이 필요

아동의 복지서비스에 관련하여 학대라든지 방임은 고위험사례로서 2주에 한 번 정도 아동을 돌보는 과정을 점검할 필요가 있다. 저위험사례의 경우 2개월에 한 번 정도 주기적 점검을 통해 대상자에게 제공되는 서비스의 적절성 여부, 서비스가 계획대로 수행되고 있는지 여부 등을 확인한다. 이러한 과정에서 복지서비스의 내용, 양과 질적 관리에 관하여 점검하고 복지서비스대상자의 변화를 측정하는 것을 원칙으로 한다.

(2) 기록의 원칙

전문사회복지사는 사례관리자로서 사례기록은 아동의 복지서비스를 계획하고 진행하고 점검하는 데 가장 중요한 자료로서 반드시 기록의 원칙에 따라 기록 보관되어야 한다.

첫째, 아동이 생활하는 데 꼭 필요한 내용을 토대로 간결하게 기록한다. 둘째, 가정이나 위탁가정, 보호시설이 어디든지 어떤 상황이 일어난 직후에는 반드시 기록한다. 셋째, 모든 기록을 공유할 수 있도록 정보관리에 적절하게 기록보관하는 것은 물론 다른 사회복지사나 어린이교육 전문가들도 이해할 수 있도록 기록한다. 넷째, 모든 기록 보관된 정보를 활용할 사람이 무엇에 관심이 있는지, 무엇을 필요로 하는지 고려하여 정확하고 명확하게 기록한다.

5) 최종 평가 및 종결

아동복지서비스의 효과와 효율성을 평가하는 것이다. 최종성과 평가를 통해 서비스를 지속할 것인지 종결하게 될 것인지 사례컨퍼런스(DH UK, 2000)를 통하여 결정한다. 아동복지서비스를 종결한 후에는 다음 과정으로 무엇을 목표로 어떤 서비스를 실행할 것인지, 어떤 면을 점검하고 보완하게 될 것인지 아동복지서비스 대상자와 함께 사후관리에 대해 구체적으로 계획을 진행하도록 하는 것이 중요하다. 아동복지서비스는 단기간에 종결할 수 있는 것이 아니기 때문에 성인이 되어가는 과정에서 리빙케어leaving care(DH UK, 2000) 과정을 거쳐 독립할 수 있는 전 과정을 평가할 필요성이 제기된다. 따라서 사례 조정자는 종결내용을 종결 기록지에 기록 정리하여 보관한다.

6. 아동복지행정

아동복지정책을 입안하는 전문가들은 아동복지정책과 관련하여 여러 가지 쟁점을 중요하게 논의하는 과정에서 리더만(Liederman, 1995)은 네 가지 핵심적인 쟁점을 제기한다. 첫째, 국가가 아동을 보호하는 것과 관련하여 수행하는 적절한 기관과 기관의 역할은 어떻게 아동복지서비스를 전달하는가에 관한 쟁점이다. 둘째, 국가가 아동을 보호하는 것과 가족을 유지하는 것 사이에 균형을 맞추는 것과 관련된 쟁점이 있다. 부모의 역할을 어느 선까지 허용하는가에 관한 쟁점도 포함된다. 셋째, 국가가 개입하지 않을 경우 어느 때는 가정 내 서비스가 가장 적절하고 어느 때는 가정이 아닌 다른 기관이나 시설 그리고 위탁가정에서 보호하는 것이 적절한지를 결정할 때에 관련된 쟁점이 제기된다. 넷째, 예방적 서비스와 치료적 서비스 사이에 자원을 어떻게 효율적으로 배분할 것인가와 관련된 쟁점도 고려해야 한다.

이러한 측면에서 아동복지행정은 중요한 이슈가 될 수밖에 없다. 과연 아동복지서비스를 어떻게 효과적이며 효율적으로 전달하는가에 달려 있다.

사회복지의 가장 전문적인 방법은 아동을 개별지도하는 것을 가장 기본으로 삼는다. 개별지도란 하나의 독자적인 전문적 방법으로서 여타 분야에서도 그 기저로 적용이 될 수 있기 때문이다. 특히, 유아복지에서도 마찬가지다. 현재 영유아 보육원, 어린이집, 유치원 등에서 아동의 학대가 가장 뜨거운 이슈로 등장한다. 이러한 문제는 아동의 정상적 발달을 위협하는 아주 위험한 문제가 될 소지가 분명하다. 따라서 아동이 가정에서 경제적으로 안정되게 자랄 수 있도록 환경을 조성해 주는 것도 기본적으로 중요하지만, 특히 아동의 성장에 저해되는 요소들을 제거하는 것 또한 아주 중요하다. 따라서 본 섹션에서는 공적부조[12]나 사회보험[13]을 통한 사회보장을 다루기보다는 아동복지서비스에 관련된 복지서비스 전달에 중점을 두고 학습하고자 한다.

1) 아동복지서비스 전달과정

아동복지서비스 전달과정은 국가의 소득 보완사업의 체계에 따라 다르며, 관계법규에 따라 약간씩 다르게 규정하고 있다. 우리나라에서의 공적부조는 법적 요건과 행정적 요건에 의해 지방자치센터 사회복지담당 직원에 신청하는 과정을 통하여 접수하고 관련 법적 요건에 따라 서비스가 다음의 순서와 같이 결정된다.

- 신청 및 접수 : 사회복지담당 공무원을 찾아 신청서를 작성하여 제출한다.
- 자산조사 : 적법한 부조대상인가를 확인하는 절차를 거쳐 자산조사를 실시

12) 공적부조는 거택보호, 시설보호, 자활보호, 교육보호, 의료보호제도가 있다.

13) 사회보험제도는 개인, 가입자, 사용주가 공동으로 일정금액을 적립하여 비상사태 시에 적절한 보상을 하도록 함으로써 생활의 빈곤화를 예방하고 국민의 건강을 질병으로부터 보호하며, 노령, 실업, 사망, 기타 신체적 장애로 인해 소득이 중단되거나 상실되었을 때를 대비하여 사전에 일정액을 적립한 후 사용하기 위한 제도를 의미한다. 우리나라에 있는 국민연금, 건강보험, 산업재해보상보험, 고용보험, 장기요양보험이 사회보험에 해당된다.

한다(부양능력의 정도, 자산보유 현황 등 파악).

• 급여수준 결정 : 자산조사의 결과에 따라 수급대상자를 결정하고 보호수준을 결정한다.

• 전달 : 결정된 내용을 대상자에게 서면으로 통지하고 급여를 통장으로 수령하도록 한다. 이어서 아동복지 전담공무원은 어떤 일을 하고 어떤 서비스를 제공하는지 학습하고자 한다.

2) 아동복지전담공무원

「아동복지법」 제13조에 의거하여 첫째, 아동복지에 관한 업무를 담당하기 위하여 특별시 · 광역시 · 도 · 특별자치도이하 "시 · 도"라 한다 및 시 · 군 · 구자치구를 말한다. 이하 같다에 각각 아동복지전담공무원이하 "전담공무원"이라 한다을 둘 수 있다. 둘째, 전담공무원은 「사회복지사업법」 제11조에 따른 사회복지사의 자격을 가진 사람으로 하고 그 임용 등에 필요한 사항은 해당 시 · 도 및 시 · 군 · 구의 조례로 정한다. 셋째, 아동복지 전담공무원은 아동에 대한 상담 및 보호조치, 가정환경에 대한 조사, 아동복지시설에 대한 지도 · 감독, 아동범죄 예방을 위한 현장 확인 및 지도 · 감독 등 지역 단위에서 아동의 복지증진을 위한 업무를 수행한다. 넷째, 관계 행정기관, 아동복지전담기관, 아동복지시설 및 아동복지단체아동의 권리를 보장하고 복지증진을 목적으로 설립된 기관 및 단체를 말한다. 이하 같다를 설치 · 운영하는 자는 전담공무원이 협조를 요청하는 경우 정당한 사유가 없는 한 이에 따라야 한다. 특히, 셋째의 경우 아동복지서비스를 전달하기 위한 구체적인 내용을 포함하고 있다.

3) 아동복지전담공무원의 역할[14)]

• 아동복지전담공무원은 아동복지에 관한 업무를 담당하기 위하여 정부기관

14) 보건복지부(2015. 3. 27). 아동복지법 시행령.

의 전문아동복지담당 사회복지사를 말한다. 아동복지전담공무원(이하 "전담공무원"이라 한다)[15]을 둘 수 있다.

- 아동복지전담공무원은 「사회복지사업법」 제11조에 따른 사회복지사의 자격을 가진 사람으로 하고 그 임용 등에 필요한 사항은 해당 시 · 도 및 시 · 군 · 구의 조례로 정한다.
- 아동복지 전담공무원은 아동에 대한 상담 및 보호조치, 가정환경에 대한 조사, 아동복지시설에 대한 지도 · 감독, 아동범죄 예방을 위한 현장 확인 및 지도 · 감독 등 지역 단위에서 아동의 복지증진을 위한 업무를 수행한다.
- 관계행정기관, 아동복지전담기관, 아동복지시설 및 아동복지단체(아동의 권리를 보장하고 복지증진을 목적으로 설립된 기관 및 단체를 말한다. 이하 같다)를 설치 · 운영하는 자는 전담공무원이 협조를 요청하는 경우 정당한 사유가 없는 한 이에 따라야 한다.

4) 아동에 대한 행정 지원서비스

(1) 아동 안전 및 건강 지원서비스 제공

「아동복지법」에 근거하여 아동복지시설의 장, 「영유아보육법」에 따른 어린이집의 원장, 「유아교육법」에 따른 유치원의 원장 및 「초 · 중등교육법」에 따른 학교의 장은 교육대상 아동의 연령을 고려하여 대통령령으로 정하는 바에 따라 매년 법 제31조 제1항의 사항에 관한 교육계획을 수립하여 교육을 실시하여야 한다(아동복지법 개정 2015. 12. 29. 내용).

(2) 아동보호구역 지정

국가와 지방자치단체는 유괴 등 범죄의 위험으로부터 아동을 보호하기 위하여

15) 보건복지부(2015. 3. 27). 아동복지법.

필요하다고 인정하는 경우에는 법 제32조 제1항의 어느 하나에 해당되는 시설의 주변구역을 아동보호구역으로 지정하여 범죄의 예방을 위한 순찰 및 아동지도 업무 등 필요한 조치를 한다(아동복지법 개정, 2012. 10. 22).

(3) 취약계층 아동에 대한 통합서비스 지원

「아동복지법」에 의하면 첫째, 국가와 지방자치단체는 아동의 건강한 성장과 발달을 도모하기 위하여 대통령령으로 정하는 바에 따라 아동의 성장 및 복지 여건이 취약한 가정을 선정하여 그 가정의 지원대상 아동과 가족을 대상으로 보건, 복지, 보호, 교육, 치료 등을 종합적으로 지원하는 통합서비스를 실시한다. 둘째, 제1항에 따른 통합서비스 지원의 대상 선정, 통합서비스의 내용 및 수행기관 · 수행인력 등에 필요한 사항은 대통령령으로 정한다. 셋째, 보건복지부장관은 통합서비스 지원사업의 운영 지원에 관한 업무를 법인, 단체 등에 위탁할 수 있다.

7. 아동복지 재정

1) 자립 지원

「아동복지법」 제38조에 의하면 국가와 지방자치단체는 보호대상 아동의 위탁보호 종료 또는 아동복지시설 퇴소 이후의 자립을 지원하기 위하여 법 제41조 제1항에 해당하는 조치를 시행하는 과정에서 아동의 자립을 지원하기 위하여 다음과 같은 사항을 준수한다.

첫째, 자립에 필요한 주거 · 생활 · 교육 · 취업 등을 지원한다.

둘째, 자립에 필요한 자산의 형성 및 관리를 지원(이하 "자산형성지원"이라 한다)한다.

셋째, 자립에 관한 실태조사 및 연구를 한다.

마지막으로 사후관리체계 구축 및 운영을 한다.

2) 자립 지원계획의 수립

「아동복지법」 제39조에 의하면 가정위탁지원센터의 센터장 및 아동복지시설의 시설장은 보호하고 있는 15세 이상의 아동을 대상으로 매년 개별 아동에 대한 자립지원계획을 수립하고, 그 계획을 수행하는 종사자를 대상으로 자립 지원에 관한 교육을 실시하여야 한다.

3) 자립 지원전담기관의 설치 · 운영

「아동복지법」 제40조에 의거하면 국가와 지방자치단체는 자립 지원 관련 데이터베이스 구축 및 운영, 자립 지원 프로그램의 개발 및 보급, 사례관리 등의 업무를 전담할 기관을 설치 · 운영하거나, 그 운영의 전부 또는 일부를 법인, 단체 등에 위탁할 수 있다. 첫째, 「아동복지법」 제41조와 제42조에서는 보건복지부장관은 지원대상 아동의 자립 지원정책을 효율적으로 수행하기 위하여 관계 행정기관의 공무원으로 구성되는 아동자립지원추진협의회를 둘 수 있다. 둘째, 제1항에 따른 아동자립지원추진협의회의 구체적인 구성 · 운영 등에 필요한 사항은 대통령령으로 정한다.

4) 자산 형성 지원사업

「아동복지법」 제42조는 국가와 지방자치단체는 아동이 건전한 사회인으로 성장 · 발전할 수 있도록 자산 형성 지원사업을 실시할 수 있다. 제42조 제1항에 따른 자산 형성 지원사업을 하여야 할 아동의 범위와 해당 아동의 선정 · 관리 등에 필요한 사항은 보건복지부령으로 정하도록 하는 애매한 문구로 인하여 실제 아동이 자립하기 위한 자산 형성 지원사업이 어떻게 시행되고 있는지 구체적으로 살펴볼 필요성이 제기된다.

5) 아동복지전담기관 및 아동복지시설에 대한 재정 지원[16)]

국가 또는 지방자치단체는 대통령령으로 정하는 바에 따라 다음 각 호의 어느 하나에 해당하는 비용의 전부 또는 일부를 보조할 수 있다(아동복지법 개정, 2015. 3. 27).

- 아동복지시설의 설치 및 운영과 프로그램의 운용에 필요한 비용 또는 수탁보호 중인 아동의 양육 및 보호 관리에 필요한 비용을 국가나 지방자치단체로부터 지원받는다.
- 보호대상 아동의 대리양육이나 가정위탁 보호에 따른 비용을 지원받는다.
- 아동복지사업의 지도, 감독, 계몽 및 홍보에 필요한 비용을 지원받는다.
- 아동복지전담기관의 설치 · 운영에 소요되는 비용을 지원받는다. 즉, 4의 2 「아동복지법」 제26조에 따른 신고의무 교육에 소요되는 비용을 의미한다.
- 「아동복지법」 제37조에 따른 취약계층 아동에 대한 통합서비스 지원에 필요한 비용을 지원받는다.
- 「아동복지법」 제38조에 따른 보호대상 아동의 자립 지원에 필요한 비용을 지원받는다.
- 「아동복지법」 제42조에 따른 자산 형성 지원사업에 필요한 비용을 지원받는다.
- 「아동복지법」 제58조에 따른 아동복지단체의 지도 · 육성에 필요한 비용을 지원받는다.

16) 보건복지부(2015. 3. 27). 아동복지법.

Part

III

부모와 가정대리서비스

CHAPTER 07

부모와 가정이 필요한 아동을 위한 서비스

CHAPTER 07

부모와 가정이 필요한 아동을 위한 서비스

아동의 복지실천을 위한 서비스에는 지지적 · 보충적 · 대리적 서비스가 있다. 대리적 서비스란 아동이 자신의 가정을 완전히 떠나 다른 가족이나 양육인에 의해서 일시적으로 혹은 영구적으로 보호되는 서비스를 말한다. 이는 부모의 사망이나 유기, 질병 등으로 인해 와해된 가정에서 태어난 영아나 양육된 유아들 혹은 부모가 부모의 역할을 포기한 아동들의 경우에 이들을 위해 부모와 가정의 역할을 대신하는 서비스이다. 대리적 서비스에는 가정위탁보호사업, 입양사업, 시설보호사업 등이 있다.

이 장에서는 가정위탁사업으로 가정위탁보호개념, 특색과 의의, 서비스의 유형, 서비스의 구성요소, 가정위탁보호기관과 사회복지사, 가정위탁아동을 위한 복지서비스 현황 그리고 가정위탁아동을 위한 복지실천방향을 다룬다. 또한 입양서비스에 대해서 입양의 개념과 역사, 입양의 원리 · 유형 · 구성요소, 입양 관련자의 심리적 문제, 입양서비스 현황 그리고 입양아동을 위한 복지실천방향이 다루어진다.

1. 가정위탁보호서비스

1) 가정위탁보호개념

가정위탁이란 보호대상 아동의 보호를 위하여 성범죄, 가정폭력, 아동학대, 정신질환 등의 전력이 없으며 「아동복지법」이 정하는 기준에 적합한 가정에 보호대상

아동을 일정기간 위탁하는 것아동복지법 제3조을 말한다. 가정위탁의 목적은 보호대상아동요보호아동을 보호 · 양육하기를 희망하는 가정에 위탁 양육함으로써 가정적인 분위기에서 건전한 사회인으로 자랄 수 있도록 함에 있다. 이는 「아동복지법」 제3조정의, 제15조보호조치, 제48조가정위탁지원센터의 설치 등, 제49조가정위탁지원센터의 업무, 제59조비용보조, 「국민기초생활 보장법」 제4조 제3항급여의 기준, 제5조 제3항수급권자의 범위, 제7조급여의 종류, 제10조생계급여를 실시할 장소 및 동법 시행령 제5조부양받을 수 없는 경우 등 관련 조항과 「의료급여법」 제3조수급권자에 근거한다.

2) 가정위탁보호의 특색과 의의

가정위탁보호의 특색은 첫째, 출생가정이 아닌 타 가정의 보호를 받으며, 둘째, 계획된 설정기간 동안의 보호영구보호 아님를 받고, 셋째, 아동의 양육을 위탁받은 위탁부모는 위탁기간 동안 삶에 대한 총체적인 책임을 지며, 넷째, 사회복지기관이 개입하는 보호이다.

가정위탁보호의 의의는 첫째, 가정생활을 할 권리가 보장되며, 둘째, 시설보호 예방과 보호시설을 줄일 수 있고, 셋째, 부모–아동 간의 치료기간 동안 분리해서 원가정의 회복이 가능하며, 넷째, 원가정의 재결합을 목표로 가정해체를 방지할 수 있다.

3) 가정위탁보호서비스의 유형

가정위탁보호 유형은 친조부모, 외조부모에 의한 대리양육 가정위탁 유형과 친조부모, 외조부모를 제외한 친인척에 의한 양육민법에 의한 8촌 이내의 혈족에 의한 양육인 친인척 가정위탁 유형 및 일반인에 의한 일반가정위탁 유형이 있다.

4) 가정위탁보호서비스의 구성요소

(1) 위탁아동(아동복지법 제2조)

만 18세 미만의 아동만 18세 이상인 경우에도 고등학교 재학 중인 아동은 포함으로서 시·군·구에서 부모의 질병, 가출, 실직, 수감, 사망 그 밖의 사유로 인하여 보호가 필요하다고 인정한 아동과 아동학대로 인하여 격리 보호가 필요한 아동 등이다. 그리고 기존의 소년소녀가정보호제도는 아동에게 위험을 초래할 수 있어 UN 등에서도 폐지를 권고하고 있으므로 소년소녀가정도 가정위탁보호로 전환하도록 추진하고 있으며 전환 시 기존 결연후원이 중단되지 않도록 조치하고 있다.

(2) 친부모

게으름, 질병, 약물 오남용, 불륜행각, 혼외임신 등과 같은 부 또는 모의 개인적 문제, 불가항력적인 부양자의 사망이나 실종, 구금 등으로 인한 빈곤문제, 부부폭력, 가정폭력 및 이러한 원인으로 인한 이혼·별거와 같은 가족관계 문제, 적절치 못한 부모의 양육기술의 문제, 부모의 장기적인 출장과 같은 직업상의 문제, 일시입원이나 요양이 필요한 건강상의 문제, 자녀양육의 의사가 있는 가운데 이혼 판결을 기다리고 있거나 혼외임신에 따른 문제를 처리하고 있는 경우 등으로 친가정에서 아동을 양육하기 어려운 부적절한 양육환경들은 서로 관련되어 있고 친부모에게는 이러한 요인들이 복합적으로 나타나고 있다.

(3) 위탁부모와 가정

성공적인 위탁보호를 위해서는 위탁가정의 동의와 협조가 무엇보다 필요한데, 이는 위탁아동의 과거 이해와 정서적 안정을 되찾을 수 있는 노력을 의미하며 위탁보호를 위한 고려사항으로는 위탁부모의 위탁동기가계보조의 수단, 입양의 대안, 자녀양육의 기쁨, 사회봉사, 자녀양육 부족의 보상 등, 양육환경연령, 건강, 교육수준, 친자녀와의 관계, 주거공간, 경제적 안정성 등, 태도와 자격위탁아동의 신체적·정신적 아픔을 이해하고 수용할 뿐만 아니라 그 아픔을 회복시켜야겠다는 적극적인 자세 등이 있다.

① 훌륭한 위탁부모가 될 수 있는 자격

확고한 인생철학, 건전한 도덕적 · 윤리적 규준 및 정신적 가치평가를 가지고 있어야 하고 아동 성격의 정서적 결함을 채워줄 수 있을 정도로 민감해야 하며 이해력을 가지고 있어야 한다. 개별 아동의 수준에 맞게 다룰 수 있어야 하고 아동의 행동이나 성격 결함을 다룸에 있어 기관의 도움을 받아 기꺼이 활용할 수 있어야 한다. 아동의 활동과 진전에 관심을 두고 있어야 하며 필요할 때 언제나 도움과 지지를 해줄 용의가 있어야 한다Fredericksen.

② 우리나라의 위탁부모 선정 기준

◎ 기본요건(친 · 인척 및 일반인 공통)

위탁아동과 동거해야 하고단, 층의 위아래 경우는 해당 위탁아동을 돌봄에 현저한 장애 및 건강상의 질병이 없어야 하며, 위탁받고자 하는 자 및 그 가족에게 범죄, 가정폭력, 아동학대, 알코올 · 약물중독 등의 전력이 없어야 한다. 그리고 위탁가정으로 적합한지 여부를 가정조사 시 이웃 등을 통해 확인해야 하며 가정위탁에 필요한 교육을 이수해야 한다. 다만, 대리양육가정 및 친인척 위탁가정의 경우에는 가정위탁 후 6개월 이내 교육을 이수하고 가정위탁 후 반드시 확인을 해야 한다.

가정위탁에 필요한 교육내용으로는 위탁부모교육으로 기본교육 4시간, 보수교육으로 매년마다 4시간 이상을 이수하여야 하며, 위탁양육에 대한 이해와 위탁양육의 절차, 위탁아동의 특성, 좋은 부모의 역할 등의 내용이 포함되어야 한다. 대리양육 · 친인척 위탁가정의 경우 교육이수 대상자가 노령, 질병 등으로 불가피한 경우에는 직접 가정을 방문하여 교육을 실시할 수 있다. 지방자치단체는 위탁책정 시 위탁부모교육에 대해 적극 안내하여 부모교육 미이수자가 발생하지 않도록 협조하며, 가정위탁지원센터의 상담원이 사례관리 방문 시 상담 등에 적극 협조하도록 동의서서식 11호 작성을 안내해야 한다.

◎ 일반인에 의한 위탁보호

위탁아동을 자기 자녀처럼 양육하기에 필요한 성품 · 경험 · 지식을 갖춘 자를 위탁부모로 선정한다. 단, 혼인관계를 유지하고 자신의 아이를 키워 본 경험이 있는 자를 우선하되, 시장 · 군수 · 구청장, 가정위탁지원센터의 장이 위탁아동을 건강하게 양육하기에 적합하다고 인정하는 경우에는 양육경험이 없는 자도 선정 가능하다. 또한 위탁아동을 건강하게 부양하기에 어려움이 없을 정도의 재산이 있어야 하는데, 이는 경제적인 목적이 아닌 선의의 동기로 위탁아동양육을 결정한 것에 대한 확인이 필요하기 때문이다. 기초생활수급자는 충분한 재산이 있다고 볼 수 없다.

위탁아동에 대하여 종교의 자유를 인정하고 사회의 일원으로서 그에 상응한 양육과 교육을 할 수 있어야 하며 가정이 화목하고 정신적 · 신체적으로 위탁아동을 양육함에 현저한 장애가 없어야 하며 공립아동상담소 또는 이웃주민 2인 이상의 추천을 받아야 하고 위탁부모의 나이는 25세 이상 60세 미만**부모인 경우 부모 모두 해당**이어야 한다. 위탁부모가 양육하는 아동의 수가 자신의 자녀를 포함 4인을 넘지 않아야**18세 이상 친자녀는 자녀 수에서 제외** 하며 위탁부모가 될 자가 대한민국 국민이 아닌 경우 해당 국가의 법에 따라 위탁부모가 될 수 있는 자격이 있어야 한다. 하지만 종교시설**교회, 사찰 등의 본당과 부속 건물을 말함**을 주거지로 삼아 생활하는 종교인은 가정위탁보호의 취지와 맞지 않으므로 위탁부모가 될 수 없다. 사찰, 교회 등에서 유기된 아동이 발생하여 종교인이 보호하다가 가정위탁 신청 시에는 위탁부모 선정기준 및 절차에 대해 안내하고, 적합한 다른 위탁가정에 보호배치해야 한다(아동복지사업안내, 63–64).

5) 가정위탁보호기관과 사회복지사

위탁보호사업은 위탁모의 모집에서부터 전 과정이 매우 역동적이어서 인가관계의 유지와 조정에 관한 지식과 기술이 필요하므로 전문사회복지기관의 전문사회복지사에 의해 이루어져야 한다. 위탁사업 사회복지사는 위탁아동, 친부모 및 위탁부모를 위한 역할을 수행해야 한다.

위탁보호 효과에 영향을 미치는 요인들에는 위탁아동의 연령과 발달상태, 친부모의 아동에 대한 애착 정도, 아동에 대한 부모의 유대 정도, 위탁의 사유에 대한 아동의 인식과 수용 정도, 아동이 받는 이별과 환영 메시지, 위탁 이후의 환경상태, 위탁아동의 기질 등이 있다.

(1) 위탁아동에 대한 사회복지사의 역할

위탁아동에게 위탁될 가정에 대한 전반적인 안내와 함께 위탁 기간 등에 대해 알려주는 등의 위탁보호에 대한 전반적인 과정에 개입해야 하며 부적절한 양육환경 때문에 위탁되는 아동은 친부모에 대한 애정과 증오와 갈등, 미래 가정에 대한 불안감과 기대감이 있으므로 세심한 배려가 필요하다. 하지만 지나친 공격성, 우울한 아동은 위탁 전 어려운 생활환경의 영향을 받은 것으로 크게 문제되지는 않는다. 그리고 실제적인 양육은 위탁부모이지만 위탁 전 과정을 담당하는 사회복지사는 아동의 모델이 된다는 점을 숙지해야 한다.

(2) 친부모에 대한 사회복지사의 역할

어떤 이유에서든지 자녀를 스스로 양육하지 못해 위탁시키는 친부모는 정도의 차이는 있지만 슬픔, 걱정, 신경질, 공허, 화, 쓰라림, 감사, 해방감, 죄의식, 수치심, 좌절감, 무력감 등의 복잡한 감정상태를 지니고 있으므로 이해하고 격려해 주어야 한다. 친부모는 위탁보호에서 제외된 것이 아니라 동반자로서 참여할 때 위탁이 성공적으로 이루어질 수 있다는 점을 알려 주어야 한다.

(3) 위탁부모에 대한 사회복지사의 역할

위탁부모란 일시적으로 위탁된 아동에게 적절한 양육 제공과 친부모에게 양육 기술을 가르치는 전문가 역할을 수행한다는 것을 확인시켜주어야 한다. 위탁부모는 위탁보호의 성공 여부를 결정짓는 것과 다를 바 없을 만큼 중요한 사람이라는 것을 주지시키고 격려해야 한다. 위탁될 아동의 위탁 사유, 전반적인 발달특성과 가정환경 등에 대해서도 알려주어야 하며, 양육상의 어려움을 덜어줄 수 있도록 여러 가지 방법을 강구하고 지원체계를 알선해 주어야 한다.

6) 가정위탁아동을 위한 복지서비스 현황

(1) 가정위탁보호 현황

가정위탁보호 현황은 대리양육가정의 아동 수가 9,592명, 친인척위탁이 3,752명, 일반위탁이 996명으로 총 합계 1만 4,340명이다. 이것을 좀 더 자세하게 표로 만들면 표 7-1, 7-2와 같다.

표 7-1 | 가정위탁보호 현황

구분	계	대리양육가정	친인척위탁	일반위탁
세대별	11,043	7,217	3,036	790
아동 수	14,340	9,592	3,752	996

출처 : 보건복지부 통계(2014. 12).

표 7-2 | 사회적 보호를 필요로 하는 아동의 보호(2014년 12월)

연도	요보호아동 발생 현황	소년소녀 가정보호	가정위탁 보호	입양	시설보호
1990	5,712	–	1,134	853	3,734
1995	4,576	780	505	472	2,819
2000	7,760	564	1,406	1,337	4,453
2005	9,420	407	2,322	1,873	4,818
2007	8,861	247	3,378	1,991	3,245
2008	9,284	178	2,838	1,304	4,694
2009	9,028	213	2,734	1,314	4,767
2010	8,590	231	2,124	1,393	4,842

연도	요보호아동 발생 현황	소년소녀 가정보호	가정위탁 보호	입양	시설보호
2011	7,483	128	2,350	1,253	3,752
2012	6,926	117	2,289	772	3,748
2013	6,020	20	1,749	478	3,257
2014	4,994	13	1,300	393	2,900

사회적 보호가 필요한 아동의 발생 원인은 가정적 원인과 아동 자신의 원인 두 가지로 나누어지는데, 아동 자신보다 부모나 가정환경요인에 의해 발생되는 사회적 보호 아동이 더 많다. 2014년의 통계(%)에 의하면 사회적 보호가 필요한 총 1만 4,340건 중 부나 모의 사망 25.2%, 부모 모두 사망 4.8%, 이혼 31.6%, 별거 · 가출 28.0%, 부모실직빈곤 1.2%, 미혼모 · 혼외 출생 2.1%, 부모 질병 1.4%, 부모 수감 2.7%, 부모 장애 0.4%, 학대 방임 1.4%, 시설 의뢰 0.4%, 기타 0.7%였다.

(2) 가정위탁 관련 기관 현황

가정위탁 관련 기관의 현황은 가정위탁지원센터의 역할, 한국수양부모협회 그리고 가정위탁지원센터 종사자 등으로 나누어 살펴보고자 한다.

① 가정위탁지원센터의 역할

가족지원센터의 역할은 중앙 가정위탁지원센터와 지역 가정위탁지원센터로 나누어 살펴볼 수 있다. 중앙 가정위탁지원센터와 지역 가정위탁지원센터의 기능은 표 7-3과 같이 서로 다름을 알 수 있다.

표 7-3 | 가정위탁지원센터의 역할

분류	기능
중앙 가정위탁 지원센터	• 지역 가정위탁지원센터에 대한 지원 • 효과적인 가정위탁사업을 위한 연계체계 구축 • 가정위탁사업과 관련된 연구 및 자료 발간 • 가정위탁사업을 위한 프로그램의 개발 및 평가 • 상담원에 대한 교육 등 가정위탁에 관한 교육 및 홍보 • 가정위탁사업을 위한 정보기반 구축 및 정보 제공 • 가정위탁사업에 대한 평가
지역 가정위탁 지원센터	• 가정위탁사업의 홍보 및 위탁가정의 발굴 • 가정위탁을 하고자 하는 가정 및 가정위탁대상 아동의 조사 • 가정위탁 부모의 교육 • 가정위탁을 하는 가정의 사후관리 • 위탁보호가정의 발굴 및 위탁보호신청 가정의 조사 • 기타 관할 지방자치단체장이 가정위탁보호사업에 관련하여 필요하다고 인정하여 지시하는 사항

출처 : 보건복지부(2015). 2015년 아동복지사업안내.

② 한국수양부모협회(www.ngopower.net)

가정에서 수양딸, 수양아들을 키우던 한국의 역사와 전통을 이어가자는 목적으로 1998년 4월 4일에 설립되었다. 현재까지 700여 명의 보호가 필요한 아동을 위탁가정에서 양육되는 것을 지원해 오고 있으며 위탁가정 및 위탁아동상담사업, 위탁부모교육사업, 가정위탁 홍보사업 등을 실시하고 있다.

③ 가정위탁지원센터 종사자

가정위탁지원센터 소장은 아동복지시설 시설장의 자격 기준과 동일하다. 가정위탁지원센터의 상담원 자격기준은 사회복지사 1급 자격을 가진 자 또는 대학에서 심리학복지심리학 포함 전공 혹은 보건복지부장관령이 정하는 아동복지 또는 사회복지 관련 교과목을 이수한 자이어야 한다. 가정위탁지원센터 상담원 교육과정총 이수시간 100시간은 기본교육 8과목 50시간+전문교육 7과목 50시간을 이수해야 한다.

(3) 가정위탁아동을 위한 복지서비스 내용 현황

「양육보조금 및 국민기초생활 보장법」에 의한 생계비 등을 지원**양육보조금 지원 : 아동 1인당 월 12만 원 이상**하고 있다. 위탁아동 종결 시 아동복지시설 퇴소 아동에 준하여 자립지원정착금, 대학진학자금 등이 지원될 수 있도록 권고**자립지원정착금(지방 이양)**하고 있으며 아동 1인당 300만 원 이상 지급을 권고하고 있다. 대학등록금, 전세자금 등**지방사업**은 아동 1인당 300만 원 이상 지급을 권고하고 있다. 가정위탁아동 상해보험료 지원은 보험담보로 위탁아동 후유장해, 입원·통원 의료비 등을 지원하며 보험료는 1인당 연 6만 5,000원 이내이다. 그 외 심리치료비 지원과 대리양육, 친인척위탁가정 전세자금 지원**국토해양부** 등도 이루어지고 있다. 그리고 이러한 경제적 지원 외에 가정지원위탁센터로부터 부모교육과 상담치료서비스를 제공**초기 3~6월 이내에는 매월 위탁가정 방문, 이후에는 분기별 1회 이상 방문 및 전화연결을 통한 아동의 적응상태 및 양육상태 파악**받을 수 있다. 그리고 지역사회 내 아동위원, 종교인, 지역여성지도자, 공무원, 가정위탁지원센터 상담원 등을 위탁아동의 후견인으로 지정해 정서적 지지체계를 마련하고 있다.

(4) 가정위탁보호사업의 과정

① 위탁부모의 모집, 선정과 교육

신문, 책자 및 기관의 홈페이지, 실제 위탁을 하고 있는 개인의 홈페이지, 각종 방송매체를 통해 모집할 수 있다. 모집된 위탁부모에 대한 교육은 주로 집단지도방법을 적용하고 있다.

② 위탁아동의 선정

친부모 또는 아동복지 관련 기관으로부터 의뢰가 되는데, 아동과 친부모에 대한 심리적·환경적 특성을 파악해야 하며 이때 개별면접과 집단면접 등을 통해 가족 이외의 친척과 보호 및 교육기관으로부터의 정보를 입수하여 활용하게 된다.

③ 위탁아동의 배치

아동에게 행복의 기회를 갖도록 할 수 있는 가정에 위탁해야 하며 아동의 안전과 안정의 욕구를 잘 충족시켜 주는 위탁가정과, 이러한 욕구를 충족시켜 주기 위한 충분한 자격을 지닌 위탁부모에게 위탁아동과 친부모 및 가정환경적 특성을 고려하여 배치하여야 한다.

④ 사후관리

아동이 위탁되어 있는 동안 위탁담당 사회복지사는 위탁된 아동의 양육상황을 조사, 점검하고 위탁아동, 친부모, 위탁부모 모두를 사후 관리한다. 동시에 친부모에게도 당면한 문제를 해결할 수 있도록 적절한 도움을 준다.

⑤ 위탁의 종결

위탁기간이 끝나면 위탁보호를 종결하나 경우에 따라 위탁기간이 축소되거나 연장되어 종결할 수도 있다. 이때 먼저 원가정과의 재결합을 고려해야 하며, 원가정과의 결합이 어려울 경우 다시 위탁보호를 제공하거나 영구적 계획이 필요한 경우에는 입양과 시설보호를 고려한다. 이상을 정리하면 그림 7-1과 같다.

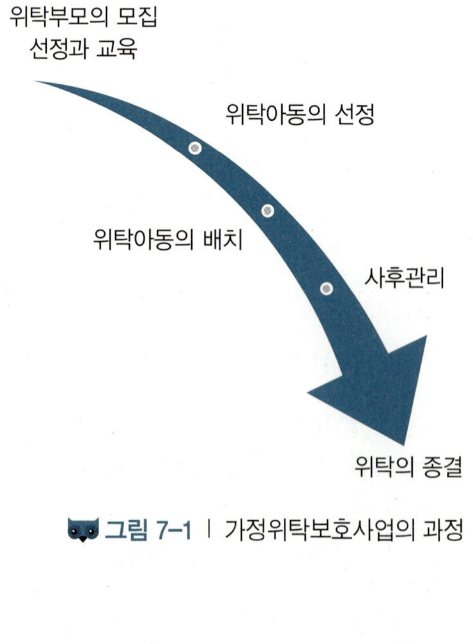

그림 7-1 | 가정위탁보호사업의 과정

7) 가정위탁아동을 위한 복지 실천방향

가정위탁아동을 위한 복지정책에 있어서 친부모의 자립**경제 지원, 직업훈련, 주거환경 개선**과 아동이 자립할 수 있는 바람직한 법 개정을 통한 법적 근거를 마련해야 한다. 아동 연령에 따른 현실적인 자녀양육비 지원이 절실하므로 위탁아동 양육비 지원을 확대해야 하며 지역가정위탁아동지원센터의 확충과 사례가 많은 지역에 추가 설치 및 지역사회 네트워크를 확충해야 한다. 그리고 위탁아동의 선정과 배치, 사후관리 등의 정보 공유 및 사례관리의 질 향상을 위해 가정위탁 사례관리 데이터베이스를 구축해야 하며 가정위탁지원센터 상담원의 인력관리를 개선해야 한다.

위탁아동은 친부모와의 분리, 학대와 방임 같은 부정적 경험을 치료받을 수 있도록 일정 기간 전문적 상담, 치료서비스를 제공받아야 한다. 가정위탁사업이 활성화되기 위해서는 위탁부모 모집이 원활히 이루어져야 하므로 다양한 홍보와 철저한 교육, 사후관리, 위탁부모회 상호 간의 정보교류, 지지, 협력체계가 필요하다. 친부모에게는 위탁아동과 재결합할 수 있도록 친가정의 문제를 해결하고 자립할 수 있는 직업훈련, 자활사업, 주거환경 개선 등의 자립 지원서비스 제공이 필요하다.

2. 입양서비스

현 사회를 가리켜 포스트모더니즘 사회라고 이야기한다. 포스트모더니즘의 특징은 핵가족화로 인한 가족유대관계의 약화, 상대성으로 인한 성 윤리 및 가치관의 급격한 변화, 다양성과 다원화 등을 들 수 있다. 또한 현 사회의 다른 특징으로 물질주의의 팽배를 들 수 있다. 이러한 특징들은 가정의 파괴를 불러일으켰으며, 가정의 파괴는 아동들이 가정에서 성장할 권리를 박탈하였다. 따라서 모든 아동들이 가정에서 성장할 권리를 충족시켜 주기 위해서 입양이 매우 절실하다. 입양이란, 친부모를 대신해서 아동들을 양육, 보호해 준다는 점에서 그 역할이 매우 중요하다.

이 장에서는 입양의 개념과 역사, 입양의 원리, 입양의 유형, 입양의 구성요소,

입양 관련자의 심리적 문제, 입양서비스의 현황 그리고 입양아동을 위한 복지실천 방향 등을 다룰 것이다.

1) 입양의 개념과 역사

입양adaption의 개념은 생물학적인 과정을 통해서가 아니라 법적·사회적 관계에 의해서 친자관계를 맺는 것이라 하였다(Kadushin, 1980). 입양이란 친부모로부터 아동의 현재와 미래에 대한 모든 권리와 의무가 소멸되고 행정적·법적 권한에 의해 혈연관계가 없는 타인에게 양육의 권리와 의무가 이양되는 것을 말한다(이소희, 2005). 즉, 입양은 친부모, 입양아동, 입양부모 등 삼자 모두를 위한 가족복지사업이다.

과거 전통적 의미에서의 입양은 대가족사회에서 가계를 잇는 의미로서 혈통과 제사의 계승을 목적으로 하였다. 그러나 대가족적 사회기능이 쇠퇴하면서 현대적 의미로서의 입양은 아동에게 초점이 맞추어져 아동의 건전한 교육과 양육을 목적으로 한다.

우리나라 입양사업의 역사는 고려시대부터 살펴볼 수 있다. 고려시대에는 가계계승을 위한 양자제도가 있었으며, 조선시대에는 숙종 22년에 제정되어 실시된 수양임시사목을 통하여 입양의 역사를 살펴볼 수 있다. 수양임시사목은 유기 또는 걸식 아동의 생명을 절대적으로 보호하기 위하여, 국가에서 이들을 수용하거나, 보호하기도 하였고, 또는 일반 백성 가정에서 수양하여 양자녀나 노비로 삼는 것을 취지로 하였다. 일제시대에는 1912년에 조선 민사령이 제정되어 양자제도에 관한 규정이 만들어졌는데, 이 규정은 조선 전례의 관습법을 적용하는 것으로서 상속에 관한 법률이었다. 1954년에 한국아동양호회가 설립되었는데, 이는 한국전쟁을 치른 이후 갑자기 많아진 전쟁고아와 혼혈아동을 위해 마련된 대책이었다. 그 이후 1955년에는 가톨릭구제회, 안식교성육 양자회가 설립되었으며, 1956년에는 홀트 양자회, 1957년에는 국제사회봉사회 등의 입양기관이 설립되었다. 이러한 기관들을 통하여 국외 입양이 이루어지게 되었다. 이 시기는 입양기관들이나 사회가 국내 입양에 대해서는 관심이 없었으며, 거의 국외 입양에 힘썼다. 그 당시에는 경제적으로 여력이 없었기에 국외 입양에 의존할 수밖에 없었지만, 이러한 입양의 형태가 오늘날까지도 지속되어 국내 입양보다는 국외 입양에 의존하는 경향을 낳았다. 그리고 이러한 경향은 국가의 위신을 실추시키며, 입양된 아동이 타 문화와 관습으로 인해 외국가정에 적응하는 데 어려움을 불러일으키는 부정적인 면을 지니고 있다. 따라서 국내입양을 활성화시키는 것으로 입양의 방향이 전환될 필요가 있다. 이러한 경향을 시정하기 위하여 1996년부터 혼혈아동을 제외하고는 국외 입양을 전면 중단하는 정책이 수립되었다. 그러나 우리나라 사람들의 혈통 중심의 의식으로 인해 국내 입양이 어렵다는 것을 알게 되자, 정부에서는 입양정책을 연차적으로 국외 입양을 주력하면서 국내 입양을 확대해 가는 방향으로 추진되고 있다.

2) 입양의 원리

첫째, 아동은 자신의 가족, 지역사회, 국가에서 양육하는 것이 최우선이고 가장 바람직하다. 먼저 가정으로의 복귀 또는 연고자 가정에서의 대리양육 조치가 우선 실시되어야 한다. 둘째, 입양아동을 위한 대리가족인 입양가족은 우선적으로 아동 자신이 소속해 있는 인종집단, 국가, 문화, 종교집단에서 찾아야 한다. 국내 입양을 우선 추진하고 「입양특례법」에서도 볼 수 있듯이 국외입양은 국내입양이 어려운 경우 차선책으로 고려되어야 한다. 셋째, 입양의 일차적인 목적은 친부모에 의해 양육될 수 없는 아동에게 영구적인 가족을 제공하는 것이다. 즉, 아동을 위해 입양부모와 가족을 선택하는 것이다. 넷째, 입양은 영구적 대리보호가 필요한 가장 바람직한 보호방법이다.

3) 입양의 유형

친족입양과 비친족입양이 있는데, 친족입양은 계부, 계모, 큰아버지 등 혈연관계, 재혼 가족관계에 있는 사람에 의한 입양을 말하며, 비친족입양은 아동이 전혀 가족관계를 갖고 있지 않은 입양부모에 의한 입양을 말한다. 그리고 국가가 인정하는 기관을 통한 기관입양과 개인의 합의에 의한 민간입양이 있다. 또한 입양 사실에 대한 비밀유지와 친부모와의 관계를 완전히 단절하는 비밀입양과 이와 반대로 입양아동은 물론이고 주변의 사람들에게 공개하며, 친부모와도 접촉을 하는 개방입양이 있다. 이들을 정리하면 그림 7-2와 같다.

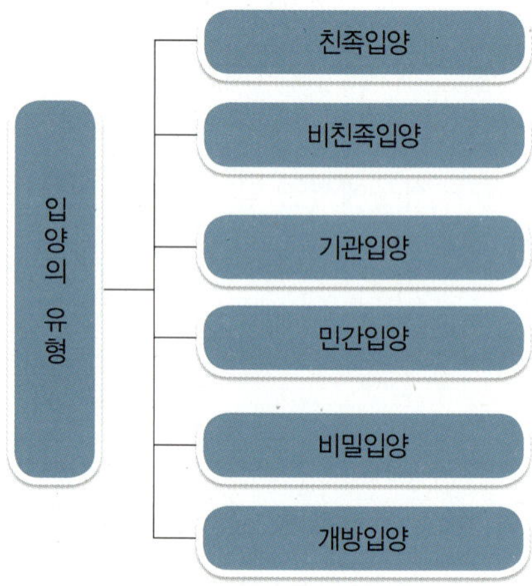

그림 7-2 ㅣ 입양의 유형

4) 입양의 구성요소

(1) 입양아동 : 양자될 자격(법 제9조)

입양서비스를 받을 수 있는 많은 조건 중 다음의 하나에 해당하는 자가 양자될 자격을 구비하여 입양절차에 임할 수 있다. 입양대상에 해당되는 아동은 만 18세 미만의 아동으로서 부모나 직계존속 또는 후견인의 동의가 있는 아동을 말한다. 단, 15세 이상의 아동의 경우에는 본인의 동의가 있어야 한다. 보호자로부터 이탈된 자로서 시 · 도지사 또는 시장 · 군수 · 구청장이 「국민기초생활 보장법」에 의한 보장시설에 보호 의뢰한 자이거나 부모**부모가 사망 또는 기타 사유로 동의할 수 없는 경우에는 다른 직계존속** 후견인이 입양을 동의하여 보장시설 또는 입양기관에 보호 의뢰한 자를 말한다. 또는 법원에 의해 친권상실의 선고를 받은 자로서 시·도지사 또는 시장·군수·구청장이 보장시설에 의뢰한 자이거나 그 밖에 부양 의무자를 알 수 없어 시·도지사 또는 시·군·구청장이 보장시설에 보호 의뢰한 자를 말한다.

(2) 입양부모 : 양친될 자격(법 제10조)

자신의 가정에 어린이를 양자로 입양하기 위한 입양부모가 되려면「입양촉진 및 절차에 관한 특례법」제5조에 의해 다음 요건을 모두 갖춘 자이어야 한다. 양자를 부양함에 충분한 재산이 있어야 하고 양자에 대하여 종교의 자유를 인정하며 사회의 일원으로서 그에 상응한 양육과 교육을 할 수 있어야 한다. 가정이 화목하고 정신적·신체적으로 양자를 부양함에 현저한 장애가 없어야 하며 정신과적 진료를 장기간 받은 경력 또는 성폭력, 아동학대 전력이 없어야 한다. 양친이 될 자가 대한민국 국민이 아닌 경우 본 국법에 의하여 양친이 될 수 있는 자격이 있어야 한다. 그 밖에 양자로 될 자의 복지를 위하여 다음의 필요한 요건을 갖추어야 한다. 25세 이상으로서 양자될 자와의 연령 차이가 50세 미만인 자양친이 될 자가 대한민국 국민이 아닌 경우에는 25세 이상 45세 미만이어야 한다. 다만, 양친될 자의 가정상황에 대한 조사기관 시장·군수·구청장, 입양기관, 아동상담소장이 양친이 될 자의 가정환경이 양자를 건전하게 양육하기에 적합하다고 인정하는 경우에는 입양이 가능시행규칙 제2조하다. 입양가정의 아동 수는 입양되는 아동을 포함하여 5인 이내여야 한다.

(3) 친부모

입양대상 아동의 부모는 아동에 대한 친권 포기를 자발적 또는 비자발적으로 할 수 있다. 자발적 포기의 원인으로는 경제적 빈곤, 이혼·별거로 야기된 가족 해체, 가정 결손, 미혼모 사망 등이 있다. 비자발적 포기의 원인으로는 친권 박탈의 경우로 아동을 심각하게 학대, 유기하는 부모이다.

(4) 입양기관

입양기관은 관련 법의 규정에 의해 입양이 이루어질 수 있도록 입양에 임해야 한다. 「입양촉진 및 절차에 관한 특례법」에 의한 지정기관과 「아동복지법」에 의한 아동상담소에서 입양사업을 담당하고 있다. 「입양촉진 및 절차에 관한 특례법」에 규정되어 있는 입양 알선기관 관련 조항은 다음과 같다.

제20조 (입양기관)

① 입양기관을 운영하려는 자는 「사회복지사업법」에 따른 사회복지법인으로서 보건복지부장관의 허가를 받아야 한다. 다만, 국내입양만을 알선하려는 자는 시 · 도지사의 허가를 받아야 한다.

② 제1항에 따라 허가받은 사항 중 대통령령으로 정하는 중요한 사항을 변경하려고 하는 경우에는 신고하여야 한다.

③ 외국인은 입양기관의 장이 될 수 없다.

④ 입양기관의 장과 그 종사자는 입양아동의 인권을 보호하고 건전한 입양문화를 정착시키기 위하여 정기적으로 보건복지부령으로 정하는 보수교육을 받아야 한다.

⑤ 입양기관의 장이 입양을 원하는 국가나 그 국가의 공인을 받은 입양기관과 입양업무에 관한 협약을 체결하였을 때에는 보건복지부장관에게 보고하여야 한다. 이 경우 입양업무에 관한 협약에 포함되어야 할 사항은 대통령령으로 정한다.

⑥ 입양기관의 시설 및 종사자의 기준과 허가 및 변경신고 등에 필요한 사항은 보건복지부령으로 정한다.

제21조 (입양기관의 의무)

① 입양기관의 장은 입양의뢰된 사람의 권익을 보호하고, 부모를 알 수 없는 경우에는 부모 등 직계존속을 찾기 위하여 노력을 다하여야 한다.

② 입양기관의 장은 입양을 알선할 때 그 양친이 될 사람에 대하여 제10조에서 정한 사실을 조사하여야 한다.

③ 입양기관의 장은 양친이 될 사람에게 입양 전에 아동양육에 관한 교육을 하여야 하며, 입양이 성립된 후에는 보건복지부령으로 정하는 바에 따라 입양아동과 그에 관한 기록 등을 양친 또는 양친이 될 사람에게 건네주고, 그 결과를 특별자치도지사 · 시장 · 군수 · 구청장에게 보고하여야 한다.

④ 입양기관의 장은 입양업무의 효율 및 입양기관 간의 협력체계 구축을 위하여 입양아동과 가족에 관한 정보를 보건복지부령으로 정하는 바에 따라 제26조에 따른 중앙입양원에 제공하여야 한다.
⑤ 입양기관의 장은 입양업무에 관한 사항을 보건복지부령으로 정하는 바에 따라 기록하여야 한다. 이 경우 입양기록은 전자문서로서 기록할 수 있다.
⑥ 제5항에서 정한 입양업무에 관한 기록은 입양아동에 대한 사후관리를 위하여 영구보존하여야 하다.
⑦ 제4항에 따른 정보의 범위 및 내용과 제5항에 따른 입양기록 및 전자기록의 보존 등에 필요한 사항은 보건복지부령으로 정한다.

5) 입양 관련자의 심리적 문제

(1) 입양아동의 성장과 발달

원가정 또는 친부모로부터 분리되는 경험**애착관계 분리**은 신뢰감과 자존감 형성에 해로운 영향을 주거나 정서관계 형성능력이 저하될 수 있다. 그리고 자신에게 두 부모/두 가족이 있다는 사실을 수용해야 하는 문제**6세 이후**나 유전학적 당혹감**자신의 배경, 가계, 개인력에 대한 궁금증**의 경험이 뿌리 찾기로 이어지고 친부모 만나는 일에 관심을 갖게 된다.

(2) 입양부모의 심리적 문제

불임과 관련된 심리적 어려움을 경험**자존감의 손상과 가족 유전적 지속성의 상실, 인생의 통제력 상실**하거나 생물학적으로 연결되지 않은 아동이 실제로 자신들에게 속해 있다고 믿기 어려워 불안을 경험하기도 한다. 또는 부모역할에 대한 불안감을 갖는 경향이 있으며 친부모를 찾아 나서고 친부모를 더 좋아하게 될 것이라는 두려움을 가질 수도 있다.

(3) 친부모의 심리적 문제

친권 포기 전 친부모에게 필요한 복지서비스에 대한 정보를 거의 제공받지 못하고 있거나 입양과정에서 친부모는 부수적인 존재로 간주되고 친권 포기 후 얼마나 강한 상실감과 심리적 고통을 경험할 것인지에 대해 아무런 조언을 듣지 못한다. 또한 아기와의 작별, 아기 상실을 환상이 아닌 현실의 경험으로 전환하기가 힘들어 전체 경험에 대한 부정으로 대체하거나 연락할 수 있을 것 같은 환상인 친모증후군을 갖게 된다. 친모증후군birth mother syndrome이란 친권 포기 여성들에게서 보이는 독특한 행동(Jones, 1993)이다. 예를 들면, 충격적 회상, 악몽, 불안, 기피 또는 공포 반응과 같은 외상 후 스트레스 장애, 손상된 자존감과 피동적 자세, 겉으로는 완벽하고 정상적인 것처럼 행동하면서 내적으로는 수치심, 자기 저주 또는 고립감을 느끼는 정체감의 이분화 현상, 친권 포기 순간에 고착되어 있는 것 같은 자기학대, 삶 전반에 걸친 감정과 행동의 극단적 현상이다.

6) 입양서비스 현황

(1) 입양아동 현황

우리나라 입양아동의 현황은 국내 입양과 국외 입양으로 나누어 살펴볼 수 있다. 1950년대의 입양은 국외 입양이 국내 입양에 비해 그 수가 매우 많음을 볼 수 있다. 이는 1950년대 한국전쟁으로 국내의 경제적 상황이 매우 열악했기 때문으로 해석할 수 있다. 2007년에 국내 입양이 50%를 넘기고 그 이후 국내 입양 비율이 지속적으로 증가하고 있음을 볼 수 있다. 이는 우리나라의 경제적 상황의 호전과 입양에 대한 국민의식의 긍정적 전환 때문으로 해석할 수 있다.

표 7-4 | 입양아동 현황

연도	국내 입양	국외 입양	합계	국내 입양 비율
1958~1960	168	2,532	2,700	6.2

연도	국내 입양	국외 입양	합계	국내 입양 비율
1961~1970	4,206	7,275	11,481	36.6
1971~1980	15,304	48,247	63,551	24.1
1981~1985	15,424	35,078	50,502	30.5
1985~1990	11,079	30,243	41,322	26.8
1991~1995	5,807	10,974	16,971	34.6
2000	1,686	2,360	4,046	41.6
2005	1,461	2,101	3,562	41.0
2007	1,388	1,261	2,652	52.3
2008	1,306	1,250	2,556	51.1
2009	1,314	1,125	2,439	53.8
2010	1,462	1,013	2,475	59.0
2011	1,548	916	2,464	62.8
2012	1,125	755	1,880	59.8
2013	686	236	924	74.2

출처 : 보건복지부(2015). 입양 현황.

(2) 입양기관 현황

① 입양기관

국외 입양기관으로는 홀트아동복지회, 동방사회복지회, 대한사회복지회, 국내 입양기관이 있으며 국내 입양기관으로는 2015년 현재 11기관이 있다.

표 7-5 | 국내 · 외 입양기관

연도	국내	국외	계
1990	27	4	31
1995	23	4	27
2000	22	4	26
2005	20	4	24
2007	20	4	24

연도	국내	국외	계
2011	18	4	22
2015	11	3	14

출처 : 보건복지부(2015). 입양 현황.

② 입양정보센터 및 입양대상 아동 통합관리시스템 운영

입양정보센터는 국내·외 입양인 및 입양대상 아동에 관한 One-Stop 정보 제공을 하며 국내 입양 활성화를 위한 입양 모니터링을 하는 것에 목적이 있다. 운영기관은 중앙입양원02-776-9680~1, 홈페이지 : www.kcare.or.kr이다.

기존 입양 관련 시스템의 통합 DB 구축을 위해서는 다음의 내용들이 필요하다.

- '입양대상 아동 통합관리시스템'과 '입양인검색시스템'을 통합 및 등록·검색·조치기능 추가
- 가정입양 지원
- 예비양부모 및 아동의 정보 공유 활성화
- 예비양부모의 입양아동 검색 접근 용이전국 단위 서비스 가능
- 입양대상 아동의 정보 확대 및 세부 공유 지침을 통해 국내 입양 촉진
- 뿌리 찾기 시스템 창구 일원화를 통한 국내·외 뿌리 찾기 활성화
- 입양정보 검색이 용이할 수 있도록 관련 세부정보 수록
- 입양정보가 미비한 경우 뿌리 찾기 지원
- 입양정보가 미비한기아 등 경우 친가족정보 및 입양인 정보 수록, 공개를 통하여 관련 유사정보 매칭 검색서비스

③ 한국입양홍보회

입양가족이 회원으로 구성된 입양가족단체로 입양가족 정기모임, 입양부모교육, 입양가족캠프, 입양아동캠프, 입양홍보사업을 하고 있다. 상담활동은 인터넷 사이트http://www.mpak.org와 정기모임을 통해 입양상담을 하고 있다.

(3) 입양아동을 위한 복지서비스 현황

① 장애아동 양육보조금 및 의료비 지원(법 제35조)

첫째, 지원대상은「장애인복지법」제32조 제1항의 규정에 의한 장애인에 해당하는 아동으로서 장애등록이 된 입양아동이며 분만 시 조산 · 체중미달 · 분만장애 · 유전 등으로 질환을 앓고 있는조산 · 체중미달 · 유전 등으로 질환을 앓고 있던 아동이 지원을 받다가 완치된 경우 지급을 중단 아동이다. 또한 입양 당시 장애 또는 의료적 문제가 없었으나 선천적 요인으로 인해 장애 또는 질환이 발생한 아동을 말한다. 이와 같은 요건에 해당하는 경우에 만 18세까지 지원하며 중지하는 일이 속하는 달의 급여 전액을 지급한다. 고등학교에 재학 중일 때에는 만 18세를 초과하더라도 졸업 시까지 지원이 가능하다.

둘째, 지원내용은 양육보조금(월/인)을 지원하는데, 중증 장애인은 62만 7,000원, 경증 장애인 등 그 외 지원대상은 55만 1,000원을 지원한다. 중증장애인은 장애등급이 1~2급 또는 3급 장애인으로서 다른 장애가 중복된 자를 말한다. 경증장애인은 장애등급이 3~6급인 자를 말한다. 의료비는 연간 260만 원 한도 내에서 본인이 부담한 진료 · 상담 · 재활 및 치료심리치료 포함에 소요되는 비용급여 및 비급여부분 포함을 지원한다. 본인부담금시행령 제7조 제2항 제2호에는「의료급여법」제7조 제1항 및 제12조의 규정에 의한 의료급여 또는 요양비에 대한 본인 부담금,「국민건강보험법」제41조 제1항 및 제49조의 규정에 의한 요양급여 또는 요양비에 대한 본인부담금, 사회복지사업법 · 장애인복지법 · 정신보건법 등 다른 법령에 의하여 제공되는 진료 · 상담 · 재활 및 치료에 소요되는 비용 중 본인부담금이 포함된다.

셋째, 지급일은 매월 20일지급일이 토 · 공휴일인 경우 전일 지급이다.

넷째, 지급방법은 양부모에게 양육보조금을 매년 1회장애인등록이 된 아동의 경우 최초 1회로 계속 지원 지원한다. 의료비의 경우 매달 또는 분기별로 관련 서류를 첨부하여 관할 시 · 군 · 구에 신청하며 신청받은 시장 · 군수 · 구청장은 양부모의 통장계좌로 입금하며 양육보조금은 매월 62만 7,000원중증장애인, 55만 1,000원경증장애인 등 그 외 지원대상 입금된다.

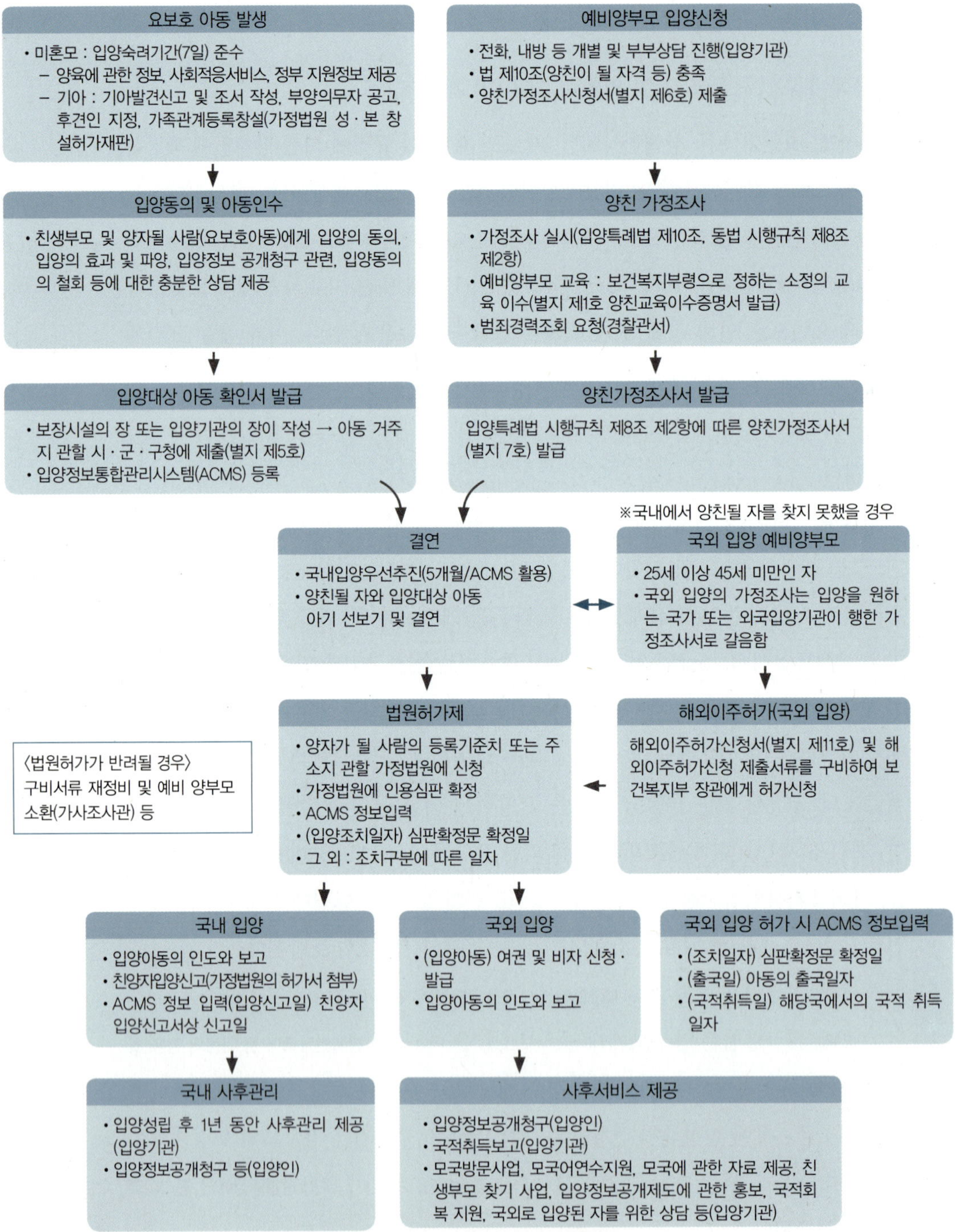

그림 7-3 | 국내 · 외 입양과정

출처 : 보건복지부(2015). 아동분야 사업안내, 43.

② 입양비용 및 양육수당 지원

입양비용입양수수료은 입양전문기관은 220만 원, 그 외 국내 입양 지정기관은 70만 원을 지원하며 「입양특례법」의 요건과 절차를 갖춰 국내 입양한 가정에 입양아동이 만 15세가 될 때까지 지원월 15만 원/인, 매월 20일한다. 단, 입양아동의 수업료 및 입학금은 면제한다.

③ 입양아동 의료급여 실시

지원대상은 「입양특례법」에 의하여 국내에 입양된 만 18세 미만 아동중 · 고등학교 재학생의 경우 20세까지 의료급여를 적용하며, 18세에 도달한 재학생의 경우 졸업하는 달의 말일까지 적용을 말하며 의료급여 관계법령으로는 「의료급여법」 제3조 제1항 제4호 및 동법 시행령 제3조 제2항 제2호에 해당된다. 지원내용으로는 1종 의료급여를 지원하며 지원 절차는 입양아동의 부모가 시 · 군 · 구청에 '입양사실확인서' 및 '입양아동 의료급여 적용신청서' 제출입양아동 본인에 한해 의료급여 실시, 그 가족은 제외하면 된다. 급여 개시일은 보장기관에서 의료급여 수급권자로 결정한 날로부터 개시된다. 적용방식은 다음의 두 가지 방식 중 양부모가 선택한 방식을 적용하는데, 사전지원방식은 입양아동을 건강보험증에 기재하되, 수급권자임을 표시하여 의료 이용 시 본인부담금을 면제2008년 2월 1일부터 시행하는 방식이며, 사후지원방식은 입양아동을 건강보험과 함께 통합관리하고, 의료 이용 시 납부한 본인부담금을 사후 환급2008년 3월 1일부터 시행하는 방식이다. 이때 입양아동 의료급여 적용신청을 받아 건강보험공단에 전송하면 건강보험공단에서 건강보험증을 발급한다.

④ 주택 지원 및 전세자금

입양가정당 500~1,000만 원을 할증 지원한다.

(4) 입양절차

- 입양신청접수 : 입양을 원하는 부모는 입양기관을 방문하거나 전화문의를 통해 입양상담 및 신청을 해야 한다. 이때 입양신청을 하기 전에 입양에 대

한 부부간의 충분한 합의가 필요하다. 입양을 원하는 부모가 입양기관에 신청을 한 경우 그 부모를 대상으로 입양동기, 경제여건, 불임 여부, 가족사항, 부모의 연령, 원하는 아동의 특성 등에 대해 개별면접을 실시한다.

- 가정조사 : 입양을 원하는 부모와의 개별면접에서 이루어진 상담을 통해 그 내용이 사실인지를 확인하기 위해 부부공동면접, 가정방문을 실시한다. 이때 입양부모가 법률적 조건을 만족하는지의 여부와 입양을 신청한 부모가 입양부모로서 적합한 조건과 가정환경을 갖추고 있는지를 확인한다. 또한 입양이 가족구성원 모두의 합의를 통한 것인지 확인한다.
- 아동의 선정 및 입양의 성립 : 입양을 희망하는 부모의 원하는 바에 따라 입양기관은 아동을 선정하게 된다. 이때 입양기관에서는 입양대상 아동의 입양이 법적인 하자없이 잘 이루어질 수 있도록 친부모의 동의를 필한 친권포기각서를 받는다. 입양이 성립되면 입양아동과 친부모 사이에 존재했던 모든 법적 권리와 의무는 입양부모의 법적 권리와 의무가 된다.
- 사후관리 : 입양아동이 새 가정에 성공적으로 적응할 수 있도록 하기 위해서 사후관리가 필요하다. 입양부모와 입양아동 간의 이해를 증진시키고, 입양에 따르는 문제를 해결하는 데 도움을 주는 것이 사후관리의 목적이다. 입양과정이 입양의 성립과 함께 종료된다는 개념에서 벗어나 입양아동이 성장하는 과정과 함께하는 평생과정적 개념으로 사후관리는 생각되어야 한다.

7) 입양아동을 위한 복지 실천방향

우리나라 입양사업의 문제는 국내입양이 활성화되지 못한 점이다. 이러한 국내입양의 비활성화는 국민들의 입양에 대한 편견과 비밀입양의 관행, 입양을 지원하는 법과 제도의 미비 등에서 기인한다고 볼 수 있다. 우리나라에서 비밀입양이 선호되는 이유는 혈연을 중시하는 문화적 전통과 입양에 대한 부정적 견해의 결과 때문이다. 따라서 국내입양은 가정이 없는 아동에게 입양 가정을 제공해 주는 아동 중심적 입양사업이 아니라, 아동이 없는 가정에 아동을 제공해 주는 입양부모 중심적 입양사업이라고 볼 수 있다. 이러한 폐해를 없애기 위해서는 혈통 중심의 가정관에서 벗어날 필요가 있고, 사고의 폭을 넓혀 사랑의 실천을 혈연 중심에서 비혈연적인 관계로 넓혀갈 필요가 있다. 또한 입양에 대한 홍보를 통해 사회적 인식을 전환하려는 노력이 필요하다.

또 다른 우리나라 입양의 문제점은 입양을 지원하는 법과 제도의 미비에서 찾아볼 수 있다. 첫째, 대부분의 선진국의 경우 각종 사회보장제도를 통해 부모가 장애아를 직접 양육할 수 있도록 지원해 주며, 상당한 양육비를 입양가정에게 보조함으로써 입양에 따른 입양가정의 재정 부담이 적다. 그러나 우리나라의 경우 입양아동의 양육에 따른 재정적인 부담을 입양부모가 거의 전담하고 있는 실정이다. 따라서 입양이 쉽지 않고, 특별히 의료비가 많이 드는 장애아의 경우는 입양이 더욱 어렵다. 둘째, 입양아동을 입적하는 과정에 있어서 법적 어려움이 입양의 문제점으로 대두된다. 예를 들면, 호적에 있는 아동을 입양할 때, 아동의 성을 그대로 기입해야 되는 점, 부모와 아동이 성이 다른 경우 같은 호적에 있는 아동이 부모와 다른 성을 사용해야 하는 문제점이 있다. 현행 양자제도는 입양을 사적인 신분계약으로만 보고 있기 때문에, 입양을 통해 양부모의 호적에 올라도 친부모와의 혈족관계를 계속 유지하고, 호적에 입양 사실은 물론 친부모와 양부모를 모두 기재하고 있다. 이러한 문제를 해결하기 위해 입양아동이 법적으로 뿐만 아니라, 실생활에서도 양친의 친생자와 같이 완전히 입양가족의 구성원이 되도록 하는 친양자제도가 요구된다. 셋째, 입양아동의 선정에 어려움이 있다. 친권을 중시하는 현 제도로 인해 시설에서 3~4년이 지나도록 연락이 없어도, 그 아동이 연락도 안 되는 부모를 기다리며 시설에서 성장해야 한다는 것이다. 법적으로 부모가 있다는 사실 하나로 인해 입양될 기회를 가질 수 없다는 것이다. 따라서 자녀양육에 대해 책임을 다하지 못하는 부모들의 친권에 대해 사회적인 개입이 요구된다. 넷째, 입양가정은 일반가정과 여러 가지 면에서 차이가 있다. 따라서 예비입양부모들이 입양의 의미와 입양가정의 특수성을 이해하고, 입양한 아동에게 적절하게 적응하며, 가정을 이끌어 가기 위해서 사전교육과정이 반드시 필요하다. 이러한 예비입양부모에 대한 사전교육은 입양에 대한 이해부족으로 일어나는 파양을 예방할 수 있다. 입양 후 성공적인 입양을 돕기 위해서 사후입양서비스가 강화될 필요가 있다. 「입양촉진 및 절차에 관한 특례법」 제12조에서는 사후관리에 대한 입양기관의 의무를 다음과 같이 규정하고 있다. 양친과 양자의 상호작용 상태에 관한 관찰과 필요한 서비스 제공, 아동양육에 필요한 정보 제공, 입양가정이 수시로 상담할 수 있는 창구개설 및 상담요원 배치 등의 사후관리를 위해서는 입양아동 및 양친에 대한 입양관계 서류에 영구적 보관이 필요하다.

한국입양홍보회 대정부 건의안을 통해 입양이 지향해야 할 방향을 제시하면 다음과 같다.

한국입양홍보회 대정부 건의안

① 친부나 친모가 아동을 시설에 입소시키고 처음 몇 번만 찾아오거나 연락이 두절되는 경우 아동 방치 등으로 간주하여 친권을 박탈시켜 아동이 입양되어 다른 가정에서 자랄 수 있도록 해야 한다.

② 입양신고(호적정리) 시 간편한 신고방법 필요
국가에서 허가된 입양기관이 이미 모든 신원을 확인하고, 입양을 결정했기 때문에 입양신고는 출생신고만큼 간결해서 입양부모들의 편의가 제공되어야 한다.

③ 입양가정의 경제적 지원으로(특히, 입양알선 수수료 부담) 양육부담을 덜어주어, 경제적인 이유로 입양을 포기하지 않게 도와주어야 한다.

④ 산전 후 휴가와 같이 입양 시 입양휴가 필요(군인, 공무원)
미국은 고용자가 입양하거나 혹은 위탁받는 경우 무급휴가(3개월)를 얻을 수 있고, 노르웨이는 1년간 유급휴가를 준다.

⑤ 장애아 입양가정에 의료비의 확대지급을 필요
충분한 재활치료와 의료서비스는 장애아 입양을 원하는 입양가정의 결단을 돕게 된다.

⑥ 입양가정의 세제혜택과 유치원 교육비의 할인혜택 필요

⑦ '입양의 날' 또는 '입양의 달'을 제정하여 집중적인 입양홍보 필요
미국은 11월이 입양의 달이다(우리나라는 5월 11일).

⑧ 정부에서 입양에 대한 확고한 의지를 매스컴을 통해 광고해야 한다.
입양은 모든 국민과 정부가 해결해야 하는 과제이며, 책임이다. 입양에 대한 올바른 인식을 위해 최선을 다하는 정부가 되길 바란다.

⑨ 모든 교육과정에 입양에 대해서도 출산과 같은 분량의 내용을 실어야 한다.

⑩ 입양에 관한 동화책이 많이 발간될 수 있도록 지원해야 한다.

출처 : www.mpak.co.kr

CHAPTER

08

시설보호서비스

CHAPTER 08

시설보호서비스

우리나라의 시설보호서비스는 역사적으로 볼 때, 갑오경장 이후 서양의 외국인 선교사들의 유입과 한국전쟁 전후로 발달되었다. 서양인 선교사의 수용시설을 위한 아동보호방법이 최초로 도입되었으며, 1854년 프랑스 메스트르 신부에 의해 고아 구제사업이 시작되었다고 볼 수 있다. 1906년에는 복지가 이필하에 의해 경성고아원이 설립되었다. 이처럼 우리나라의 시설보호서비스는 처음에는 외국인에 의한 종교단체와 민간 독지가나 개인에 의해서 설립되었으며 한국전쟁을 전후로 고아와 빈곤아를 위한 시설보호서비스가 활성화되었다.

1961년 「아동복리법」 제정 이후 불우아동건전육성 대책 수립, 2000년 「아동복지법」 개정에 이르기까지 정부 차원의 제도적 개혁에 따라 아동복지를 위한 시설보호사업의 방향은 많은 변화를 거쳐왔다. 최근 시설보호사업의 기본방침은 소숙사제도와 같은 소규모 가정단위의 보호방식으로 전환하여 가정적인 분위기에서 아동이 성장할 수 있도록 하는 것이다.

이 장에서는 아동보호의 개념, 시설보호의 원리, 시설보호의 유형, 시설보호서비스의 구성요소, 시설보호아동의 복지서비스 현황, 시설보호아동을 위한 복지실천 방향 등을 다루고자 한다.

1. 시설보호의 개념

시설보호는 부모나 아동의 문제로 인하여 친가정에서 양육 · 보호가 불가능할 때, 아동들이 생활할 수 있는 공간을 제공하고, 집단보호와 치료를 해주는 등 24시간 함께 거주할 수 있도록 사회적으로 보호해 주는 복지서비스이다(한성심 · 송주미, 2009). 시설보호서비스는 아동의 주거 제공 및 보호 이외에도 교육과 사회화를 제공하며, 과거의 부정적인 경험으로 인한 정서적 · 신체적 문제를 치유하고, 아동의 욕구에 맞는 개별화된 서비스를 제공하고자 하는 것이다(한미현 외, 2005).

2. 시설보호의 원리

미국아동복지연맹에서는 다음과 같이 아동을 위한 시설보호의 원리를 제시하였다(CWLA, 2004).

첫째, 시설보호서비스는 반드시 아동의 가정 진단 후에 제공한다. 시설보호서비스의 결정에 앞서 가정을 유지하기 위한 충분한 노력이 있어야 하며, 시설보호서비스의 결정은 전문가에 의해 이루어져야 한다.

둘째, 시설보호서비스는 안전하고 양육적 · 보호적이며 치료적인 환경에서 제공되어야 한다. 즉, 시설에서 아동의 개별화된 욕구, 즉 교육적 · 발달적 · 의료적 · 정서적 욕구가 충족될 수 있어야 한다.

셋째, 아동을 시설에 위탁할 수밖에 없었던 친부모의 문제를 해결하는 데 지원하며, 친부모의 강점을 강화시키는 데 지원한다.

넷째, 가족의 재결합을 위해 아동과 부모관계를 회복시키는 데 지원한다.

다섯째, 아동과 원가족의 재결합이 불가능한 경우에는 대안으로 장기간 시설보호보다는 아동의 입양 등 새로운 가족을 찾도록 노력한다.

여섯째, 연장 아동의 경우 앞으로 자립생활을 할 수 있도록 경제적 · 정서적 · 사회적 지원을 통해 시설퇴소를 준비하도록 한다.

3. 시설보호의 유형

우리나라 아동복지시설의 유형은「아동복지법」제52조에 따라 다음과 같이 보호시설과 이용시설로 규정하고 있다.

1) 보호시설

- 아동양육시설 : 보호를 필요로 하는 아동을 입소시켜 보호, 양육하는 것을 목적으로 하는 시설
- 아동일시보호시설 : 보호를 필요로 하는 아동을 일시보호하고 아동에 대한 향후의 양육대책수립 및 보호조치를 행하는 것을 목적으로 하는 시설
- 아동보호치료시설 : 불량행위를 하거나 불량행위를 할 우려가 있는 아동으로서 보호자가 없거나 친권자나 후견인이 입소를 신청한 아동 또는 가정법원, 지방법원소년부 지원에서 보호위탁된 아동을 입소시켜 그들을 선도하여 건전한 사회인으로 육성하는 것을 목적으로 하는 시설
- 공동생활가정 : 보호를 필요로 하는 아동에게 가정과 같은 주거여건과 보호를 제공하는 것을 목적으로 하는 시설
- 자립 지원시설 : 아동복지시설에서 퇴소한 자에게 취업준비기간 또는 취업 후 일정기간을 보호함으로써 자립을 지원하는 것을 목적으로 하는 시설

2) 이용시설

- 아동상담소 : 아동과 그 가족의 문제에 관한 상담, 치료, 예방 및 연구 등을 목적으로 하는 시설
- 아동전용시설 : 어린이공원, 어린이놀이터, 아동회관, 체육, 연극, 영화, 과학실험전시시설, 아동휴게숙박시설, 야영장 등 아동에게 건전한 놀이·오락 그 밖의 각종 편의를 제공하여 심신의 건강유지와 복지증진에 필요한 서

비스를 제공하는 것을 목적으로 하는 시설

- 지역아동센터 : 지역사회 아동의 보호・교육, 건전한 놀이와 오락의 제공, 보호자와 지역사회의 연계 등 아동의 건전육성을 위하여 종합적인 아동복지서비스를 제공하는 시설

4. 시설보호서비스의 구성요소

1) 시설보호아동

우리나라는 「아동복지법」 제3조에 따라서 '보호대상 아동'으로 규정하여, 보호자가 없거나 보호자로부터 이탈된 아동 또는 보호자가 아동을 학대하는 경우 등 '보호자가 아동을 양육하기에 적당하지 아니하거나 양육할 능력이 없는 경우의 아동'을 의미하고 있다. 즉, 가정위탁, 입양, 시설보호의 대상 아동이 동일하나, 「아동복지법」 제15조에 의해서 보호조치는 가정복귀 및 대리양육을 최우선으로 조치하고, 시설입소는 최후의 수단으로 조치하는 것으로 규정하고 있다.

2) 아동복지시설

시설입소대상은 아동양육시설 및 일시보호시설과 자립 지원시설로 구분되며, 입소대상과 입소기간은 표 8-1과 같다.

표 8-1 | 아동복지시설 입소대상 및 기간

시설명	입소대상 아동	입소기간
아동양육시설 및 일시보호시설	• 보호자가 없거나 보호자로부터 이탈된 아동 • 보호자로부터 학대받은 아동 • 보호자의 학대로 아동보호전문기관에 신고되어 동기관이 시 · 도지사 또는 시장 · 군수 · 구청장에게 보호조치를 의뢰한 아동 • 기초생활보장 수급자로서 보호자의 질병, 가출 등으로 가정에서 보호하기 어려운 아동 • 시 · 도지사 또는 시장 · 군수 · 구청장이 특별히 보호가 필요하다고 결정한 아동	• 양육시설 : 18세 미만(대학, 직업훈련시설 재학 중인 경우 연장 가능) • 일시보호시설 : 3월(1회에 한해 3월 연장)
자립 지원시설	• 시설퇴소아동 중 취업 중인 아동(우선) • 시설퇴소아동 중 취업 준비 중인 18세 이상 24세 이하인 사람 • 아동복지시설 퇴소자로서 24세 이하인 기초생활보장수급자	24세 이하 : 1년 (사유가 종료된 날까지 연장 가능)

출처 : 보건복지부(2016).

3) 시설종사자

아동복지시설에서 아동을 보호 · 양육하는 종사자는 부모와 같은 역할을 대신하기에 종사자의 자질과 아동을 돌보는 종사자의 수는 시설의 양육의 질을 결정짓는 중요한 요인이다(이소희 외, 2004). 보건복지부는 아동복지시설의 문제들을 근절하고자 2012년도부터 시설종사자 기준을 개정하여 다음과 같이 규정하고 있다**아동복지법 시행령 별표 12 참조**.

표 8-2 | 개정 전후 종사자 자격 비교표(2014)

구분	개정 전	개정 후	적용시기	
			기존 종사자	신규 종사자
시설장	사회복지사 3급 이상 자격을 가진 사람	사회복지사 2급 이상의 자격 취득 후 아동과 관련된 사회복지업무에 3년 이상 또는 사회복지사업에 5년 이상 종사한 경력이 있는 사람	2018. 8. 31	2012. 8. 31
사무국장	사회복지사 3급 이상 자격을 가진 사람	사회복지사 2급 이상의 자격 취득 후 아동과 관련된 사회복지사업에 1년 이상 또는 사회복지사업에 3년 이상 종사한 경력이 있는 사람	2016. 8. 31	2012. 8. 31

구분	개정 전	개정 후	적용시기	
			기존 종사자	신규 종사자
생활복지사, 상담지도원, 자립 지원 전담요원	사회복지사 3급 이상 자격을 가진 사람	사회복지사 2급 이상의 자격이 있는 사람	2015. 8. 31	2012. 8. 31
보육사	고등학교 또는 이와 동등 이상의 학력이 있다고 인정되는 자	사회복지사 3급 이상의 자격이 있는 사람	2018. 8. 31	2012. 8. 31

출처 : 보건복지부(2016).

5. 시설보호아동을 위한 복지서비스 현황

1) 시설보호아동 현황

아동보호시설은 양육시설, 일시보호시설, 장애아동시설, 공동생활가정 등으로 볼 수 있다. 공동생활가정에 조치된 아동은 해가 거듭되면서 그 수가 2007년 이후 급격하게 늘고 있으며, 일시보호시설과 장애아동시설, 양육시설 등은 아동의 수가 줄어들고 있다. 이러한 현상은 시설보호아동이 줄고 있음을 의미하여 긍정적인 평가를 내릴 수 있다. 한국사회의 경제적 상황이 좋아졌음을 시사한다고 볼 수 있다. 각각의 시설에 보호된 아동의 조치된 상황은 표 8-3에서 살펴볼 수 있다.

표 8-3 | 시설보호아동 조치내용 연도별 현황 (단위 : 명)

연도	양육시설 등	일시보호시설	장애아동시설	공동생활가정	계
2014	1,818	566	10	506	2,900
2013	1,731	801	39	686	3,257
2012	227	676	25	775	1,703
2011	2,246	862	32	612	3,752

연도	양육시설 등	일시보호시설	장애아동시설	공동생활가정	계
2010	2,445	1,751	23	623	4,842
2009	2,406	1,640	35	686	4,767
2008	2,997	1,261	35	667	4,960
2007	3,189		39	17	3,245
2006	4,313		53	0	4,366
2005	4,769		48	64	4,881
2004	4,680		38	35	4,753
2003	4,747		42	59	4,848
2002	4,547		57	62	4,666
2001	4,671		41	85	4,797
2000	4,332		64	45	4,441

출처 : 중앙가정위탁지원센터(2016).

2) 아동복지시설기관 현황

아동복지시설기관은 양육시설, 보호치료시설, 자립지원시설, 일시보호시설, 종합시설, 아동상담소, 전용시설 그리고 개인양육시설 등으로 나누어 살펴볼 수 있다. 2016년 현재 양육시설의 아동 수는 1만 3,437명, 보호치료시설에는 481명, 자립지원시설에는 252명, 일시보호시설에는 336명, 종합시설에는 124명, 개인양육시설에는 246명이 보호되고 있다. 양육시설에서 보호 양육되는 아동이 가장 많은 것을 볼 수 있다. 아동복지시설 보호아동의 현황을 살펴보면 다음과 같다.

표 8-4 | 아동복지시설보호아동 현황(2014) (단위 : 개소, 명)

구분	양육시설	보호치료시설	자립지원시설	일시보호시설	종합시설	아동상담소	전용시설	개인양육시설	계
시설 수	242	10	12	11	3	8	5	23	278
아동 수	13,437	481	252	336	124			246	14,630

출처 : 보건복지부(2016).

3) 시설보호아동을 위한 복지서비스 현황

아동복지시설의 서비스 및 프로그램에 대하여 우리나라는 법에 명시되어 있지는 않으나, 3년마다 아동복지시설 평가의 지표를 통해서 서비스 및 프로그램 등에 대해서 평가하고 있다. 다음에서는 우리나라 아동복지시설에서 운영하고 있는 프로그램의 유형을 알 수 있다.

위 표의 평가지표에 나타난 여러 유형의 프로그램을 간단히 설명하면 다음과 같다.

아동복지시설 평가의 프로그램 및 서비스 영역

- 초기 적응 프로그램 : 입소 아동의 특성에 따라 분류하여 시설 내 또는 외부전문가를 통해 심리검사 및 발달검사를 하고 검사결과에 따라 시설 입소 초기에 적응할 수 있도록 하는 프로그램
- 자립 지원 프로그램 : 직장 및 학업지도에 대한 계획을 수립하고, 취업알선 및 미취업 아동에 대해 취업지도를 하며, 학업진행 아동의 경우에는 학원을 지원하는 프로그램
- 퇴소 지원 프로그램 : 만기 퇴소 및 연장 종료되는 아동에 대해서 퇴소 후 아동과 시설과의 연락체계에 따라 주기적으로 연락할 수 있도록 하고, 자립실태와 욕구조사 등이 이루어지는 퇴소 후의 사회관리 프로그램
- 아동상담 : 개별아동에 대해서 연 4회 이상 상담을 실시하여 아동의 서비스내용에 실질적으로 반영되도록 하는 프로그램
- 가족 · 연고자 상담 : 가족 및 연고자와의 상담으로 향후 서비스의 방향을 결정하는 프로그램
- 사례관리 : 외부 전문가와 사례회의를 월 1회 이상 실시하여 서비스 계획 및 결과를 평가하여 관리
- 학습 프로그램 : 아동의 발달 및 학습수준에 따라서 교과목 외의 다양한 과목에 대해서도 지도 · 학습계획이 이루어지도록 하는 프로그램
- 정서 및 사회성 프로그램 : 아동의 특성과 욕구를 반영한 예체능, 캠프, 타 기관과의 교류, 놀이, 문화활동 등의 질적인 프로그램
- 가족의 시설방문 및 아동의 원가족 방문 프로그램 : 가족의 시설방문 및 원가족이 자연스럽게 방문할 수 있도록 도울 수 있는 프로그램
- 치료 프로그램 : 보호아동들의 특성과 치료를 위해 전문가를 통해 이루어지는 프로그램

출처 : 2016년도 사회복지시설평가 아동복지시설평가지표(http://www.cswe.co.kr)

4) 아동의 복지시설 입소과정

(1) 요보호아동 발생 시 고려사항

지방자치단체장은 가정위탁, 아동복지시설 입소, 전문치료기관 · 요양소 입소의 보호조치를 할 때까지 필요시에는 적당하다고 인정하는 자에게 일시 위탁하여 아동을 보호법 제10조 제2항할 수 있다. 지방자치단체장은 가정위탁, 아동복지시설 입소, 전문치료기관 · 요양소 입소의 보호조치를 할 때에 당해 아동의 의사를 존중하여야 하며, 보호자가 있을 경우에는 그 의견을 들어야 한다법 제10조 제3항. 하지만 아동학대 발생 시 보호자가 학대행위자인 경우 보호자의 동의 없이 긴급격리 등 아동의 신변보호를 위한 조치가 가능하다. 지방자치단체장은 친가정 복귀, 보호자 · 연고자가정 보호양육, 아동보호 희망자에게 가정위탁이 적합하지 아니한 자에 대하여 시설입소 보호조치를 할 수 있다법 제10조 제4항. 이 경우 시설의 장은 보호아동의 개별보호 · 관리계획을 세워 보호해야 한다. 단, 보호아동에 대하여 가정보호조치를 우선적으로 고려하여 지원대책을 적극 강구하여야 하며, 적합하지 아니한 자에 대하여 시설입소 보호조치를 할 수 있다. 시설에서는 보호아동의 개별보호 · 관리계획을 세워 입소 때부터 체계적으로 보호 양육하여 퇴소 시에는 자립기반이 갖추어지도록 보호양육 조치를 해야 한다. 그리고 시 · 도지사 또는 시장 · 군수 · 구청장은 학대피해아동의 보호조치 승인 시 부양의무자의 부양능력에 관계없이 국민기초생활수급권자로 지정해야 하며 국민기초생활보장 사업안내수급자 선정기준 참조는 부양의무자가 부양을 거부하거나 기피하는 경우에 해당한다.

(2) 복지시설 입소 경로

첫째, 친가정으로 복귀시키거나 또는 연고자 가정에 대리양육 조치우선 실시를 하며 아동과 보호자에 대한 상담 · 지도법 제10조 제1항 제1호를 행할 수 있다. 이때 아동복지지도원사회복지전담공무원 및 아동위원 등이 상담 · 지도를 한다. 그리고 보호자 또는 대리양육을 원하는 연고자 가정에서는 보호 · 양육을 할 수 있도록 필요한 조치법 제10조 제1항 제2호를 할 수 있다. 이때 아동의 보호자 및 연고자가 보호 · 양육할 수 있도록 지원방안을 강구하여 지원하여야 한다. 그리고 연고자 보호양육의 방법으로 친부모, 조부모, 친인척에 의한 보호양육 또는 조부모 · 친인척에 의한 가정위탁을 실시할 수 있다.

둘째, 입양의 방법으로 국내 입양을 우선 추진입양촉진 및 절차에 관한 특례법하며 국외 입양은 국내 입양이 어려운 경우 차선책으로 고려한다.

셋째, 가정위탁의 방법으로 아동의 보호를 희망하는 자에게 가정위탁법 제10조 제1항 제3호을 실시한다. 그러기 위해서는 위탁보호가정가정위탁을 적극 발굴하고 지원을 확대하여 가정위탁의 활성화를 추진하며 아동의 특성에 따른 적합한 위탁부모 발굴 등을 통해 가정위탁보호양육을 적극 추진해야 한다. 특히, 만 2세 미만 요보호 아동은 가정위탁, 그룹홈의 방법으로 우선 배치하도록 노력해야 한다.

넷째, 아동복지시설 입소의 방법으로 보호가 필요한 아동에게 적합한 아동복지시설에 입소법 제10조 제1항 제4호시킬 수 있다.

다섯째, 전문치료기관 또는 요양소에 입원 또는 입소의 방법으로 약물 및 알코올 중독 · 정서장애 · 발달장애 등으로 특수한 치료나 요양 등의 보호를 필요로 하는 아동에 대하여 전문치료기관 또는 요양소에 입원 또는 입소법 제10조 제1항 제5호시킬 수 있다. 요보호아동 서비스 단계를 정리하면 그림 8-1과 같다.

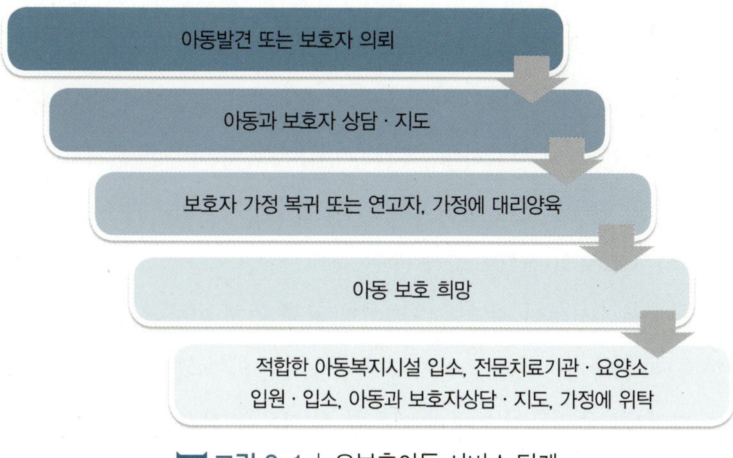

그림 8-1 | 요보호아동 서비스 단계

(3) 사후 관리 및 자립 지원

시·도지사 또는 시장·군수·구청장은 아동복지지도원사회복지전담공무원 또는 관계공무원으로 하여금 대리양육·가정위탁아동 또는 귀가 조치한 아동의 가정을 방문하여 당해 아동의 복지증진을 위하여 필요한 사후지도를 해야 한다영 제9조. 대리양육 또는 가정위탁보호의 경우 아동복지지도원사회복지전담공무원 또는 관계 공무원이 사후지도상황과 아동에게 지급되는 금품의 급여상황을 기록하도록 하여야 한다규칙 제3조 제3항. 시설입소 보호조치를 할 때 시설의 장은 '아동의 개별보호·관리계획'을 세워 보호한다. 보호가 필요한 아동의 보호자를 참여시킬 수 있다법 제10조 제4항. 무엇보다 사후지도관리는 아동이 행복하게 자라나도록 지원하는 것에 있다. 그리고 대리양육/가정위탁보호는 가정에서 보호·육성 및 자립 지원이 이루어지도록 해야 한다. 시설에서는 아동에 대해 개별적으로 보호·관리계획을 세워 보호·육성은 물론 자립으로 이어지도록 입소 시부터 계획을 세워 보호조치한다.

6. 시설보호아동을 위한 복지실천방향

시설보호사업의 문제점은 여러 가지 측면에서 제시되고 있는데, 현재의 시설보호사업의 문제점을 극복하기 위한 실천방향을 제시하면 다음과 같다(김성경 외, 2015 ; 한성심·송주미, 2009 ; 한미현 외, 2015).

첫째, 수용 중심의 복지시설서비스에서 전문적인 치료서비스를 제공할 수 있는 시설로 전환되는 것이 필요하다. 복잡한 현대사회의 다양한 문제로 인해서 심리적 외상을 경험한 아동들에게 전문적이고, 체계적인 지원이 이루어질 수 있도록 전문치료 중심의 시설로의 전환이 요구된다.

둘째, 아동복지시설이 지역별로 배치가 균형 있게 이루어질 수 있도록 재조정되어야 한다. 아동복지시설은 특정지역에 편중되어 있는 경향이 있다. 수요 정도를 조사하여, 지역사회주민들이 누구나 이용할 수 있도록 적절히 배치되어야 한다.

셋째, 가정 중심의 아동보호서비스가 강화되어야 한다. 우리나라는 요보호아동이 발생하면, 시설에 주로 배치되었으나 국내 입양을 확대시키고, 가정위탁지원센터를 통해서 위탁가정에 대한 체계적 관리와 아동양육수당의 지원을 현실화함으로써 가정위탁사업을 확대하여 시설아동을 줄여가는 방향이 계속적으로 모색되어야 한다.

넷째, 소규모 시설로 전환되어야 한다. 시설의 질을 높이기 위해서는 소숙사 제도cottage system와 그룹 홈group home제도가 확산되어, 30인 이상의 시설을 소숙사 규모로 전환하고, 보육사를 부모와 같이 배치하여 일반가정과 같은 집단을 구성할 수 있도록 지원하는 것이 필요하다. 이를 위하여, 제도적 · 재정적 지원의 확충이 요구된다.

다섯째, 퇴소 아동을 위한 자립 지원을 강화해야 한다. 아동특성을 고려하여 자립계획을 수립하고, 보육사와 함께 아동이 자립하기 위한 능력과 기술을 개발하며 훈련하는 프로그램을 통해서 경제적으로만이 아닌 건강한 가정을 이루어 안정될 수 있도록 지원하는 것이 필요하다.

여섯째, 시설 종사자의 충원 및 처우개선과 전문성이 강화되어야 한다. 인력의 전문성 확보를 위해서는 처우가 개선되는 것이 시급하며, 강도 높은 교육 및 훈련이 이루어져야 한다. 아동들의 다양한 요구와 상황에 따라서 상담과 치료가 함께 이루어질 수 있는 다양한 분야의 전문가가 요구된다.

Part

IV

부모와 가정기능 후원서비스

CHAPTER

09

학대받는 아동보호서비스

CHAPTER 09

학대받는 아동보호서비스

행복은 불행에 의지하고 있고 불행은 행복에 숨겨져 있다. -사무엘 호

〈학대 사례 1〉

승준이는 정신지체 2급으로 이해력과 판단력이 또래 아동에 비해 현저히 뒤처지기 때문에 시간이 지나면 금방 잊고 같은 잘못을 반복해서 하는 상황이었다. 승준이의 어머니는 장애아동의 특성을 전혀 이해하지 못한 채 훈육이라는 명목하에 신체적 체벌로 일관하고 있는 등 아동양육 지식 및 기술이 부재한 상태에게 아동을 양육하고 있었다. 현장조사에서 승준이의 신체를 확인해 보니, 승준이의 등과 허벅지, 엉덩이에는 상흔이 있었고 얼굴에도 멍이 있었으며, 볼과 입술과 눈은 짙은 갈색을 띠고 있었고, 심하게 부은 상태였다. 승준이는 특히 걷거나 움직일 때 머리의 고통을 호소하였고, 눈을 깜박이는 것조차 어려워했다. 승준이 어머니는 승준이가 다른 아이들에 비해 이해력이나 의사소통능력이 뒤떨어져 있어 일반 아동보다 더욱 주의 깊게 양육해야 함에도 불구하고 동생을 밀치고 말을 듣지 않는다며 승준이를 심하게 체벌하여 아동의 목과 얼굴에 신체학대를 하였다. 어머니의 신체적 학대로 인해 승준이는 고통스러워했고, 신체적 외상 및 심리적 문제가 우려되는 상황이다.

출처 : 중앙아동보호전문기관(2009).

활동 9-1

학대 사례를 읽고 다음과 같이 활동을 해보자.

(1) 승준이의 학대 사례 같은 일들이 내 주변에서 일어난다면 나는 어떻게 행동할 것인지 그 이유와 함께 의견을 나누어보자.

(2) 내가 승준이라면 엄마로부터 학대를 받을 때마다 어떤 느낌이 들었을까?

(3) 승준이를 위해 우리가 할 수 있는 일은 무엇이 있을까?

1. 아동학대의 개념과 유형

1) 아동학대의 개념

1961년에 미국에서 신체적 학대에 국한되어 아동학대란 용어가 최초로 사용되면서 시대와 사회에 따라 다양하게 정의된다. 아동학대를 신체적 학대로 제한한 개념으로는 아동에게 관찰 가능한 상해를 입히는 행위(NCCAN, 1978)나 우발적 사고에 의한 것이 아니라 부모나 아동보호자의 행위나 태만의 결과로 인해 아동에게 신체적 상해를 입힌 행위(Kempe, 1962)를 말한다. 아동에게 가해진 실질적인 상해 외에 잠재적인 후유증까지 포함하여 아동학대를 확대하는 개념이 적용되기 시작했다. "아동의 양육을 책임지고 있거나 신뢰관계에 있거나 권위를 가진 사람에 의한 모든 형태의 신체적 · 정서적으로 가한 처사, 성 학대, 방임 또는 보호의 태만 및 상업적이거나 다른 형태의 착취로서 그 결과 아동의 건강, 생존, 발달 및 존엄성에 해를 끼치거나 그러한 가능성을 초래하는 것"(WHO, 1999)이라는 개념이 적용되었다.

우리나라에서는 아동학대란 보호자를 포함한 성인이 아동의 건강 또는 복지를 해치거나 정상적 발달을 저해할 수 있는 신체적 · 정신적 · 성적 폭력이나 가혹행위를 하는 것과 아동의 보호자가 아동을 유기하거나 방임하는 것을 말한다**아동복지법 제3조 제7호**. 즉, 아동에 대한 적극적인 가해행위뿐만 아니라, 소극적 의미의 방임행위까지 아동학대로 명확히 규정하고 있으며 이는 아동의 신체적 · 심리적 잠재력을 발휘하지 못하도록 막은 모든 행위를 포괄한 것이다. 방임이란 법 제29조의 의식주를 포함한 기본적 보호 · 양육 및 치료를 소홀히 하는 행위가 포함되며 아동학대는 범죄에 해당된다. 피해아동이란 아동학대로 인하여 피해를 입은 아동을 말하며**아동복지법 제3조 제8호** 「아동학대범죄의 처벌 등에 관한 특례법」 제2조 제6호의 피해아동은 아동학대범죄로 인해 직접적으로 피해를 입은 아동을 의미한다. 아동학대행위자란 아동학대범죄를 범한 사람 및 그 공범을 말하며**아동학대처벌법 제2조 제5호** 아동보호전문기관은 학대로 인해 보호가 필요한 만 18세 미만의 아동에 대하여 개입 및 조치해야 한다. 아동학대범죄에 관한 구체적인 내용은 《2015년 아동복지 사업 안내》 2권에 자세히 명시되어 있다(p. 190, pp. 193−194).

2) 아동학대의 유형

1988년 국제아동학대예방협회International society for the Prevention of Child Abuse and Neglect는 아동학대의 유형을 '가정 내 아동학대'와 '가정 외 아동학대'로 구분하였다. 가정 내 아동학대는 신체적인 학대와 성적 학대, 정서적 학대와 방임 등을 포함시켰으며 가정 외 아동학대는 아동을 위한 집단보호시설이나 학교에서의 방임, 아동의 노동력 착취, 미성년자 매춘, 강간, 기타 성적 학대를 포함시켰다. 1992년 미국아동학대예방위원회는 전 세계의 30개국을 대상으로 해당국의 이 분야에 대한 전문가들에 대한 국민적 범위, 아동학대의 개입 정도, 그 나라의 아동학대에 대한 국민적 인식도 및 정책개발에 관련된 조사를 실시한 바 있다. 그 결과 대부분의 국가들은 가장 보편적인 아동학대의 유형으로 부모나 보호자에 의한 신체적 구타, 정서적 학대, 성적 학대와 방임, 양육태만, 아동유기, 매춘 등을 포함시켰다(김미숙, 2007).

(1) 신체학대

신체학대physical abuse는 "보호자를 포함한 성인이 아동의 건강 또는 복지를 해치거나 정상적 발달을 저해할 수 있는 신체적 폭력이나 가혹행위를 하는 것"아동복지법 제3조 제7호이라고 규명되어 있다. 보호자를 포함한 성인이 아동에게 우발적 사고가 아닌 상황에서 신체적 손상을 입히거나, 또는 신체손상을 입도록 허용한 모든 행위를 말하며 생후 36개월 이하의 영아에게 가해진 체벌은 어떠한 상황에서도 심각한 신체학대이다. 신체학대는 때리기, 매질하기, 발로 차기, 물기, 불로 지지기, 내던지기, 혹은 아동에게 해를 가하는 다른 행위들을 포함하는 공격적인 행동이다(송영혜 · 김귀남 옮김, 2011). 구체적인 행위를 살펴보면 직접적 혹은 도구를 사용하여 신체를 가해하는 행위, 신체에 유해한 물질로 신체에 가해지는 행위, 완력을 사용하여 신체를 위협하는 행위를 말할 수 있다. 구체적인 신체학대 행위는 손, 발 등으로 때리거나 꼬집고 물어뜯는 행위, 뾰족한 도구나 벨트와 같은 도구를 이용하여 때림, 화학물질 혹은 약물 등으로 신체에 상해를 입히는 행위, 신체부위를 묶거나 떠밀고 움켜잡음 등으로 상해를 입히는 행위 등이다(중앙아동보호전문기관, 2015).

〈학대 사례 2〉

승준이 아버지는 알코올중독으로 거의 매일 술을 마시는 것으로 일과를 보내고 있으며, 성격이 거칠고 난폭하다. 술을 마신 상태에서 지갑에 돈이 없어졌다는 이유로 승준이를 심하게 폭행하는 등 신체적 학대를 가한다. 승준이를 심하게 폭행하여 파출소 등에서도 다녀간 일이 있었지만 주의만 주고 돌아가기 때문에 근본적 해결이 안 되었다. 아버지는 승준이뿐만 아니라 자신의 가족 모두에게 폭력을 행사하여 가족들에게 외면당하고 있다. 아버지의 학대로 인해 승준이는 심리적으로 위축되어 있으며, 심한 폭행과 방임으로 신체적 외상 및 심리적 문제가 우려되는 상황이다.

출처 : 인천시 아동학대예방센터(2001).

(2) 정서학대

정서학대emotional abuse는 "보호자를 포함한 성인이 아동의 건강 또는 복지를 해치거나 정상적 발달을 저해할 수 있는 정신적 폭력이나 가혹행위를 하는 것"아동복지법 제3조 제7호이라고 규정하고 있다. 아동에게 행하는 언어적 모욕, 정서적 위협, 감금이나 억제, 기타 가학적인 행위를 말하며 언어적 · 정신적 · 심리적 학대라고 말할 수 있다. 정서적 학대의 경우 눈에 두드러지게 보이는 것도 아니고 당장 그 결과가 심각하게 나타나지 않기 때문에 그냥 지나칠 수도 있다는 점에서 더욱 유의하여야 한다. 정서적 학대의 구체적인 행위는 아동에 대한 원망적, 거부적, 적대적, 경멸적인 언어폭력, 잠을 재우지 않거나 좁은 공간에 장시간 혼자 가두어 놓는 행위, 형제나 친구들과 비교, 차별, 편애하는 행위, 가정폭력을 목격하도록 하는 행위 등이다http://www.child119.or.kr.

〈학대 사례 3〉

정아(가명, 여, 9세)는 한시도 마음대로 움직일 수 없다. 언제나 아빠와 계모가 자신의 행동을 트집 잡기 때문이다. 아침 7시에는 무조건 일어나야 하고 아침밥을 먹을 때까지 방 한쪽에 무릎을 꿇고 조용히 있어야 한다. 엄마는 학교에서 화장실에 자주 가면 안 된다며 국이나 물까지 강제로 못 먹게 한다. 준비물을 한 번도 스스로 사본 적이 없는데, 아빠가 직접 학교에 가서 내주시기 때문이다.

중 · 고등학생들이나 읽을 수 있는 책을 사주며 읽으라고 강요하고, 학교에서 조금이라도 늦게 끝나는 날은 초조하고 불안하기만 하다. 왜냐하면 또 혼나기 때문이다. 부모에게 하루 종일 끔찍한 욕설을 듣고 모든 행동에 통제를 받아야 하는 정아는 언제나 우울하고 친구도 없이 지내는 외톨이이다.

출처 : http://www.child119.or.kr

(3) 성학대

성학대sexual abuse는 "보호자를 포함한 성인이 아동의 건강 또는 복지를 해치거나 정상적 발달을 저해할 수 있는 성적 폭력이나 가혹행위를 하는 것"아동복지법 제3조 제7호이라고 규정하고 있다. 성학대란 보호자를 포함한 성인이 자신의 성적 충족을 목적으로 만 18세 미만의 아동에게 행해지는 모든 성적 행위를 말한다. 성학대는 우발적인 성학대와 참여적인 성학대로 나누어 말할 수 있는데, 우발적인 성학대는 주로 낯선 사람에 의해서 발생하고 참여적인 성학대는 학대가 주로 가족 · 이웃 · 친지이며 장기간 지속되는 경향 등 심각한 피해를 초래한다. 성학대의 구체적인 행위로는 자신의 성적 만족을 위해 아동을 관찰하거나 아동에게 성적인 노출을 하는 행위로 옷을 벗기거나 벗겨서 관찰하는 등의 관음적 행위, 아동의 성기를 만지거나 자기의 성기를 만지도록 하는 행위, 포르노물을 보여 주거나 판매하는 행위, 성매매를 시키거나 성매매를 매개하는 행위 등이다(중앙아동보호전문기관, 2015).

〈학대 사례 4〉

7세 남자아이(OO)가 자꾸 아빠에게 성적인 행동을 하며 귀찮게 하자 아빠가 야단을 치고 왜 그러냐며 다그치자 아이는 부모에게 이야기를 하였다. "선생님이 안한다고 하고서 자꾸 약속을 지키지 않아."라고 하여 캐묻자 부모들의 질문에 OO은 그간 있었던 일을 설명하였다. OO의 성기를 원장이 만지고 입에 넣었으며 아이에게도 원장의 성기에 똑같이 하게 하였다(1개월 전부터 3~4차례).

출처 : http://galaxy.channeli.net/gazerl

(4) 방임

방임neglect은 "아동의 보호자가 아동을 유기하거나 방임하는 것"아동복지법 제3조 제7호이라고 규정하고 있다. 방임은 보호자가 고의적이며 반복적으로 아동양육 및 보호를 소홀히 함으로써 아동의 건강과 복지를 해치거나 정상적인 발달을 저해할 수 있는 모든 행위를 포함하는 것으로 만성적이고 지속적인 형태로 나타난다(이종미, 2007).

물리적 방임은 기본적인 의식주를 제공하지 않는 행위, 상해와 위험으로부터 아동을 보호하지 않는 행위, 불결한 환경이나 위험한 상태에 아동을 방치하는 행위, 아동의 출생신고를 하지 않는 행위, 보호자가 아동을 가정 내에 두고 가출한 경우 등이다. 교육적 방임은 보호자가 아동을 학교의무교육에 보내지 않거나 아동의 무단결석을 허용하는 행위, 학교 준비물을 챙겨주지 않는 행위, 특별한 교육적 욕구를 소홀히 하는 행위 등이다. 의료적 방임은 아동에게 필요한 의료적 처치를 하지 않는 행위와 예방접종이 필요한 아동에게 예방접종을 실시하지 않는 행위, 장애아동에 대한 치료를 하지 않거나 거부하는 행위 등을 말한다. 유기는 아동을 보호하지 않고 버리는 행위 또는 아동을 병원에 입원시키고 사라지거나 시설 근처에 버리고 가는 행위를 말한다(중앙아동보호전문기관, 2015).

〈학대 사례 5〉

부모 모두 아침 8시에 나가 밤 12시에 집에 돌아오는데, 많은 시간을 아이들만 두고 나가니 식사문제, 교육문제가 가장 우려된다고 호소한다. 아침은 엄마가 챙겨주나, 점심과 저녁은 각자 차려 먹게 하지만, 거의 먹지 않고 쓰러져 잔다고 한다. 12시가 넘어 집에 오면 몸이 녹초가 되기 때문에 아이들에게 별다른 신경을 쓰지 못한다. 밤이 되면 아이들이 무섭다고 10번 이상 전화한다며 아이들에게 못할 짓이지만, 어쩔 수 없다고 한다.
아이들에게 미안한 마음으로 돈(2,000원)을 주고 가거나, 구멍가게에서 외상으로 사 먹으라고 하는데, 교육적으로 좋지 않고 몸에도 안 좋은지 알면서도 그렇게 한다. 경이는 이가 썩어 쥐이빨이 되었고 거의 밥을 먹지 않고 군것질만 하니 비쩍 마르고 미워져 건강이 우려된다.

출처 : 한국여성개발원(1988), p. 112.

2. 아동학대 발생요인

활동 9-2

위에서 살펴본 '학대 사례 1~5'를 다시 보면서 학대의 원인과 해결방법은 무엇인지 다음 표를 완성해보고 각자의 의견을 나누어 봅시다.

학대 사례의 원인 찾기

학대 원인	사례 1	사례 2	사례 3	사례 4	사례 5
부모					
어린이					
사회 문화					
해결방안					

아동학대가 왜 일어나는지를 밝히는 과정은 아동학대를 예방하는 가장 좋은 방법을 찾아내고 아동학대로 인해 발생한 아동의 상처를 가능하면 빨리 회복시켜

주며 그런 어려운 일이 재발되지 않을 수 있는 환경을 만들어 주는 데 가장 핵심적인 요인을 찾아내는 중요한 과정이다. 아동학대 원인을 부모요인, 아동요인, 사회적 요인으로 구분하고 세 요인을 이론적으로 다음과 같이 정리하였다.

1) 부모요인

아동학대를 유발시키는 요인이 부모에게 있다는 관점으로 다음과 같은 다양하고 심각한 요인들이 있다. 이러한 요인들이 어떻게 생성되고 제거할 수 있는지의 여부에 따라 학대를 당하는 아동들의 행복한 삶의 질이 보장될 것이다. 이 중에서 부모나 아동학대자의 개인적인 특성, 즉 심리적 성격구조상의 결함으로 인한 학대를 한다는 관점을 병리학적 관점이라고 한다.

- 부모의 미성숙 : 나이가 어리고 안정되지 못한 부모들은 아동의 행동이나 욕구를 이해하지 못하여 아동학대를 쉽게 행하고 건전한 가족관계의 형성에도 어려움을 겪게 된다.
- 아동양육에 대한 지식부분 : 다양한 아동발달에 대한 지식의 부족은 어떻게 아동을 키울 것인가를 잘 모르거나 건전한 가족관계가 어떤 것인지 잘 알지 못하는 경우이다.
- 지나친 기대 : 부모들은 종종 자신의 자녀가 가진 능력 이상으로 부모의 기대수준에 맞게 행동해주기를 원하는데, 이처럼 높은 기대는 아동학대의 가능성을 높이는 원인이 된다.
- 잦은 가정의 위기 : 경제적 어려움, 실직, 잦은 병치레, 가정불화 등 가정 내 위기요인으로 인해 부모들이 자녀들을 학대하는 경우가 있다.
- 정서적 욕구불만 : 부모들은 자신의 욕구가 충족되지 못하거나 스트레스를 받을 때 아동에게 그 불만을 터뜨리게 된다.
- 사회적 고립 : 아동양육의 부담을 도와줄 수 있는 친척이나 친구, 이웃이 주위에 아무도 없는 경우에 아동을 학대하기도 한다.

- 어릴 적 학대받은 경험 : 아동을 학대하는 부모들 중 30~60% 정도는 자신들이 어릴 때 부모로부터 학대받은 경험이 있다.
- 알코올중독 · 약물중독 : 알코올중독 · 약물중독에 빠진 부모들은 자신을 잘 통제하지 못하고 아동을 학대하기도 한다.
- 부모의 그릇된 아동관 및 양육관 : 아동을 소유물로 생각하며, 아동에 대한 권리의식에 대한 이해가 부족하다. 또한 체벌과 훈육을 혼동한다.
- 부모의 낮은 자아 존중감, 낮은 감성, 의기소침
- 부모의 분노, 좌절 혹은 성적 욕구와 같은 충동과 감정조절의 무능력
- 원치 않는 아동
- 부모의 불안, 우울증, 기타 정신질환

2) 아동요인

아동요인이 학대의 유발요인인지, 학대로 인한 결과인지는 확실하지 않다. 그러나 다음의 특성을 보이는 아동들은 부모나 양육자의 신체적 · 심리적 부담감을 가중시키고 부모들을 쉽게 지치게 된다. 또한 부모와의 애착 형성이 어려운 경우가 많아 신체적, 심리적으로 지친 상태에서 아동에게 지속적인 관심과 애정을 주는 것이 어려울 뿐만 아니라 장애아나 기형아에 대한 사회적 편견은 부모에게 큰 스트레스로 작용하여 아동을 학대할 가능성이 높아지게 된다. 아동들이 가진 발달상의 특성으로 인해 아동학대가 발생한다는 관점을 발달론적 관점이라고 한다.

- 미숙아, 기형아
- 만성 혹은 급성질환아
- 신체적 · 정신적 · 기질적으로 특이하거나 장애를 가진 아동
- 운동 및 언어 등 발달이 늦은 아동
- 문제행동을 보이는 아동
- 음식을 먹거나 잠을 자는 데 어려움을 나타내는 아동
- 사회적 반응의 결핍, 고집스런 울음과 외모

- 수유의 어려움
- 분리 불안의 결함
- 자신감 결여, 지나친 경계, 무반응, 겁이 많음
- 적대적 행위, 충동적 특성, 폭력적 행동, 고집이 셈
- 대인관계에 둔감하고 매력이 없음, 운동조절 결함

3) 사회적 요인

가정적 · 사회적 요인은 가족관계 및 구조의 문제, 사회 전반의 분위기 등이 포함되며, 이 요인은 복합적으로 상호작용하여 발생하게 된다. 사회적 · 문화적 환경의 특징적 부분과 가족의 역동에 의한 사회적 스트레스가 아동학대로 표출된다는 관점을 사회심리적 관점이라고 한다.

- 가족관계의 문제 : 가족구성원 간에 갈등이 존재하거나 가족 상호작용이 약하여 아동학대가 발생한다.
- 가족구조의 문제 : 미성년가족, 한부모가족, 이혼가족, 재혼가족 등 가족구조의 특성이 아동학대의 원인이 될 수 있다. 이는 양육에 대한 지식의 부족, 높은 스트레스, 가족 간의 긴밀한 상호작용의 결여 등에서 기인하는 것으로 보인다.
- 사회적 고립 및 사회적 지지체계 결여
- 신체적인 체벌에 대해 허용적인 문화
- 아동을 존중하지 않는 문화 / 자녀에 대한 소유의식
- 폭력에 대한 가치와 규범 : 체벌이나 훈육의 의미가 포함된 폭력은 필요하고 정당하다는 관념이 존재한다(중앙아동보호전문기관, 2015).

이러한 관점 외에 학대 피해아동의 원인을 아동과 가족을 둘러싼 체계들의 관계에서 원인을 찾는 접근을 생태학적 관점이라고 한다. 아동학대 원인에 대한 설명을 여러 관점을 통합하여 학대 원인을 밝혀보려는 시도와 함께 다양한 관점을 설명하고자 한다.

이론적인 관점

정신병리학적 관점	사회심리학적 관점	발달론적 관점	생태학적 관점	사회정보처리적 관점
아동학대의 주요 원인으로 부모나 학대 행위자의 개인적 특성을 강조한다. 즉, 아동을 학대하는 부모는 일반적인 부모들과 구별되는 심리적 특성 및 성격 구조상의 결함을 가지고 있다(황재성, 2001).	사회적 환경 혹은 문화적 환경의 특징적 부분과 가족의 역동에 의한 사회적 스트레스가 아동학대로 표출된다고 보는 것이다(표갑수, 1993).	아동 자신의 발달적 특성에 기인하여 아동학대가 발생한다고 본다. 이 관점에서 강조하는 것은 아동학대의 원인을 부모의 병리적인 특성으로 보지 않고 아동 자신의 특성으로 보는 것이다(송성자, 1993 ; 이정희, 2004).	학대피해아동과 가족을 둘러싼 체계들 간의 관계에서 원인을 찾는다. 이 관점은 아동학대의 원인을 설명하는 여러 관점을 체계적으로 통합한 것으로서 아동학대의 주요 원인을 다양한 체계에서 다원적으로 설명하려는 것이 특징이다(Kotch et al., 1995).	개인적인 외부 환경 그 자체가 아동학대를 유발하는 것이 아니라 그것은 해석하고 인지하는 사회정보처리능력이 아동학대와 관련이 있다는 것에 초점을 둔다(구차순, 2008).

그림 9-1 | 아동학대 원인에 대한 이론적 관점

3. 학대받는 아동의 후유증

아동들이 받은 신체학대, 성학대, 정서학대, 방임 등은 아동의 건강 · 발달 · 복리에 영향을 미친다. 또한 자아개념과 자아존중감에 심각한 손상을 주게 되며 성인기까지 후유증이 남게 되는데, 오랜 기간 학대를 받으면 대인관계를 형성하는 능력에 손상을 입게 되어 직장 동료관계나 결혼관계를 맺거나 부모역할 수행능력에도 어려움을 겪게 된다. 아동학대는 아동에게 심각한 스트레스를 주는 사건으로서 영향을 줄 뿐만 아니라 아동을 학대하는 상황과 과정 속에서도 심각한 영향을 미친다. 어떠한 후유증이 얼마나 심각하게 오래 계속될 것인지는 다음과 같은 복합적인 요인들의 상호작용에 의해 좌우된다(서울특별시동부아동전문기간, 2015).

1) 신체학대 후유증

신체학대는 직접적으로 신체적 상처와 신경계의 손상을 일으키며, 장애를 초래하거나 극단적인 경우에는 사망에까지 이를 수 있다. 신체학대의 후유증으로는 아동기에 정서적 문제, 행동상의 문제, 학습문제 등을 야기할 수 있다. 더욱이 신체학대경험은 신체적 후유증, 아동기의 문제뿐만 아니라 성인기까지 후유증을 지속시키고 대인관계를 발달시키는 능력에 손상을 줄 수 있다. 다음과 같은 증상이 나타난다.

- 다른 사람을 신뢰하지 못하고 버려질 것에 대해 불안해하며, 다른 사람과의 관계에서 긴장이나 공격성을 보인다.
- 성인기의 자아개념에 부정적인 영향을 미친다.
- 성인기의 분노와 공격성, 수면장애, 약물 중독, 자살 충동에 영향을 미친다.
- 자신의 자녀를 학대할 가능성이 높아진다.
- 아동기에 신체 학대를 경험한 성인들은 그렇지 않은 사람들보다도 스트레스를 더욱 많이 경험하며 스트레스를 유발하는 상황에 대한 반응 양식이 약하고 스트레스를 유발하는 상황에 효과적으로 대처하는 능력이 낮다(경북북부아동보호전문기관, 2015).

2) 정서학대 후유증

정서학대를 지속적으로 경험하는 아동은 신체학대를 경험한 아동보다 더 다양한 후유증을 보이는 것으로 확인되었는데, 심리적인 협박 및 욕설 등의 지속적인 경험으로 인하여 아동은 자아존중감이 저하될 뿐만 아니라 우울, 내재화된 공격성을 표출하는 것으로 나타났다(안동현 외, 2003). 정서학대가 아동에게 단기적으로 심각한 영향을 미치는지는 파악할 수 없으나 정서학대로 인한 아동의 불안은 대인관계나 사회적응장애에까지 영향을 미칠 수 있다(이복희, 2007). 정서학대는 아동의 우울과 절망, 철회, 자신의 감정통제, 위축 등으로 그 후유증이 나타나고, 타인과의 관계에 어려움이 나타나게 된다(이복희, 2007 ; 전영실, 2000 ; Harvey &

Delfabbro, 2004). 뿐만 아니라 정서학대를 받지 않은 아동에 비해 공격성과 비행의 정도가 더 높게 나타났다(형사정책연구원, 2000). 정서학대는 가족관계에서 채워져야 하는 정서적 욕구가 충분히 이루어지지 않는 것으로 이로 인한 심리적 충격과 상처는 아동에게 지속적으로 영향을 미친다(박양리 · 현명호, 2012). 따라서 정서학대는 지금까지 신체학대나 성학대보다 더 장기적으로 아동에게 치명적인 영향을 미치며(Hart & Brassard, 1987), 나아가 사회공포증과 관련이 있다는 가능성이 제기되고 있다(Brandon, Iwona & Mark, 2007).

3) 성학대 후유증

성학대를 당한 아동은 초기에는 수면장애, 가해자에 대한 공포심 등의 불안증세가 두드러지며, 발달과업의 실패가 수반되는 가식적 성숙, 낮은 자아존중감, 성행동의 이상, 자기파괴적 행동 등이 나타날 수 있다(문영희, 2004 : 25). 또한 심한 불안감, 우울감, 무력감, 죄책감, 수치심, 혼란, 가해자에 대한 분노, 자신을 보호해주지 못한 주변 사람들에 대한 배신감(Calverley et al., 1994 ; Mennen and Meadow, 1994 ; Fergussion et al., 1996), 자아존중감 저하, 부정적인 자기개념 등은 성학대 피해 및 청소년들이 가장 많이 호소하는 증상이다(권해수, 2002 재인용). 특히, 성적학대의 문제점은 겉으로 잘 드러나지 않을 뿐만 아니라 가정 내 근친상간의 경우 가해자인 성인이 피해자인 아동에게 타인에게 알리지 못하게 압력을 가하거나 언급조차 금기시하는 사회적 분위기 때문에 대부분이 은폐되어 조기 발견과 해결이 어렵다는 점이다(좌문경, 2008).

4) 방임의 후유증

방임은 아동의 인지적 · 신체적 · 사회적 · 심리적 발달에 광범위하게 영향을 줄 수 있으며, 학대와는 구별되는 특징이 있다. 학대받은 아동은 보다 공격적이거나 적극적인 성향이 있는 반면, 방임을 경험한 아동은 일반적으로 수동적이며 사회적으로 위축된 모습을 보이는 경향을 보인다. 영유아기의 심각한 수준의 방임은 아동의 성장과 인지발달에 치명적 손상을 주며, 방임이 지속되면 사회적 기능, 대인관계, 학업성취 등에서 심각한 손상을 초래하고, 극단적인 경우에는 사망에 이르게 한다.

(1) 영유아기

주 양육자와의 안정적인 애착관계를 형성하지 못하면 발달상의 문제가 따른다.

- 주 양육자와 안정적인 애착관계를 형성하지 못했음을 보여 주는 행동들은 12개월부터 나타나기 시작해서 학령전기에 더욱 분명하게 드러난다.
- 24개월 정도 유아의 예를 들어 비교하였을 때, 방임되지 않는 유아보다 방임된 유아가 대처능력의 손상, 좌절, 분노가 심하다.
- 학령전기 유아의 경우에도 자아존중감이 낮고, 충동조절에 어려움이 있다. 긍정적인 정서는 덜 표현하고 부정적인 정서는 더 많이 표현하며 문제해결 능력도 부족하다.

(2) 저학년기

방임된 아동은 나이가 들어도 발달상의 손상이 여전히 남게 되는데, 저학년기에는 학습준비도가 떨어진다.

- 방임되지 않는 빈곤가정의 아동과 비교해도 학습준비도가 떨어진다.
- 교사들은 방임된 아동들이 '극단적으로 주의력이 부족하고, 참여가 저조하며, 의존적이고, 창의력과 주도성이 약하며, 일상적인 학교에서의 수행과제를 이해하는 데 어려움이 있는 것'으로 표현한다.
- 신체학대, 성학대, 정서학대, 방임 중에서 방임된 아동들이 가장 심각한 발달상 손상을 경험한다는 보고도 있다.

(3) 고학년기

방임경험이 있는 고학년기 아동은 심각한 학습장애를 보인다.

- 학대경험이 없는 아동과 비교해서 학업성취가 낮으며, 신체학대경험이 있는 아동과 비교해도 학업성취가 낮다.
- 지적 자극이 부족한 가정환경의 영향으로 언어장애를 초래하기도 하고, 평균 이하의 학업성적을 보이거나 교실에서 더 빈번하게 행동상의 문제를 노출한다.
- 결석과 유급의 비율이 방임되지 않은 아동보다 높다.

(4) 청소년기

아동학대와 방임은 청소년기 비행과 연관되어 있다. 비행청소년 중에는 학대와 방임을 경험한 청소년의 비율이 높으며 학대와 방임을 경험한 청소년 중에는 비행의 비율이 높은 것으로 보고되고 있다.

- 학대와 방임이 구별되어 조사 연구되지 못하였고, 비행과 학대 및 방임 사이의 원인과 결과를 구체적으로 밝혀내지 못하고 있다.
- 비행과 학대 및 방임 사이에는 이를 매개하는 변수가 있는 것으로 파악되고 있는데, 성별, 모의 취업과 문제행동, 부의 알코올 문제 등이 학대 및 방임 청소년의 비행을 증가시키거나 감소시키는 매개변수로 작용한다(서울특별시 동부아동전문기관, 2015).

4. 아동학대 현황

활동 9-3

그래프에 나타난 학대행위자와 피해아동과의 관계 현상을 자세히 살펴보고 우리가 아동학대에 대해 무엇을 깨달았는지 두 가지 이상 이야기해 봅시다.

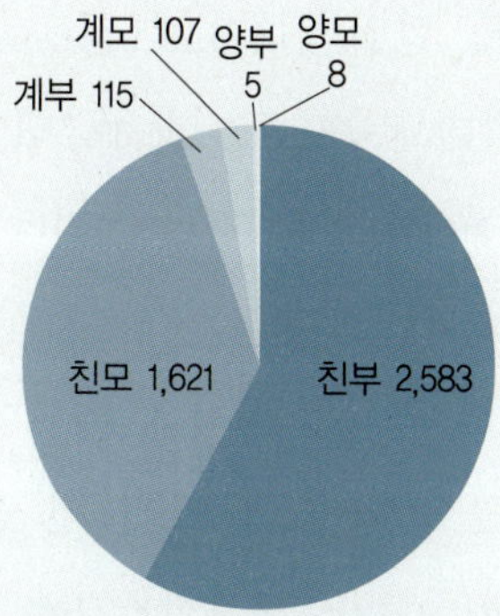

부모에 의한 학대행위 현황

출처 : 중앙아동보호전문기관(2015).

표 9-1 | 학대행위자와 피해아동과의 관계

부모 관계	건수(비율)	친인척 관계	건수(비율)	대리양육자	건수(비율)	타인	건수(비율)
친부	4,531(45.2)	친조부	60(0.7)	부 · 모 동거인	146(1.5)	이웃	73(0.7)
친모	3211(32.0)	친조모	54(0.5)	유치원교직원	99(1.0)	낯선 사람	51(0.5)
계부	189(1.9)	외조부	17(0.2)	초 · 중고교 직원	145(1.4)	소계	122(1.2)
계모	242(2.4)	외조모	54(0.5)	학원 및 교육소 종사자	80(0.8)	기타	124(1.2)
양부	17(0.2)	친인척	229(2.3)	보육교직원	295(2.9)	파악 안 됨	18(0.2)
양모	17(0.2)	형제 자매	55(0.5)	아동복지시설 종사자	177(1.8)		
소계	8207(81.8)	소계	559(5.6)	위탁부	29(0.3)		
				위탁모	5(0.0)		
				베이비시터	7(0.1)		
				소계	990(9.9)		
총계	10,027(100)						

1) 학대행위자와 아동학대 건수 현황

2015년에 아동학대 건수는 10만 27건으로 아동행위자 분포를 보면 부모들에 의한 학대 건수가 8,207건81.8%으로 최고로 많으며 그 세부 내용은 친부 학대 4,531건45.2%, 친모 학대 3,211건32.0%, 계부, 계모, 양부, 양모의 순이다. 친인척에 의한 아동학대 건수는 559건5.6%, 대리양육자에 의한 건수는 990건9.9%, 낯선 사람에 의한 아동학대는 122건1.2%, 기타 124건1.2%, 파악이 안 된 아동학대는 18건0.2이다. 부모에 의한 학대가 많다는 사실과 모르는 사람보다는 친인척과 대리양육자에 의해 아동들은 학대를 당하고 있다. 하지만 비율이 낮다는 이유로 아동학대정책을 세울 때 소홀이 해서는 안 된다. 한 명이라도 아동의 생명은 언제든지 가장 소중하기 때문이다(중앙아동보호전문기관, 2015년).

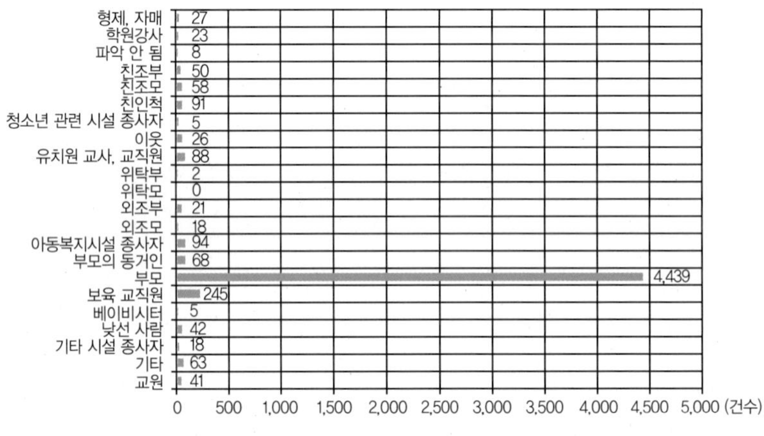

그림 9-2 | 학대행위자와 피해아동과의 관계

출처 : 중앙아동보호전문기관(2015).

2) 아동학대 신고의무자와 비의무자의 신고 유형 현황

우리나라에서는 아동학대 발생에 대한 조속한 처리를 위해 신고의무자를 법적으로 지정하고 그 직무상 아동학대를 알게 되거나 그 의심이 있는 경우에는 즉시 아동보호전문기관 또는 수사기관에 신고하여야 한다. 신고의무자는구 아동복지법 제25조 제2항, 아동학대특례법 제10조 제2항 다음과 같은데, 아동복지와 관련된 법과 직업이 얼마나 많은지를 알 수 있다.

아동복지 관련 법 및 직업

- 가정위탁지원센터의 장과 그 종사자
- 아동복지시설의 장과 그 종사자
- 「아동복지법」 제13조에 따른 아동복지전담공무원
- 「가정폭력방지 및 피해자보호 등에 관한 법률」 제5조에 따른 가정폭력 관련 상담소 및 같은 법 제7조의 2에 따른 가정폭력피해자 보호시설의 장과 그 종사자
- 「건강가족기본법」 제35조에 따른 건강가족지원센터의 장과 그 종사자
- 「다문화가족지원법」 제12조에 따른 다문화가족지원센터의 장과 그 종사자
- 「사회복지사업법」 제14조에 따른 사회복지 전담공무원 및 같은 법 제34조에 따른 사회복지시설의 장과 그 종사자
- 「성매매방지 및 피해자보호 등에 관한 법률」 제5조에 따른 지원시설 및 같은 법 제10조에 따른 성매매피해상담소의 장과 그 종사자
- 「성폭력방지 및 피해자보호 등에 관한 법률」 제10조에 따른 성폭력피해상담소 및 같은 법 제12조에 따른 성폭력피해자보호시설의 장과 그 종사자
- 「소방기본법」 제34조에 따른 구급대의 대원
- 「응급의료에 관한 법률」 제36조에 따른 응급구조사
- 「영유아보육법」 제10조에 따른 어린이집의 원장 등 보육교직원
- 「유아교육법」 제20조에 따른 교직원 및 같은 법 제23조에 따른 강사 등
- 「의료기사 등에 관한 법률」 제1조에 따른 의료기사
- 「의료법」 제2조 제1항에 따른 의료인과 같은 법 제3조 제1항에 따른 의료기관의 장
- 「장애인복지법」 제58조에 따른 장애인복지시설의 장과 그 종사자로서 시설에서 장애아동에 대한 상담 · 치료 · 훈련 또는 요양업무를 수행하는 자
- 「정신보건법」 제3조 제3호에 따른 정신의료기관, 같은 조 제4호에 따른 정신질환자 사회복귀시설, 같은 법 제5호에 따른 정신요양시설 및 같은 조 제13조의 2에 따른 정신보건센터의 장과 그 종사자
- 「청소년기본법」 제3조 제6호에 따른 청소년시설 및 같은 조 제8호에 따른 청소년단체의 장과 그 종사자

- 「청소년보호법」 제35조에 따른 청소년보호 · 재활센터의 장과 그 종사자
- 「초 · 중등교육법」 제19조에 따른 교직원, 같은 법 제19조의 2에 따른 전문상담교사 및 같은 법 제22조에 따른 산학겸임교사 등
- 「한부모가족지원법」 제19조에 따른 한부모가족복지시설의 장과 그 종사자
- 「학원의 설립 · 운영 및 과외교습에 관한 법률」 제6조에 따른 학원의 운영자 · 강사 · 직원 및 같은 법 제14조에 따른 교습소의 교습자 · 직원
- 「아이돌봄 지원법」 제2조 제4호에 따른 아이돌보미
- 「아동복지법」 제37조에 따른 취약계층 아동에 대한 통합서비스 지원 수행인력

그 직무상 아동학대를 알게 되었거나 의심이 되었음에도 신고하지 아니한 신고의무자에게는 500만 원 이하의 과태료를 부과하며**아동학대범죄의 처벌 등에 관한 특례법 제63조 제1항 제2호, 2014년 9월 29일 이후 500만 원 적용** 신고인의 인적 사항 또는 신고인임을 미루어 알 수 있는 사실을 다른 사람에게 알려주거나 공개 또는 보도하여서는 안 된다**아동학대특례법 제10조 제3항**. 신고의무자들이 준수할 더 자세한 사항들이 있어 구체적인 내용들이 있다(2015 아동복지 사업 안내 2권, 195–202 참조). 아동학대 관련 범죄로 형이나 치료감호를 선고받아 확정된 자는 그 확정된 때부터 징역형 **또는 치료감호**이 종료하거나 집행이 유예된 날, 벌금형이 확정된 날부터 10년간 아동 관련 기관을 운영하거나 아동 관련 기관에 취업**노무 제공 포함**이 제한되는 법률도 강화하여 적용하고 있다.

아동학대 신고는 국번 없는 1391, 보건복지부 콜센터 긴급지원전화 129, 아동학대신고전화 129에서 분리하여 독자적으로 운영하는 1577–1391 아동학대 신고전화는 범죄신고전화 112를 사용하여 아동학대 신고접수의 정확성 · 신속성을 제고하고 있다.

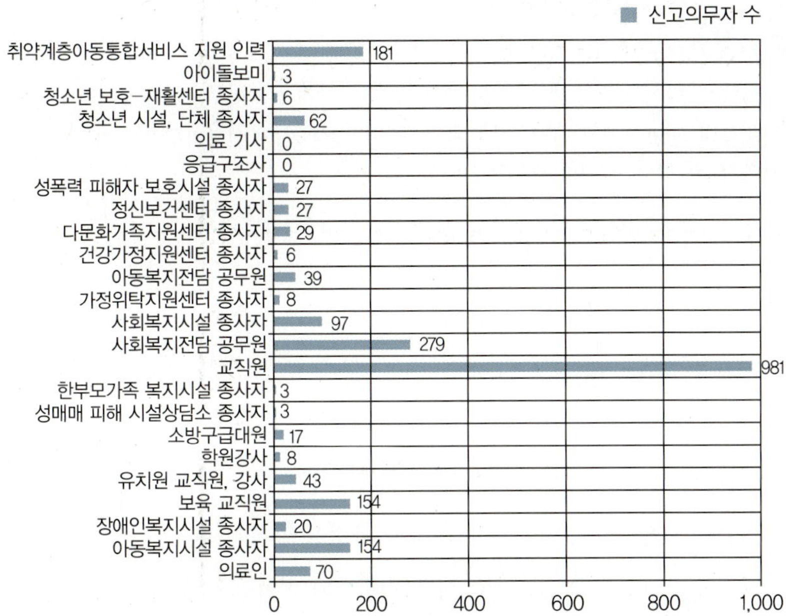

그림 9-3 | 신고의무자 유형

출처 : 중앙아동보호전문기관(2015).

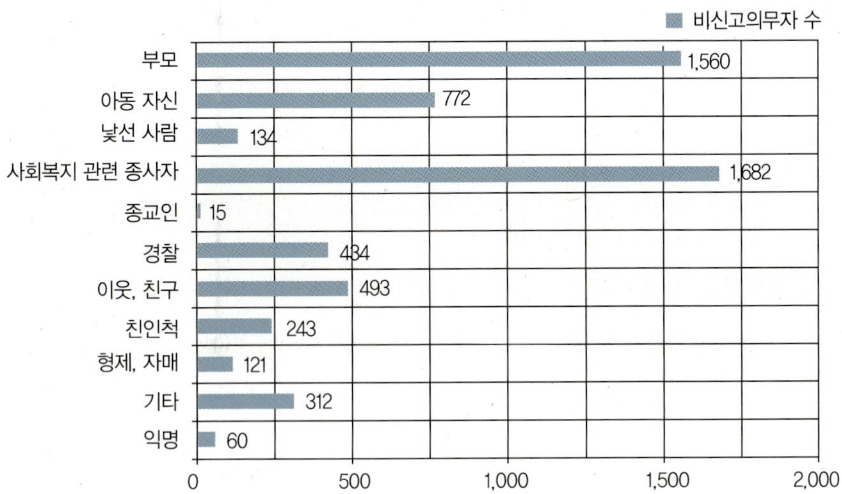

그림 9-4 | 비신고의무자 유형

출처 : 중앙아동보호전문기관(2015).

활동 9-4

(1) 내 전공을 마치고 직장인이 되었을 때 나는 아동학대 신고의무자인가, 아닌가?

(2) 아동학대 신고 사례가 신고의무자에 의한 것이 많은가, 비신고의무자에 의한 것이 많은가? 왜 이런 현상이 나타난다고 생각하는가?

5. 아동학대 관련 서비스

아동학대와 관련된 서비스를 이해하기 위해서는 신고 후 행해지는 아동보호전문기관과 경찰이 협력하여 사건을 처리하는 과정을 알아야 한다. 아동학대 사건 업무 처리 흐름도(2014. 9. 29. 특례법 시행 이후, 2015 아동복지 사업 안내 2권, 205 참조)에 학대당한 아동을 위한 서비스와 학대행위자에 대한 조사 및 사법처리과정이 잘 나타나 있다. 간단히 설명하면 다음과 같은 절차로 진행이 된다.

① 상담 및 신고 접수

- 아동보호전문기관(1577-1391), 보건복지부 콜센터(129), 112, 119
- 아동과 행위자의 인적 사항, 주소지, 학대내용, 현재 상황을 신고한다.

② 현장 조사 및 사례 판정

- 응급 의심 사례 12시간 이내
- 아동학대 심사 사례는 72시간 내 현장조사
- 현장조사 목적 : 학대사실 위급성 여부 판단을 위한 정보 수집 분석을 위함
- 긴급 격리 필요 시 아동 안전을 위해 72시간 내

③ 조치결정 : 아동학대 상황에 따라 서비스 내용 결정

- 원가정보호, 일시격리보호, 장기보호, 입원조치를 취한다.

• 성학대, 심각한 학대나 방임이 의심될 때 수사의뢰를 한다.

④ 서비스 제공

• 학대피해아동을 위한 서비스 : 후유증 극복에 필요한 심리서비스를 제공하여 긍정적 자아존중감을 형성할 수 있는 각종 서비스를 제공한다.
• 학대행위자를 위한 서비스 : 재발 방지를 위한 상담과 치료를 제공한다.
• 학대가족을 위한 서비스 : 가족보존서비스, 부부상담, 가족상담을 실시한다.

⑤ 종결 및 사후관리

• 개입 목표가 달성되었을 때 서비스를 마친다.
• 6개월 동안 전화상담, 직접 방문으로 재발생 여부를 확인한다.

1) 학대아동을 위한 서비스

(1) 응급조치서비스

지역아동보호전문기관에서는 아동학대 신고접수 및 현장조사를 수행한다. 아동학대범죄 신고를 접수한 사법경찰관리 및 아동보호전문기관 직원은 아동학대 범죄가 행해지고 있는 것으로 신고된 현장에 출입하여 아동 또는 아동학대행위자 등 관계인에 대하여 조사를 하거나 질문을 할 수 있다아동학대특례법 제11조 제2항. 지역아동보호전문기관 직원은 아동학대 범죄행위 제지 및 아동학대 행위자를 격리하는 응급조치, 피해아동을 보호시설 및 의료기관으로 인도하는 응급조치 및 상담·치료 등의 서비스를 제공한다. 아동복지시설 내 학대의 경우는 필요 시 지방자치단체에 현장조사 동행을 요청할 수 있다.

「아동학대범죄의 처벌 등에 관한 특례법」 시행에 따라 아동보호전문기관이 피해아동에 대해 응급조치를 실시할 경우, 지체 없이 시설 소재지 관할 지방자치단체에 통보하여야 하고, 응급조치결과보고서를 관할 경찰서의 장에게 송부해야 한다. 원활한 아동 입소조치 및 지속적인 아동관리를 위하여 시설 소재지 및 아동 거주지 관할 지방자치단체에 아동 입소내용 안내 및 응급조치결과보고서를 송부해야 한다. 응급조치는 72시간을 넘길 수 없으며, 다만 검사가 임시조치를 법원에 청구한 경우, 법원의 임시조치 결정 시까지 연장할 수 있다.

아동보호사건 송치 시 아동보호사건 처리에 대한 의견 개진, 임시조치, 조건부 기소유예, 보호처분 등 학대행위자에 대한 상담·교육 위탁 수행과 피해아동 및 학대행위자·가족에 대한 상담·교육 등의 서비스를 제공하며 행위자 접근금지 등 긴급임시조치 신청, 피해아동보호명령 청구 등을 할 수 있다.

지역아동보호전문기관에서는 피해아동 보호를 위한 전담 치료보호시설**공동생활가정, 일시보호시설**을 운영하여 필요한 격리 보호를 받게 해준다. 학대피해아동쉼터에는 아동보호전문기관 또는 경찰에 의해 분리보호 조치된 아동에 한하여 입소하게 되는데, 학대피해아동쉼터에서 학대를 당한 어린이가 받을 수 있는 서비스는 ① 피해아동 보호 및 숙식 제공, ② 피해아동 생활 지원**의복 등 생필품 지원, 일상생활 훈련 및 생활 지원** ③ 상담 및 치료**심리검사, 개별심리치료, 집단심리치료, 건강검진 지원 및 병원치료**, ④ 교육 및 정서 지원**학업지도, 안전교육, 문화체험, 체육활동** 등이 있다. 학대피해아동쉼터 설치 기준은 전용면적 $100m^2$ 이상의 주택형 숙사로서 방 4개 이상으로 방 하나를 심리치료실로 활용할 수 있는 것이다.

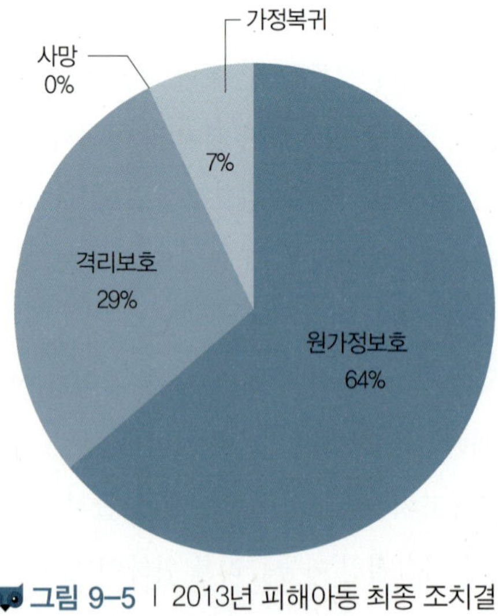

그림 9-5 | 2013년 피해아동 최종 조치결과

학대피해아동에게 취한 초기 조치결과2013년를 보면 원가정 복귀 4,376건64%, 격리보호 1,944건29.0%, 가정복귀 454건7%, 초기에 아동이 사망한 경우 22건이다. 학대피해아동에게 베푼 서비스 유형별 분포는 일시보호서비스, 학습 지원, 상담서비스에 집중되었고, 심리치료서비스, 가족기능 변화 서비스는 적은 것이 현실이다.

(2) 피해아동을 위한 심리검사서비스

피해아동의 신체적 · 심리적 손상 정도를 판단하기 위한 검사로 정밀진단검사, 지능검사, 성격검사, 기타검사 등을 실시한다. 이러한 검사는 신체손상치료를 위한 의료적 서비스와 함께 심리적 손상치료를 위한 심리치료를 제공하는 근거자료가 된다.

- 피해아동에 대한 정밀진단MRI, CT 지침
- 뇌 손상이 심하다고 판단되는 아동
- 얼굴 및 머리 부위에 상처나 멍이 있고, 심하게 맞았다고 추정되는 신체학대 아동
- 외상으로 뚜렷한 상처가 없는 아동일지라도 신체학대, 방임을 지속적으로 받았다고 추정되는 아동
- 기타 아동 : 위의 경우에 해당되지 않을지라도 피해아동에게 정밀진단MRI, CT검사가 필요하다고 판단되는 경우 실시 가능
- 피해아동에 대한 심리검사 지침
- 대상연령 : 만 5세 이상검사를 실시할 수 있는 최소연령
- 대상의 학대 유형 : 모든 학대 유형이 해당되고 성학대로 추정될 경우는 반드시 실시한다.
- 대상의 학대 정도 : 6개월 이상 학대가 지속된 경우, 학대의 빈도가 일주일에 2회 이상으로 잦은 경우, 학대 정도가 심각한 경우 실시한다.
- 대상의 특성 : '아동보호전문기관 업무수행지침'상의 피해아동의 특성을 기준으로 그 정도가 심각하다고 추정될 경우
- 기타 : 위의 경우에 해당되지 않을지라도 피해아동의 성격 · 능력 · 심리행동

적 특성의 내용과 정도를 알아내야 할 필요가 있다고 판단되는 경우에도 실시 가능하다.

심리검사 종류

- 객관화 검사 : 아동지능검사(KEDI-WISC), 한국아동인성검사(K-PIC), 다면적 인성검사(MMP), 아동문제행동검사(I K-CBCL), (아동성격 유형검사)MBTI · MMTIC 등
- 투사검사 : 로샤검사(Rorschach Test, 아동인성검사), 집 · 나무 · 사람검사(HTP), 동적가족화(KFD), 문장완성검사(SCT), 아동주제통각검사(CAT) 등
- 심리검사를 통해 피해아동의 인성, 지능, 행동 등에 있어 학대후유증 정도를 진단하고 이에 필요한 전문적인 치료서비스 계획을 수립한다.
- 피해아동뿐만 아니라 행위자, 피해아동의 보호자 등에게 심리검사를 실시하여 심리 · 정서적 특성을 파악하고 이에 적합한 서비스 지원을 모색한다.

(3) 그 외 서비스

학대를 당한 아동들이 응급보호서비스와 심리적 서비스를 받는 경우를 제외한 다른 서비스로서는 입원치료, 통원치료를 받는 의료서비스, 학대 예방교육, 학습 지원, 일시보호서비스, 가정 지원 서비스, 사회복지관 의뢰, 수급권을 연결해 주는 가족 기능 강화서비스, 고발 지원 서비스 등이 있다(임시아, 2011).

2) 피해아동의 부모와 가족들을 위한 복지서비스

학대가 발생하면 피해아동뿐만이 아니라 피해아동의 부모와 가족들 또한 깊은 상처를 입게 된다. 지역아동보호전문기관에서는 진술조력인, 국선변호인 선정 신청 지원 및 신뢰관계인 동석 등을 하면서 그 외에 피해아동 가정의 사후관리**아동복지법 제28조**, 필요 서비스 제공 및 사후관리**아동복지법 제29조**를 제공한다. 또한 보호조치를 의뢰받은 지방자치단체는 「아동복지법」 제15조에 따라 보호조치를 진행하고 빈곤

으로 인한 아동학대 발생가정 및 부모로부터 격리보호가 필요한 피해아동에 대해서는 아동의 주소지와 보호자의 소득과 관계 없이 신청일로부터 14일 이내 국민기초생활수급자를 우선 선정하는데, 그 근거는 국민기초생활보장사업안내 '수급자 선정기준' 중 "부양을 거부하거나 기피하는 경우 중 피해아동이 가정위탁보호, 아동복지시설입소**공동생활가정** 등의 보호조치를 받고 있는 경우"로 해석이 가능하기 때문이다.

아동보호전문기관이 통보한 피해아동과 그 가족에 대한 사후관리 계획에 대해 적극적으로 행정 지원하라는 국민권익위원회 권고사항도 있다. 이를 위해 피해 아동의 부모 또는 가족에 대한 상담서비스로 개별상담, 집단상담, 기관상담, 주변인상담서비스가 베풀어지고 통원치료, 심리검사, 가정 지원 서비스, 사회복지서비스기관 연결, 공적 지원, 검진 및 검사, 심리치료 등의 서비스가 연도별로 표 9-2와 같이 제공되고 있다.

표 9-2 | 피해아동과 그 가족에 대한 사회관리서비스

서비스별	2012	2013	2014
개별상담	2,267	5,343	7,185
집단상담	20	62	74
기관상담	118	678	1,136
주변인상담	33	323	986
통원치료	0	5	62
심리검사	4	14	35
가정 지원 서비스	56	313	271
사회복지서비스기관 연결	8	10	25
공적 지원 연결	0	1	2
검진 및 검사	0	7	5
심리치료	116	298	557
기타	19	45	157

출처 : 통계청(2015).

3) 학대행위자를 위한 재학대 방지서비스

지역아동보호전문기관에서는 아동학대행위자에 대한 상담·교육 등을 권고한다아동복지법 제29조의 2.

표 9-3 | 재학대 방지를 위한 서비스 내용

서비스별	2012	2013	2014
소계	3,160	7,613	9,404
개별상담	2,029	4,899	7,107
집단상담	13	42	48
기관상담	266	804	1,036
주변인상담	7	59	87
입원치료	574	1,088	25
통원치료	2	57	22
심리검사	2	10	37
가정 지원 서비스	36	153	195
사회복지서비스기관 연결	5	67	6
공적 지원 연결	0	1	2
검진 및 검사	0	3	4
심리치료	186	390	656
기타	40	40	179

출처 : 통계청(2015).

6. 아동학대 관련 서비스기관과 업무

1) 중앙정부기관과 업무

(1) 보건복지부

아동학대와 관련된 업무는 아동학대 예방을 위한 정책 수립, 관련 법·제도 마련 및 개선, 관계 중앙행정기관과의 협력체계 구축 및 연계·지원, 아동보호전문기관의 인력 및 자격관리, 중앙아동보호전문기관, 지역아동보호전문기관 및 학대피해아동쉼터 설치 및 운영 지원, 중앙아동보호전문기관을 비영리법인에 위탁할 경우 위탁계약 체결, 신고의무자·아동·부모 등 보호자를 대상으로 한 아동학대 예방 및 아동인권 교육을 위한 교육자료 제작, 아동학대 예방 홍보영상 제작, 배포, 송출, '아동학대 예방의 날11월 19일' 및 아동학대 예방주간 행사와 홍보 실시, 아동보호전문기관의 업무 실적에 대하여 3년마다 성과평가 실시 업무를 관장한다.

(2) 법무부

아동학대와 관련된 업무는 아동학대범죄의 처벌 및 피해아동 보호에 관련한 법·제도·정책 마련 및 개선, 아동보호전문기관 상담원 법교육, 아동학대 피해자 지원체계 구축 및 행위자 교정·교화 지원체계 마련, 관계 중앙행정기관과의 협력체계 구축 및 연계 지원하는 일을 수행한다.

(3) 여성가족부

아동학대와 관련된 업무는 가정폭력 예방과 아동학대 예방 교육 및 홍보, 가정폭력 예방과 아동학대 예방을 위한 협력체계 구축, 가정폭력피해자보호시설 내 피해아동 보호 지원, 가정폭력상담소 및 보호시설 종사자, 건강가정지원센터 종사자, 다문화가족지원센터 종사자, 성매매피해시설상담소 종사자, 성폭력피해자보호시설 종사자, 청소년시설 및 단체 종사자, 청소년보호센터 및 재활센터 종사자, 한부모가족복지시설 종사자에 대한 신고의무자를 교육하는 일이다. 이 교육은 중앙아동보호전문기관 홈페이지www.korea1391.org 정보실 내에 등재된 표준교육자료**전단지, PPT, 동영상**를 적극 활용하여 어린이집 · 유치원 · 학교 · 의료기관 등에서 직장 내 자체 교육으로 대체 가능하도록 되어 있다.

(4) 교육부

아동학대와 관련된 업무는 아동학대 예방을 위한 교과과정 포함, 교육 프로그램 개발 등 교육 지원**초 · 중 · 고 교과과정 포함 및 아동학대 예방교육 프로그램 개발**, 초 · 중등학교 교직원, 유치원 교직원 및 강사, 학원 강사에 대한 신고의무자 교육, 학대행위자의 피해아동에 대한 접근 및 위협에 대한 예방 협조, 피해아동의 입학, 전학 등의 신속한 조치와 편의 도모**복지법 제29조 제5항**, 학대행위자로부터 아동을 보호하기 위해 아동 관련 정보에 대해 비밀유지를 하고 보육 · 교육시설에서 발생하는 아동학대에 대한 신고 학대발생 보육 · 교육시설 및 학대행위자에 대한 행정징계에 관한 일이다.

2) 지방정부기관과 업무

(1) 시 · 도

아동학대와 관련된 업무는 매우 구체적이며 그 업무내용은 다음과 같다.

- 시 · 군 · 구의 피해아동 보호조치 및 아동학대 예방사업에 대한 관리 · 감독
- 시정조치, 지역아동보호전문기관 및 학대피해아동쉼터 설치 및 운영 지원
- 업무지도와 감독, 보호조치를 의뢰받은 피해아동에 대한 행정적인 조치**아동복지법 제15조 제1항**
- 피해아동 보호를 위한 보호시설 설치 및 확충, 학대행위자의 알코올 문제, 정신질환 등으로 인하여 아동의 신변이 위협받게 될 경우, 아동보호전문기관과 협조하여 행위자가 신속히 입원치료를 받을 수 있도록 조치 지원해야 한다.

- 어린이집, 아동복지시설, 교육훈련시설 등 집단시설에서 아동학대 발생 시 아동보호전문기관의 현장조사 및 개입이 원활히 진행될 수 있도록 협조
- 지역아동보호전문기관에 접수된 신고사례에 대한 현장조사 시 동행요청에 협조
- 아동학대가 발생한 아동복지시설 및 교육훈련시설, 어린이집에 대한 행정조치, 법원에 아동학대행위자인 친권자에 대한 친권행사의 제한 또는 친권상실 청구
- 관내 신고의무자에 대한 아동학대 예방 및 신고의무 관련 교육을 연간 1시간 이상 실시
- 사회복지시설 등에서의 아동학대 예방을 위한 지도 · 감독
- '아동학대 예방의 날11월 19일' 및 아동학대 예방주간 행사 및 홍보 실시아동복지법 제23조
- 분기 1회 이상 지역신문, 유선방송 및 시정홍보 전광판 등을 활용하여 아동학대 예방 홍보를 실시하고, 지역주민 인식개선을 위한 교육 등을 적극 실시

(2) 시 · 군 · 구

아동학대 방지와 처리를 위해 해야 할 업무는 다음과 같다.

- 지역아동보호전문기관 및 학대피해아동쉼터 설치 및 운영 지원, 업무지도와 감독
- 「아동복지법」 제22조 제3항 및 동법 시행령 제25조에 따라 아동보호전문기관이 피해아동 및 보호자 · 학대행위자의 신분조회를 요청할 경우 적극 협조주민등록표 등 · 초본 열람 · 발급, 외국인등록 사실증명 열람 · 발급, 국민기초생활 수급자 여부, 장애인등록증의 열람 · 발급 등
- 보호조치를 의뢰받은 피해아동에 대한 행정적인 조치아동복지법 제15조 제1항
- 「아동학대처벌법」에 따른 응급조치로 보호시설로 인도된 피해아동에 대한 행정적인 조치

- 피해아동 보호를 위한 보호시설 설치 및 확충
- 학대행위자의 알코올 문제, 정신질환 등으로 인하여 아동의 신변이 위협받게 될 경우, 아동보호전문기관과 협조하여 행위자가 신속히 입원치료를 받을 수 있도록 조치 지원해야 한다.
- 어린이집, 아동복지시설, 교육훈련시설 등 집단시설에서 아동학대 발생 시 아동보호전문기관의 현장조사 및 개입이 원활히 진행될 수 있도록 협조
- 지역아동보호전문기관에 접수된 신고사례에 대한 현장조사 시 동행요청에 협조
- 아동학대가 발생한 아동복지시설 및 교육훈련시설, 어린이집에 대한 행정조치
- 법원에 아동학대 행위자인 친권자에 대한 친권행사의 제한 또는 친권상실 청구
- 관내 신고의무자에 대한 아동학대 예방 및 신고의무 관련 교육을 연간 1시간 이상 실시
- 아동보호전문기관 또는 수사기관에서 현장조사 시 동행요청에 협조하는 등 아동보호전문기관의 피해아동 보호조치가 원활히 진행될 수 있도록 적극 협조
- 사회복지시설 등에서의 아동학대 예방을 위한 지도 · 감독
- 아동학대가 발생한 시설에 대한 행정처분
- 법원에 아동학대 행위자인 친권자에 대한 친권행사의 제한 또는 친권상실 청구**아동복지법 제18조**
- 후견인이 아동학대 등 현저한 비행을 저지른 경우 법원에 후견인 변경 신청 **아동복지법 제19조**
- 보호조치를 의뢰받은 지방자치단체는 「아동복지법」 제15조에 따라 보호조치를 진행하고 빈곤으로 인한 아동학대 발생가정 및 부모로부터 격리보호가 필요한 피해아동에 대해서는 아동의 주소지와 보호자의 소득과 관계없이 신청일로부터 14일 이내 국민기초생활수급자 우선 선정
- 아동보호전문기관이 통보한 피해아동과 그 가족에 대한 사후관리 계획에 대

해 적극적으로 행정 지원

- 아동학대 신고의무 불이행 및 긴급임시조치 불이행, 보호처분 불이행, 보호처분에 대한 보고서 또는 의견서 제출 요구 거부에 대한 과태료 부과
- 분기 1회 이상 지역신문, 유선방송 및 시정홍보 전광판 등을 활용하여 아동학대 예방 홍보를 실시하고, 지역주민 인식개선을 위한 교육 등을 적극 실시

(3) 읍 · 면 · 동

아동학대서비스를 위한 업무내용은 다음과 같다.

- 관할 지역 내 학대가 의심되는 아동에 대해 112 신고
- 「아동복지법」 제22조 제3항 및 동법 시행령 제25조에 따라 아동보호전문기관이 피해아동 및 보호자 · 학대행위자의 신분조회를 요청할 경우 적극 협조 **주민등록표 등 · 초본 열람 · 발급, 외국인등록 사실증명 열람 · 발급, 국민기초생활 수급자 여부, 장애인등록증의 열람 · 발급 등**
- 아동보호전문기관 또는 수사기관에서 현장조사 시 동행요청에 협조하는 등 아동보호전문기관의 피해아동 보호조치가 원활히 진행될 수 있도록 적극 협조

3) 아동학대 관련 기관의 업무 내용

(1) 경찰

학대당한 아동의 인권 보호와 가해자 처벌에 관한 업무는 다음과 같다.

- 피해아동 보호조치 등 원활한 사례개입을 위해 아동보호전문기관과 긴밀한 협력체계 구축
- 아동학대 신고접수112 및 직무상 아동학대 의심사례를 알게 된 경우, 반드시 아동보호 전문기관에 통보 및 사례내용 공유
- 아동보호전문기관에 접수된 신고사례에 대해 현장조사 시 동행 협조**아동학대**

범죄의 처벌 등에 관한 특례법 제11조

- 응급조치를 요하는 아동학대 사례를 일시보호시설 또는 의료기관에 조치 의뢰
- 아동학대행위자에 대한 긴급임시조치 결정 · 집행 및 임시조치 신청
- 아동학대사건송치 시 아동보호사건 처리에 대한 의견 개진
- 피해아동에게 필요한 절차 및 지원서비스**피해자 국선변호사, 진술조력인** 안내
- 신고의무자의 신고의무 준수 여부를 조사하고 지방자치단체에 과태료 부과 요청
- 아동학대의심사례 중 단독으로 조사한 사례에 대한 현장조사결과를 국가아동학대정보시스템에 입력

(2) 검찰

아동학대행위에 대한 업무내용은 다음과 같다.

- 아동학대행위자에 대한 임시조치 청구 및 수사 · 처분방향 결정
- 아동학대사건 수사 시 수사기관 및 아동보호전문기관에 필요한 자료 요청 및 의견 청취
- 아동학대행위자인 친권자 또는 후견인에 대한 '친권상실의 선고 또는 후견인의 변경 심판' 청구
- 아동학대행위자에 대한 조건부 기소유예 결정 시 아동보호전문기관 등에 상담 · 치료 · 교육 명령
- 피해아동을 증인으로 신문하는 경우 피해아동과 신뢰관계에 있는 자의 동석을 법원에 신청하고 성폭력 · 아동학대 전담검사제도, 진술조력인제도 및 피해자 국선변호사제도를 적극 활용하여 피해아동 보호
- 수사 시 아동학대행위자의 위협으로부터 피해아동 및 아동보호전문기관 상담원 등의 신변안전 확보

(3) 의료기관

학대당한 어린이를 위한 의료서비스를 제공하는 의료기관의 치료업무와 행정적 업무는 다음과 같다.

- 의료행위 시 학대가 의심되는 아동에 대해 경찰 또는 아동보호전문기관에 신고**신고전화 112**
- 응급조치 및 피해아동보호명령에 따라 의료기관으로 인도 및 치료위탁된 아동에 대한 치료**아동학대특례법 제12조, 제47조**
- 임시조치 및 보호처분에 따라 의료기관으로 치료위탁된 행위자에 대한 치료
- 신고의무자군에 대한 신고의무자 교육
- 의료기관 내에 소아과, 소아정신과, 외과, 내과, 산부인과, 의료사회사업가 등으로 구성된 학대피해아동 보호팀을 구성 · 운영
- 아동학대 판정을 위한 피해아동, 가족 및 학대행위자에 대한 의학적 진단, 소견 · 증언 진술 및 피해아동을 위한 의료서비스 제공
- 응급한 조치를 필요로 하는 아동이 발생한 경우, 적극적으로 치료서비스 지원

(4) 보육 · 교육기관

- 아동학대 의심 사례 조기 발견 및 경찰 또는 아동보호전문기관에 신고**신고전화 112**
- 아동학대 신고의무자 직군에 대한 아동학대 신고의무자교육 실시
- 아동보호전문기관 상담원 및 경찰이 학교를 방문하여 현장조사**아동상담**를 실시할 경우 아동의 안전을 위하여 적극 협조
- 피해아동과 부모에 대한 치료적 개입 및 협조
- 피해아동의 학교생활, 가족력 등 관련 자료 제공
- 피해아동에 대한 학교사회사업서비스 제공
- 아동, 부모 및 교사대상의 아동학대 예방 홍보 및 아동의 권리와 학대 예방

등에 관한 교육 실시

- 부모로부터 분리보호된 피해아동의 보호를 위한 협력 지원

(5) 법원

사법기관으로 법원이 아동학대 사건을 처리해야 할 업무는 다음과 같다.

- '아동의 최선의 이익 우선 원칙'에 따른 사법적 소송 진행
- 피해아동에 대한 임시보호명령 및 피해아동보호명령 결정
- 아동학대행위자에 대한 임시조치 결정, 아동보호전문기관으로의 상담 · 교육 위탁 시 이행사항 확인 및 수행기관의 의견 청취를 통한 성향교정상황 모니터링
- 아동학대행위자에 대한 보호처분 결정 및 그 이행상황 모니터링
- 피해아동의 법률적 보호 및 학대행위자에 대한 보호처분 등에 대해 아동보호전문기관과의 긴밀한 협조
- 아동학대행위자에 대한 형사판결, 보호처분 결정, 친권의 상실 선고 · 후견인 변경 심판, 후견인의 지정 등
- 재판 시 증인으로 출석한 피해아동과 아동보호전문기관 상담원 등의 신변안전을 확보하고 피해자 지원제도 활용

(6) 아동보호전문기관

① 중앙아동보호전문기관

「아동복지법」 제45조에 근거하여 보건복지부에서 설립한 아동보호전문기관으로서 다음과 같은 중요한 업무를 담당하고 있다.

- 지역아동보호전문기관 및 학대피해아동쉼터 업무 지원
- 아동학대 예방 관련 연구 및 교육 프로그램 등 개발
- 아동학대 예방사업 관련 업무수행지침 및 보고서 발간

- 아동학대 예방사업 정책 개발
- 아동보호전문기관 상담원 직무교육 프로그램 개발 및 교육
- 아동보호전문기관 상담원의 신변안전 보호를 위한 교육
- 아동학대 예방 관련 홍보 및 교육
- 국가아동학대정보시스템 운영, 아동학대 관련 통계관리 및 분석, 관련 기관 협력체계 구축 및 관리, 해외 발생 아동학대사례 관련 국제협력 지원

② 지방아동보호전문기관

지방자치단체에서 설립하고 운영하는 51개소2015년 1월 현재 기관으로서 중앙아동보호전문기관의 감독 아래 다음과 같은 업무를 수행하고 있다.

- 아동학대 신고접수 및 현장조사 수행
- 시설 내 학대의 경우는 필요 시 지방자치단체에 현장조사 동행을 요청
- 아동학대범죄 행위 제지 및 아동학대행위자를 격리하는 응급조치
- 피해아동을 보호시설 및 의료기관으로 인도하는 응급조치 및 상담 · 치료 등의 서비스 제공
- 사법경찰에게 아동학대행위자에 대한 임시조치청구 요청
- 아동보호사건 송치 시 아동보호사건 처리에 대한 의견 개진
- 임시조치, 조건부 기소유예, 보호처분 등 학대행위자에 대한 상담 · 교육 위탁 수행
- 피해아동 및 학대행위자 · 가족에 대한 상담 · 교육 등의 서비스 제공
- 피해아동가정의 사후관리아동복지법 제28조
- 아동학대사례전문위원 설치 운영 및 자체 사례회의 운영
- 국가아동학대정보시스템에 아동학대 업무수행 결과 입력 및 보존
- 아동학대 예방 교육 및 홍보
- 지역사회 자원 개발 및 관련 기관 협력체계 구축
- 시장 · 군수 · 구청장에게 피해아동의 기초생활보장급여 또는 의료급여 등 필요한 보호 및 양육 조치 의뢰

- 피해아동 보호를 위한 전담 치료보호시설**공동생활가정, 일시보호시설** 운영
- 친권행사 제한 또는 친권행사 상실 청구 요청**아동복지법 제18조**
- 후견인이 아동학대 등 현저한 비행을 저지른 경우 법원에 후견인 변경 신청 **아동복지법 제19조**

③ 학대피해아동 쉼터

학대피해아동 쉼터는 아동보호전문기관 또는 경찰에 의해 분리보호 조치된 아동에 한하여 입소하는 시설로서 주요 기능은 다음과 같다.

- 피해아동 보호 및 숙식 제공
- 피해아동 생활 지원 : 의복 등 생필품 지원, 일상생활 훈련 및 생활 지원
- 상담 및 치료 : 심리검사, 개별심리치료, 집단심리치료, 건강검진 지원 및 병원 치료
- 교육 및 정서 지원 : 학업지도, 안전교육, 문화체험, 체육활동

7. 학대당한 아동서비스 향상을 위한 노력

우리와 함께 살고 있지만 타인으로부터 학대를 당하면서 불행하게 살고 있는 어린이들을 위한 국가적 제도와 서비스 제공사항을 살펴보았다. 이제 학대당하는 어린이들이 더 나은 행복한 생활을 할 수 있도록 해주기 위해 전문가들의 제언을 정리한 후 우리가 할 수 있는 구체적인 참여활동 등을 찾아보자.

1) 전문가들의 제언

(1) 아동학대 예방사업의 활성화

학대당하는 아동을 위해 가장 필요한 일은 그러한 불행한 일이 일어나지 않도

록 예방하는 일이다. 아동학대에 대한 사회적인 개입은 사후 서비스보다는 예방적 측면이 강조되어야 한다는 뜻이다. 예방적 접근은 문제가 발생하기 전에 위험요인을 줄이고 보호요인을 강화함으로써 아동학대의 발생을 낮추는 것이다. 아동학대와 방임을 예방하기 위해서는 아동 중심적이고 가정에 초점을 두며, 지역사회에 기반을 둔 프로그램이 시행되어야 한다. 효율적 아동학대 예방의 8가지 요소는 다음과 같다.

- 아동보호, 아동가정, 복지, 법, 보건, 정신건강, 교육의 역할이 통합 조정되어야 한다.
- 역동적이고 헌신적인 아동학대 예방 프로그램 전문가를 양성하여야 한다.
- 아동학대는 모두의 문제라는 인식하에 지역사회 전체에서 접근하고 지역사회와 전문가 사이에 협력이 이루어져야 한다.
- 심각한 가족역기능 상태에 놓이기 전에 아동과 가족에게 도움을 제공함으로써 아동과 가족의 힘을 강화해 주는 사회적인 노력이 요구된다.
- 긍정적인 변화를 이루기 위하여 아동과 가족이 가진 힘을 강화시키는 접근방법을 개발해 제공해 주어야 한다.
- 아동학대 예방을 방해하는 사회적 요인을 계속해서 제거해 나가는 노력이 필요하다.
- 아동학대 예방활동 참여자에게 긍정적인 변화를 촉구하기 위한 전문가에 대한 부모의 수용과 신뢰가 필수적이다.
- 아동방임을 감소시키기 위해 빈곤 가족을 대상으로 기타 정책들도 함께 실시되어야 한다.

WHO의 예방 프로그램 분류기준은 예방의 목적, 주요 대상 및 서비스 전달 기준 시기에 따라 1, 2, 3차 예방 프로그램으로 분류된다.

- 1차 예방 프로그램 : 전 인구를 대상으로 하는 아동학대에 대한 정보 제공사업, 아동, 학부모, 교사 등을 대상으로 한 교육사업, 아동학대 캠페인, 공익사업 등 인식 변화 사업이다.

- 2차 예방 프로그램 : 아동학대 발생 위험이 높은 집단을 대상으로 발생 예방 프로그램, 부모교육 프로그램, 태도개선 프로그램, 행동개선 프로그램, 가정 지원 서비스이다.
- 3차 예방 프로그램 : 이미 학대가 발생한 가정에 개입하여 치료와 재활 방지를 막는 프로그램을 말한다.

(2) 아동학대 사례관리의 질적 수준 제고

- 피해아동의 학대 유형, 학대 정도 등을 고려하여 상담 및 치료, 가정방문, 가사 지원 서비스, 경제적 지원, 지역연계 프로그램 등 다양한 아동복지서비스가 계발되고 제공되어야 한다.
- 피해아동 및 부모, 가족을 위한 치료서비스를 제공할 수 있는 임상심리치료 인력을 증원할 필요가 있다.
- 아동학대 사례 종결 후 사후관리를 위한 전문인력을 배치 · 양성할 필요가 있다재신고의 60%가 사례 종결 이후에 발생함.

(3) 학대행위자에 대한 상담과 치료서비스 강화

- 아동학대를 예방하고 재발을 방지하기 위해서는 학대행위자에 대한 개입이 필수적이다.
- 학대 유형, 학대 정도 등과 학대행위자 부모의 특성에 맞는 학대행위자 개입 프로그램, 가족치료, 생활기술훈련, 경제적 지원, 스트레스 관리, 가정방문 프로그램 등의 개발을 통해 다양한 아동복지서비스가 제공되어 아동학대의 재발을 방지하도록 해야 한다.

2) 우리가 할 수 있는 일

학대받는 아이들을 위해 우리가 할 수 있는 일에는 무엇이 있을까? 지금까지

학습한 내용은 우리가 삶의 현장에서 실천하기 위한 구체적인 마인드를 형성하기 위한 참여에 불과하다. 이런 정보와 지식은 우리가 실천할 수 있을 때 우리의 삶의 질은 향상될 수 있어 우리가 할 수 있는 일을 제시해 보고자 한다. 아동학대를 방지하고 학대아동을 지옥과 같은 현장에서 구출할 있는 일들에는 아동지킴이 활동에 서명하기, 신고하기, 캠페인 활동하기, 자원봉사 참여하기 등이 있다.

(1) 아동지킴이 활동에 서명하기

아동학대의 심각성을 인지하고, 주변에 학대가 의심되는 아이들을 보면 신고하겠다는 다짐을 하는 서명운동이다(중앙아동보호전문기관, 2015).

그림 9-6 | 아동지킴이 서명활동

(2) 아동학대 사건 신고하기

누구든지 아동학대범죄를 알게 된 경우나 그 의심이 있는 경우에는 아동보호전문기관 또는 수사기관에 신고할 수 있다(부산동부 아동보호전문기관, 굿네이버스, 2015).

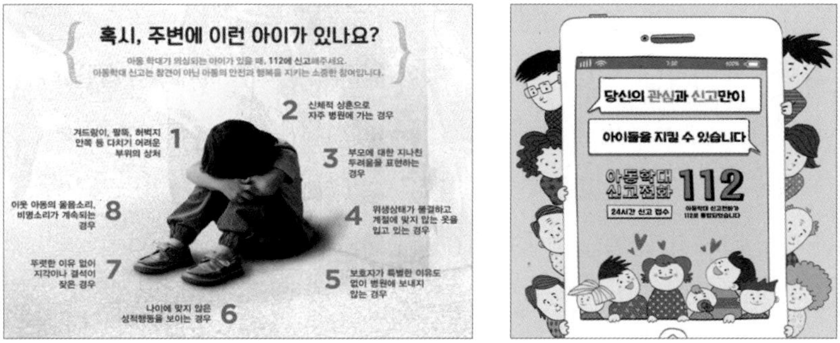

그림 9-7 | 아동학대 신고활동

(3) 캠페인에 참여하기

아동학대 캠페인은 아동학대의 심각성을 널리 알려 전 국민적 공감대를 형성하고 함께 대처해 나가자는 취지로 우리나라에서는 노란 리본 달기 캠페인을 벌이고 있다. 11월 19일 아동학대 예방의 날에 하는 캠페인으로 아동의 안전과 따뜻함을 상징하는 노란색과 묶어준다는 뜻의 리본이 합쳐져 아동을 학대로부터 안전하게 지켜주겠다는 약속의 상징으로 노란 리본 달기 캠페인을 한다. 이 캠페인은 미국의 파란 리본 달기 캠페인에서 유래했다. 1989년에 시작된 파란리본달기 캠페인은 미국 버지니아주 노폭크에 사는 할머니가 자신의 손자가 맞아 죽은 것을 추모하기 위해 시작된 것이다. 이 캠페인의 참가자는 학대의 증상인 멍과 아동이 질식한 상태를 상징하는 파란 리본을 달고 어린이 지킴이로 활동하게 된다.

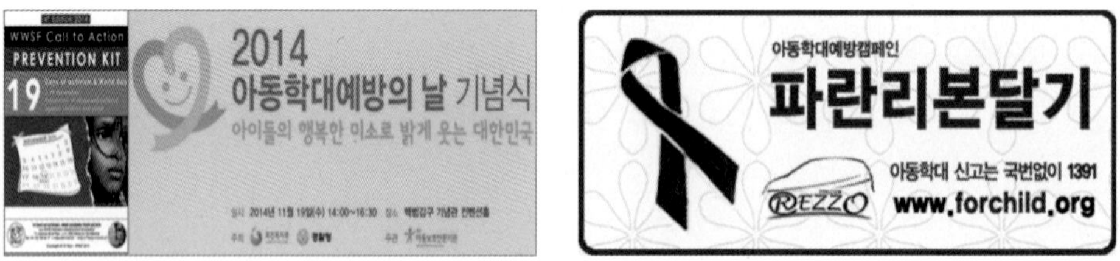

그림 9-8 | 아동학대 예방 캠페인 활동

◎ 그 외 다양한 캠페인

- 아동학대를 반대한다는 댓글 달기
- 아동학대가 어떤 것이 있는지 숨은 그림 찾기로 알아보고 학대받은 아동에게 편지쓰기(위민넷 · 중앙아동보호전문기관, 2015)

그림 9-9 | 아동학대 방지 캠페인

(4) 다양한 자원봉사하기

자원봉사는 부모 또는 친인척으로부터 신체적 또는 정서적으로 학대받은 아동에게 많은 사랑과 관심을 주는 활동이다. 자원봉사는 만 20세 이상 지속적으로 활동이 가능하고 학대받은 아동에게 따뜻한 사랑을 줄 수 있는 사람이면 누구나 참여가 가능하다. 이 자원봉사에는 아동학대 예방 캠페인, 멘토링 활동, 학습지도, 미용봉사가 있으며 각 지역의 아동보호전문기관을 통해 자신이 할 수 있는 봉사에 참여할 수 있다.

- 아동학대예방 캠페인 : 거리 캠페인과 사진전 활동 시 참여하는 봉사
- 멘토링 활동 : 학대받는 아동들을 위해 주 1회 이상 정서적으로 지지해줄 수 있는 멘토 역할을 하는 봉사
- 학습지도 : 여러 가지 사정으로 학업에 충실하지 못했던 아동에게 기초학습지도를 도와 자존감 향상을 돕는 봉사
- 미용봉사 : 아동들의 머리를 깔끔하게 손질해 주는 봉사(부산광역시 아동보호종합센터, 2015)

〈남기고 싶은 말 1〉

한 사람의 영혼이 파괴되는 학대 현장엔
세 종류의 인간이 있어.
'피해자, 가해자 그리고 방관자'
그 셋 중 하나만 없어도 불행은 일어나지 않아.

출처 : MBC드라마, '킬미 힐미'중에서

〈남기고 싶은 말 2〉

우울한 하루
아버지가 어제의 화가 다 풀리지 않았는지
그저 화내기만 한다.
고함을 버럭버럭 지르며 우리를 막 때린다.
회초리로 등을 찰싹찰싹 막 때린다.
왠지 선생님만 자꾸 보고 싶다.
다 싫다.
엄마도, 할머니도 아무도 보고 싶지 않지만
선생님을 만나서 얘기하고 싶다.
내가 다 싫어하는 것처럼 식구들도 나를 다 싫어한다.
얘기하기도 싫어하고 놀기도 싫어한다.
선생님, 저의 마음이 언젠가 활짝 펴져서
마음껏 공부하고, 운동도 하고, 시도 써 보고 싶어요.
저도 새가 되어서 온 사방을 돌아다니고 싶어요.
맑은 공기 마시며 푸른 하늘로 가고 싶어요.
하지만 오늘은 아버지 일 때문인지 죽고 싶기만 해요.

출처 : 이호철(2011), 엄마 아빠, 나 정말 상처받았어!.

CHAPTER

10

빈곤가정의 아동을 위한 서비스

CHAPTER 10

빈곤가정의 아동을 위한 서비스

〈빈곤가정 아동 사례〉

17일 오후 5시쯤 김모 씨는 두 살 난 딸을 들쳐 업고 근처 성당을 찾았다. "먹을 것이 다 떨어졌다."며 도움을 청한 뒤 기도방법을 묻고는 기저귀 값 1,500원을 빌려달라고 했다. 이튿날 오전 성당 사회복지위원 구모 씨는 김장김치도 전해줄 겸 쌀을 싸들고 김씨 집을 찾아갔다. 평소 건강이 좋지 않은 둘째 태식(가명, 4살)이가 보이지 않자 "아픈 아이는 어디 있느냐?"고 물었고, 태식이 아버지는 아무 말 없이 장롱 문을 열어보였다. 얼마나 굶었는지 알 수 없을 만치 뼈대만 앙상한 아이가 누워 있었다. 핏기라곤 찾아볼 수 없는 얼굴에서 죽음을 직감한 구씨는 즉시 경찰에 연락을 취했다. 태식이는 장롱 속에 들어간 지 약 38시간 만에 바깥 세상에 자신의 죽음을 알릴 수 있었다. 이미 지난 16일 밤 태식이는 마지막 숨을 가쁘게 몰아쉬고 있었고 밤늦게 돌아온 부모는 경련을 일으키는 아이의 머리와 배를 따뜻한 물수건으로 닦아주고 휴대용 수지침으로 손가락에 침을 놓았다. 그러나 그것으로 끝이었다. 태식이는 눈동자도 움직이지 않고 울지도 않았다. 죽었다고 생각한 부모는 태식이를 장롱 속에 눕혀놓았다. 태식이의 죽음은 국민소득 2만 달러를 쫓고 있는 우리나라의 사회복지 현실을 적나라하게 보여 주었다. 김씨 가족의 경우 겉으로는 부모가 젊고 노동력이 있어 국민기초생활 수급대상자가 아니었다. 하지만 속내를 들여다보면 이미 오래 전 한계상황에 직면해 있었다. 막노동을 하는 아버지는 두 달 전부터 일거리가 떨어져 수입이 거의 없었고, 어머니마저 정상이 아니었다. 경찰 관계자는 "숨진 아이를 장롱 속에 넣어두고, 이튿날 막내 딸 기저귀 값을 빌리러 간 부모가 어떻게 정상적일 수 있느냐"며 "부모에 대한 정신감정을 의뢰한 상태"라고 했다. 그러나 단순히 '정신이상 문제'로 치부할 사건은 아니다. 사건 발생 일주일 전 어머니 김씨는 아들의 '후천성 성장발육저하'로 장애인 등록을 하기 위해 동사무소를 찾았다. 사리분별력이 다소 떨어질 뿐 결코 정신이상자는 아니라는 말입니다. 그러나 김씨는 도움을 받지 못했다. 병원 진단서 등 관련 서류를 준비해오라는 설명만 듣고 돌아설 수밖에 없었다. 병원비도 없고 절차도 너무 복잡해 엄두를 못냈던 것이다. 게다가 하루에 한 끼 꼴로 굶은지가 벌써 몇 달째였지만 주위의 도움은 전혀 없었다. 인근 성당에서 지난 2002년 6월부터 숨진 태식이의 분유값으로 매월 3만 원씩 지원했지만 그마저 지난 2월부터 중단되었다.

출처 : 해피캠퍼스.

활동 10-1

사례를 읽고 다음 활동을 해봅시다.

(1) 태식이는 왜 지원을 받지 못했을까?
(2) 이러한 빈곤아동을 위해 우리가 할 수 있는 일이 무엇일까?

1. 빈곤의 개념

인간의 삶 가운데 기본적 욕구충족을 위해 재화와 서비스를 사용할 수 있는 능력이 부족하거나 결여되어 있는 상태를 빈곤이라 한다. 경제적 측면에서 결핍과 부족뿐만 아니라 사회문화적 차원에서의 결핍과 부족, 박탈이나 불평등까지 매우 다양하게 빈곤이라고 한다. 이러한 빈곤에는 절대빈곤과 상대빈곤으로 나누어 설명할 수 있다.

2. 빈곤의 종류

1) 절대적 빈곤

전통적으로 빈곤은 '소득이 결핍된 상태'를 말한다. 절대적 빈곤은 개인 및 가족이 생존에 필요한 의식주를 해결하지 못하는 상태이다. 절대적 빈곤은 그 수준을 확인할 수 있는 과학적 기준을 설정해야 하는데, 그 기준을 빈곤선이라고 한다. 빈곤선poverty line이란 개인이나 가구의 소득, 지출이 최저생활을 하는 데 필요한 생계비에 미달하는 정도를 나타내는 것으로 빈곤선 이하일 때 절대적 빈곤상태라고 한다. 절대적 빈곤의 계측방법은 기본적 욕구방법과 음식비 비율방법이 있다.

(1) 기본적 욕구방법

음식, 주거, 의복 등의 욕구를 해결하는 데 드는 비용에 따른 수준을 결정하는 방법으로 객관적으로 빈곤을 측정하려는 시도이다. 로운트리Rowntree가 1899년 요크시 조사에서 사용한 개념은 총 수입이 육체적 효율성의 유지에만 필요한 최저수준을 획득하기에도 불충분한 가구를 1차적 빈곤이라고 한다. 우리나라에서는 기본적 욕구방법에 따라 최저생계비를 계측하여 빈곤대책 대상자 선정과 급여수준 결정을 한다.

(2) 음식비 비율방법(엥겔방식)

음식비가 소득에서 차지하는 일정한 비율이 빈곤선이 된다. 높은 비율의 음식비를 사용하는 가구가 빈곤가구이다. 모든 필수품이 아닌 최저 식료품비만 구성하였다는 점에서 반물량방식이라고 불린다. 최저식료품비에 엥겔계수의 역수를 곱한 금액을 최저생계비로 간주하는 방식이다. 어느 계층의 엥겔계수를 적용하느냐에 따라 다른 최저생계비가 산출된다는 한계점이 있다.

2) 상대적 빈곤

(1) 상대적 빈곤의 개념

사회의 평균 또는 일정 생활수준과 비교해 볼 때 상대적으로 적게 가지고 있는 상태이다. 평균소득 이하를 빈곤으로 정의하는 경우, 예를 들어 평균 소득의 80%를 빈곤선으로 정하면 그 이하 소득수준은 빈곤층 50% 이하가 극빈층이 되는 것이다. 중위소득의 일정수준 이하를 빈곤으로 정의하는 경우, 50%를 빈곤선으로 보고 그 이하는 빈민이다. 전체 소득분포상에서 일정수준 이하를 빈곤으로 정의하는 경우, 소득의 일정비율하위 10% 또는 20%로 정한 후 그 이하는 빈민으로 간주한다.

상대적 계측방식이 일반적으로 사용되는데, 상대적 빈곤 측정의 가장 극단적인 형태는 빈곤을 소득분포의 하위 끝으로 정의하는 것으로 일정비율이 항상 가난하다고 간주되어 가난의 영속화가 이루어진다. 빈곤개념은 절대적 빈곤보다 상대적 빈곤개념이 주로 사용되고 있으며, 기본적 욕구가 충족되더라도 일부 집단이 다른 집단에 비해 자원, 기회, 현물을 부족하게 소유하게 되는 경우를 의미한다. 상대적 빈곤은 국가와 국제기구에 따라 다르게 측정된다. OECD는 중위소득 40% 이하, 세계은행 선진국 평균가구소득은 50% 이하, 개발도상국은 1/3 이하로 측정한다.

(2) 우리나라의 빈곤선

우리나라의 빈곤선은 평균가구소득의 하위 20%이다. 우리나라 기초생활보장 수급자는 가구의 소득 인정액이 최저생계비 이하이고 부양의무자가 없거나 부양의무자가 있어도 부양능력이 없거나 부양을 받을 수 없는 자로서 생계, 주거, 교육, 해산 및 장제급여를 수급한다.

표 10-1 | 2014년 국민기초생활보장 수급자 현황

종류	현황
국민기초생활보장 수급자	약 133만 명
국민기초생활보장 수급가구 수	814,184가구
국민기초생활보장 수급률	약 2.6%

출처 : 통계청(2015).

표 10-2 | 기초생활보장 수급자 급여 및 지원

구분	내용
생계급여	수급자의 기초생활보장을 위한 생계급여 지원(가구별 생계급여액 = 현금급여 기준액-가구의 소득인정액-주거급여액)
주거급여	일반수급자의 주거안정을 위한 주거급여 지원
교육급여	입학금, 수업료, 교과서대, 부교재비, 학용품비 지원
해산 및 장제 급여	약해산 및 장제에 필요한 소요금액 지원 2.6%

표 10-3 | 기초생활보장 수급자 수

시점	전국		
	계	일반수급자	시설수급자
2001	1,419,995	1,345,526	74,469
2002	1,351,185	1,275,625	75,560
2003	1,374,405	1,292,690	81,715
2004	1,424,088	1,337,714	86,374
2005	1,513,352	1,425,684	87,668
2006	1,534,950	1,449,832	85,118
2007	1,549,848	1,463,140	86,708
2008	1,529,939	1,444,010	85,929
2009	1,568,533	1,482,719	85,814
2010	1,549,820	1,458,198	91,622
2011	1,469,254	1,379,865	89,389
2012	1,394,042	1,300,499	93,543
2013	1,350,891	1,258,582	92,309
2014	1,328,713	1,237,386	91,327

출처 : 통계청(2015).

3) 주관적 빈곤

주관적 빈곤은 객관적 기준 없이 주관적 판단에 의해 정의되는 빈곤이다. 주관적 빈곤 측정법은 사회조사에 의한 방법과 라이덴 방식이 있다. 사회조사에 의한 방법은 한 세대가 필요한 최소한의 비용이 얼마인지 설문조사를 실시하여 응답한 금액을 평균하여 산출한 금액을 빈곤선으로 결정하는 방식이다. 라이덴(Leyden) 방식은 사람들에게 자신들의 사회·경제적 상황을 고려하여 필요한 최소 소득이 얼마인지 묻고 응답한 최소 소득과 그들의 실제 소득을 비교하여 일치하는 점을 빈곤선으로 결정한다.

3. 빈곤문화론

빈곤은 물질적 자원의 부족과 가정환경, 교육, 직업생활 등 문화 차이를 유발한다. 빈곤으로 인해 발생되는 현상은 빈곤한 생활을 하는 자들은 사회의 지배적 가치를 수용하지 못하는 경우가 많다는 것이다. 빈곤한 가정의 사람들은 성의 조기 발견과 사실혼 현상이 상대적으로 높게 나타나며 가정에 대한 포기로 한부모가족이 많다. 또한 빈민층은 체념주의와 숙명주의를 가지고 있어 근로, 빈곤 탈피, 변화에 대한 동기를 갖지 못하는 경향이 있다. 우리 사회에서 빈곤의 대물림현상이 나타나고 생활에 만족하지 못한다. 빈곤의 대물림현상은 낮은 학력과 제한된 직업선택 기회로 인해 연결되는 악순환의 현상이다.

4. 빈곤아동의 개념

빈곤아동은 2014년 우리나라 최저생계비[1]를 기준으로 최저생계비에 도달하지 못하는 국민기초생활 수급자 가정의 18세 미만의 아동을 말한다. 절대적 빈곤개념에 따르는 빈곤아동은 빈곤선 이하 또는 최저생계비 이하의 소득을 가진 가정의 아동, 국민기초생활보장제도 수급 가정의 아동, 소년소녀가정의 아동, 빈곤한 한부모가정의 아동이 대부분 여기에 속한다.

상대적 빈곤개념에 따르는 빈곤아동은 우리나라 평균 가구 소득의 하위 20%에 포함되는 가정의 아동, 차상위계층 아동까지 빈곤아동으로 볼 때에 평균 가구 소득의 하위 50% 이하에 포함되는 가정의 아동이다.

1) 최저생계비 산정방법은 최저생계비 계측조사를 통해 가구규모별로 추청(4인 가구 기준)하며 매 3년마다 계측조사를 실시하고, 비계측연도에는 물가상승률 등을 감안하여 추정한다.

표 10-4 | 최저생계비 통계(2015년 기준)

가구 수	최저생계비(원)
1인 가구	617,281(원)
2인 가구	1,051,048(원)
3인 가구	1,359,688(원)
4인 가구	1,668,329(원)

5. 빈곤아동의 현황

1) 상대적 · 절대적 빈곤아동

빈곤가정의 아동의 수는 IMF 경제 위기 이후 급격히 높아졌고 빈곤아동의 수는 여전히 많다.

표 10-5 | 아동빈곤율

연도	절대빈곤율(%)	상대빈곤율(%)
1996년(만 20세 미만)	3.63	7.61
2000년(만 18세 미만)	7.68	10.97
2004년(만 18세 미만)	8.79	14.57
2008년(만 18세 미만)	7.8	11.5

2) 한부모가정 아동

가족구조에 따라 특히 한부모가정의 아동빈곤율이 높다.

표 10-6 | 한부모가정 아동빈곤율

구분	1998	1999	2000	2001	2002
전체 가구 아동빈곤율	10.8	10.1	9.7	9.7	9.8
한부모가정 아동빈곤율	24.3	25.1	16.7	23.1	27.7

3) 소년소녀가정 아동

IMF 경제 위기 이후 가족해체현상이 증가함에 따라 소년소녀가정도 증가했다. 2000년부터 소년소녀가정세대를 가정위탁함으로써 숫자는 감소했지만 조부모 및 친인척에 의해 보호되던 '소년소녀가정' 아동들이 가정위탁보호대상자로 편입되었기에 소년소녀가정 세대가 감소하고 있다고는 볼 수 없다. 소년소녀가정이 겪는 가장 큰 어려운 문제는 생계유지의 문제로서 이들이 성장하기 위해서는 공공부조나 민간의 지원에 의존할 수밖에 없다. 또 다른 문제로는 심리, 정서적 어려움, 학업 수행, 주거문제, 관계망 축소와 취업 및 자립문제 등이다.

표 10-7 | 소년소녀가정 현황

구분별	전체		
	2010	2011	2012
세대주	905	699	483
세대원	422	321	313
계	1,327	1,020	796

출처 : 통계청(2013).

6. 빈곤아동의 문제

1) 신체발달문제

빈곤아동은 출생 시부터 신체적 건강에서 부정적인 결과를 보이며 발달에서도 낮은 성취를 보인다. 빈곤아동은 일반아동에 비해 사망률이 1.7배 높고 미숙아 출생률이 1.7배 높으며 병원 입원률이 2배 높다는 연구결과가 있다. 빈곤아동의 평균 키가 일반아동에 비해 평균 1cm 이상 작고 체중도 1kg 이상의 차이가 있어서 발육상태가 좋지 않다. 빈곤아동은 일반아동에 비해 신체건강과 발육상태가 좋지 않다는 연구보고가 있다.

2) 정서 및 행동문제

빈곤은 아동의 자신감과 절망감, 우울, 행동문제, 또래 갈등, 아동학대와 방임 등에 영향을 준다(Mcloyd & Wilson, 1992). 약물 사용, 비행, 폭력, 범죄 등과 같은 부정적인 발달과도 높은 상관관계가 있다고 한다(Loeber, 1990). 빈곤아동은 일반 가정 아동보다 정서 및 행동문제의 발생률이 1.3배 높고 또한 청소년 임신율은 3.1배가 높다(Duncan & Brooks-Gunn, 2000). 충동성과 우울감에 있어서도 빈곤 아동이 일반가정의 아동보다 높으며, 빈곤아동의 비행경험률이 모두 유의미하게 높게 나타난다(최선희, 2003).

3) 학업 수행문제

빈곤아동은 학교환경에서 상대적으로 더 높은 고난distress을 경험하고 학교로부터의 지지가 낮다고 인식한다(Eamon, 2001). 미국조사에서는 학년 유급 및 학교 중퇴에서 타 아동에 비해 2배가량 높으며, 학습장애 비율도 1.4배 높다고 나타났다(Duncan & Brooks-Gunn, 2000). 빈곤은 청소년의 학력 성취에 부정적인 영향을 미치는 중요한 요인이다(구인회, 2003). 소년소녀가정 아동의 학업 성적은 일반 가정의 아동에 비해 낮게 나타난다(오승환, 2000).

4) 가족문제

빈곤이 가정문제를 유발시킨다는 연구결과와 유발시키지 않는다는 상반된 연구결과가 있다. 빈곤아동은 상대적으로 가정에서 학대와 방임을 6.8배 이상 더 경험하고 폭력 피해도 2.2배 이상 높은 것으로 보고되었다(Duncan & Brooks-Gunn, 2000). 부모-자녀관계를 주 부양자와의 신뢰관계, 의사소통, 훈육 및 감독, 양육활동으로 나누어 볼 때에 모든 영역에서 빈곤아동은 일반가정 아동에 비해 낮으며, 특히 빈곤아동의 경우 부모의 양육환경이 부족한 것으로 나타났다(최선희, 2003).

7. 빈곤아동을 위한 복지서비스 현황

빈곤가정 아동을 위한 복지서비스는 정부 지원서비스와 민간 지원서비스로 나누어 실행되는데, 각 지원서비스의 내용을 알아보자.

1) 정부 지원서비스

빈곤한 가정을 위하여 정부가 제공하는 서비스로는 아동급식 지원사업, 영유아보육료 지원, 교육복지투자우선지역 지원사업, 드림스타트Dream Start, 아동발달지원계좌, 소년소녀가정 지원사업이 있다.

(1) 아동급식 지원사업

아동급식이란 건강한 성장을 위하여 식사를 제공하거나 식사를 할 수 있도록 관련 식품 등을 지원하는 일체의 행위이다. 아동이 빈곤, 가족해체, 부모보호자의 실직 · 질병 · 가출 및 직업적 특성, 아동 학대 · 방임 · 유기 · 부양기피 및 거부의 경우와 가정위탁아동, 소년소녀가정, 그 밖에 여러 가지 사유로 인한 가정 사정으로 제대로 보살핌을 받지 못해 끼니를 거르거나 먹는다 해도 필요한 영양을 충분히 공급받지 못하는 경우에 이 서비스를 제공한다.

아동급식 지원의 목적은 두 가지로 첫째, 저소득가정의 아동들이 건강하고 행복하게 자랄 수 있도록 민 · 관이 협조체계를 구축하여 지역실정과 아동의 가정환경 및 욕구에 맞는 급식을 효율적으로 제공하는 것이고, 둘째, 아동들은 신체적 · 정신적으로 성숙하지 않아 스스로의 급식능력이 부족하므로 급식이 필요한 아동에게 적극적으로 급식을 지원하는 것이다.

우리나라에서 실시하고 있는 아동급식의 연혁은 2000년에 아동급식석식사업을 시작으로 2001년에 조식 지원을 실시했고, 2004년에는 방학, 토 · 공휴일에 취학아동 빈곤아동의 중식 지원이 교육부에서 보건복지부로 이관되어 실행되다가 2004년

말부터 겨울방학부터 방학 중 중식 지원대상을 확대하여 지원하였다. 2005년에는 아동급식 지원사업을 지방에 이양하였고 2013년 학교급식법이 통과되어시행령 2013년 11월 22일 통과, 시행규칙 2014년 12월 31일 공포 실시되고 있다.

아동급식 지원체계 및 지원방법은 다음과 같다. 시 · 군 · 구 '아동급식위원회'를 설치 · 운영한다. 이 위원회의 구성은 위원장은 '아동급식위원회'에서 자율적으로 선출하고, 위원은 다음의 자로 구성한다. 학부모, 교사 및 시 · 군 · 구청, 교육청, 시민단체, 종교단체, 자원봉사단체, 급식단체업체, 음식업협회, 영양사협회, 조리사협회에서 추천하는 각 1인 등으로 구성하고 위원회의 사무처리를 위해 간사 1인을 두되, 시 · 군 · 구 아동급식담당계장이 간사가 된다.

이 위원회의 운영은 방학여름 · 겨울방학 등기간 전 연 2회 정례회의를 개최하되 위원장이 필요하다고 인정하는 경우 수시로 회의를 개최한다. 기타 위원회의 운영에 관하여 필요한 사항은 위원회의 의결을 거쳐 위원장이 정하고 동 위원회 산하에 '아동급식 지킴이'를 운영할 수 있다. '아동급식 지킴이'의 기능은 급식지원대상자 선정, 급식의 질, 영양, 위생, 만족도, 전달체계의 적정성 등에 대한 현장점검 및 감시 등 모니터링을 실시하고 구성은 통 · 반장 · 이장 및 학부모, 교사, 영양사, 시민 · 종교단체 등 자원봉사자로 구성한다. 동 위원회 산하에 '급식아동후원회'를 운영할 수 있는데, 급식지원대상 아동의 경우 급식 외 정서적, 기타 여러 가지 지원이 필요할 수 있으므로 결연 등 후원에 관한 사항을 조치한다.

(2) 영유아보육료 지원

빈곤가정의 어린이의 보육을 위해 지원하는 내용은 다음과 같다.

① 지원대상(만 0~4세)

◎ 법정저소득층 아동

- 「국민기초생활 보장법」 제5조에 의한 수급권자 및 그 가구원의료, 교육, 자활급여 특례수급권자 포함

• 「한부모가족지원법」에 따른 보호대상자로 선정된 모 · 부자가정 아동
• 「아동복지법」 제16조에 의한 아동복지시설에서 생활 중인 만 3~4세 아동아동복지지설에서 생활 중인 만 0~2세 아동은 지원 불가
• 여성폭력피해자 보호시설가정, 성폭력, 성매매피해자 지원시설에 입소한 여성의 동반자녀
• 모 · 부자일시보호시설 등에 입소한 자의 동반자녀 등
• 미혼모자 공동생활 가정에 입소한 자의 동반 자녀

◎ 기타 0~4세 보육료 지원 아동

영유아가구 소득하위 70% 이하 가구의 보육시설 이용 만 0~4세아

② 만 5세아

영유아가구 소득하위 70% 이하 가구 자녀 중 초등학교 취학 전 만 5세아

③ 포털 사이트

보육료 지원비율 및 지원금액에 대한 자세한 정보는 중앙보육정보센터www.educare.or.kr, 아이사랑포털www.childcare.go.kr에서 얻을 수 있다.

(3) 교육복지투자우선지역 지원사업

교육복지투자우선지역 지원사업 추진배경은 소득분배구조 악화와 취약계층 확대 경향이 심해지고, 지역별, 학교별 계층 분화 및 교육적 성취에 대한 계층 영향력이 증가하고 있으며 취약계층의 교육기회 불평등을 완화하고 교육적 성장을 지원할 수 있는 정책 추진의 요구에 의해 실시하기 시작하였다. 교육복지투자우선지역 지원사업은 모든 아동 · 청소년의 교육적 성취를 위한 통합 지원시스템을 구축하고, 학교 중심 지역교육공동체를 구축하며, 모든 이를 위한 교육을 실현하려는 데 그 의의가 있다.

교육복지투자우선지역 지원사업 목표는 통합지원체제 구축을 통한 교육취약집단의 교육적 성취를 높여서 모든 아동 · 청소년이 일정 학령기에 갖추어야 할 기

초학습능력, 자기주도적 학습능력, 사회적 관계 형성능력, 자기관리능력기본생활습관 등을 갖출 수 있도록 하는 것이다. 가정–학교–지역사회를 연결하는 통합지원체제 구축을 통해서 학습, 문화, 심리 · 정서, 복지 등 아동 · 청소년의 삶의 전 영역에서의 필요에 대응하고자 하는 것에 목표를 두었다. 교육복지투자우선지역 지원사업 추진 단계는 일부지역 시범사업에서 출발하여 전국적으로 확대해 가는 방향으로 진행되었다.[2)]

교육복지투자우선지역 지원사업내용은 첫째로 학습능력증진사업이다. 즉, 교육취약 아동 · 청소년 학습의 결손과 누적 방지를 위한 학습 동기 유발에 역량을 집중시키기 위하여 지역사회의 자원을 활용하는 일이다. 둘째로 다양한 문화체험을 제공함으로써 문화결손을 줄여주려는 활동이 있다. 셋째로는 심리적 정서발달을 지원하여 학교와 일상생활에 적응하기 어려운 학생들을 위한 치유와 재원을 제공하는 일이다. 그 외에 교사와 학부모 지원, 복지 프로그램 활성화, 영유아교육 · 보육 활성화 자원을 활용하는 활동 등이다. 자세한 내용은 정보제공원eduzone.kedi.re.kr에서 얻을 수 있다.

(4) 드림스타트(Dream Start)

① 필요성

- 가족해체, 사회양극화 등에 따라 아동빈곤 문제의 심각성 대두
- 빈곤아동에 대한 사회투자 가치의 중요성 강조
- 건강, 보육, 복지 등에 대한 파편화된 개별서비스 확대로는 서비스의 사각지대 존재
- 아동과 가족에 초점을 둔 통합 지원체계인 드림스타트 사업을 통한 모든 아동에게 공평한 출발기회 보장 필요

2) 2003년 서울, 부산 8개 지역 시범사업, 2005년 인구 50만 이상 광역시로 확대, 15개 지역에서 사업 추진, 2006년 인구 25만 이상 중소도시로 확대, 30개 지역에서 사업 추진, 2007년 인구 25만 이상 중소도시 60개 지역에서 사업 추진, 2008년 인구 제한 없이 시 지역 100개 지역에서 사업을 추진함

② 드림스타트의 목표

- 공적 전달체계 중심의 지역사회 건강, 복지, 보육 · 교육 협력 · 연계체계를 구축하여 수요자의 실제 욕구에 부응하는 맞춤형 통합서비스 제공
- 가난의 대물림을 차단하고 모든 아동에게 공평한 출발기회 보장
- 사전 예방적인 통합서비스 지원체계 도입
- 신체적 · 정서적 · 사회적 능력 등 전인적 발달 지원

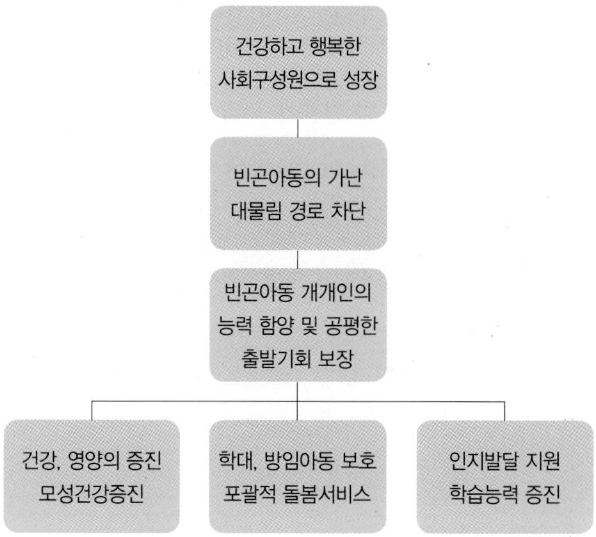

그림 10-1 | 드림스타트 목표

③ 드림스타트 기본방향

- 빈곤아동 개인의 능력 향상 및 기회 평등 보장
- 빈곤아동과 그 가족에게 건강 복지보육을 통합한 맞춤형 전문서비스를 제공하여 문제를 조기 진단하고 개입하는 예방적 서비스 체계 강화
- 시 · 군 · 구 드림스타트 전담팀 구성 등 공적 전달체계 중심으로 추진
- 지역사회 인구학적, 사회 · 경제학적 특성을 고려한 통합적 서비스 제공
- 빈곤가정 지원을 위한 지역사회 자원개발 및 자원 간 협력 연계체계 구축 :

보건소, 사회복지관 등 기존 지역사회 가용자원을 최대한 활용 지원

④ 드림스타트 사업개요

- 서비스대상 : 0(임산부)~12세의 저소득 아동 및 가정
  - 지역의 해당 연령대 아동과 그 가족에 대한 욕구조사를 통해 대상아동 선정(지역당 300명 이상)
  - 기초수급가정 및 차상위층 가정 우선 지원 원칙
  - 해당 지역 내 공동생활가정, 가정위탁, 대리양육, 성폭력 피해아동을 우선 대상으로 지원
- 사업실시지역 : 시 · 군 · 구별 빈곤가구 밀집지역

※ 2010년 101개 지역 → 2011년 131개 지역 확대 추진 중

- 사업내용
  - 체계적인 사례관리를 통해 수요자 중심의 보건 · 복지 · 보육 등 맞춤형 통합서비스 제공

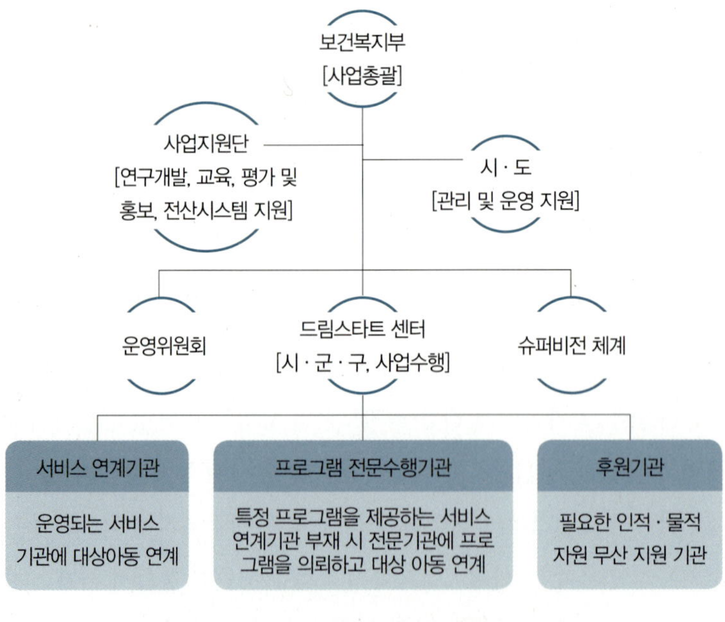

그림 10-2 | 드림스타트 사업 운영체계

- 지역사회자원 연계 · 개발 등을 통해 복지서비스 수혜 확대

• 사업추진기구 : 드림스타트 센터**전담공무원 3명, 민간전문인력 3명**

※ 아동 필요서비스 지원을 위한 지역사회 자원 · 연계 · 조정 등 역할 수행

• 드림스타트 사업추진체계

⑤ 서비스 제공 내용

• 저소득아동을 둘러싼 환경, 즉 가족, 학교 그리고 지역사회 간 긴밀한 협조 및 연계체계를 구축, 지역사회 특성을 고려한 통합서비스를 제공

※ 다음 각 영역별 서비스 예시이며, 프로그램은 지역의 인구학적 · 사회경제학적 특성에 따라 직접 · 연계 · 혼합방법을 택하여 제공할 수 있음. 사례관리 시, 연령별 주담당자 지정 권고함

• 건강 서비스 : 0~2세 담당

- 임신 단계부터 출산 후 성장까지, 필요한 맞춤형 건강서비스 제공으로 아동의 건강한 성장 도모
- 지역사회 보건의료자원을 효과적으로 활용하여 저소득 지역의 임산부, 영유아, 아동의 건강관리 요구도 충족

• 보육 · 교육서비스 : 3~5세 담당

- 저소득가정 아동보육 및 교육기회의 균등보장을 위해 아동의 인지 · 언

표 10-8 | 건강서비스 분야 및 프로그램

구분	프로그램	
임신 전 – 출산	• 흡연, 음주, 약물 등 임신위험요소 감소 지원 • 영양보충 지원 • 임신 전 검사	 • 건강상담 • 임신 전 예방접종
모성 건강	• 각종 검사 및 건강상담 • 산전 · 후 조리 지원	• 영양보충 지원
영 · 유아, 아동건강	• 예방접종 및 건강상담 • 건강상담 및 보건교육 • 성장발달 스크리닝 • 영양보충 지원	 • 구강관리 • 정신건강 선별검사

어 · 사회성발달을 지원
– 지역사회 중심의 영유아, 취약아동을 대상으로 재가 기관 보육교육 통합 체계 강화

표 10-9 | 보육 · 교육 서비스 분야 및 프로그램

분야	프로그램
보육서비스	• 영 · 유아 가정방문 보육서비스 • 영 · 유아 사회 · 정서발달 지원서비스 • 영 · 유아 언어 · 인지발달 지원서비스
교육서비스	• 예비 초등학교 준비 프로그램 • 초등학생 방과 후 프로그램 • 기초학력 및 학교적응력 향상 프로그램 • 부모교육(양육방법교육, 애착증진교육) • 부모 취업훈련 및 알선 지원 연계

• 복지서비스 : 학령기 아동 주로 담당
– 통합적, 맞춤형 복지서비스 제공으로 아동의 심리 · 정서 · 사회성발달 도모
– 가족문제 해결, 부모교육, 가족상담 및 치료, 직업훈련 및 취업연계 등을 통한 저소득가정의 생활안정과 삶의 질 개선

표 10-10 | 복지서비스 분야 및 프로그램

분야	프로그램
아동권리 및 문화	• 아동–부모를 위한 아동권리 인식증진 프로그램 • 문화체험 프로그램 • 다문화 교육 프로그램 • 한글교실
아동안전	• 학교폭력 예방 · 보호 프로그램 • 또래집단 친화 프로그램 • 아동유해환경 예방 프로그램 (음란물, 음란환경, 약물, 알코올, 비행, 범죄 등)
아동보호	• 아동학대 및 방임 예방 · 보호 프로그램 (아동, 부모) • 가정폭력 예방 · 보호 프로그램(아동, 부모)
전문상담 및 치료	• 상담서비스 • 음악치료 • 미술치료 • 기타 심리치료

(5) 아동발달 지원계좌

디딤씨앗통장CDA : Child Development Account으로 불리는 이 계좌는 국민들이 쉽게 이해할 수 있는 브랜드로 '아동의 희망과 꿈을 실현하는 데 디딤돌이 되는 종잣돈'이라는 의미를 담고 있다. 저소득층 아동의 사회 자립을 지원하기 위해 실시 중이고, 보호가 필요한 아동들이 후원자 등의 도움으로 저축을 하면 정부가 한도에서 같은 금액을 저축해 주는 저소득아동 자산 형성 지원사업으로 만 18세 이후 자립에 필요한 용도로 사용된다.

(6) 소년소녀가정 지원사업

소년소녀가정 지원사업 목적은 실질적으로 가정을 이끌어 가는 소년소녀가정의 아동에 대해 생활보장을 실시함으로써 자립 능력 배양 및 건전한 사회인으로 성장하도록 지원하는 데 있다. 이 사업추진 경위는 1984년에 소년소녀가장세대 보호대책을 수립하여 1985년부터 소년소녀가장에 정부지원사업을 실시하다가 2000년 9월에 소년소녀가정youth family으로 변경하였지만 그 추진방향을 소년소녀가정 지정을 제한하고 가정위탁보호로 전환 추진하고 있다. 그 이유는 소년소녀가정제도는 아동에게 위험을 초래할 수 있고 UN 등에서도 폐지 권고하고 있기 때문이다. 그 구체적인 사업내용은 다음과 같다.

① 지원대상

- 「국민기초생활 보장법」에 의한 수급자가구 중 만 18세 미만출생일 기준의 아동이 실질적으로 가정을 이끌어 가고 있는 세대
  - 만 18세 미만의 아동으로만 구성된 세대
  - 만 18세 미만의 아동이 부양능력이 없는 부모와 동거하는 세대

※ 18세 미만의 아동이 「국민기초생활 보장법」상 부양의무자부모 제외와 동거하는 경우에는 「아동복지법」 제10조 제1항 제2호의 대리양육가정으로 선정하고, 부양의무자가 아닌 친인척과 동거하는 경우에는 「아동복지법」 제10조

제1항 제3호의 가정위탁으로 선정한다.

• 15세 미만의 아동으로만 세대를 구성할 경우 소년소녀가정 지정을 제한하고 가정위탁이나 시설그룹홈 입소를 강구한다. 다만, 형제, 자매 등 2인 이상으로 당해 아동이 지역사회 내에서 독립적으로 오랫동안 생활해왔고, 동거하지는 않으나 주변에 친인척 등이 거주하여 수시로 보호를 받고 있어 가정위탁이나 시설그룹홈 입소가 적절하지 않다고 판단되는 때에는 예외적으로 지정한다.

• 지원아동이 만 18세 이상이나 중 · 고등학교에 재학 중인 경우에는 졸업 시졸업하는 날이 속하는 달까지 지원 가능하다.

② 지원내용

• 생계 교육급여 :「국민기초생활 보장법」에 의한 생계급여 및 교육급여
• 의료급여 : 의료급여법에 의한 의료급여
• 부가급여 : 10만 원 이상/인 월(지방이양)
• 전세자금 지원(국토해양부)
  – 대출대상 주택 : 임차전용면적 85m^2 이하인 주택
    일반주택 전세자금 및 공공임대주택 임대보증금 지원
  – 지원대상 : 가구당 월평균소득이 전년도 도시근로자 가구당 월평균 이하로서 무주택인 소년소녀가정

③ 정서적 지원

정서적 후원자란 아동만으로 구성된 세대에 대해서는 가까운 이웃에 거주하는 아동위원, 종교인, 지역여성지도자, 공무원, 대학생 멘토 등을 후원자로 지정하여 고충이나 애로사항을 상시 의논하고 해결해 주는 지원제도를 말한다. 후견인은 결연기관과 협조체계를 구축하여 후원금을 제대로 사용할 수 있도록 지도하여 후원금의 부적절한 사용방지를 해야 한다. 지정방법은 지역사회 내 근거리에서 아동을 보살필 수 있고 아동문제에 대한 열의가 있으며 관심이 있는 자를 시장 · 군수 · 구청장이 지정한다. 소년소녀가정 중 후원자가 없는 경우 선정을 조속히 완료하고, 신규

로 책정한 경우 지정 후 1개월 이내에 후원자로 지정하도록 하고 있다.

결연기관어린이재단과 협조체계를 강화하는 사업도 함께 진행된다. 시 · 군 · 구청장은 소년소녀가정 책정 후 한국어린이재단에 관련 자료를 통보하고 한국어린이재단의 소년소녀가정을 위한 프로그램을 활용하여 중복 지원이 발생하지 않도록 해야 한다. 한국어린이재단에서는 소년소녀가정 협동캠프, 생활수기 공모 등 정서적 지원을 강화하고 후원자와의 만남행사 등 후원 프로그램을 활성화한다.

④ 소년소녀가정 가정위탁보호 전환 절차

소년소녀가정 지정을 제한하고 가정위탁보호로 전환 추진하고 있는데, 그 전환 절차는 상담 – 신청 – 조사 결정 – 사례관리로 이루어진다.

- 담당공무원이 소년소녀가정을 상담하여 조부모 등 대리양육 가정위탁, 친인척 가정위탁, 일반가정위탁 등의 가능성을 검토한다.
- 신청 : 위탁보호하려는 자가 아동거주지 시 · 군 · 구청에 아동보호신청서서식 1호를 제출하여 신청한다.
- 조사 결정
  - 시 · 군 · 구는 관계공무원으로 하여금 위탁보호자 및 대상 소년소녀가정을 아동보호 신청자 가정조사서, 보호대상아동 조사서를 작성하여 조사한다.
  - 일반가정위탁의 경우 가정위탁센터에 의뢰하여 위탁가정을 연계한다.
  - 시 · 군 · 구는 조사결과에 따라 가정위탁 보호를 결정한다.
  - 기초생활수급자 책정, 양육보조금, 상해보험, 전세자금 등 가정위탁아동 지원을 실시한다.
- 사례관리 : 시 · 군 · 구읍 · 면 · 동, 가정위탁센터는 위탁아동에 대한 사후 지도관리를 실시해야 한다. 형제 자매 세대로 이루어진 소년소녀가정세대의 경우 형제 자매 중 한 명이 18세 이상이 되는 경우 형은 소년소녀가정 지정을 해제하고 동생은 가정위탁으로 전환을 유도한다.

2) 민간 지원서비스

빈곤가정 아동들을 위한 정부 지원서비스와 함께 민간 지원서비스가 있는데, 지역아동센터 운영, 한국복지재단 결연사업, 지역사회종합복지관 서비스와 위스타트 운동이다.

(1) 지역아동센터

지역아동센터 서비스의 목적은 지역사회 아동보호 · 교육, 건전한 놀이와 오락 제공, 보호자와 지역사회의 연계 등 아동의 건전육성을 위한 종합적 복지서비스를 제공하는 데 있다**아동복지법 제16조**. 지역아동센터의 사업내용은 방과후 돌봄서비스 강화를 통한 지역사회 아동보호체계를 마련해 주는 일이다. 그 서비스의 질적 향상을 위한 표준화 방안을 마련하고 보조금 지원, 기준액이 매년 정해져 제공되고 있다.

지역아동센터 서비스의 의의는 첫째로 취약 계층 아동 지역사회 보호개념을 실현하는 것이다. 지역사회 안에서 아동의 권리보장과 안전한 보호, 급식 지원으로 결식의 예방하는 일이 여기에 해당한다. 둘째로 교육적 기능을 향상시키는 일이다. 아동의 학습능력 제고, 학교부적응 해소, 일상생활 지도, 학교생활 유지 및 적응력을 강화시켜주는 일이다. 셋째로, 아동의 심리 · 정서적 안정 및 건강한 신체발달기능을 강화시켜주는 정서적 지원을 제공하는 일이다. 넷째로, 문화서비스를 제공하여 문화적으로 소외된 아동에 대해 문화체험 및 다양한 문화경험의 장을 제공해 주는 일이다. 마지막으로 지역사회연계 사업이다. 지역사회 자원 발굴 및 지원 강화, 지역사회 내 아동문제에 대한 사전 예방적 기능 및 사후 연계해 주는 활동이다.

지역아동센터 운영시간은 하루 8시간 이상 주 5일 이상을 원칙으로 한다. 학기 중 및 방학 · 공휴일에는 필수 운영시간을 지키며 센터별 여건 등에 따라 운영시간의 조정이 필요할 경우 지방자치단체에 보고 후 변경 운영이 가능하다.[3] 지역아동

3) 학기 중 필수 운영시간은 14 : 00~19 : 00(8시간)이지만 방학(단기방학 포함) 및 공휴일에는 12 : 00~17 : 00(필수 운영시간 5시간임), 토요일, 공휴일 운영은 지역여건과 센터 실정에 따라 자율적으로 결정, 운영하되 자원봉사자 등을 적극 활용해 아동이 방임되지 않도록 조치해야 한다.

센터의 운영 프로그램에는 보호 프로그램빈곤 · 방임아동보호, 일상생활지도, 급식 제공, 위생지도 등, 교육 프로그램학교생활준비, 숙제지도, 기초학습부진아동 특별지도, 예체능교육, 독서지도 등, 놀이와 오락 프로그램문화체험, 견학, 캠프, 공동체활동, 놀이활동 지원, 특기적성 등과 보호자와 지역사회 연계 프로그램가정방문, 상담 · 정서적 지지, 부모 · 가족상담, 후원자 등 지역사회 내 인적 · 물적자원 연계, 사례관리 등이 있다.

시설장은 다음과 같은 교육계획을 수립하여 교육을 실시하고, 시 · 군 · 구청장에게 매년 1회 보고아동복지법 제9조 제3항 및 동법 시행령 제4조, 지방자치단체는 시설 점검 시 교육계획 수립 및 실시 여부를 확인해야 한다. 교통안전, 실종 · 유괴의 예방과 방지, 약물의 오남용 예방, 재난대비 안전 및 성폭력 예방교육이다. 교육자료는 지역아동센터 중앙지원단 홈페이지www.icareinfo.info에 게시된 자료를 참조 이용한다.

(2) 한국복지재단 결연사업

한국복지재단 결연사업은 시설보호아동, 가정위탁아동, 소년소녀가정아동, 모 · 부자세대 아동 등 불우한 아동과 지역사회 이웃과의 결연으로 물질적 · 정신적 지원을 통해 아동의 건전한 성장을 도모하는 것을 목적으로 실시되는 사업이다. 1976년 불우아동 건전육성대책 수립 이후 1977년 정부 주도로 사회인사와 시설보호아동과의 결연사업이 실시되다가 1981년 민간사업으로 전환되었다. 1986년 보건복지부의 위탁을 받아 한국복지재단이 소년소녀가정 결연사업, 저소득모자가정 결연사업을 전국 시 · 도지부를 통해 시행하고 있다.

(3) 지역사회종합복지관

지역사회종합복지관은 지역사회 내에 일정한 시설과 전문인력을 갖추고 지역사회의 인적 · 물적자원을 동원하여 지역사회문제를 해결하며 주민의 복지욕구를 충족시키기 위해 종합적인 복지사업을 시행하는 시설이다. 이 지역사회종합복지관에서는 빈곤가정아동을 대상으로 상담, 정서적 지원, 가사, 의료, 결연, 방과후 학습지도, 자립 지원서비스 등을 제공하고 있다.

(4) 위스타트 운동

위스타트We Start 운동은 사회 모두we가 나서서 빈곤층 아동의 출발start을 도와줌으로써 가난의 대물림을 끊어주자는 빈곤아동 시민운동으로 2005년 5월에 시작되었다. WE는 복지welfare와 교육education의 영문 머리글자로 이 두 부문이 운동의 핵심영역이라는 의미가 포함되었다. 50여 개 민간단체로 시작된 운동본부는 학교, 사회복지관, 보건소, 지방자체단체가 연계해 빈곤아동이 지역사회에서 최소한의 교육, 복지 권리를 누릴 수 있게 연결해 주는 지역교육복지망 만들기와 희망의 집 꾸미기 등으로 공부방 활성화 사업을 전개하고 있다.

위스타트 운동에서 전개하고 있는 서비스로는 첫째로 건강지킴이 사업이다. 열악한 주거환경과 의료비 부족 때문에 건강을 위협받는 빈곤층 아동에 대한 건강을 증진시켜 주는 사업과 보건소, 병원, 약국 등과 협력해 정기검진을 실시하고 충치, 영양결핍 등을 조기에 발견해 치료하고 있다. 둘째로는 위스타트 마을사업으로 빈곤층 가정에 대한 상담을 실시하여 희망의 집 꾸미기, 교육 출발선 만들기, 후견인 맺어주기 등을 하고 있다. 표 10-11에서 연령별 프로그램을 구체적으로 제시해 주고 있다.

표 10-11 | 위스타트 연령별 프로그램

연령	프로그램
0~3세	• 사회복지사, 간호사 가정방문 프로그램 • 산모, 영유아 건강문제 발생 시 협력 병원 의뢰 • 건강 유지에 필수적 식품 공급 • 포괄적인 보육서비스 시행
4~6세	• 학교 준비 및 인지능력 개발 프로그램 • 보육시설, 지역아동센터 등 아동시설 환경 개선 사업 • 보육시설 이용 보조금 지급
7~12세	• 기초학력 제고, 학교적응 프로그램 • 학업부진 학생 개별 학습 지도 • 가족 단위 사례관리로 종합적 해결책 모색 • 빈곤 아동을 위한 특별학교 운영비 · 급식비 지원

출처 : 위스타트 운동본부(2010). http://westart.or.kr

8. 빈곤아동을 위한 복지사업의 개선 방향

지금까지 살펴본 빈곤가정아동을 위한 정부 지원서비스와 민간 지원서비스 내용을 종합하여 더 충실하고 수준을 향상시킬 수 있는 복지사업의 개선방향을 국가와 사회가 노력해야 할 방향과 우리가 할 수 있는 영역으로 제시해 보고자 한다.

1) 국가와 사회가 노력해야 할 방향

첫째로, 교육급여의 현실화와 서비스 전문성 확보가 이루어져야 한다. 우선 빈곤아동 교육급여를 그들의 교육적 욕구와 교육 관련 문제를 해결해 나갈 수 있는 현실적 수준으로 향상시켜야 한다. 지역아동센터의 서비스가 빈곤 대물림 방지에 도움이 될 수 있도록 방과후 프로그램의 질적 수준이 향상될 필요도 있다. 즉, 지역사회 아동의 보호 · 교육, 건전한 놀이와 오락의 제공, 보호자의 지역사회와의 연계 등 효과적인 서비스 제공을 위해 교육, 복지, 보건이 연계된 통합서비스로 변화되어 상승효과를 발휘하도록 해야 한다. 현재의 시설환경의 개선 인력의 보충 및 프로그램 개발 등이 해결되어야 할 과제이다.

둘째로, 기본생활보장을 위해 경제적으로 지원 확대하는 일이 시급하다. 소년소녀가정 아동, 모 · 부자가정 아동, 국민기초생활보장사업 수급가정의 아동에게 지원하는 생계급여의 보장수준을 아동의 건강하고 문화적 양육을 보장할 수 있는 수준으로 지원해야 한다. 빈곤가정의 가장 심각한 문제는 기초생계비 부족이고 빈곤아동사업 수행 예산과 인력이 부족한 실정이다. 빈곤아동을 위한 아동수당제도가 도입되어야 하고 아동의 기본 생활이 보장되는 수준으로 확대되어 긴급한 상황에 처한 아동들 가족의 의식주 문제가 해결될 수 있는 수준이 되어야 한다.

셋째로, 신체적 · 정서적 건강관리가 강화되는 서비스를 제공해야 한다. 빈곤가정의 아동들은 일반 아동에 비해 건강상태가 좋지 않고 발달 정도가 부진하며 정서 및 행동문제에서 일반 아동에 비해 우울 및 충동성, 문제행동 등을 더 많이 경험하고 있어 건강한 성장을 보장하기 위한 지원이 보다 더 긴급하게 요구된다. 빈곤아동의 성장 및 발달수준을 일반 아동의 수준으로 끌어올려야 하기 때문이다. 지역사회 연계를 통한 서비스가 제공되어야 하고 상담 및 치료서비스가 제공되며 아동급식의 지방이양으로 지역별 재정불균형의 상황에서 급식예산 확보가 급선무이다.

넷째로, 가족기능 강화 및 빈곤아동 발생 예방대책 서비스 제공이 요청된다. 빈곤가정의 아동은 부모의 부적절한 양육행동, 지도감독 및 가족문제로 인하여 부정적인 영향을 받는 경향이 있어 보호자를 비롯한 빈곤가족에 대한 다양한 서비스가 필요하다는 것이 현실적 요청이다. 학교, 지역사회 복지기관을 통하여 빈곤아동에 대한 사회적 지지 세력과 자원을 개발해야 한다. 가족문제를 해결해 줄 수 있는 지원정책, 즉 빈곤가정에 대한 경제적 지원, 해체가족에 대한 다양한 가족상담이나 가정봉사원서비스 등 사회복지서비스의 제공, 직장 제공 등의 프로그램이 필요하다.

마지막으로, 빈곤가정아동을 위한 진로지도 프로그램이 개발되고 실시되어야 한다. 아동의 사회적 자립을 위한 교육 및 진로지도를 위한 프로그램 개발이 요청되는 실정이다. 진로지도 상담과 프로그램을 운영하여 빈곤가정아동의 중퇴나 직장생활과 학업을 병행하는 경우 고교진학 전후 사전에 준비할 수 있도록 연결 프로그램이 있어야 한다. 정서적 안정과 성장을 위한 지지집단 프로그램, 인성교육 프로그램과 같은 장기적인 프로그램을 정기적으로 실시하는 것이 좋다.

2) 우리가 할 수 있는 노력의 방향

빈곤의 문제는 다양한 원인으로 야기되기 때문에 해결하는 방법도 정부와 사회 차원으로만 맡겨서 해결할 수 있는 데는 한계가 있다. 지금 우리가 학생이고 일정한 수입이 없다 할지라도 지금 할 수 있는 일을 찾아보고 작은 일부터 실행해야 한다. 세 가지 활동을 통해 빈곤가정의 아동을 위한 우리의 복지활동을 해보자.

(1) 가진 물질을 나눠 지원하는 활동

활동 10-2

심청이는 장애를 가진 아버지의 딸로 가정 경제를 책임져야 할 빈곤가정의 소녀 가장이다. 나이가 되어 사회에 나가게 되면서 '밥 빌러 나가는 대목'에서 우리에게 이렇게 호소한다. 그 내용을 들어보고 내가 지금 이 사회에서 할 수 있는 일을 5가지 이상 적어 보자.

①
②
③
④
⑤

(2) 서비스를 받을 수 있게 연결해 주는 활동

활동 10-3

우리는 현재 우리 사회에서 빈곤가정의 아동을 위한 다양한 서비스가 제공되고 있는 것을 위에서 배웠다. 지금 내 주변에 있는 빈곤가정아동 한 명을 선정해 그들이 받고 있는 서비스가 무엇이고 받지 못하는 서비스가 무엇인지를 점검하고 그 원인을 찾아 받을 수 있는 서비스를 받도록 연결시켜 주는 활동을 해보자.

1. 내가 아는 빈곤가정아동 정보 :
   성명(가명 :), 나이( ), 성별(남, 여), 사는 지역( )
   가족상황( )
2. 이 아동의 가정을 위한 서비스 찾아주는 연결자 역할하기
   - 지원받는 서비스와 지원받지 못하는 서비스를 표 10-12에 체크하기
   - 지원받지 못하는 내용의 원인을 3가지 분류하기
   - 지원받지 못하는 내용 중 맞춤 서비스를 찾아 지원받을 수 있도록 함께 참여하기
   - 지원받은 서비스를 잘 사용하고 만족하는지를 확인해 보기

표 10-12 | 내가 아는 빈곤가정아동 서비스 제공상황 분석표

지원 주체	현행 서비스	지원받는 서비스	지원받지 못하고 있는 서비스		
			자격 미달로	서비스 내용을 몰라서	신청방법을 몰라서
정부 지원 서비스	아동급식서비스				
	영유아보육 지원료				
	교육복지 지원				
	드림스타트				
	아동발달 지원계좌				
	소년소녀가정 지원사업				
민간 지원 서비스	지역아동센터				
	결연사업				
	지역사회복지관				
	위스타트 운동				
변화결과 내용					

활동 10-4

내가 알고 있는 우리동네 빈곤가정아동이 학교에 다녀와 집과 동네에서 어떤 생활을 하는지 관찰한 후 그 아동에게 어떤 활동 지원이 필요한지를 분석하고 그중에 내가 해 줄 수 있는 시간과 재능 나눔 활동계획을 작성한 후 실천 후기를 적어보자.

1. 아동 생활 관찰(학교 다녀온 후 잠들기 전까지의 생활상태)
2. 그 아동의 삶에 무슨 참여와 지원이 필요한지 그들의 욕구를 적어보기(학습 지원, 친구로 놀아 주기, 상담, 문화행사 안내하기 등)
3. 아동의 필요와 내가 제공할 수 있는 시간과 활동내용 찾아 실행하기
4. 한 달 이상 참여 후 경험담 나누기

CHAPTER

11

다양한 가족의 아동을 위한 서비스

CHAPTER

11 다양한 가족의 아동을 위한 서비스

현대사회 가족은 가족의 규모가 축소되면서 대가족에서 핵가족, 소가족화가 되었으며 자녀가 없는 무자녀가족이 나타나게 되었다. 또한 교육기간의 연장과 취업연령의 상승으로 인하여 초혼 연령이 점차 상승하는 경향이다. 이러한 외적 변화는 가족의 내적 변화인 가족기능의 변화를 초래하여, 자녀양육과 가족구성원 보호기능의 국가, 사회 책임으로 확대되었다. 가족의 가치관 또한 가부장적인 불평등한 관점에서 새롭고 다양한 관점을 추구하는 방향으로 바뀌었으며, 특히 여성의 경제활동 참여가 많아지면서 가정 경제에 변화를 초래하였다.

가족의 구성을 실제의 가족이 구체적으로 어떠한 형태를 취하고 있는가의 관점에서 살펴볼 수 있는데, 이를 가족 형태라 한다. 즉, 가족이 한 세대의 사람들로만 구성되는 경우를 1세대 가족**부부가족**, 부모와 자녀 등의 두 세대로 구성되는 경우

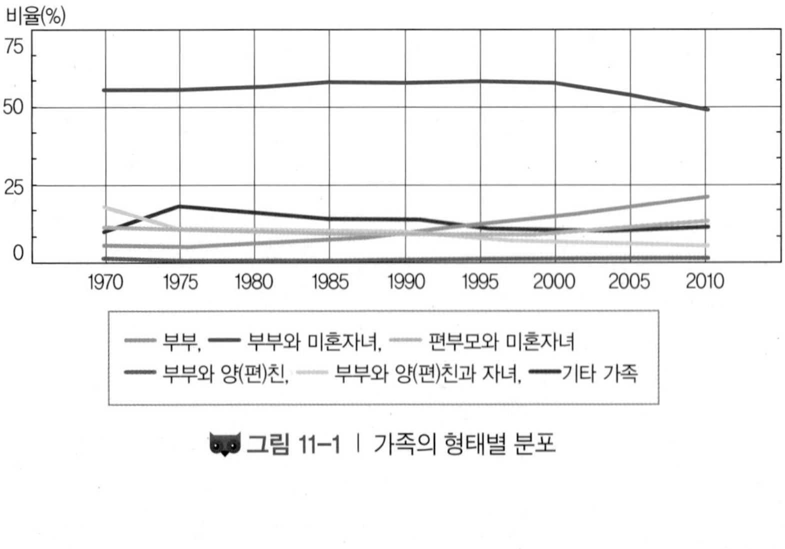

그림 11-1 | 가족의 형태별 분포

를 2세대 가족부부 + 자녀가족, 한부모가족 : 부자가족, 모자 가족, 부부 + 양친, 부부 + 한부모, 부부 + 자녀 + 부부의 형제 자매, 조부모+손자녀, 또는 조부모, 양친, 자녀와 같이 세 세대로 구성되는 경우 3세대 가족부부 + 자녀 + 양친(한부모)이 있으며 기타 4세대 이상, 1인 가구, 비혈연가구 등이 있다. 그림 11-1의 그래프를 보면 현대사회의 다양한 가족 형태의 분포를 알 수 있다.

1. 한부모가족 아동복지

1) 한부모가족의 개념과 유형

「한부모가족지원법」에서 '모' 또는 '부'란 다음 어느 하나에 해당하는 자로서 아동인 자녀를 양육하는 자를 말한다. ① 배우자와 사별 또는 이혼하거나 배우자로부터 유기(遺棄)된 자, ② 정신이나 신체의 장애로 장기간 노동능력을 상실한 배우자를 가진 자, ③ 교정시설 · 치료감호시설에 입소한 배우자 또는 병역복무 중인 배우자를 가진 사람, ④ 미혼자사실혼(事實婚) 관계에 있는 자는 제외한다, ⑤ ①~④까지에 규정된 자에 준하는 자로서 여성가족부령으로 정하는 자를 말한다.

'청소년 한부모'란 24세 이하의 모 또는 부를 말한다. '한부모가족'이란 모자가족 또는 부자가족을 말한다. '모자가족'이란 모가 세대주가 아니더라도 세대원世代員을 사실상 부양하는 자를 포함한다인 가족을 말한다. '부자가족'이란 부가 세대주가 아니더라도 세대원을 사실상 부양하는 자를 포함한다인 가족을 말한다. '아동'이란 18세 미만취학 중인 경우에는 22세 미만을 말하되, 「병역법」에 따른 병역의무를 이행하고 취학 중인 경우에는 병역의무를 이행한 기간을 가산한 연령 미만을 말한다의 자를 말한다. '지원기관'이란 이 법에 따른 지원을 행하는 국가나 지방자치단체를 말한다. '한부모가족복지단체'란 한부모가족의 복지증진을 목적으로 설립된 기관이나 단체를 말한다제4조.

2) 한부모가족의 형성 원인

한부모가족은 별거, 배우자 유기, 가출 등에 의해서도 형성되지만 대부분 배우자의 사망과 부부간의 이혼에 의해 형성된다. 전통사회에는 질병으로 인한 배우자의 사망에 의한 것이었으며, 현대사회는 사고사, 이혼의 증가로 인한 형성이 대부분을 차지하고 있다. 최근 이혼으로 인한 남성 한부모가족의 형성 등 우리나라의 한부모가족 증가는 이혼율 증가와 관련이 있다고 보고된다.

(1) 이혼

지난 30년간 이혼은 1982~2003년 기간 증가한 후, 2004~2012년 기간에는 감소하였다. 최근 이혼건수 감소는 유배우 인구25~49세의 감소와 이혼숙려기간 시범도입 등의 영향으로 보인다. 한부모가족의 현황은 '미성년 자녀를 둔 이혼가정'과 관련이 있으며 미성년 자녀가 있는 부부의 이혼 구성비는 1993년 68.8%에서 2012년 52.8%로 감소하였다. 이혼한 한부모가정의 추이를 종합해 볼 때, 이혼을 경험하는 가정의 약 50%는 미성년 자녀가 있는 가정으로, 이는 부모의 이혼을 경험하는 자녀들이 증가하고 있음을 알 수 있다. 30~40대 이혼의 경우가 절대다수를 차지하고 있

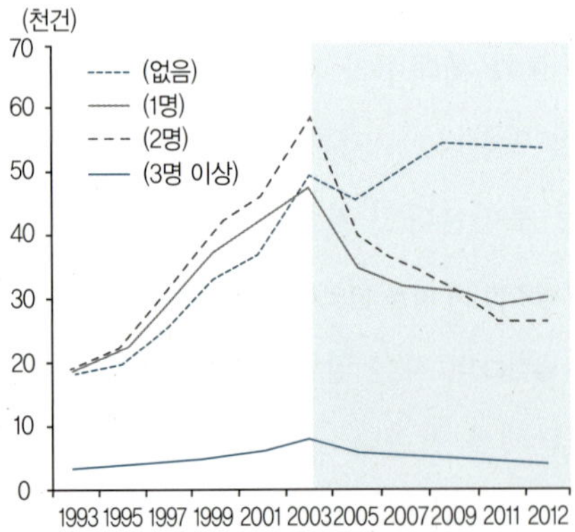

그림 11-2 | 미성년 자녀 수별 이혼건수

출처 : 통계청 홈페이지(2013).

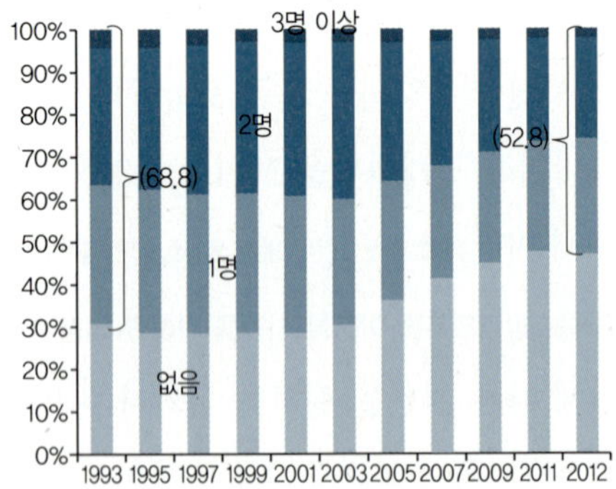

그림 11-3 | 미성년 자녀 수별 이혼구성비

출처 : 통계청 홈페이지(2013).

어 전학령기preschool age부터 학령기 시기에 부모의 이혼을 경험한 자녀들의 비율이 상당히 많다. 특별히 아동기의 부모역할이 매우 중요하여 한부모가족 아동에 대한 사회복지 실천이 매우 시급하다.

(2) 사별

남성의 사망률은 여성의 사망률보다 1.22배 높고 연령별로 보면 30~50대 남성의 사망률이 여성에 비해 2~2.9배 정도 높다. 배우자 사망으로 인한 한부모가족의 추이로는, 여성은 배우자의 사망으로 인한 경우가 높은 반면, 남성의 경우 배우자와의 '이혼, 별거, 가출'에 의한 한부모가족 형성이 배우자의 사망으로 인한 경우보다 높게 나타났다. 사별에 의한 한부모가족 아동을 위한 사회복지실천이 이루어져야 한다.

3) 한부모가족의 현황

한부모가구의 수는 2005년 137만 가구에서 2010년 159만 4,000가구, 2014년 174만 9,000가구로 증가하고 있다. 전체 가구에서 한부모가구가 차지하는 비율은 2005년 8.6%에서 2010년 9.2%, 2014년 9.4%로 증가하였다. 한부모가구의 형성 원인 중 사별이 29.7%, 이혼 32.8%, 미혼모·부가 11.6%로 사별 외의 요인으로 한부모가구가 형성되는 비율이 점차 높아지고 있다. 우리나라의 전체 모자가구 수 및 가구원 수는 점차 늘어나고 있는 추세이며, 사별과 이혼에 의한 모자가족 형성이 주를 이루고 있다. 사별로 인한 여성 한부모가족은 감소하는 데 비해 이혼으로 인한 여성 한부모가족은 증가 추세로 30~40대 여성의 이혼 비율이 가장 높게 나타났다. 한편, 미성년 자녀가 있는 한부모가족은 자녀양육 및 교육문제가 보다 밀접하게 맞물려 있는 시기인데, 가정의 기본적 삶의 질의 문제가 자녀에 대한 빈곤 세습의 문제로 이어질 가능성이 있음을 염두에 두어야 한다. 한편, 남성 한부모가족의 현황 및 실태를 여성 한부모가족의 증가와 비교해 볼 때 남성 한부모가족의 증가가 두드러지는 추세이다. 2005년 28만 6,923건으로 2000년 대비 28% 증가한 것으로 나타났으며, 2010년 34만 7,000건, 2015년 40만 9,000건으로 늘어나고 있는 추세이다.

4) 한부모가족의 이해

한부모가족의 특성은 한부모가 자녀에게 부모 모두의 역할을 해줘야 한다는 역할부담의 문제**역할가중**와, 경제적 부양자원 감소가 나타난다. 특히, 모자가족에게서 나타나기 쉬운 경제적인 어려움이 크다. 또한 가족에 대한 자녀의 책임감 등 정신적인 갈등을 극복해야 하는 문제나 미래에 대한 불안이나 결혼 또는 재혼의 의사결정문제들이 따른다. 한부모가족이 경험하는 경제적 문제나 자녀양육 및 교육문제, 정서적 부적응 및 건강문제 등은 직 · 간접적으로 아동에게 영향을 미칠 수 있다. 이 외에도 사회적 편견으로 인한 어려움과 법률제도상의 어려움 등이 있다.

(1) 생계부양자로서의 경제적 역할 갈등

여성 한부모가족은 가부장제 자본주의 사회에서 여성은 노동력을 상품화시키지 못해 '의존적 존재'로 규정되고 사회적 차별을 감수해야 하는 기제로 작용해 남성 배우자의 상실은 여성의 빈곤으로 연결되며 이는 아동의 빈곤과 가족해체에 이르기

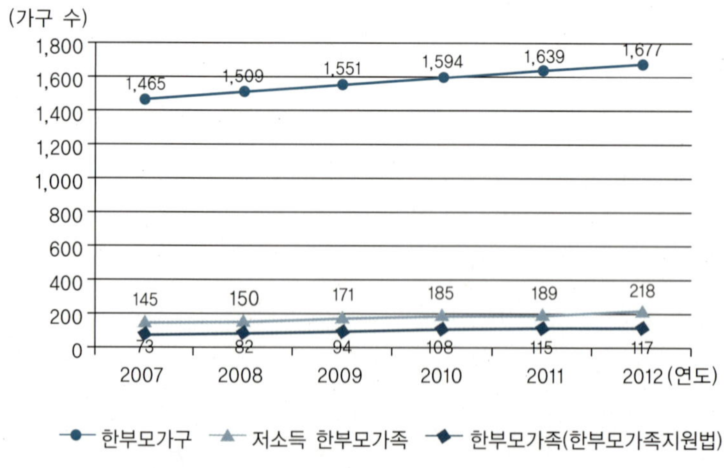

그림 11-4 | 한부모가족(2013년 현재)

도 한다. 여성 한부모는 유일한 생계부양자인 가장이자 유일한 자녀양육자로서 이중 책임을 수행하는 과정에서 생계벌이와 보살핌의 역할관계가 높은데, 부의 상실로 인한 소득의 감소문제뿐 아니라 주택문제, 취업문제 등이 포함된다. 여성 직종은 시간제가 많고 전형적인 저임금직종이어서 취업만으로 빈곤선 위로 끌어올리기에 어려움이 있다.

남성 한부모가족도 경제적인 빈곤을 경험한다. 주로 경제적 수입을 위한 직장생활과 가사와 아동양육을 병행하는 데서 생기며, 자녀양육과 가사를 감당할 수 있는 직업을 찾아서 선택 기회가 적고 전직의 가능성도 높아진다. 혹은 육아를 타인이나 기관에 맡겨 새로운 가계지출이 발생하기도 한다.

(2) 자녀양육과 정서적 역할갈등

- 자녀양육 및 역할재조정에 관한 갈등 : 가족 내의 아동의 사회화 역할 모델의 부재가 생기게 되는데, 이 역할부재를 보완하기 위한 역할 변화가 일어나거나 부나 모가 혼자서 부모역할을 하게 됨에 따라 자녀와의 관계에서 갈등이 발생할 수 있다. 모자가족의 경우, 모의 취업상황에서 문제가 발생**과중한 역할수행으로 지치고 죄책감으로 감정적으로 흐르기 쉬우며 일관성을 기대하기 어렵다**한다. 부자가족의 경우는, 가사나 자녀양육기술 부족에 따른 문제가 발생, 즉 대화의 어려움, 보호할 사람의 부재, 자녀양육 상담대상 부재, 학습지도나 생활지도의 어려움 등이 있다.
- 한부모의 정서적 역할갈등 : 여성 한부모는 부양자로서 긴장과 스트레스를 받고 있다. 구체적으로, 상실, 외로움, 분노, 심리적 위축에서 오는 정서적 어려움에 빠지게 되거나 무력감, 자신감의 결여, 거부감, 부정적 자아상, 무능력하고 부적절한 존재로 느껴져 우울, 불안, 소외감에 빠질 수 있다. 남성 한부모도 심리적 불안감뿐 아니라 알코올중독 등의 문제 등을 보이는 등 여성 한부모와 같은 정서적 어려움을 경험하기도 한다.
- 사회적 편견 : 가족의 변화와 다양성의 증가에도 불구하고 결손가족, 비정상

가족, 불완전한 가족이라는 구조기능에 대한 편견적 시각이 주를 이루고 있다. 인생실패자, 인생낙오자, 뭔가 문제가 있는 사람, 부모자격도 없는 사람 등으로 인식해 취업, 승진의 불이익, 직장 내 성희롱 피해를 입기도 한다. 심지어 원가족과 친구관계에도 영향을 미쳐 가족 간의 관계가 멀어지고, 친구와의 관계도 소원해지며, 자립의지를 상실하게 되어 어려움이 있다.

(3) 한부모가족 아동의 문제

- 이혼과정상의 문제 : 부부가 이혼하기까지 전 과정에 아동들은 심리 · 정서적으로 다양한 문제를 경험할 수 있다. 양육권, 친권 등과 관련하여 합의가 이루어지지 않을 경우, 법적인 절차를 밟는 과정에서 아동들이 어려움을 경험하는 경우가 발생하기도 한다. 아동들은 부모 이혼 자체보다는 그 과정에서 어떠한 지원을 받는가에 따라 적응 여부가 달라지고, 얼마나 잘 적응했는가에 따라 변화무쌍해진다.
- 이혼 이후 적응상의 문제 : 이혼 또는 사별로 인한 한부모가족 아동은 사회가 점점 너그러워짐에도 다음과 같이 '전통적인' 핵가족의 아동이 경험하지 않은 복합적인 스트레스로 고통을 받는다(Webb, 1996). 더 낮은 사회 · 경제적 상태, 양육권 논쟁, 분리된 충성심, 학교와 가정환경의 변화, 양육을 맡지 않은 부모와의 감소된 또는 부재한 의사소통 계부모와 계부모가정의 형제에 대한 적응에 있어서도 충돌하는 것들이 있는데, 서로 다른 규칙과 생활양식에 적응하여야 하며, 다른 사람들과 공유하는 것이 허락되는지에 대한 정보의 불확실성, 그들이 어디에 속해 있는지에 관한 혼란된 감정을 갖게 되기도 한다. 때로는 가족의 생활양식과 관련된 편견과 비난을 받게 되는 경우도 있다.
- 아동에게 이혼이 갖는 의미는 개별적 가정 조건이나 연령, 개인적 기질 등에 따라 다양한 차이를 보이지만 공통적으로 가족–지원, 안정성, 보호, 지속성–의 상실을 의미기 때문에 매우 큰 충격을 받게 된다. 한 명의 부모가 아

버지와 어머니로서의 역할을 모두 다 수행해야 하기 때문에 아동의 입장에서 부모의 이혼 이후 극복해야 하는 수많은 역경이 있다. 이혼에 대한 연령별 아동의 반응이나 아동의 인지발달과 사별의 이해, 아동의 인지적 발달 단계에 따라 부모의 사별에 대한 이해는 점진적인 과정을 거치게 된다. 부나 모의 부재는 아동들에게 가사분담이나 형제 · 자매 돌보기 등과 같은 역할부담 또는 과부모화된 아이, 분리된 부나 모와의 충성심 갈등과 같은 결과를 가져올 수 있다. 여성의 경우, 저소득층 여성 가장은 비정규직, 가사일과 병행에 어려움이 많아 한부모가족의 여아는, 이른 가사분담과 동생 양육으로 심리정서적인 피로감을 호소하기도 한다. 남성 한부모의 경우, 맏이들이 주로 동생들의 양육과 가사분담을 하는 경우에 폭력과 갈등이 나타나기도 한다.

5) 한부모가족 아동복지정책

한부모가족 아동을 위한 복지정책은 「한부모가족지원법」과 다른 관련 법률에 의해 실행되고 있다. 한부모가족 지원은 2002년 개정 전까지 「모자복지법」 땐 여성복지적인 색채가 강했지만 남성이 세대주인 경우도 지원하기 위해 2002년 「모 · 부자복지법」으로 변경되어 기존의 「모 · 부자복지법」에서 개정된 「한부모가족지원법」에 근거해 지원하고 있다.

(1) 한부모가족지원법

「한부모가족지원법」의 목적은 한부모가족이 건강하고 문화적인 생활을 영위할 수 있도록 함으로써 한부모가족의 생활 안정과 복지증진에 이바지함을 목적으로 한다**제1조**. 국가와 지방자치단체는 한부모가족의 복지를 증진할 책임을 진다. 또한 국가와 지방자치단체는 한부모가족의 권익을 지원하기 위하여 노력하여야 한다. 국가와 지방자치단체는 한부모가족에 대해 다음과 같은 책임을 가진다. 국가와 지방자치단체는 한부모가족에 대한 사회적 편견과 차별을 예방하고, 사회구성원이 한부모가족을 이해하고 존중할 수 있도록 교육 및 홍보 등 필요한 조치를 할 수 있다. 국가와 지방자치단체는 청소년 한부모가족의 자립을 위하여 노력하여야 한다. 마지막으로 모든 국민은 한부모가족의 복지증진에 협력하여야 한다**제2조**.

한부모가족의 권리와 책임의 규정을 이 법에서는 다음과 같이 규정한다. ① 한부모가족의 모(母) 또는 부(父)는 임신과 출산 및 양육을 사유로 합리적인 이유 없이 교육 · 고용 등에서 차별을 받지 아니한다. ② 한부모가족의 모 또는 부와 아동은 그가 가지고 있는 자산과 노동능력 등을 최대한으로 활용하여 자립과 생활 향상을 위하여 노력하여야 한다**제3조**. 지원대상자의 범위도 구체적으로 명시하고 있다.[1] 여성가족부장관은 한부모가족 지원을 위한 정책수립에 활용하기 위하여 3년마다 한부모가족에 대한 실태조사를 실시하고 그 결과를 공표하여야 한다. 여성가족부장관은 실태조사를 위하여 관계 공공기관 또는 관련 법인 · 단체에 대하여 필요한 자료의 제출 등 협조를 요청할 수 있으며, 요청받은 관계 공공기관 또는 관련 법인 · 단체는 특별한 사유가 없으면 이에 협조하여야 한다.

한부모가족복지단체에 대한 지원은 국가나 지방자치단체가 지원할 수 있다**제9조**. 복지서비스 내용에 관한 법률은 지원대상자의 조사 등**제10조**, 복지급여의 신청**제11조**과 내용**제12조**, 복지급여 사유의 확인 등**제12조의 2**, 금융정보의 제공**제12조의 3**, 복지급여의 거절 · 변경 등**제12조의 4**, 복지급여수급계좌**제12조의 5**, 복지 자금의 대여**제13**

1) ① 이 법에 따른 지원대상자는 제4조 제1호 · 제1호의 2 및 제2호부터 제5호까지의 규정에 해당하는 자로서 여성가족부령으로 정하는 자로 한다. ② 제1항에 따른 지원대상자 중 아동의 연령을 초과하는 자녀가 있는 한부모가족의 경우 그 자녀를 제외한 나머지 가족구성원을 지원대상자로 한다〈제5조〉. 지원대상자의 범위에 따른 특례는 다음과 같다. ① 출산 후 해당 아동을 양육하지 아니하는 미혼모는 제5조에도 불구하고 제19조 제1항 제3호의 미혼모자가족복지시설을 이용할 때에는 이 법에 따른 지원대상자가 된다. ② 다음 각 호의 어느 하나에 해당하는 아동과 그 아동을 양육하는 조부 또는 조모로서 여성가족부령으로 정하는 자는 제5조에도 불구하고 이 법에 따른 지원대상자가 된다. 1. 부모가 사망하거나 생사가 분명하지 아니한 아동, 2. 부모가 정신 또는 신체의 장애 · 질병으로 장기간 노동능력을 상실한 아동, 3. 부모의 장기복역 등으로 부양을 받을 수 없는 아동, 4. 부모가 이혼하거나 유기하여 부양을 받을 수 없는 아동, 5. 제1호부터 제4호까지에 규정된 자에 준하는 자로서 여성가족부령으로 정하는 아동, ③ 국내에 체류하고 있는 외국인 중 대한민국 국민과 혼인하여 대한민국 국적의 아동을 양육하고 있는 사람으로서 대통령령으로 정하는 사람이 제5조에 해당하면 이 법에 따른 지원대상자가 된다〈5조의 2〉.

조, 고용촉진제14조과 고용 지원 연계14조의 2, 공공시설에 매점 및 시설 설치 이용제15조, 시설 우선 이용제16조, 가족 지원서비스제17조, 청소년 한부모에 대한 교육 지원제17조의 2, 자녀양육비 이행 지원제17조의 3, 청소년 한부모의 자립 지원제17조의 4, 국민주택의 분양 및 임대제18조, 한부모가족 복지시설제19~24조의 2로 구성되어 있다.

(2) 한부모가족 지원에 관한 관련 법

한부모가족과 관련된 내용들이 다른 법률에도 명시되어 있다. 「국민기초생활보장법」에 의해 자녀학비, 아동양육비, 교육급여 수급자에게 입학금, 수업료, 학용품비 기타 수급품을 지원하고 있다. 「사회보장기본법」에서는 국가 및 지방자치단체는 사회보장제도를 확립하고 매년 이에 필요한 재원을 조달하여야 한다는 규정과 함께 가정이 건전하게 유지되고 그 기능이 향상되도록 노력하여야 한다. 사회보장제도를 시행함에 있어 가정과 지역공동체의 자발적 복지활동을 촉진하여야 한다는 명시가 있다. 유아 및 초 · 중등학생이 한부모가족에 해당되는 경우 「초 · 중등교육법」에 적용을 받는다. 「모자보건법」에서는 국가와 지방자치단체는 모성과 유아의 건강을 유지하기 위하여 필요한 조치를 하여야 한다는 규정에서 한부모가족에 대상을 포함한다. 모자보건사업 및 가족계획사업에 관한 시책을 강구하여 국민보건 향상에 이바지하도록 노력하여야 한다(최윤진, 2015). 「건강가정기본법」은 2003년 제정으로 사적 영역이라고 간주된 한부모가족에 대한 개입이 확대되었고 다양한 가족에 대한 지원을 설정하여 한부모가족에 대한 포괄적 지원체계 구축을 추진했다. 「아동복지법」은 2003년 12월 재개정 이후 공부방은 '지역아동센터' 아동복지시설로 확정되었고 법에 의해 지원하고 있으며 지역아동센터 이용 아동들의 가정 형태는 모자가족22.96%, 부자가족13.65%, 조손가족8.28% 등 한부모가족 아동들의 이용률이 매우 높은 것으로 나타난다.

(3) 한부모가족 아동복지서비스 현황

한부모가족 아동을 위한 정부 주도의 경제적 지원제도는 양육, 법률, 자립, 주거, 기타 등으로 나뉘어 다양하게 제공되고 있다. 대표적으로 위드맘 지원정책http://withmom.mogef.go.kr이 있다. 한부모가족은 사회보험, 국민기초생활보장제도, 한부모가족지원제도 등으로부터 보호를 받고 있다.

① 사회보험

배우자의 사망으로 인한 한부모가족은 「국민연금법」, 「공무원연금법」, 「사립학교연금법」, 「산업재해보상법」 등의 경제적 지원을 받는다. 이혼으로 인한 한부모가족은 한부모가 보험의 직접적 당사자가 아닌 경우에는 해당 사항이 없다. 사망에 의한 한부모가 아닌 경우에는 사회보험으로부터 소득보장을 위한 지원은 매우 제한적이다.

② 공공부조

저소득층일 경우 「국민기초생활 보장법」에 의해 '생계지원'과 '자활 및 고용 지원'이 해당된다. 복지급여 지원이 결정된 가구 또는 가구원에 대하여 아동양육비, 아동교육 지원비, 생활보조금, 자립촉진수당 등 결정된 급여를 지급한다. 지원대상자는 한부모가족, 조손가족, 청소년 한부모가족으로서 가구선정 기준 및 소득인정액 기준을 충족한 경우 지원결정이 가능하다. 가구단위로 지원하며 가구선정 기준 및 소득인정액 기준을 충족해야만 지원이 가능하다. 신청방법은 지원대상의 가구원이나 친족, 기타 관계인이 신청해야 하며 공무원이 대신 신청해줄 경우 꼭 동의를 받아야 한다. 신청장소는 읍 · 면사무소 및 동주민센터에서 신청이 가능하다.

복지급여의 종류는 저소득 한부모 및 조손가족 지원에 대해서 아동양육비만 12세 미만 아동대상 월 10만 원, 아동교육 지원비학용품비로 중 · 고등학생 자녀 연 5만 원, 추가 아동양육비조손가족 및 만 25세 이상 미혼 한부모가족의 만 5세 이하 아동 월 5만 원, 생활보조금한부모가족복지시설 입소 한부모가족 월 5만 원이 있으며, 청소년 한부모 자립 지원의 경우 아동양육비만 24세 이하의 청소년 한부모 자녀대상 월 15만 원, 자립촉진수당생계급여 · 의료급여 수급 청소년 한부모, 월 10만 원, 검정고시 학습비청소년 한부모가족의 모 또는 부가 고등학생인 경우 수업료 및 입학금 지원 등이 있다. 생계 지원에서 공공부조대상은 극빈층에 국한되어 이혼가족 중 많은 수가 수급기준에는 미치지 않아 경제적 어려움을 해결하기에는 부족한 실정이다. 자활 및 고용지원사업은 저소득 빈곤계층에게 자활사업에 참여하는 조건으로 생계급여를 지급하고 근로능력 정도에 따라 취업대상자와 비취업 대상자로 분류하여 자활사업에 참여, 성과는 다소 부진한 실정이다.

③ 한부모가족복지시설 이용 제공

한부모가족 복지시설 사업의 목적은 한부모가족복지시설 운영의 투명성과 서비스 질 향상을 통해 입소자의 건강한 자녀양육 등 다양한 욕구충족 및 사회 · 경제적 자립을 지원하는 것이다. 한부모가족복지시설에는 모 · 부자가족 복지시설**기본생활 지원형 및 자립생활 지원형**, 모 · 부자가족복지시설**공동생활 지원형**, 미혼모자가족복지시설**기본생활 지원형**, 일시 지원 복지시설**6개월 단기** 등으로 구성되어 있다.

- 모자가족복지시설 : 모자가족에게 편의를 제공하는 시설이다. 크게 기본생활 지원형과 공동생활 지원형, 자립생활 지원형으로 나뉜다. 기본생활 지원은 생계가 어려운 모자가족에게 일정 기간 동안 주거와 생계를 지원하며, 공동생활 지원형은 독립적인 생활이 어려운 모자가족에게 일정 기간 동안 공

표 11-1 | 모 · 부자가족 복지시설(2015년)

구분	유형	계	서울	부산	대구	인천	광주	대전	울산	경기	강원	충북	충남	전북	전남	경북	경남	제주
모자가족 복지시설 (개소)	기본생활 지원	41	6	6	5	1	1	1	1	2	1	1	2	4	2	5	2	1
정원(세대)		1,026	136	155	169	30	22	20	27	59	24	30	40	86	45	117	50	16
부자가족 복지시설 (개소)	기본생활 지원	2	1			1												
정원(세대)		40	20			20												
모자가족 복지시설 (개소)	자립생활 지원	3								1		1		1				
정원(세대)		41								10		7		24				

표 11-2 | 미혼모자가족복지시설(2015년)

구분	유형	계	서울	부산	대구	인천	광주	대전	울산	경기	강원	충북	충남	전북	전남	경북	경남	제주
미혼모자가족복지시설(개소)	공동생활 지원형(미혼모자)	38	9	3	2	3	2	3	1	6	1	–	1	1	2	1	2	1
정원(세대)		332	80	20	17	36	18	23	5	54	7	–	11	5	19	5	22	10
미혼모자가족복지시설(개소)	공동생활 지원형(미혼모)	1	1															
정원(세대)		10	10															

동생활을 통하여 자립을 준비할 수 있도록 주거 등을 지원하게 된다. 자립생활 지원의 경우, 자립욕구가 강한 모자가족에게 일정 기간 동안 주거를 제공하여 스스로 자립하도록 돕는다.

- 부자가족복지시설 : 부자가족에게 편의를 제공하는 시설로 모자가족복지시설과 일치하지만 모자가 아닌 부자관계인 점만 다르다.
- 미혼모자가족복지시설 : 미혼모자가족과 출산 미혼모 등에게 편의를 제공하는 시설이다. 기본생활 지원으로는, 미혼 여성의 임신 · 출산 시 안전 분만 및 심신의 건강 회복과 출산 후의 아동의 양육 지원을 위하여 일정 기간 동안 주거와 생계를 지원하며, 공동생활 지원은 출산 후 해당 아동을 양육하지 아니하는 미혼모 또는 미혼모와 그 출산 아동으로 구성된 미혼모자가족에게 일정 기간 동안 공동생활을 통하여 자립을 준비할 수 있도록 주거 등을 지원한다.
- 일시지원복지시설 : 배우자사실혼 관계에 있는 사람을 포함한다가 있으나 배우자의 물리적 · 정신적 학대로 아동의 건전한 양육이나 모의 건강에 지장을 초래할 우려가 있을 경우 일시적 또는 일정 기간 동안 모와 아동 또는 모에게 주거와 생계를 지원하는 시설이다.
- 한부모가족복지상담소 : 생활이 어려운 한부모가족에 대해 위기 · 자립상담 또는 문제해결 지원 등을 목적으로 하는 시설이다. 2015년 12월 현재 총 127개소생활시설 123개소, 이용시설 4개소가 있으며 표 11-3과 같다.

표 11-3 | 가족복지시설 유형

시설 유형		시설 수	입소대상 및 기능	입소기간 (연장 가능 기간)	입소 정원
모자가족복지시설 (48)	기본생활 지원	41	만 18세 미만의 자녀를 양육하는 무주택 저소득 모자가족	3년(2년)	1,026세대
	공동생활 지원	4	독립적인 가정생활이 어렵고 일정기간 공동으로 가정을 이루어 생활하면서 자립을 준비하고자 하는 모자가족	2년(1년)	52세대
	자립생활 지원	3	만 18세 미만의 자녀를 양육하는 무주택 저소득 모자가족, 기본생활 지원형에서 퇴소한 모자세대로서 자립준비가 미흡한 모자가족	3년(2년)	41세대
부자가족복지시설 (4)	기본생활 지원	2	만 18세 미만의 자녀를 양육하는 무주택 저소득 부자가족	3년(2년)	40세대
	공동생활 지원	2	독립적인 가정생활이 어렵고 일정기간 공동으로 가정을 이루어 생활하면서 자립을 준비하고자 하는 부자가족	2년(1년)	15세대
	자립생활 지원	–	기본생활 지원형에서 퇴소한 부자세대로서 자립준비가 미흡한 부자가족	–	–
미혼모자가족복지시설 (59)	기본생활 지원	20	미혼의 임신여성 및 출산 후(6월 미만) 지원을 요하는 여성	1년(6월)	520명
	공동생활 지원	38	2세 미만의 영유아를 양육하는 미혼모	2년(1년)	332세대
		1	출산 후 해당아동을 양육하지 아니하는 미혼모	2년(6월)	10명
일시지원 복지시설(12)		12	배우자의 학대로 인하여 아동의 건전 양육과 모의 건강에 지장을 초래할 우려가 있는 모와 아동	6월(6월)	360명
한부모가족 복지상담소(4)		4	한부모가족에 대한 위기 · 자립상담 및 문제해결 지원	이용시설	

주 : 휴지시설 1개소 포함

18세 미만의 아동을 양육하는 무주택 저소득 한부모가족을 위해 가족복지시설이 제공되고 있으며, 모자보호시설은 무주택 저소득 여성 한부모가족의 기본생계 보장과 자립기반을 조성하기 위해서 만들어졌다. 시설에서의 지원내용으로, 방과 후 아동지도, 아동급식비 지급**자립시설 제외**, 심리 · 정서적 전문상담 및 심리치료 지원, 직업교육 연계 등 자립준비 지원과 기타 국가 또는 지방자치단체가 정하는 경비 지원연계 또는 정보 제공 등이 있다. 이러한 한부모가족복지시설은 지역사회의 민간단체·종교단체·기업과 결연사업을 추진하여 입소자의 편의와 유대감을 증진시키는 한편, 시설의 놀이터와 운동장, 강당 등 문화·체육 부대시설을 지역사회 주민에게 개방하여 운영하는 것을 통해 지역사회의 유대 강화를 이끌었다.

④ 생활안정과 자립을 위한 서비스

- 자립준비금 공제제도 : 한부모가족복지시설의 입소자가 근로소득의 40% 이상을 저축하는 경우 '자립준비금'으로 인정하여 소득향상으로 인한 퇴소를 유예시켜 준다. 시설입소자의 근로의욕을 제고시키고 실질적인 경제적 자립 기반을 조성해 주는 제도이다.
- 한부모가족 임대주택 특별공급 : 시·도지사는 관할 지역 내 5년, 10년 공공건설임대주택 건설량의 10% 범위 내에서 한부모가족을 선정하여 특별 공급 대상을 추천하는 제도이다.
- 한부모가족복지시설 입소자 상담·치료 지원복권기금사업 : 한부모가족복지시설 입소자의 심리·정서적 전문상담 및 치료 지원을 통하여 가족생활의 안정 및 조기 자립을 도모한다.
- 공동생활가정형매입임대주택 주거 지원복권기금사업 : 저소득 무주택 미혼 한부모 및 부자 가족의 심리적·경제적 부담을 덜고 저렴한 월세로 자립을 준비할 수 있도록 주거를 지원해 준다.
- 저소득 한부모가족 복지자금의 대여 : 제도권 금융 이용이 곤란한 금융소외계층을 대상으로 창업·운영자금 등 자활자금을 무담보·무보증으로 지원하는 소액대출사업으로, 한부모가족의 생활안정과 자립을 촉진하기 위한 제도이다. 사업에 필요한 자금, 아동교육비, 의료비, 주택자금, 대통령령으로 정하는 자금제13조 등이 있다.
- 고용의 촉진 : 한부모가족의 모 또는 부와 아동의 직업능력을 개발하기 위하여 능력 및 적성 등을 고려한 직업능력개발훈련을 실시하여야 한다는 규정

에 의해 고용을 촉진하기 위한 적합한 직업을 알선하고 각종 사업장에 모 또는 부와 아동이 우선 고용되도록 노력하여야 한다.

- 고용 지원 연계 : 취업기회를 확대하기 위하여 한부모가족 관련 시설 및 기관과 직업안정기관 간 효율적인 연계를 도모하여야 한다제14조의 2.
- 공공시설에 매점 및 시설 설치 우선 허가 : 공공시설에 각종 매점 및 시설의 설치를 허가하는 경우 이를 한부모가족 또는 한부모가족복지단체에 우선적으로 허가할 수 있다제15조.
- 시설 우선 이용 : 공공의 아동 편의시설과 그 밖의 공공시설을 우선적으로 이용할 수 있도록 노력하여야 한다제16조.

⑤ 지원서비스

- 가족 지원서비스 : 다양한 가족 지원서비스를 제공하도록 노력하여야 한다는 제17조의 규정에 의해 아동의 양육 및 교육서비스, 장애인, 노인, 만성질환자 등의 부양서비스, 취사, 청소, 세탁 등 가사서비스, 교육 · 상담 등 가족관계 증진서비스, 인지청구 및 자녀양육비 청구 등을 위한 법률상담, 소송대리 등 법률구조서비스, 그 밖에 대통령령으로 정하는 한부모가족에 대한 가족지원 서비스 등이 있다.
- 청소년 한부모에 대한 교육 지원 : 청소년 한부모가 학업을 할 수 있도록 청소년 한부모의 선택에 따라 학교에서의 학적 유지를 위한 지원 및 교육비 지원 또는 검정고시 지원 또는 학력인정 평생교육시설에 대한 교육비 지원을 받을 수 있으며, 「초 · 중등교육법」 제28조에 따른 교육 지원을 받을 수 있다. 그 외에도 청소년 한부모의 교육 지원을 위하여 여성가족부령으로 정하는 사항이나 순회교육을 실시하기 위한 지원 제17조의 2가 있다.

⑥ 민간복지서비스

다양한 가족 형태의 논의의 증가와 함께 다양한 가족정책의 필요성으로 한부모가족을 위한 프로그램과 서비스를 제공하는 민간복지기관 및 단체들이 증가하였다. 지역사회복지관, 모·부자보호시설, 모자자립시설, 여성복지상담소, 여성단체, 자활후견기관, 지역아동센터 등을 통해 지원받을 수 있고, 인터넷을 중심으로 형성된 한부모들의 공동체를 통해 이루어진 민간단체들이다. 교회와 같은 일부 종교단체 및 가족 관련 연구소 등에서도 프로그램을 제공하며 한부모가족을 위한 서비스를 제공하고 있다.

- 지역사회복지관 및 모·부자시설의 서비스 : 경제적 지원지원금과 심리사회적 지원교육, 상담, 지역사회 연계 서비스, 보육, 사례관리 등으로 분류하여 서비스를 실시하고 있다.
- 한부모가족희망센터의 사례관리사업 : 빈곤한 한부모가구주에 대한 통합적 개입서비스로, 부모가구주들의 다양한 문제를 해결하기 위해 해결 중심 접근의 전문적인 상담을 실시하여, 지역사회 자원을 연계하며 지속적인 사례관리를 해주는 서비스이다. 한부모가구주의 자활 및 자립을 지원하고 있다.
- 건강가정지원센터의 한부모가족 지원서비스 : 2005년부터 「건강가정기본법」 제31조에 이혼 예방 및 이혼가정 지원을 위한 '건강가정지원센터 설치' 규정에 의해 각 지역마다 건강가정지원센터가 설립되었다. 2009년 1월 말 중앙센터 1개소와 전국 82개의 지역건강지원센터가 설립되었으며, 가족생활교육, 가족상담, 문화 프로그램 등 통합적 한부모가족 서비스 프로그램인 '당당한 나, 행복한 우리 가족'을 실시하여 복합적인 서비스를 제공하고 있다.
- 한부모가족연구소의 한부모가족 지원서비스 : 한부모가족에 대한 부정적 인식을 개선하기 위한 각종 행사를 제공하고, 한부모가족들끼리의 커뮤니티 형성을 위한 자조모임, 올바른 부모교육·한부모가족 이해교육 등을 실시하고 있다. 뿐만 아니라 장학금 및 후원금·한부모가족 상담, 한부모가족 아동교육·연구활동·한부모가족 지도사 양성교육 등 다양하게 지원하고 있다.

6) 한부모가족 아동을 위한 복지방향

(1) 한부모가족 아동을 위한 복지정책방향

현재 한부모가족 아동을 위한 정책은 다양하지 않고, 저소득 한부모가족에 국한된 지원이 이루어지고 있어 정책적 대안이 시급히 마련되어야 한다. 선진국도 우리나라와 비슷한 문제양상을 보이며, 이에 대한 빈곤탈피의 노력들이 지속적으로 시행되고 있다. 미국에서는 개인의 책임을 강조하는 잔여적 서비스 정책을 시행하고 있으며, 독일에서는 자녀양육비용 부담을 경감시키는 것에 주안점을 두고 있고, 영국은 소득보장 중심에서 근로연계복지로의 정책변화를 추진하고 있다. 한부모가족의 가장 큰 경제적 어려움은 자녀양육비 및 교육비의 지출로 자녀보육에 대한 지원이 필요하다. 아동보육 및 방과후 지도시설 확충 등을 통해 지원할 필요성이 있지만 보다 질 높은 교육과 활동이 이루어져야 할 것이다. 현재 이루어지고 있는 아동수당이나 가족수당의 제도는 한부모가족의 빈곤 예방에 도움이 되고 있다. 더 많이 확대된 복지가 필요하다.

(2) 한부모가족 아동을 위한 복지실천방향

한부모가족 아동이 적응에 중요한 영향력을 행사하는 부모의 역할 수행을 지원할 수 있는 프로그램의 개발이 필요하다. 한부모 자신의 스트레스 관리, 부모역할의 재조정, 부모-자녀관계 형성 등 한부모를 대상으로 효과적 부모역할 교육 및 자녀교육 프로그램의 실시는 매우 중요하다. 특별히 한부모가족 아동의 적응을 위한 다양한 복지 프로그램 또한 개발이 시급하다. 기본적인 지원 외에 각각의 특수한 욕구에 대한 가족구성원 전체를 대상으로 가족치료 프로그램 개발 및 상담 프로그램 확대가 중요하다. 또한 한부모가족 아동의 연령을 고려한 프로그램의 개발 및 실천이 절실하다. 예를 들어, 웨브Webb가 한부모가족, 재혼가족 아동에게 적용할 것을 제안하고 있는 '이혼가정 아동이 성공적으로 풀어야 할 여섯 가지의 심리적 과제'는 현실 인정하기, 부모의 갈등과 스트레스로부터 벗어나기, 상실 해결하기, 분노와 자책감 해결, 부모상태의 상대적 영속성 받아들이기, 미래의 관계에 대한 현실적 희망 획득하기이다.

이혼, 사별 후에 자녀의 심리적 충격과 새로운 가족관계에 대한 적응에 있어 연령에 따른 반응도 다르고 폭력, 약물, 가출 등의 비행이나 정신적 질환 등의 문제를 가진 아동은 이중 어려움을 경험할 수 있어 대책 마련이 절실하며 한부모가족을 위한 기본적 지원과 특수욕구에 대한 가족구성원 전체를 대상으로 가족치료 프로그램 개발 및 상담사업의 확대가 필요하다. 또 부모 및 아동에 대한 직접 개입으로 빈곤이나 어려움이 세대에 되풀이되지 않도록 예방하고 한부모가족의 역량을 강화하는 것이 중요하다. 이를 위해 한부모가족 관련 전문가 양성 및 실천가들의 역량강화가 계속되어야 할 것이다. 이런 복지실천의 방향 외에도 재혼가족, 분거가족과 조손가족의 특별상황에 따른 복지실천방향도 별도로 강구해야 한다.

① 재혼가족 아동을 위한 복지실천

재혼은 한번 이상 결혼하여 가정을 이룬 남성이나 여성이 다른 배우자와 새로 가정을 재구성하는 것을 말한다. 재혼가족remarried family은 재혼에 의해 형성된 가족을 일컫는 말로, 배우자 한쪽이나 양쪽 모두 재혼 이상의 결혼으로 자녀가 있거나 없으면서 하나의 가구를 유지하는 부부로 구성된 가정미국이라 할 수 있으며, 우리나라의 경우 1/3이 재혼한 것으로 조사되었다2012년 이혼 11만 건, 재혼 3만 7,000건. 또한 부모의 한쪽이 친부모이며 재혼 전 출생한 자녀의 입장에서 본 가정을 계부모 가족이라 말한다.

재혼가족은 부모의 이혼이나 별거, 사망, 유기 등으로 인하여 한부모가족을 경험한 후, 재혼으로 형성되는 특성을 지닌다. 유자녀 재혼 가정과 무자녀 재혼 가정이 있으며, 가족경제가 모호하여 가족 내 구성원 간의 갈등이 유발되기도 한다. 이외에도 재혼가족에 대한 사회의 부정적 신화와 편견으로 인해 강한 심리적 스트레스를 경험하기도 한다. 가정 내에서는 계부모와 자녀 사이의 관계에서 힘든 과정이 있을 수 있으며, 이로 인해 아동은 상실감, 충성심 갈등, 통제력 부족 등을 경험하게 된다. 아동학대의 사례 또한 빈번하게 발생하고 있다.

재혼가족을 위한 관련 법으로는 부계 중심 가족제도에 기반을 둔 호주제를 폐지하는 법안(2007), 아동의 성을 협의에 따라 변경할 수 있는 법안이 있으며 현재 「가족관계법」에 따라 재혼은 별도의 법적 고려의 대상이 되지 못하고 있다. 재혼가족을 위한 정부 차원의 정책이나 복지사업은 따로 없으며, 민간 차원에서의 상담 및 교육 프로그램을 중심으로 이루어지고 있다한국가족상담교육연구소, 한국가정법률상담소 재혼가족의 아동은 한부모가족에 비해 경제적 어려움보다는 인간관계에서의 심리적 갈등과 정서적 불일치로 인한 어려움을 겪는 것으로 나타났다. 이러한 재혼가족 아동의 심리적 적응과 정서적 안정을 지원하기 위한 프로그램 개발이 절실하며, 재혼가족과의 교류를 통해 사회적 공감대를 형성하고 상호 간의 지속적인 교류가 가능한 지원 프로그램의 개발이 요청된다. 현재 재혼가족 아동을 위한 복지 대책 마련이 시급한 상황이다.

② 분거가족 아동을 위한 복지실천

분거가족이란 특정한 이유로 일정기간 서로 떨어져 지내는 가족의 형태를 말한다. 맞벌이 주말가족주말부부가족, 주말부모가족, 해외별거가족, 비동거가족, 별거결혼가족이 있다. 서로 다른 지역에 직업과 거주지를 두고 일주일에 3일 이상 떨어져 살면서 자신들의 직업적 목표를 추구하는 동시에 결혼생활을 유지하려는 부부를 구성하는 가족을 '주말부부가족'이라 하며, 맞벌이가족이 자녀를 다른 지역에 맡기고 주말에만 자녀와 시간을 보내는 가족을 '주말부모가족'이라 한다. 또는 가족구성원끼리 떨어져 해외와 국내에 따로 거주하는 가족을 '해외별거가족'이라 말한다.

분거가족의 변화양상을 살펴보자면, 1960년대에는 교육제도와 지방산업의 활성화, 1970년대는 해외중동지역에 건설 노동자를 파견하면서, 1980년대에는 여성 취업의 활기와 국내지역 간의 노동력 이동의 빈번화로 인해 분거가족이 생겨났으며, 최근에는 자녀교육의 목적으로 대도시나 해외로 이동하며 가족이 분리되는 모습을 보이고 있다. 분거가족의 아동은 가족이 함께하지 못함으로 인해 아동의 바람직한 발달에 저해요소를 간직하고 있으며 부모의 역할 부재로 인한 부적응 행동, 부적절한 부모역할로 인한 훈육 및 통제의 부재를 가지고 있다.

분거가족 아동을 위한 복지사업을 살펴보자. 맞벌이가족 관련 법으로「영유아보육법」,「아동복지법」,「모자보건법」,「남녀고용평등법」,「근로기준법」등이 있으며, 출산휴가산전 후 90일 이상의 유급휴가와 자녀양육 및 가정생활의 안정을 위한 육아휴직제도가 있다. 주말가족을 위한 공적인 사회지원체계로는 보육서비스와 육아 지원서비스가 있다. 그밖에 개인적인 관계를 통해 도움을 받거나, 가족적 차원의 지원체계를 받고 있는 상황이다. 특별히 주말가족을 위해 자녀를 안심하고 맡길 질적인 보육시설의 확보와 출산과 육아를 양립할 수 있는 다양한 모성보호정책이 요구된다.

③ 조손가족 아동을 위한 복지실천

조손가족이란, 자녀의 이혼이나 가출, 약물중독, 질병, 사망 등으로 조부모가 자녀를 대신하여 손자녀의 양육의 일차적 책임자로서 손자녀와 동거하고 있는 가정이다. 한 가구에 조부모와 손자녀가 동거하는 가구, 부모가 없이 조부모와 18세 이하 또는 고등학생 이하의 손자녀가 함께 사는 가구를 말한다. 조부모손자녀세대, 조부모손자녀가족, 조손가족(족), 조손세대, 조부모가구 등으로 사용되고 있다.

조손가족의 특성은 가족 유형으로 조모와 손자녀인 경우가 많다는 점이다. 여성의 평균 수명이 10년 정도 길어 배우자가 있는 경우가 그리 많지 않다. 혹 배우자가 있어도 건강이 좋지 않아 생계에 별 도움을 받지 못하는 경우가 대부분이다. 손자녀의 수는 1~2인의 경우가 대부분이며 친손자인 경우가 많고, 건강상태는 대개 건강한 편이다. 손자녀를 양육하는 사유는 자녀의 이혼, 사망, 생사불명으로 인한 것으로, 손자녀양육에 많은 보람을 느끼고 있다. 양육태도는 엄격함과 존중해 주는 태도로 나뉜다.

조손가족의 문제는 손자녀양육이 신체적으로 많은 노동력이 요구되어 체력저하와 노쇠로 인해 건강문제가 발생한다는 점이다. 손자녀의 양육으로 인한 활동 제한으로 고립감과 같은 심리적 반응이 나타나기도 한다. 또한 손자녀의 양육비에 대한 부담으로 경제적으로 어려움을 경험하기도 하고, 끝까지 돌봐주지 못할 것 같아 죄책감을 가지고 있는 경우도 있다. 한편, 부모와 같이 살 수 없는 아동은 우울, 불안 등의 심리 · 정서적 문제를 나타내기도 한다.

조손가족 아동을 위한 복지실천을 위해 경제적으로 여유를 갖지 못하는 조손가족의 경우 정부가 다양한 지원사업을 하고 있다. 빈곤가정 위기 지원사업으로, 「국민기초생활 보장법」 수급자에서 제외된 저소득층 가정에 사회복지공동모금회에서 실시하는 빈곤가정 대상 생계비와 의료비를 지급하고 있다. 결연사업으로는, 지역사회 인사들과의 결연을 통해 물질적 · 정신적 지원을 통해 건전한 육성을 도모하고 있다. 또한 결식아동 지원사업으로 아동의 건강한 성장과 발달을 위하여 결식 우려가 있는 아동들에게 급식을 지원하고 있다. 이 외에도 가정위탁지원센터에서는 현재 조부모가 기초생활 수급대상일 경우 위탁가정으로 구분하여 지원하는 등의 복지가 이루어지고 있다.

조손가족 아동을 위한 복지방향은 손자녀 양육가구를 가정 형태로 인정하고 취약계층 가족정책대상으로 포함시켜 소득보장정책을 수립해야 한다. 후견인 조성사업을 조손가족의 아동에게도 확대 적용하고, 더불어 노인과 아동이 쉽게 접근할 수 있는 의료기관을 확충하여야 하며, 조손가구를 위한 자조집단 프로그램을 형성해 활성화해야 한다. 또한 공부방 활성화를 통해 손자녀의 교육격차를 줄일 수 있도록 해야 한다.

2. 다문화가족 아동복지

한국사회는 130만 명의 국내 체류 외국인 시대를 맞이하고 있으며**2011년 3월 기준, 법무부 http://moj.go.kr** 급속하게 다문화사회로 변화하고 있다(김경식 외, 2012). 따라서 국제결혼의 증가, 다문화가족의 증가, 다문화가족 아동의 증가, 다문화가족 아동의 교육 현황 등 다양한 사회적 양상들이 나타나고 있다.

국제결혼이 증가하게 된 시기는 1990년대 초반 이후부터라고 할 수 있다. 농촌지역 남성들이 배우자를 찾기 어려워진 현실에서 농촌 되살리기 운동의 일환으로 농어촌 총각과 중국교포여성의 결혼사업이 추진되었다. 특히, 2000년대 중반 이후 국제결혼 중개업자들이 개입하면서 국제결혼은 크게 증가하게 되었다(다누리, 2015).

표 11-4 | 외국인과의 혼인상황 (단위 : 1,000건, %)

연도	총 혼인건수	외국인과의 혼인	한국남성+외국여성	한국여성+외국남성
2004	308.6	34.6	25.1	9.5
2005	314.3	42.4	30.7	11.6
2006	330.6	38.8	29.7	9.1
2007	343.6	37.6	28.6	9.0
2008	327.7	36.2	28.2	8.0
2009	309.8	33.3	25.1	8.2
2010	326.1	34.2	26.3	8.0
2011	329.1	29.8	22.3	7.5
2012	327.1	28.3	20.6	7.7
2013	322.8	26.0	18.3	7.7
2014	305.5	23.3	16.2	7.2

출처 : 통계청(2015. 4). 2014년 혼인 통계

또한 결혼이민자 중 외국인 아내의 국적은 중국, 베트남, 일본, 필리핀, 캄보디아 등 5개국이 압도적으로 높은 비중을 차지한다. 외국여성과의 혼인 사례 중 이들 5개국 출신 외국인 여성과의 결혼이 차지하는 비중이 2000년대 초반 81~85% 수준에서 2008년 이후 거의 90%를 차지하고 있다. 결혼 이민자의 출신 국가 중에서는 중국 조선족이 가장 많았고, 중국 한족 출신, 베트남 출신, 그 외 국가의 순으로 많았다.

표 11-5 | 결혼이민자 국적별 비율

연도	국적별 비율				
2010년	중국(60.9%)	동남아(28.5%)	일본(2.9%)	미국(0.9%)	러시아(0.6%)
2011년	중국(57.3%)	동남아(29.5%)	일본(5.1%)	미국(1.1%)	러시아(0.7%)

출처 : 행정안전부(2011). 다문화교육의 이해와 실천 ; 김천기 외 4명(2013).

활동 11-1

다음 사례를 읽고 함께 생각하며 토론해봅시다.

예슬(가명)이는 베트남인 엄마와 한국인 아빠 사이에서 태어난 9살 난 여자아이이다. 18살, 어린나이로 한국에 시집을 오게 된 예슬이의 엄마는 20살에 예슬이를 낳고 현재 28살로, 타국에서 의사소통도 제대로 되지 않은 채 베트남 사람이란 이유로 무시를 받으며 자신이 현재 살고 있는 동네도 제대로 알지 못해 외출도 힘들어 우울증에 걸려 정신병원에서 치료를 받았다. 지금 현재는 약을 먹고 있다. 예슬이의 엄마가 토요일마다 격주로 심리치료(그림치료)를 받으러 가고 아빠는 일을 나가서 예슬이를 토요일마다 돌봐줄 사람이 없다. 그래서인지 예슬이 역시 늘 의기소침해 있고, 우울한 모습을 보인다.

(1) 예슬이 가정의 행복을 찾아줄 수 있는 좋은 방법은 무엇일까?
(2) 예슬이가 우리 유치원에 다닌다면 유아교사로서 해줄 수 있는 일들을 세 가지 정도 찾보자.
(3) 내가 사는 지역에서 외국인을 만날 때 어떤 태도를 보이는지 말해보자.

1) 다문화가족의 개념

다문화가족이란, 다른 민족, 문화적 배경을 가진 사람들로 구성된 가정을 통칭한다(교육인적자원부, 2007). 이러한 다문화가족은 최근 한국사회 내 결혼이민여성의 증가로 그 가정 자녀의 수가 매년 증가하고 있다. 자료에 따르면, 다문화가족 자녀 비율은 2009년 4.3%, 2011년 4.7%, 2013년 4.9%로 매년 다문화가족 자녀들의 수가 많아지고 있다(통계청, 2014). 이렇게 점점 증가하는 다문화가족으로 우리나라가 다문화사회가 된 지금, 우리는 다문화가족에 대해 편견 없이 함께 어우러져 살 필요가 있다. 그러므로 지금부터 다문화가족에 대해 알아보자.

(1) 우리 사회에서 다문화가족의 의미

우리 사회에서 다문화가족이란 한 가정 내에 남편이나 아내 중 한 사람 이상이 다른 언어 문화권의 배경을 가진 가정을 일반화하여 표현한 것으로 '국제결혼가정,

외국인근로자가정'을 말한다(다문화교육사이버지원센터, 2015). 즉, 다문화가족이란 우리와 다른 민족 또는 다른 문화적 배경을 가진 사람들이 포함된 가정을 통칭하는 용어로 한 가정 내에 인종과 문화의 차이는 물론, 가치, 종교, 젠더, 생활양식 등 문화적 다양성의 중요성을 강조하는 개념이다. 포괄적으로는 한국 혈연과 관련 있는 외국인이 포함된 가정과 장기 체류하고 있는 순수한 외국인만으로 구성된 가정 그리고 이들 자녀들도 포함된다(최경옥, 2012 ; 최현미 외, 2008).

다문화가족의 아동은 우리와 다른 문화적 배경을 가진 외국인 배우자와 한국인 사이에서 출생한 아동, 그리고 북한 이주민새터민까지 포함한 아동이다. 그동안 우리나라에서는 국제결혼을 통해 태어난 자녀를 '혼혈아동', '이주노동자자녀' 등으로 다양하게 불러왔다. 또한 부모의 국적에 따라 '아메리시안',[2] '라이따이한',[3] '코시안'[4]과 '온누리안'[5]으로도 불렀다(이지애, 2007).

(2) 다문화가족지원법에서 다문화가족의 의미

「다문화가족지원법」에서의 '다문화가족'이란 다음 각 목의 어느 하나에 해당하는 가족을 말한다. ① 대한민국 국민과 혼인한 적이 있거나 혼인관계에 있는 재한외국인 결혼이민자와 「국적법」 제2조부터 제4조까지의 규정에 따라 귀화, 출생, 인지에 의해 대한민국 국적을 취득한 자로 이루어진 가족, ② 대한민국 「민법」상 미성년자이고, 출생 당시 부 또는 모가 한국인인 조건을 만족하는 인지에 따라 대한민국 국적을 취득한 자이거나, 귀화에 의해 대한민국 국적을 취득한 자와 같은 법 제2조부터 제4조까지의 규정에 따라 인지 혹은 귀화에 의해 대한민국 국적을 취득한 자로 이루어진 가족(국가법령정보센터, 2013, 다문화가족지원법).

---

2) 한국전쟁 이후 미군 아버지와 한국 어머니 사이에서 태어난 자녀들
3) 1960~1970년대 베트남전쟁에 참전한 한국인 아버지와 베트남 어머니 사이에서 태어난 자녀들
4) 1990년 이후 외국인이주노동자들과 우리나라 사람들 간의 결혼을 통해 태어난 자녀들, 한국인과 아시아인 사이에서 태어났다고 해서 생긴 말
5) 한국인과 외모적으로 뚜렷하게 구별되는 또 다른 차별적 용어로 잘못 사용되는 코시안을 대체하여 우리나라말인 온누리와 사람이라는 뜻의 안을 합성한 조어로 국제결혼가정을 모두 포괄하는 의미를 담고 있다.

(3) 다문화가족 아동의 유형

다문화가족 아동의 유형은 크게 국제결혼가족과 외국인근로자가족으로 나뉜다. 그 안에서 국제결혼가족의 아동은 국내 출생과 중도입국으로 나뉜다. 그렇다면 지금부터 다문화가족 아동의 유형에 대해 간단히 알아보자.

표 11-6 | 다문화 아동의 유형

다문화가족 유형	아동 유형
국제결혼가족	• 한국인 부와 외국인 모 사이에서 출생한 아동 • 한국인 모와 외국인 부 사이에서 출생한 아동
외국인근로자가족	• 외국인 근로자가 한국에서 결혼하여 출생한 아동 • 본국에서 결혼하여 형성된 가족이 국내에 이주한 가정의 아동
새터민가족	• 북한에서 부모와 같이 입국한 아동 • 부모가 입국 후 출생한 아동 • 북한이주민과 한국인 사이에서 출생한 아동

출처 : 박효섭(2006) ; 조영달 외(2006) ; 서혁(2007) ; 정하성 외(2007) ; 황범주(2008).

① 국제결혼가족의 아동

「다문화가족지원법」(법무부, 2011)에 의하면 국제결혼가정은 대한민국 국민과 재한외국인으로 이루어진 가정을 말한다(제2조). 그리고 「국적법」 제2조부터 제4조까지의 규정에 따라 대한민국 국적을 취득한 자로 이루어진 「가족국적법」상 출생 당시에 부 또는 모가 대한민국의 국민인 자이다.

② 외국인근로자가족의 아동

외국인근로자가족의 아동은 외국인근로자가 한국에서 결혼하여 태어난 아동과 본국에서 결혼하여 형성된 가족이 한국에 이주한 가정의 아동을 말한다. 가장 일반적인 형태는 양부모가 함께 이주하여 같이 생활하는 가정이다. 두 번째는 본국에서 한부모가 한국에 와서 일하다가 자녀를 데리고 온 경우이다. 세 번째는 한국인 남편과 재혼한 유형이다. 네 번째는 이주노동자 자녀로 부모는 불법체류자로 추방당하고 자녀만 남아 있는 경우가 있다(김정원, 2006).

③ 새터민가족의 아동

새터민은 휴전 이후 다양한 동기에서 북한체제와 사회를 떠나 남한사회에 정착하고 공식적으로 대한민국 국적을 취득한 북한지역 출신 주민들을 말한다. 이 새터민가족의 아동은 본래 우리나라 국민이지만 사실상 다른 나라로 이주하였다는 점, 남한과 다른 문화를 가졌다는 점 등으로 사회적응이 쉽지 않아 이주아동의 한 유형으로 본다. 그러나 새터민가족의 아동은 국적이 우리나라이기 때문에 외국인인 이주아동과는 규범적으로 다른 지위를 갖는다(정상우, 2008). 다음 영역에서 자세히 다룰 것이다.

(단위 : 원)

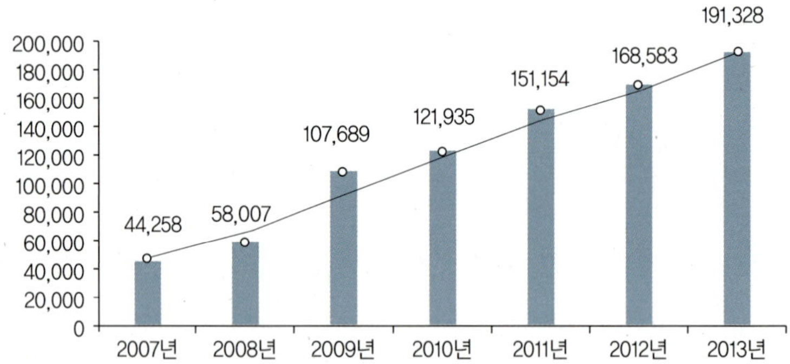

그림 11-5 | 다문화가족 아동 현황

출처 : 행정자치부(2013).

(4) 다문화가족 아동교육 현황

한국사회에서 체류하고 있는 이주민들이 늘고 있는 실정에서 이들의 자녀 역시 빠르게 증가하고 있다. 합법적 자격으로 체류 가능한 이주민의 자녀들은 2009년 약 11만 명에서 2010년 12만 명으로, 2011년에는 15만 명으로 빠르게 증가하고 있다. 이들 중 국제결혼 부모 사이에서 태어난 한국인 자녀가 대다수이다.

표 11-7 | 다문화가정 아동 재학 현황

연도	국제결혼가정 학생 수				모(母)가 외국인인 학생 수			
	계	초	중	고	계	초	중	고
2005	6,121	5,332	583	206	–	–	–	–
2006	7,998	6,795	924	279	6,695	5,854	682	159
2007	13,445	11,444	1,588	413	11,825	10,387	1,182	256
2008	18,778	15,804	2,213	761	16,937	14,452	1,885	600
2009	24,745	20,632	2,987	1,126	22,264	18,845	2,519	900
2010	30,040	23,602	4,814	1,624	27,001	21,410	4,204	1,387
구성비	100	78. 6	16	5. 4	89.91	90.71	87.31	85.41

출처 : 교육과학기술부(2010).

2) 다문화가족 아동의 생활상

다문화가족은 부분적으로 학교생활의 어려움, 가족관계의 어려움, 사회적 편견과 차별 등을 경험하고 있으며 이는 아동의 복지에도 영향을 미치게 된다. 다문화가족 아동들이 부분적으로 경험하는 문제들과 특성들은 사회복지현장에서 고려되어야 할 부분이므로 관심을 기울이고 살펴보아야 한다(도미향 외, 2006).

(1) 학교생활의 어려움

현재 다문화가족 자녀들은 차별과 편견으로 인해 학교와 사회에 적응하는 데 어려움을 겪고 있는 것으로 나타나고 있다. 다문화가족 자녀들은 일반아동・청소년에 비하여 '탈학교'상이 심각하게 나타나고 있는데, 원희목(2008)에 따르면 학령기 다문화가족 아동 2만 4,867명 중 6,089명(24.5%)이 정규교육권 밖에 있는 것으로 추정되며, 특히 일반가정 학생들의 경우 미취학률이 0.7%로 나타나 거의 모든 아동이 취학하고 있으나, 다문화가족자녀들은 미취학률이 15.4%로 일반가정의 미취학률보다 22배나 높게 나타나 그 심각성이 더하다. 다문화가족 자녀들은 초등학교뿐만 아니라 중학교, 고등학교에서도 일반가정 자녀보다 높은 미취학률을 나타냈으며 그 비율이 상급학교로 갈수록 증가하고 있다(황지민, 2010). 또한 다문화가족 학생의 학업중단율은 중등학교에서 상대적으로 높게 나타나고 있다. 그리고 중도탈락자의 비율도 매년 꾸준히 늘고 있다(헤럴드경제, 2010 ; 김경식 외, 2012). 이러한 학업중단과 탈학교의 원인으로 차별적 대우를 받거나, 집단 따돌림을 당하는 등 대인관계에 있어 어려움을 겪는다는 것이 그 이유로 지적되었다(원희목, 2008).

표 11-8 | 다문화가족 아동의 학교생활상(2009년도)

구분	초등학교	중학교	고등학교	계
재학생 수	21,466	3,294	1,255	26,015
학업중단자 수	114	84	25	223
학업중단율	0.53%	2.50%	2.00%	0.85%

(2) 가족관계의 어려움

다문화가족의 대다수가 외국인 어머니와 자녀로 이루어진 경우가 많다. 유아기와 아동기의 발달특성상 부모와의 활발한 의사소통과 상호작용이 필요한 시기이다(도미향 외, 2006). 하지만 여성결혼이민자들은 일상생활에서 의사소통의 어려움을 겪고 있었으며, 그것이 그들의 자녀교육에 부정적인 영향을 끼치는 악순환을 경험하고 있었다. 부모로부터 말과 글을 제대로 배우지 못해, 학교생활에 어려움을 겪고 있는 다문화가족 자녀의 행동은 지나치게 소극적이거나, 지나치게 폭력적이거나 또는 과잉행동장애와 같은 문제행동을 보였다(김경식 외, 2012).

(3) 사회적 편견과 차별

아버지가 캐나다인인 초등학생 A양은 평소 김치를 먹지 않았다. 교사 이모 씨는 A양을 나무라면서 "너는 반쪽 한국인이면서 김치를 왜 못 먹냐", "나중에 시어머니에게 미움받는다"라고 막말을 했다는 보도가 있었다. 평소에 A양이 질문을 너무 많이 한다고 같은 반 학생들에게 큰소리로 바보라고 A양을 비난하라는 지시까지 했다고 한다. 수원지방법원은 교사 이모 씨에게 300만 원의 벌금형을 선고했지만, A양은 심리치료까지 받을 정도로 어린 마음에 큰 상처를 받은 사례이다. 다문화가족의 아동들은 이처럼 사회적 편견으로 인해 많은 상처를 받고 있다. 편견으로 다문화가족 아동에게 상처를 주는 어른들의 인식은 바뀔 필요성이 있다.

3) 다문화가족을 위한 정책 및 서비스

최근 다문화가족의 급증으로 인하여 다문화가족 아동의 수가 증가하고 있는 추세이다. 다문화가족은 부분적으로는 언어소통의 문제, 문화적 차이, 경제적 어려움, 가족관계 문제, 지원체계 부족 등을 경험하고 있으며 이는 다문화가족 아동의 복지에도 영향을 미치게 된다. 다문화가족 아동의 적응과 관련된 대부분의 선행연구들은 아동의 심리, 사회적 적응, 교육 지원, 양육자의 특성과 관련된 연구들이 주를 이루고 있다(도미향 외, 2009). 그러나 모든 다문화가족의 아동들이 이와 같은 심리적 부적응과정을 거치는 것은 아니다. 이에 여기에서는 다문화가족의 성공적 사회적응과 통합을 위해 실시해온 다양한 사회 지원서비스와 다문화가족 아동교육 지원 대책에 관하여 살펴보고자 한다.

(1) 다문화가족 아동을 위한 지원정책

다문화가족 아동에 대한 정책과 법제는 이주자정책의 한 부분으로서만 시행되고 있다. 다문화가족 아동을 위한 정부부처별 정책을 살펴보면 표 11-9와 같다(정상우, 2008).

표 11-9 | 다문화가족 아동과 관련된 정부부처별 정책

부처	법제도 및 정책	주요 내용
국무총리실	외국인정책 기본 방향 및 추진체계 마련 차별금지법(안)	외국인정책위원회를 구성하고, 외국인정책의 패러다임 전환을 모색 중임. 국익을 우선하는 통제 중심의 정책기조에서 국익과 인권보장의 균형을 도모하고자 함
행정안전부	거주외국인 지원 표준조례안	지방자치단체가 거주외국인에 대한 지원을 할 수 있도록 마련함(2006. 10. 31)
법무부	출입국관리법	외국인 관리(보호) 및 불법체류자 단속
	재한외국인처우기본법	외국인정책의 기본 계획을 수립하도록 하고, 재한외국인 등의 인권옹호와 사회적응 지원을 함. 다문화에 대한 이해증진 등 환경조성 근거 마련
노동부	외국인 고용 등에 관한 법률	고용허가제 도입
보건복지가족부	다문화가족지원법	다문화가족에 대한 이해 증진, 생활정보 제공 및 교육 지원, 아동 · 보육 · 교육, 다문화가족 지원센터 지정 등
교육과학기술부	다문화가족 자녀교육 지원 대책	이주아동 학교교육
문화체육관광부	관련 법 없음	이주노동자의 문화사업 지원, 외국인근로자 문화축제, 한국어 강좌
통일부	북한이탈주민의 보호 및 정착지원법	새터민청소년의 경우 대안학교 운영

그동안 여러 부처에서 산발적으로 실시해온 서비스의 효율성을 높이기 위해 각 부처 간의 협력체계 구축이 필요하며, 다문화가족 지원사업의 실효성에 대한 중 · 장기적 평가와 함께 다문화에 대한 올바른 이해를 도모하기 위한 체계적 개입이 필요하다. 다문화가족 아동교육 지원방안대책은 표 11-10과 같다.

표 11-10 | 다문화가족 학생교육 지원방안

구분	내용
사업내용 및 추진계획	• 다문화가족 학생에 대한 종합 지원을 위한 교육기반 구축 – 다문화교육 지원 관련 부처 및 교육청과의 협의 강화 – 시 · 도별 '다문화교육 지원 협의회' 구성 · 운영 – 다문화교육 지원을 위한 전문적 연구 · 개발 추진 : 중앙다문화교육센터 운영
	• '학교' 중심의 맞춤형 교육 지원 – 다문화가족 학생의 한국어 · 학습능력 향상 지원 : 한국어(KSL*)반, 부모와 함께 하는 한글교실, 방과후 교실운영 방문교사제, 대학생 멘토링 – 다문화가족 학생의 자아정체성 확립 지원: 자아정체성을 함양할 수 있는 상담 등 지원, 외국인 유학생 멘토링 – 일반학생 등의 다문화 이해 교육 지원 – 교사 연수, 학부모 연수 등을 통해 다문화 관련 이해 제고
	• 제도 개선 및 성과 확산 – 학교 · 지역별 다문화교육사업 평가체제 구축 – 지역별 다문화 교육 우수사례 발굴 · 확산 – 다문화교육정책 중장기 방향 연구 실시

* KSL(Korean as a Second Language) : 외국인 근로자 아동을 위한 방과후 한국어반
출처 : 교육과학기술부(2014).

(2) 다누리정보서비스

다누리란 '아름다운 소통, 함께하는 문화'를 슬로건으로 하는 다문화가족 지원 포털이다. 다문화를 상징하는 '다多'와 홈페이지의 우리말 누리집의 '누리'의 조합어로 '다문화가족 모두가 누리다'는 뜻이며 결혼이민자 및 다문화가족을 위한 정보를 제공하고 있다. 다누리에서 제공하는 주요 서비스는 표 11-11과 같다.

표 11-11 | 다누리 주요 서비스

메뉴명	내용
체류/외국인 지원	한국에 처음 입국하는 결혼이민자를 대상으로 입국, 체류, 국적 취득과정에 대해 안내하고, 한국생활에 궁금한 내용을 상담실을 통해 알려줌
한국적응 지원	한국생활이 낯선 결혼이민자, 이주배경청소년*을 대상으로 한국의 문화, 한국어회화 등을 알려줌
취업 지원	결혼이민자를 대상으로 하는 취업 지원 안내와 근로자가 일자리를 잃거나, 근무 중 부상·질병 등이 발생하였을 경우 보호해주는 제도를 알려줌
생활/의료 지원	경제적으로 생활이 어려운 사람을 대상으로 하는 복지제도와 자녀를 키울 때 지원되는 제도를 알려줌
문화교류	서로의 문화 차이를 이해할 수 있도록 다양한 문화소개 자료와 이중언어 환경**을 만들 수 있도록 자료를 제공
다문화가족지원센터	다문화가족이 안정적인 가정생활을 할 수 있도록 도와주는 기관으로 전국에 217개 센터에서 한국어교육, 가족교육·상담·문화 프로그램 등을 제공
다문화정보	다국어로 제공되는 자료, 다문화가족 관련 정책, 통계 등을 알려줌
Rainbow+	다문화가족정보매거진 〈Rainbow+〉는 1년에 4번(봄, 여름, 가을, 겨울) 13개 언어로 발행

* 이주배경청소년 : 다문화가족의 청소년 및 국내로 이주하여 사회적응 및 학업 수행에 어려움을 겪는 청소년

** 이중언어 환경조성 사업 : 다문화가족 자녀가 어릴 때부터 부모의 모국어를 자연스럽게 사용하면서 부모의 언어와 문화를 존중하고 이중언어 사용이 가능한 글로벌 인재로 성장하도록 지원하는 사업

(3) 다문화가족 아동을 위해 우리가 할 수 있는 활동

우리 주변에 있는 다문화가족과 아동을 위해 할 수 있는 일은 개인적으로 그들에게 관심과 따뜻한 웃음을 나누며 친구로서 열린 마음으로 같이 살아가는 일이 평범하면서도 중요한 일이다. 예를 들면, 굿프렌즈Good Friends라는 건강한 웃음이 있는 사회를 만들기 위해 일정액을 기부하며, 대구다문화지원센터와 함께 나눔과 꿈을 실천하는 사람들의 활동은 좋은 사례가 된다. 굿프렌즈에서는 결혼이주여성 지원, 다문화가족 지원, 외국인근로자 지원, 다문화 행사 지원를 하며 결혼이주여성을 위한 자원봉사활동, 전문 통역또는 번역 봉사단활동으로 참여할 수 있다대구다문화지원센터, www.dgms.or.kr.

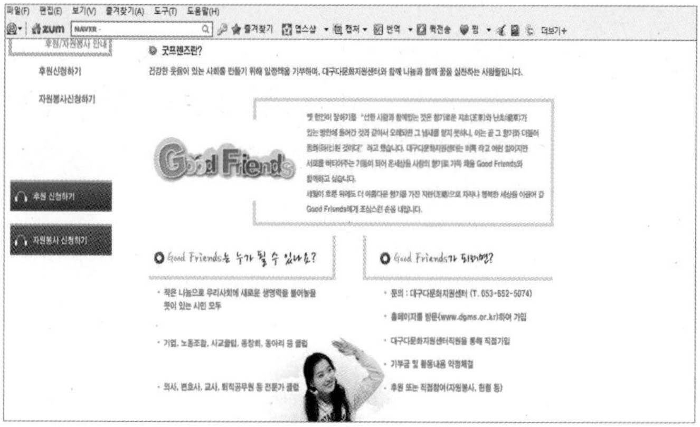

그림 11-6 | 굿프렌즈 사이트

3. 새터민가족 아동복지

1) 새터민

북한에서 살다가 우리나라에 와서 살고 있는 사람들을 표현하는 다양한 용어들이 있다. 월남자, 월남 귀순자, 귀순 용사, 탈북난민, 북한이탈자, 북한 출신 남한 이주자, 귀순동포 등 20여 가지 용어가 사용되어 왔다. 하지만 당사자들이 받는 어감에 좋은 호칭을 새터민이라고 정해 사용되고 있는데, 그 의미는 새로운 터전에서 삶의 희망을 갖고 사는 사람이라는 순수한 우리말이다. 새터민은 2005년부터 국내 정착 북한 이탈 주민을 일컫는 용어가 되어 북한 체제와 사회를 떠나 남한사회에 정착하고, 공식적으로 대한민국 국적을 취득한 북한지역 출신 주민을 말한다. 법적 용어로는 '북한이탈주민'을 군사분계선 이북지역이하 "북한"이라 한다에 주소, 직계가족, 배우자, 직장 등을 두고 있는 사람으로서 북한을 벗어난 후 외국 국적을 취득하지 아니한 사람을 말한다북한이탈주민의 보호 및 정착 지원에 관한 법률 제2조.

(1) 새터민가족 아동

새터민가족 아동이란 북한이탈주민의 아동을 말한다. 본래 우리나라 국민이지만 사실상 다른 나라로 이주하였다는 점과 남한 지역의 문화와 다른 점을 가지고 있으며 이에 따라 사회적응이 쉽지 않다는 점에서 이주아동의 한 유형으로 보고 있다. 북한 이탈 후 중국 등 제3국에서의 체류기간 동안 적절한 영양공급을 받지 못해 신체적으로 왜소하며, 제도권 교육으로부터 소외된 이유로 신체적 · 학업적 발달에 있어서 남한 아동에 비해 상당히 지체되어 있다. 따라서 새터민가족 아동에 대한 연령기준을 적용하는 것에 대한 문제는 법적 연령 외에 학업적 · 신체적 · 정서적 · 문화적 측면을 종합적으로 고려하여 연령 범위를 확대할 필요가 있다고 주장하고 있다.

(2) 새터민의 다양한 북한 이탈 동기

새터민가족 아동이 북한을 이탈하게 되는 구체적인 동기로는, 부모나 보호자가 북한체제에 대한 답답함과 사회에 대한 회의감을 느끼거나 더 나은 삶을 추구하기 위해, 또 더 나은 교육의 기회를 얻기 위함이 있다. 또는 장기화된 식량난으로 인해 살기 위하여 탈북을 하는 경우도 있으며, 이외에도 이미 남한으로 입국한 가족들과 함께 살기 위해서 또 경제적인 성공을 위해서 등으로 보고 있다.

(3) 새터민의 현황

1990년대 초 매년 10명 내외의 성인남성이 단독 입국한 이래로 2002년부터 2005년까지 매년 1,000명이 넘게 북한이탈주민이 늘어나고 있다. 북한이탈주민 입국 현황표를 보면 2006~2011년까지 2,000명이 넘게 입국하였다가 2012년부터 다시 1,000명 이상씩 입국하는 경향을 보여 전체적으로 2015년 현재 2만 8,495명이 우리나라에 와서 살고 있고 그중 여성의 비율이 70%라는 특이한 비율을 보이고 있다. 여성의 비율이 높아서 가족단위의 북한이탈주민이 증가함에 따라 아동의 입국 비율도 증가되고 있으며, 새터민가족 아동의 국내 정착이 사회적 문제로 나타나게 되었다.

표 11-12 | 북한이탈주민 입국 현황

구분	~1998	2001	2002	2003	2004	2005	2006	2007	2008	2009	2010	2011	2012	2013	2014	2015. 10 (잠정)	합계
남(명)	831	565	510	474	626	424	515	573	608	662	591	795	404	369	305	190	8,442
여(명)	116	478	632	811	1,272	960	1,513	1,981	2,195	2,252	1,811	1,911	1,098	1,145	1,092	786	20,053
합계 (명)	947	1,043	1,142	1,285	1,898	1,384	2,028	2,554	2,803	2,914	2,402	2,706	1,502	1,514	1,397	976	28,495
여성 비율	12%	46%	55%	63%	67%	69%	75%	78%	78%	77%	75%	70%	72%	76%	78%	80%	70%

출처 : 통일부 홈페이지(2014).

표 11-13 | 새터민 재북 직업과 연령(2014년 12월 현재)

연령별 유형

구분	0~9	10~19세	20~29세	30~39세	40~49세	50~59세	60세 이상	계
남	598	1,512	2,258	1,945	1,185	442	312	8,252
여	599	1,803	5,460	6,203	3,314	1,008	880	19,267
합계(명)	1,197	3,315	7,718	8,148	4,499	1,450	1,192	27,519

재북 직업별 유형

구분	관리직	군인	노동자	무직 부양	봉사 분야	예술 체육	전문직	비대상 (아동 등)	기타	계
남	346	627	3,566	3,016	70	72	201	341	13	8,252
여	108	97	6,933	10,183	1,016	167	424	323	16	19,267
합계(명)	454	724	10,499	13,199	1,086	239	625	664	29	27,519

출처 : 통일부 홈페이지(2014).

2) 새터민가족 아동의 특성과 북한생활 이해

사회주의체계의 교육을 받아온 북한아동들은 경쟁보다는 협조와 희생을 더 중요하게 생각하고 자유보다는 평등을 더 지향한다. 집단주의 가치관을 중요시여기고 집단생활 태도 형성에 능숙하다. 예를 들면, 질서 지키기, 집단생활 책임 완수하기, 상급자의 명령에 복종하기 등을 훈련받아 생활태도가 획일화, 집단화되어 있다. 또한 국가에 대한 주체성과 민족성이 강한 편이다. 김일성 부자의 우상화 교육으로 인한 충성심을 바탕으로, 공식가치를 지향하면서 국가의 안전과 집단의 이익, 생활의 평등을 중요시하는 경향을 가지고 있으며, 수동성과 타율성이 뛰어나나 조직과 집단에 속하여 자신의 능동적인 판단과 선택을 하는 훈련이 되어 있지 않다.

북한아동들은 이전에 북한학교 생활을 하고 온 경험자들이다. 그들의 학교 하루 일과는 집단 등·하교로 시작하여 다양한 단체활동소년단, 사회주의 청년동맹, 붉은 청년근위대, 교도대 등을 하게 된다. 엄격한 정치사상 및 군사교육과 훈련을 받으며, 거의 모든 학생들이 국가가 요구하는 의무노동으로 각종 노력 동원에 자발적으로 참여하여야 한다. 북한의 중등교육을 살펴보면 공산이념과 김일성 주체사상에 큰 비중을 두고 다루고 있다. 공산주의의 도덕성을 강조하며 자기희생과 집단주의 정신, 노동애호 정신과 근검절약 정신 등을 교육하며 실습이나 노동, 조직활동 투입에 많은 시간을 사용한다.

북한 아동의 인간관계의 특성은 대체로 복종적이고 순종적인 편이다. 아동의 출신성분과 당성에 의한 구분으로 부모의 권력에 의해 분화된 계층끼리의 어울림이 대부분이며, 학급의 학생들 간의 집단화 현상이 일어나기도 한다. 그들은 지역적으로 그리고 부모의 권력에 의해 계층화된 생활을 하였다. 교사와 학생의 관계를 살펴보자면, 교사가 요구하는 일이나 작업의 지시 또는 학교의 지시사항은 무조건 복종하고 따르게 되어 있다.

3) 새터민아동의 문제

(1) 가족의 생계문제

탈북자는 계속해서 증가하고 있으나, 그에 비해 학력은 낮아져 자유경쟁사회에서의 정착이 어려워졌다. 종사자의 지위가 일용근로 55%, 상용근로 32.1%, 임시근로 9.2%로 일용근로가 가장 많으며 산업별 취업자는 제조업 29%, 숙박·음식업 20.6%, 개인서비스업 9.9%로 안정적이지 못한 취업이 이루어지고 있다2007년 11월 기준. 새터민의 기초생활수급 현황을 보면 약 80.2%가 국민기초생활수급자로 생활하고 있다. 새터민가족의 생계문제가 심각한 수준임을 나타내고 있다. 2014년 현재 경제활동 참가율이 56.6%이고 월평균 소득이 147만으로 나타난다.

표 11-14 | 북한이탈주민 경제활동 현황(2014년 현재)

구분	2011	2012	2013	2014
경제활동 참가율(%)	56.6	54.1	56.9	56.6
고용률(%)	49.7	50.0	51.4	53.1
실업률(%)	12.1	7.5	9.7	6.2
월평균 소득(만 원)	121.3	137.7	141.4	147.1

출처 : 통일부 홈페이지(2014).

(2) 건강문제

북한의 계속된 식량난과 탈북과정에서의 영양실조로 신체발육이 양호하지 못한 편이다. 남한의 평균 신장에 비해 10cm 작은 것으로 보고되고 있으며 최근 발표에 의하면 어린이들의 팔이 어른들의 엄지손가락 두께라는 심각한 현상의 영양실조로 인한 발달의 지체를 보이고 있다. 결핵 보균율 또한 기존 국민에 비해 10배 높은 2%, 간염 보균율도 기존 국민에 비해 3~4배 이상 높은 10.7%로 꾸준한 치료가 필요한 상황이다.

탈북 후 제3국에서의 공포와 위협, 이별, 폭력, 인신매매, 극심한 배고픔 등의 생명의 위협을 받는 극한 상황을 경험하면서 정신적인 충격과 함께 외상 후 스트레스 장애를 가지고 있다. 이 중 10% 정도는 하나원 퇴소 이후에도 우울이나 불안에 대해 지속적인 상담치료가 필요한 것으로 추정되고 있다(한국메디컬신문, 2011년 7월).

새로운 남한사회에 적응해야 하지만 그렇지 못할 경우 새터민들이 겪는 심리적 현상은 피해의식, 분노, 의존, 무기력을 동반하면서 더 심각한 정신건강문제를 유발하기도 한다. 특히, 혼자 또는 가족의 일부만 남한에 입국한 아동들은 가족에 대한 그리움과 염려로 인한 우울과 두려움, 피해의식, 죄의식과 함께 정신적 질환을 앓기도 한다.

(3) 학업문제

새터민가정 아동들의 학습활동에 관한 어려움은 복합적인 문제를 안고 있는 상황이다. 학습 기간의 공백도 문제가 되지만 학교체제와 학습내용, 방식의 차이를 포함한 학우들과의 인간관계까지 겹쳐 아동이나 가정이 해결해 내기에 너무 벅찬 현실인데, 구체적인 내용은 다음과 같다.

① 학력 차이 문제

- 학습 결손 발생을 단기간에 보충하기 어려움
- 사회, 국사, 영어와 국어 과목에 대한 어려움
- 구체적 학업전략이 없고 공부에 대한 스트레스, 학업에 대한 막연한 생각과 계획을 힘들어 함

② 늦은 취학에 다른 연령문제

- 2~3년 낮은 연령의 아동과 함께 학교를 다님
- 연령 차이로 동급학년의 또래들과 적응하는 과정에서 부정적인 영향이 있음
- 나이는 많지만 체격이 작고 공부는 따라오지 못하는 학생으로 인식됨
- 또래 및 인간관계 형성에 많은 문제점을 가짐
- 남한사회에 정착하기 전에 겪은 어려운 생활과 극한 상황에 대한 경험
- 언어 : 은어와 외래어 이해부족
- 생활습관의 차이
- 북한 말투의 어색함으로 인해 놀림과 왕따를 당해 외로움과 자신감이 부족한 학교생활을 함

③ 진학 및 진로문제

- 취업과 진학에 대한 정보 부족
- 부모들도 남한에 대한 이해 부족으로 조언이 어려움

④ 교육보호담당관제도 운영의 난점

지도 역량이 부족하고 성인의 취업지도를 담당한다**새터민아동의 진학지도는 거주지 보호담당관이, 직업지도는 취업보호담당관이 따로 함.**

⑤ 진학과정의 어려움

- 정보의 부족
- 대학특례입학에 대한 막연한 기대
- 학교와 검정고시 학원 선택의 혼란

⑥ 대학진학 희망 시

필요한 학업 수준을 가늠하기 어렵고 아르바이트와 취업의 구분을 못한다.

⑦ 비제도권 학교와 검정고시 선택 시

정부의 지원을 받지 못하고 적응이 어려워 중도 포기가 많다.

(4) 가족환경문제

새터민가정이 겪는 어려움은 같은 가정 내에서 살고 있는 아동이 함께 경험하는 어려운 삶의 문제이다. 그 가정에서 일어나는 문제들은 다음과 같다.

- 개개인의 스트레스가 가족에게 전이되어 가족 내 구성원 간의 갈등의 원인이 됨
- 절대적 가부장적 권위와 새로운 사회문화에 적응하고 있는 자녀들의 사고방식 등의 충돌로 인한 갈등 심화
- 가족들과 겪는 많은 어려움과 그 가운데 적절한 양육과 보호를 받지 못하고 있음

• 한부모가족 아동이 더 어려움을 겪음
• 경제적으로 열악하여 작은 임대아파트에 사는 경우 더 갈등이 심함

(5) 지역별 교육 지원체계 미흡

새터민가족 아동교육을 위해 경기도 안성에 한겨레 중·고등학교를 설립하여 운영2006년하고 있다. 그 학교 운영의 장점은 단일형 대안교육 프로그램으로 집중식 교육효과, 수준별 교육, 학력차를 인정한 다양한 교육이라는 점이다. 하지만 단점으로는 외부 환경과 단절 및 분리된 환경이기 때문에 남한 아동과 많은 교류를 할 수 없다는 점이다. 그리고 새터민가족 아동교육 및 적응 지원을 위한 공식적 체계가 거의 없으며 서울의 지역사회복지관에서 적응 차원의 다양한 교육서비스를 제공하지만 지방에는 없다.

(6) 문화적응 및 사회관계망 형성문제

새로운 사회인 남한에 와서 지내는 새터민가족 아동이 겪는 문화생활과 사회관계의 어려움은 무엇일까? 외국생활을 하는 것과 거의 같은 문제이다. 언어이해 부족으로 인한 의사소통 어려움을 겪는 것은 성인보다 아동기에 더 많은 문제가 수반된다. 다양한 사회적 구조, 행위 절차 이해의 부족이 사회생활의 위축과 인간관계의 열등감으로 나타날 수 있다. 가치관의 차이, 언어문제, 탈북자에 대한 편견, 남한 아동의 학업 중심적 사고 등은 사회관계망 형성의 저해요인이 된다. 이런 문제를 극복하는 사회관계망의 긍정적 요소는 함께 하는 놀이 문화, 학업지도, 종교활동 등이라서 이런 활동을 확대하는 것이 바람직하다. 새터민가족 아동들에게 의견, 가치관의 차이로 교내의 남한 아동과의 다툼이 발생하거나 미진학, 미취업 등으로 컴퓨터 게임 중독 등이 비행으로 나타난다.

4) 새터민아동을 위한 복지서비스

(1) 북한이탈정착 지원 사무소 : 하나원

정착지원법에서는 우선 적응지원시설을 설치하고 운영하도록 되어 있는데, 이는 곧 통일부에서 운영하는 '하나원'을 의미한다. 하나원은 현재 경기도 안성시와 시흥시에 각각 설치되어 있으며 8주간 ① 상담 · 건강검진 등을 통해 심리안정 유도, ② 남한 사회 이해, 언어 적응을 통해 문화적 이질감 해소, ③ 직업기초능력 훈련 및 진로지도상담 등을 진행하고 있다. 새터민의 초기 정착을 위해 하나원에서 주민등록증을 발급하고 하나원 수료와 함께 임대주택을 배정해 준다. 이후 6개월간 국민기초생활보장제도하의 수급자로 편입되어 일정 금액의 생활자금과 의료급여 혜택을 받는다. 또 각 지역 거주지로 새터민들이 배치된 이후 지역에서의 적응을 돕기 위해 신변보호 담당관, 취업보호 담당관, 거주지 보호 담당관, 교육보호 담당관, 정착 도우미 제도 등이 마련되어 있다.

2005년 이전에는 초기 정착 지원 안내를 신변보호담당관이 담당하였지만, 북한이탈주민이 급증함에 따라 하나센터, 대한적십자사 등 민간단체에서 정착도우미 사업을 담당하였으며, 현재는 전국 31개 지역적응센터하나센터에서 초기 정착 지원 안내를 하고 있다. 정착도우미는 민간단체 자원봉사자들로 구성되어 있으며, 하나원 수료자를 거주지까지 안내하고, 수시 방문 및 생활 안내를 통해 안정적인 정착을 돕고 있다.

표 11-15 | 새터민 정착지 지원체계

분류	내용
신변보호 담당관	경찰청 담당, 700여 명의 경찰들이 배정되어 있음
취업보호 담당관	노동부 담당, 전국 53개 고용안정센터에서 담당
거주지보호 담당관	205개 시 · 군 · 구 지방자치단체에 지정되어 있음, 의료급여, 기초생활보장 등 담당
교육보호 담당관	교육과학기술부 담당
정착 도우미	대한적십자 및 9개 지역사회 복지관에서 담당

통일부에서는 북한이탈주민의 정착 지원을 위해 2009년부터 지역적응센터**하나센터**를 운영하고 있다. 현재 전국에 31개의 지역적응센터를 지정하여 4주간의 초기 집중교육과 취업, 상담 등의 지원을 담당하고 있다. 「북한이탈주민의 보호 및 정착지원에 관한 법률」 제22조의 2**전문상담사제도 운영** 규정에 따라 전문상담사 사업이 운영되고 있으며 현재 전국적으로 약 100여 명의 전문상담사가 지역적응센터**하나센터** 및 정착도우미기관 등에서 활동하고 있다. 하나센터에는 전문상담사가 북한이탈주민이 정착과정에서 겪는 다양한 문제점과 어려움에 대한 깊은 이해를 바탕으로 취업, 의료, 교육, 복지 등의 분야에서 종합 상담서비스를 제공한다. 전국적으로 전문상담사는 북한이탈주민에게 '찾아가는 상담서비스'를 제공하여 거주지 편입 이후 북한이탈주민의 빠른 지역사회 안착을 유도한다.

(2) 정착 지원정책

정부의 정착 지원정책은 크게 ① 정착금 제공, ② 주택 지원, ③ 취업 지원, ④ 교육 지원, ⑤ 사회보장 지원으로 나누어 볼 수 있는데, 이를 정리하면 표 11-16과 같다.

표 11-16 | 정착 지원법률에 따른 새터민 정착 지원제도 개요

구분		세부내용
정착금 지원	기본금	정착기본금+주거지원금 : 세대구성에 따라 책정 −1인 세대 기준 600만 원 지급
	장려금	직업훈련, 자격증 취득, 장기취업자의 경우 최대 2,140만 원의 장려금 지원
	가산금	60세 이상 노인, 장애인, 장기질병 등 결손가정아동보호가산금 등 근로능력 부재자를 위한 지원금(최대 1,540만 원 : 1급 장애)
주택 지원	주거알선	사회에 편입됨과 동시에 대한주택공사 또는 각 지방자치단체에서 건립하는 영구 · 공공임대아파트를 우선적으로 알선
주거 지원		1인 세대 기준 1,200만 원 지원금 지원
취업 지원 및 지원훈련		전국 지방노동사무소 산하 고용안정센터(53개소)에 취업보호담당관 지정
		직업훈련 무상교육 실시(교통비 및 식비 훈련수당 지급) : 거주지 보호기간(5년) 동안 총 3회의 직업훈련 수강 지원

구분	세부내용
취업 지원 및 지원훈련	교용지원금(취업보호제) 실시 : 새터민 고용 사업주에게 임금의 2분의 1(70만 원 범위 내)을 2년간 지원 (1년차 50만 원까지, 2년차 70만 원까지)
	취업장려금 신설(취업기간 지속 시 1~3년까지 인센티브 제공 : 정착금에 언급됨)
교육지원	• 학력인정 : 북한 및 제3국 체류 시 획득 학력 및 자격 인정 • 자격 인정받는 데 필요 제반 교육 편의 제공
	• 등록금 지원 : 학비 전액 면제(중 · 고등학교 및 대학교 특례자) • 대학입학특례(재외국민특별전형 혜택) : 35세 미만 입학 시 지원
사회보장지원	생계급여 지원 : 6개월 동안 근로능력유무와 관계없이 지원, 6개월 이후부터는 근로능력자는 자활사업참여 조건부과 후 지원
	의료보호 지원 : 의료보호 1종 혜택
정착도우미 활동	• 북한이탈주민 후원회가 대한적십자사와 9개 민간단체에 위탁 운영 • 새터민의 거주지 편입 초기 지역정보 제공, 생활안내 및 상담, 복지관과의 연계 등 초기 정착생활을 돕는 역할 수행(1년간 활동)

구체적으로 살펴보면 정착금은 기초 생계를 해결할 수 있도록 한 가구의 가족 수에 따라 지급하는 정착지원금과 일정한 조건을 충족하였을 때 지급하는 정착장려금, 그리고 건강상 혹은 형편상에 문제가 있어 특별한 도움이 필요한 경우에 지급하는 정착가산금으로 나뉘는데, 그 내용은 표 11-17, 11-18, 11-19와 같다.

표 11-17 | 정착지원금

가족 수	초기 지급금	분할지급금(2년)	주거 지원금	합계
1인	300	300	1,300	1,900
2인	400	700	1,700	2,800
3인	500	1,000	1,700	3,200
4인	600	1,300	1,700	3,600
5인	700	1,600	2,000	4,300
6인	800	1,900	2,000	4,700

가족 수	초기 지급금	분할지급금(2년)	주거 지원금	합계
7인 이상	900	2,200	2,000	5,100

표 11-18 | 정착장려금

구분	지급기준	금액(만 원)	비고
직업훈련 장려금	5개월 이하	–	미지급
	6~12개월	개월 x 20만 원	
	1년 과정, 폴리텍대학, 우선 선정 직종 수료	200	추가 지급
자격취득 장려금	직업훈련 장려금 수혜자	200	
취업장려금	1년차	450	
	2년차	500	
	3년차	550	
총액(최고액) 2,140만 원			

표 11-19 | 정착가산금

구분	지급기준	금액
연령 가산금	60세 이상	720만 원
장애 가산금	장애 등급	1,540만 원(1급), 1,080만 원 (2~3급), 360만 원(4~5급)
장기치료 가산금	중증질환으로 3개월 이상 입원한 경우	개월 x 80만 원
결손가정 아동보호 가산금	한부모 아동	360만 원

주택 지원은 새터민이 지역의 임대아파트에 입주할 수 있도록 제공하는 주거 지원금을 말하며, 단독세대의 경우는 1,300만 원, 2~4인 세대는 1,700만 원, 5인 이상의 가구는 2,000만 원까지 지원금을 받는다. 취업 지원은 노동부 산하 각 지방 고용안정센터에서 진로지도, 직업훈련기관 알선 및 취업대상 사업장과의 연결을 통해 진행되고 있다. 또한 새터민을 고용하는 사업주에게 임금의 2분의 1을 기본적으로 2년간 지원해주는 고용지원금제를 실시하고 있으며, 특히 장기근속자와 노령·

장애인 등 취약 계층의 고용지원금 지원기간을 1년 연장하여 최대 3년까지 지원해 주고 있다. 그리고 사회보장 지원정책을 통해서는 새터민의 소득인정액이 최저생계비에 도달하지 못하는 경우 국민기초생활보장 수급자의 하나로서 생계급여를 지급한다. 이때 생계급여는 하나원에서 사회에 배출된 후 6개월까지는 조건없이 지원하고, 6개월 이후에는 자활사업에 참여한다는 조건의 수급자로 편성하여 지원한다. 또한 「의료급여법」이 정하는 소득인정액 기준에 따라 의료급여 1종 수급권자로 지정되어 진찰, 치료 등에 있어 의료혜택을 받는다.

표 11-20 | 현금급여 지급 최고액

세대기준	현금급여액	세대기준	현금급여액
1인세대	387,611원	4인세대	1,059,626원
2인세대	656,544원	5인세대	1,245,484원
3인세대	859,357원	6인세대	1,433,250원

「북한이탈주민의 보호 및 정착 지원에 관한 법률」 제30조에 근거해 설립된 '북한이탈주민후원회'이하 후원회 역시 새터민가정을 대상으로 한 다양한 사업들을 진행하고 있다. 1997년 8월에 설립된 특수법인인 후원회는 새터민의 생활안정과 우리 사회에의 적응에 필요한 지원을 하여 새터민들의 조속한 자립 정착을 도울 목적으로 설립되었다. 또한 새터민의 후견자 역할과 민간지원단체의 구심점 역할 그리고 나아가 정부와 민간의 가교역할을 대외적으로 공표하고 있다. 이 가운데 후원회 안에 설립된 새터민 지원 민간단체들의 모임인 '북한이탈주민후원회 민간단체협의회'는 2008년 6월 기준 4개 분과아동청소년분과, 해외분과, 정착지원분과, 지역복지분과, 65개 단체로 구성되어 있다.

- 정착금 : 5년간 분기별로 분할 지급함(의존심 조장을 막기 위한 제도, 초기 정착금 1인 세대 기준 1,000만 원 → 700만 원으로 현금 지원을 축소하고 대신 주거 지원금을 1인 세대 기준 1,000만 원 → 1,300만 원 증원한 정책으로 전환함)
- 하나원 퇴소 후 6개월까지는 무조건 급여 실시

- 6개월 이후에는 조건부 수급자로 선정되어 자활사업에 참여해야 생계급여를 받을 수 있음
- 생활이 어려운 새터민은「의료급여법」이 정하는 소득 인정액 기준에 따라 의료급여 1종 수급권자로 지정되어 의료급여를 지원받음

북한이탈 정착 지원 사무소하나원의 업무는 보호대상자의 사회적응 교육 및 직업훈련, 보호대상자의 생활관리 및 지도, 보호대상자의 법적 지위 확보 및 거주지 편입의 지원, 보호대상자의 보호 및 관리이다. 아동청소년을 위하여 하나원 내 하나둘학교에서 8주간 남한학교 진학을 위한 학습능력 제고와 동료그룹의 문화학습을 받고 퇴소 후 거주지 배정을 받는다. 거주지 인근학교에 전학의 형식으로 편입학한다.

(3) 남북하나재단 지원

새터민을 대상으로 하는 가장 기본 법률인「북한이탈주민의 보호 및 정착 지원에 관한 법률」[6]이하 정착지원법률에 의해 북한이탈주민지원재단 설립 근거를 마련하고 2010년에 재단을 만들어 지금은 남북한하나재단www.koreahana.or.kr으로 불리며 지원사업을 하고 있다. 이 재단 조직은 5부 2팀으로 기획연구부, 교육개발부, 대외협력부, 생활안정부, 자립지원부, 운영팀, 감사팀2014년이 운영되고 있으며 다음과 같은 지원서비스를 실행하고 있다.

① 교육 지원

- 교육비 지원 : 제3국 이수 학력을 인정받아 본인이 원하는 학교에 편입학할 수 있는데, 이 경우에 고등학교 이하의 학교에 편입학할 경우 25세 미만인 경우 학비를 전액 면제받고 대학교인 경우에는 35세 미만인 경우 국 · 공립

6) 새터민을 대상으로 하는 법률은 1960년대부터 지금까지 여러 차례 변화를 겪어 왔다. 1962년「국가유공자 및 월남 귀순자 특별원호법」에서부터 시작된 관련 법률은 1979년「월남귀순용사 특별 보상법」, 1993년「귀순북한동포 보호법」을 거쳐 1997년「북한이탈주민의 보호 및 정착 지원에 관한 법률(이하 정착지원법률)」이 제정되기에 이른다. 현재 정착지원법률 및 그 시행령, 시행규칙이 새터민을 대상으로 하는 가장 기본적인 법률이다.

표 11-21 | 북한이탈주민 지원서비스

지원 영역	초기 정착	일자리	교육 청소년	의료건강	여성 지원	가족복지
지원사업	정착도우미	취업지원센터	청소년 교육 장학	의료 지원	여성쉼터	쉼터 및 그룹홈
	생활안정키트	취업역량강화	청소년 교육보호	생활안정 지원		
	쉼터 및 그룹홈	사회적 기업	시설 지원			
	전문상담사	창업 및 영농	통일미래리더 육성			
	24시간 콜센터		정착 지원 전문인력 양성			

대학은 전액 면제, 사립대학은 국가와 학교가 각각 1/2을 분담 지원하고 기타 산업대학은 연령 제한 없이 지원한다.

- 방과후 교육 : 서울시교육청에서는 교사 자원봉사자가 교과별 멘토링 성격의 방과후 학교 형태로 특기적성, 인성, 적응지도를 해준다. 양천구의 새터민아동대상의 지역아동센터인 한누리학교를 운영하면서 방과후 교실, 문화활동, 경제교실, 초등학교 대상 놀이치료 실시, 중학생 심리치료, 학습 지원 프로그램 제공, 정서적 문제 치유, 남한사회에 적응하도록 돕기 위한 상담, 심리 치료 프로그램을 제공한다.
- 한겨레 : 새터민아동을 위한 특성화 학교로 대안학교로서 일반학교에 편입하여 적응할 수 있도록 돕기 위한 징검다리 역할을 해준다. 기숙형 학교로 운영하여 무연고 새터민아동과 모든 새터민아동을 대상으로 한다. 교육과정은 일반학교 편입과정, 정규교육과정으로 운영한다. 기본교과학습, 방과후 동아리 활동으로 특기적성교육, 국어, 영어, 수학 중심의 수준별 학습, 체험 중심 교육활동을 통한 남한의 문화 적응교육을 실시한다.

② 주거 지원

영구 공공 임대주택을 새터민가족에게 우선적으로 알선하여 배정한다. 배정지역은 본인의 의사를 고려하며 임대아파트 입주에 필요한 주거 지원금을 가구원 기준으로 단독세대는 1,300만 원, 2~4인 세대는 1,700만 원, 5인 이상 세대는 2,000만 원을 지원한다.

③ 취업 지원

노동부 산하 전국 56개소의 지방고용안정센터에서 57명의 취업보호담당관이 새터민들의 진로지도, 직업훈련알선, 취업대상 사업장 연결서비스를 제공한다. 취업능력 향상을 위한 직업훈련, 훈련기간 중 훈련수당 지급 지원하고 있다. 새터민 고용 사업주에게는 임금의 1/2을 기본적으로 지원해 주는 고용지원금을 지원하고 취업 후 1년까지는 50만 원 범위 내, 1년 이후부터는 70만 원 범위 내에서 지원한다. 새터민의 취업경로는 65%가 본인 구직활동과 친구소개, 노동부 9%, 신변담당보호관 7%로 제도적인 취업 지원활동의 효과성이 낮은 것으로 나타난다.

표 11-22 | 북한이탈주민 고용 지원금 제도

대상	지원기간	지원금액
취업보호대상 북한이탈주민을 고용한 사업주(단, 풍속영업, 사행행위영업은 제외)	취업일~최대 4년	임금의 1/2(월 50만 원 한도)

고용 지원금 신청방법	북한이탈주민을 1개월 이상 고용하여 임금을 지급한 고용주에게 해당
북한이탈주민 채용방법	• 북한이탈주민 취업 지원 사이버센터 : www. sjobcc.or.kr • 고용노동부 고용지원센터 : www.work.go.kr/jobsenter • 통일부 하나센터(취업지원 사이버센터)

(4) 기타 거주지 지원

① 북한이탈주민 지원 지역협의회

「북한이탈주민보호법」에 의한 협의회로서 관내 신변보호기관, 지방노동사무소, 지역사회복지관, 종교 및 민간단체, 주요 기업체의 참여로 구성되고 위원장은 거주지 보호기관장이 지정한 자 또는 협의회 선임자가 된다. 이 협의회의 역할은 새터민의 정착에 필요한 생활실태 파악, 취업알선, 지역별 특화 프로그램 운영 등 각

종 애로 상담 창구로서의 기능을 한다. 북한이탈주민 밀집 거주지역 중심으로 2008년 16개, 2015년 기준 101개의 지역협의회로 구성되어 활동하고 있다.

② 보호담당관제도

새터민의 지역 내 정착을 위한 부처별 보호관은 거주지보호담당관, 취업보호담당관, 신변보호담당관과 교육보호담당관이 있는데, 그들의 역할은 다음과 같다.

- 거주지보호담당관 : 새터민 거주지 편입 및 각종 행정 지원업무 담당 지원, 지역사회복지관, 민간단체 등과 연계를 통한 지역사회 정착을 지원한다.
- 취업보호담당관 : 새터민의 취업 알선 및 상담 지원을 위한 노동부 산하 거주지 고용지원센터 전문 직업상담원이 취업보호담당관으로 지원한다.
- 신변보호담당관 : 거주지 경찰서에 신변보호 담당관을 지정, 신변을 위해 관련 상담역할을 담당한다.
- 교육보호 담당관 : 새터민아동 학교생활 적응을 위한 지원역할을 수행한다.

③ 정착도우미제도

새터민의 거주지 정착 초기 사회적응을 위해 1세대당 2명의 민간자원봉사 정착도우미를 지정한다. 하나원 수료 후 1년 동안 지역사회 안내, 각종 고충상담 등의 역할을 수행하고 있다. 2005년 시범적으로 실시하여 2006년부터 시행 후 2008년 1,860명이 활동 중이다북한이탈주민보호법 제30조. 정착도우미의 역할은 새터민의 문제해결 및 상담 및 자원을 연결하고 특히 하나원에서 거주지로 배정된 지역까지 안내하며 임대주택 계약, 입주절차, 아파트 이용 등 실제상황 안내자로서의 역할을 담당한다.

④ 북한인권시민연합

시민단체NGO로서 새터민과 관련하여 여러 활동을 광범위하게 하고 있는 단체이다. 한겨레 계절학교에 기초학력 증진과 민주시민교육에 주안점을 두고 있다. 가정방문 학습지도를 실시하여 멘토를 마련해줌으로써 부진한 학습능력을 향상하도록 돕는 것과 동시에 사회적 지지망을 형성하여 정서적으로 인정될 수 있도록 하고 있다. 새터민가족 아동과 자원봉사자들이 고궁박물관, 과학관, 전시회, 영화관, 경기장 등을 견학하는 문화교육 프로그램을 실시하고 있다.

⑤ 지역사회복지관

강남구 태화기독교 복지관에서는 새터민의 지역사회 적응을 위한 새터민가정 지원사업을 2000년부터 실시하였다. 새터민가정 지원사업은 새터민가족 아동 청소년 지원 프로그램으로 학습이해력이나 학습능력이 부족한 새터민가족 아동청소년을 대상으로 개별학습지도와 방과후 프로그램을 연계하는 프로그램을 제공한다. 정기상담을 통해 학교생활 적응과 가정생활에 대한 점검을 하여 새터민가족 아동의 욕구와 문제에 개입하기도 한다. 이 외에 문화체험 프로그램을 제공하고 있는데, 공릉지역사회복지관의 새터민 지원사업은 공부방 사업과 청소년 학습지도인 학습멘토링 사업을 실시한다.[7] 가양 7종합사회복지관에서는 남북한 아동통합교육인 어우르기 교실과 새터민 청소년 학습쉼터인 버금화음 교실 운영, 방과후 교실에서는 학습지도, 특기적성교육, 문화활동, 상담, 남한사회 적응력 향상 프로그램 등을 실시하면서 새터민가족 아동 청소년의 남한사회 적응을 돕고 있다.

5) 새터민가족 아동의 더 높은 행복생활을 위한 복지방향

새터민은 고정된 이데올로기에 따라 경직된 사회에서 오랫동안 살아온 삶터를 떠나 국적 잃은 방랑자로서 이웃나라에서 불안과 죽음의 위협을 경험한 후 우리나라에 도착하지만 예상 외로 수없이 많은 생존의 아픔을 순간순간 경험하게 된다. 새터민가족 아동들의 더 높은 행복을 위한 복지방향을 전문가들은 이렇게 제시하고 있다.

- 학업 및 진로지도 개선 : 시민단체 자원봉사 프로그램인 1 : 1 과외지도, 상담 프로그램이 효과적으로 평가되므로 학교적응과 학력의 차이를 해소하기 위

7) 노원구는 2015년 현재 남한 전체 새터민 중 4.3%가 거주하고 있는 지역이다. 약 1,000명이 거주

한 전국적 확대가 요청된다.

- 단계별 적응 프로그램 : 대안학교를 보다 확대하여 새터민가족 아동들이 적응할 수 있도록 다양한 프로그램을 제공해야 할 필요가 있다.
- 네트워크 구축 : 새터민대상 민간단체가 많으나 활동이 체계적이지 못해 연계와 역할 분담이 필요하다. 즉, 정부의 제도 부분과 민간단체의 보완적 역할 수행에서 연결성이 있어야 하고 민간단체들끼리의 연계로 서비스 중복을 막을 수 있다면 더 효율적인 서비스를 제공할 수 있다는 것이다.
- 상담시스템 구축 : 새터민가족 아동이 겪는 심리적 · 정서적 불안을 경험하고 있으므로 심리문제에 적극 개입하기 위해 상담제도를 구축해야 한다.
- 인식개선 : 새터민가족 아동을 바라보는 부정적인 인식 변화를 위한 잦은 만남의 기회를 열어야 한다.
- 인성교육 : 사회 부적응, 심각한 심리적 혼란, 스트레스, 비행에 대한 다양한 인성교육 프로그램을 실행하여 이들이 건강한 사회구성원으로 성장할 수 있도록 지원해야 할 것이다.
- 민관협력 강화 : 다양화된 새터민 가족구성원을 다양한 공공기관과 민간기관의 유기적 협조체계로 적절히 지원을 동원해 포괄적 지원을 해줘야 한다.
- 지역별 교육지원체계 확대 : 새터민가족 아동의 제도권 학교 적응을 위한 교육지원체계를 실행해야 한다. 예를 들면,, 외국인 자녀를 위한 미국에서 시행하는 ESGL 프로그램 같은 교육 지원이 필요하다.
- 거주지 보호 담당제도 및 정착 도우미 제도의 개선 : 비효율적 현행제도에 전문적인 훈련을 받은 전문가 활동 개입이 필요하다. 직접적인 서비스 제공과 지역사회 비공식적인 관계망을 연결시키는 사례관리자가 있다면 매우 효과적인 열매가 있을 것이다.
- 부모교육 : 아동의 부모 의존도가 높고 남한 적응에 부모의 역할이 크기 때문에 새터민 가족의 부모교육이 절실하게 요청된다. 그 내용은 남북한 아동과 교육환경의 차이점, 남북한 부모와 학교와의 교류 등이 포함되어야 한다.[8]

---

8) 최윤진(2015). 한부모가족 지원을 위한 정책 방향 연구. 임상사회사업연구.

Part

V

부모와 가정의 기능보충서비스

CHAPTER

12

영유아를 위한 보육서비스

CHAPTER 12

영유아를 위한 보육서비스

1. 영유아보육서비스의 발자취

우리나라에서는 1921~1991년까지는 구빈적 직장여성을 위한 탁아사업이 진행되었다. 1921년 태화기독교사회관에서 저소득층 자녀 위주의 탁아사업이 시작되었고 1962~1981년 이 시기에「아동복리법」에 의해 보건복지부가 탁아를 관리하였다. 1982년「유아교육진흥법」제정으로 어린이집, 새마을협동유아원 및 농번기탁아소를 새마을유아원으로 흡수 · 통합**법 제정 및 장학지도는 교육인적자원부에서, 시설운영 및 행정지도는 내무부에서, 보건의료는 보건사회부에서 담당**하였고 1987년 노동부에서「남녀고용평등법」에 따라 직장 탁아제를 도입하여 직장보육서비스가 시작되었다.

그 다음 단계로는「영유아보육법」제정으로 탁아에서 보육으로 발전한 1991~2004년 기간이 있다.「영유아보육법」제정 목적은 보육시설의 조속한 확대, 아동의 건전한 보호 · 교육 및 보육자의 경제적 · 사회적 활동을 지원하는 데 있었다. 이 법의 실현으로 보육사업 주관부처가 보건복지부로 일원화되었다. 영유아 보육기관 설치기준의 변천이 있었는데, 처음에는 인가제**가정보육시설만은 신고제**였으나 1998년 7월 신고제로 완화하고 2004년 1월 인가제로 다시 강화하는 변화가 있었다. 2004년 1월 29일「영유아보육법」의 전면개정안 공포로 보육서비스의 다양화와 질적 수준을 향상시키고, 보육에 대한 공적 책임 강화를 통해 보육사업이 더욱 발전할 수 있는 계기를 마련하였다. 2004년 6월 12일부터 영유아보육사무가 보건복지부에서 여성부로 이관되었고 담당 조직이 보건복지부 영유아보육과**1과**에서 여성가족부

1국보육정책국 3과보육정책 · 재정 · 지원팀로 개편되는 전환이 있었다.

참여정부의 육아지원정책(2004~2008. 2)은 2005년 12월 시설장의 국가자격증제 도입, 보육시설운영위원회 설치 의무화, 보육시설 설치 사전 상담제를 실시하는 것이었다. 2007년 11월 표준보육과정을 제정하여 영유아가 조화로운 사회구성원으로 성장될 수 있도록 보육환경의 질을 높였다. 제1차 육아지원정책(2004. 6)으로는 고령화 및 미래사회위원회에서 '보육 및 육아교육 지원의 공공성 확대공약사항'에 대한 대책을 발표하였는데, 그 내용은 육아부담을 소득에 따라 50% 경감, 1년간 육아휴직 포함, 평가인증제 도입, 보육교사 국가자격제도 시행 등이다. 제2차 육아지원정책(2005. 5) 내용은 고령화 및 미래사회위원회에서 '출산율 제고 및 여성경제활동 참가'에 대한 대책내용과 표준보육료 · 교육비 산정, 영아기본보조금제도를 시범 도입하는 것이었다.

참여정부의 여성가족부에서 공보육 강화를 위한 제1차 중장기보육계획인 새싹플랜(2006~2010)은 국 · 공립시설을 2010년까지 2배, 이용아동은 30% 수준까지 확충, 기본 보조금 확대 지원, 차등보육료를 평균소득 130% 이하까지 확대(2009)시키는 계획이었다. 새싹플랜과 함께 저출산고령사회위원회에서 세계 최저의 저출산문제해결을 위해 새로마지 플랜(2006. 8)을 발표하였다. 그 핵심내용은 국 · 공립시설을 30% 확충, 영아기본보조금 도입, 차등보육료 확대, 만 5세 무상보육 확대, 아동수당 도입의 검토 등이다.

2008년 3월에 영유아보육서비스는 새로운 국면을 맞이하게 되었다. 여성가족부의 보육정책국이 보건복지부의 보육정책관실로 이관하는 변화이다. 그 당시의 영유아보육정책방향은 보건복지부가 양적으로 큰 성장을 이룬 보육정책을 질적으로 향상시키고 수요자 중심 정책으로 전환을 추구하는 것이었다. 만 5세 공통과정 도입 추진계획(2011. 7. 19)을 설립하였다. '만 5세 공통과정'은 어린이집과 유치원으로 이원화되어 있는 보육 · 교육과정을 통합하여 어린이집 또는 유치원에 다니는 모든 만 5세 어린이에게 동일한 공통과정 제공 및 보육 · 교육비를 지원하는 제도이다.

표 12-1 | 어린이집의 변천과정

구분	어린이집 시기 (1961~1982)	새마을유아원 시기 (1982~1990)	어린이집 시기 (1991~현재)
관계법령	아동복지법	유아교육진흥법	영유아보육법
소관 부처	보건사회부	내무부	보건복지부 → 여성가족부 → 보건복지가족부(2008년부터)
시설	어린이집, 농번기 상설 탁아소, 새마을 협동유아원	새마을유아원	어린이집
용어	탁아	유아교육	보육
대상 연령	0~6세	4~6세	0~6세(12세까지 가능)
기능	복지적 보육기능	교육기능 강조	교육과 보호기능
긍정적 측면	구빈적 차원에서 아동복지 차원으로 실시	시설의 양적 확충	탁아에서 보육으로 기능 확대
부정적 측면	서울시내 변두리 집중, 시설 부족, 탁아서비스가 제구실을 하지 못함	아동복지제도로서의 본래 기능상실 실적 위주의 정책 (탁아기능 약화)	

출처 : 도미향 외(2013).

2. 영유아보육서비스 개념과 그 변화

1) 아동 맡김(탁아) 서비스에서 교육과 보육(edu-care)서비스로 전환

과거에는 탁아사업으로 가정에서 정상적인 양육을 받기 어려운 경우 일정 시간 동안 타인에 의해 제공되는 보호care를 뜻하였다. 대부분 주간에 이루어져 'day care', 맡긴다는 의미의 '탁아'라는 말을 많이 사용하였고, 저소득층의 자녀들이 이용하는 시설로 요보호아동을 위한 복지사업의 의미가 강하였다. 1991년「영유아보육법」이 제정되고 '보육시설'로 바뀌게 되면서 전통적 탁아사업에서 현대 보육사업으로 전환되었다. 보육개념 변화에 함축된 두 가지 의미는 하루 중의 일정 시간 동안 발생되는 '부모에 의한 양육상의 부적절함'에 대한 사회의 보충적 지원체계라는 의미와 보육사업을 통해 아동의 전인적 발달을 돕고, 복지 향상교육과 보호edu-care의 통합개념을 바탕으로 하는 데 의미가 있다. 구체적인 내용은 다음과 같다.

- 교육과 보육edu-care의 개념을 반영하여 보호 중심 탁아에서 교육과 보호를 함께 한 보육으로의 관점 변화를 의미한다.
- 중점 보육대상 변화 및 그 확대를 나타내고 있다. 즉, 영아 및 학동기 아동으로의 변화를 의미한다.
- 학동기 아동의 보육기회를 마련해 놓고 있다.
- 다양한 형태의 보육을 지향한다.
- 보육시간을 자율적으로 설정, 운영하게 하고 있다.

2) 아동과 여성 취업활동에 관한 권리적 서비스

아동의 복지권이란 아동이 한 독립된 인간으로서 최소한도의 기본적 생활을 영위할 뿐 아니라, 인간다운 생활을 영위할 권리가 있는 존재로 파악하여 사회와 국가는 이러한 권리를 보장해야 할 의무가 있다고 보고 있다. 19세기까지 아동복지는 일종의 자선사업으로 간주했으나 20세기에 아동을 독립된 인격체로 받아들이게 되었다. 그 이후로 아동복지는 아동의 복지권 보장의 차원에서 전개되었다. 엘렌 케이(Ellen Key, 1900)는 《아동의 세기》라는 저서에서 아동의 권리, 즉 아동은 튼튼하게 태어날 권리, 건전하게 키워질 권리, 정상적인 가정생활을 영위할 권리, 교육을 받을 권리, 정서적 및 도덕적 훈련을 받을 권리, 유희나 오락을 충분히 즐길 수 있는 권리를 잘 나타내었다.

3) 보육서비스의 개념

부모 역할을 보충해주는 서비스로서 빈곤가정 아동과 결손가족 및 한부모가정 아동, 장애아동, 지역주민 단결을 통한 서비스와 「사회복지사업법」의 관련 법으로서의 「영유아보육법」 실행, 종합적 사회복지서비스로서의 보육사업을 의미한다.

3. 보육사업의 이해

1) 보육사업의 목적과 이념

(1) 영유아보육사업 목적

영유아의 심신을 보호하고 건전하게 교육하여 건강한 사회구성원으로 육성함과 아울러 보호자의 경제적·사회적 활동이 원활하게 이루어지도록 함으로써 영유아 및 가정의 복지증진에 이바지함을 목적으로 한다**영유아보육법 제1조**.

(2) 영유아보육사업 이념

보육은 영유아의 이익을 최우선적으로 고려하여 제공되어야 한다. 보육은 영유아가 안전하고 쾌적한 환경에서 건강하게 성장할 수 있도록 하여야 한다. 영유아는 자신이나 보호자의 성, 연령, 종교, 사회적 신분, 재산, 장애 및 출생지역 등에 따른 어떠한 종류의 차별도 받지 아니하고 보육되어야 한다**영유아보육법 제3조**.

2) 보육사업 용어 정의

「영유아보육법」에서 정의하는 중요 개념에는 영유아, 보육, 어린이집, 보호자 보육교직원이다. '영유아'란 6세 미만의 취학 전 아동을 말한다. '보육'이란 영유아를 건강하고 안전하게 보호·양육하고 영유아의 발달특성에 맞는 육아를 제공하는 어린이집 및 가정양육 지원에 관한 사회복지서비스를 말한다. '어린이집'이란 보호자의 위탁을 받아 영유아를 보육하는 기관을 말한다. '보호자'란 친권자·후견인, 그 밖의 자로서 영유아를 사실상 보호하고 있는 자를 말한다. '보육교직원'이란 어린이집 영유아의 보육, 건강관리 및 보호자와의 상담, 그 밖에 어린이집의 관리·운영 등의 업무를 담당하는 자로서 어린이집의 원장 및 보육교사와 그 밖의 직원을 말한다**영유아보육법 제2조**.

3) 보육사업의 책임

모든 국민은 영유아를 건전하게 보육할 책임을 진다. 국가와 지방자치단체는 보호자와 더불어 영유아를 건전하게 보육할 책임을 지며, 이에 필요한 재원을 안정적으로 확보하도록 노력하여야 한다. 특별자치도지사 · 시장 · 군수 · 구청장**자치구의 구청장을 말한다. 이하 같다**은 영유아의 보육을 위한 적절한 어린이집을 확보하여야 한다. 국가와 지방자치단체는 보육교직원의 양성 및 근로여건 개선을 위하여 노력하여야 한다**영유아보육법 제4조**.

4. 보육사업 현황

1) 보육서비스 대상(객체)

보육시설의 이용대상은 보육이 필요한 영유아를 원칙으로 한다. 다만, 필요한 경우 보육시설의 장은 만 12세까지 연장하여 보육할 수 있다. 또한 국가나 지방자치단체, 사회복지법인, 그 밖의 비영리법인이 설치한 보육시설과 대통령령으로 정하는 보육시설의 장은 다음 각 호의 어느 하나에 해당하는 자가 우선적으로 보육시설을 이용할 수 있도록 하여야 한다.

(1) 보육의 우선 제공

◎ 1순위(「영유아보육법」 제28조, 제21조의 3, 시행규칙 제29조)

- 「국민기초생활 보장법」에 따른 수급자
- 「한부모가족지원법」 제5조에 따른 보호대상자의 자녀
- 「국민기초생활 보장법」 제24조에 따른 차상위계층의 자녀**최저 생계비 120% 이하**
- 「장애인복지법」 제2조에 따른 장애인 중 보건복지부령으로 정하는 장애등급 이상에 해당하는 자의 자녀

표 12-2 | 설립 주체별 어린이집 현황(2015년 현재)

구 분			설립 주체별							
			계	국·공립 어린이집	사회복지 법인 어린이집	법인·단체 등 어린이집	민간 어린이집	가정 어린이집	부모협동 어린이집	직장 어린이집
전국	계	계	1,496,671	159,241	104,552	49,175	775,414	365,250	3,774	39,265
		남	773,987	82,306	55,049	25,478	400,579	188,152	2,012	20,411
		녀	722,684	76,935	49,503	23,697	374,835	177,098	1,762	18,854
	만 0세	계	138,563	3,871	2,784	1,023	35,084	94,175	163	1,463
		남	72,508	2,026	1,484	544	18,437	49,169	87	761
		녀	66,055	1,845	1,300	479	16,647	45,006	76	702
	만 1세	계	342,056	21,053	14,922	6,081	137,708	154,388	618	7,286
		남	176,649	10,787	7,840	3,142	71,446	79,299	329	3,806
		녀	165,407	10,266	7,082	2,939	66,262	75,089	289	3,480
	만 2세	계	409,954	34,642	25,533	10,604	216,513	112,432	916	9,314
		남	210,465	17,803	13,250	5,572	111,068	57,478	486	4,808
		녀	199,489	16,839	12,283	5,032	105,445	54,954	430	4,506
	만 3세	계	265,338	36,354	24,270	11,588	180,139	3,072	814	9,101
		남	138,016	18,968	12,708	5,973	93,497	1,621	449	4,800
		녀	127,322	17,386	11,562	5,615	86,642	1,451	365	4,301
	만 4세	계	177,014	32,198	17,948	9,447	109,420	640	660	6,701
		남	91,519	16,582	9,447	4,888	56,479	323	337	3,463
		녀	85,495	15,616	8,501	4,559	52,941	317	323	3,238
	만 5세	계	155,510	29,640	17,060	8,667	93,817	476	576	5,274
		남	80,368	15,348	9,014	4,458	48,292	228	310	2,718
		녀	75,142	14,292	8,046	4,209	45,525	248	266	2,556
	만 6세 이상	계	8,236	1,483	2,035	1,765	2,733	67	27	126
		남	4,462	792	1,306	901	1,360	34	14	55
		녀	3,774	691	729	864	1,373	33	13	71

- 아동복지시설에서 생활 중인 영유아
- 부모가 모두 취업 중인 영유아
- 「다문화가족지원법」 제2조 제1호에 따른 다문화가족의 영유아
- 자녀가 3명 이상인 가구 또는 영유아가 2자녀 가구의 영유아
- 산업단지 입주기업체 및 지원기관 근로자의 자녀로서 산업단지에 설치된 어린이집을 이용하는 영유아
- 법인 · 단체 등이 어린이집을 국가 또는 지방자치단체에 기부 채납하여 국 · 공립 어린이집으로 전환된 경우 해당 법인 · 단체 등의 근로자 자녀로서 그 어린이집을 이용하는 영유아
- 법 제24조 제2항 제3호에 따라 「주택법」 제2조 제2호에 따른 공동주택에 설치된 민간 어린이집을 국가 또는 지방자치단체에 기부 채납하여 국 · 공립어린이집으로 전환된 경우 해당 공동주택의 거주자 자녀로서 그 어린이집을 이용하는 영유아

◎ 2순위

기타 한 부모 · 조손가족, 입양된 영유아, 어린이집 재원 중인 아동의 형제 자매

2) 보육사업서비스 제공자(주체)

(1) 중앙정부

- 보육정책조정위원회 : 보육정책에 관한 관계 부처 간 의견 조정을 위한 국무총리 소속위원회
- 보육정책위원회 : 보육에 관한 각종 정책 · 사업 · 보육지도 및 시설평가사항 등을 심의하기 위하여 보건복지부에 중앙보육정책위원회를 두었다.
- 보육정보센터 : 보육에 관한 정보의 수집 · 제공 및 상담을 위하여 보건복지부장관은 중앙보육정보센터를 운영해야 한다.
- 보육개발원 : 보건복지부장관은 보육에 관한 연구와 정보 제공, 프로그램 및

교재 개발, 평가척도 개발 및 종사자 연수 등의 업무를 위해 설치, 그 업무를 관련 연구기관 등에 위탁할 수 있다.

- 보건복지부

(2) 지방정부

- 지방보육정책위원회 : 특별시 · 광역시 · 도 · 특별자치도 및 시 · 군 · 구의 위원회
- 지방보육정보센터 : 특별시장 · 광역시장 · 도지사 및 시장 · 군수 · 구청장은 설치 · 운영해야 함
- 보육시설 종사자
  - 시설장 : 보육시설별 1인**영유아 20인 이하 보육시설 보육교사와 겸임 가능**
  - 보육교사 : 1~3급 보육교사

표 12-3 | 교사의 어린이 비율

어린이 연령	만 1세 미만	만 1~2세	만 2~3세	만 3~4세	만 4세 이상
교사 1인당 어린이 수	3명	5명	7명	15명	20명

  - 간호사 : 원아 100명 이상 보육시설에 간호사**간호조무사** 1인
  - 영양사 : 원아 100명 이상 보육시설에 1인**동일 시 · 군 · 구 내의 5개 시설이 공동으로 둘 수 있음**
  - 취사부 : 영유아 40인 이상 보육시설에 1인, 영유아 매 80인을 초과할 때마다 1인씩 증원
  - 기타 종사자 : 의사**촉탁의사**, 사회복지사, 사무원, 관리인, 위생원, 운전기사, 치료사 등을 둘 수 있음
  - 겸직 : 시설장이 간호사 또는 영양사 자격이 있으면 겸직 가능

표 12-4 | 보육정책 관련 기관 업무

저출산 고령사회 정책실		
보육정책과	보육사업기획과	보육기반과
1. 중앙부처 및 지방자치단체의 영유아 정책지원 정책협의 · 조정 · 총괄 2. 영유아정책에 대한 조사 · 연구 · 평가 및 제도개선 3. 영유아정책에 관한 종합계획의 수립 및 연도별 시행계획의 총괄 4. 보육정책의원회의 운영 5. 보육 관련 법령의 관리 · 운영 6. 보육재정의 중장기 투자계획 수립 7. 보육예산의 편성 · 집행관리 및 정산 · 결산 8. 보육서비스 이용권 제도(보육전자바우처)의 운영 및 관리 9. 보육행정 전산화 10. 지방자치단체 보육공무원 교육 11. 보육개발원의 설립 및 지도 · 감독 12. 영유아 및 영유아보육 지원정책에 대한 홍보 및 국민인식 개선 사업 13. 보육 관련 대외협력 및 교류활성화의 지원 14. 보육통계의 생산 및 관리 15. 보육시설연합회 등 법인 · 단체의 지도 · 감독 16. 보육시설 평가인증계획 수립 및 평가인증제도 운영	1. 영유아 보육료의 지원 2. 양육수당 지원에 관한 사항 3. 표준보육비용에 관한 사항 4. 영유아 및 부모 지원 보육서비스의 개발 5. 영아 · 장애아 및 다문화가족 영유아 등 취약보육서비스 등 지원에 관한 사항 6. 보육료 · 양육수당 지원 대상자 선정 및 적정관리에 관한 사항 7. 보육료 · 양육수당 지원 대상자 소득기준액 결정에 관한 사항 8. 보육시설 종사자 처우개선에 관한 사항 9. 보육시설 종사자 처우 개선에 관한 사항 10. 보육시설 종사자의 양성 및 교육훈련의 지원 11. 보육시설 종사자의 경력 및 자격관리 12. 가정양육 지원에 관한 사항	1. 국 · 공립 보육시설 등 보육시설의 확충 및 지원계획 수립 2. 영유아보육법에 따른 보육시설의 설치 · 인가 기준의 수립 및 관리 3. 보육시설의 설치 및 운영 지원 4. 보육시설의 기능 보강 등 환경개선 지원 5. 국 · 공립 등 보육시설 인건비 및 운영비 지원 6. 보육시설에 대한 지도 점검 7. 보육시설운영위원회의 설치 및 운영 8. 보육아동의 건강 · 영양 · 안전 등의 관리 9. 표준보육과정 및 보육 프로그램의 개발 · 보급 10. 직장보육서비스의 확충 11. 부모협동 보육시설의 활성화 12. 보육정보센터의 확충 및 운영 · 관리 13. 영유아 이용시설의 설치 및 지원

5. 보육서비스의 유형

1) 다양한 보육시설

- 국 · 공립어린이집 : 국가나 지방자치단체가 설치 · 운영하는 어린이집
- 사회복지법인어린이집 : 「사회복지사업법」에 따른 사회복지법인(이하 "사회복지법인"이라 한다)이 설치 · 운영하는 어린이집

표 12-5 | 어린이집 연도별 설치 운영 현황

연도	계	국·공립 어린이집	사회복지법인 어린이집	법인·단체 등 어린이집	민간 어린이집	가정 어린이집	부모협동 어린이집	직장 어린이집
2014	43,742	2,489	1,420	852	14,822	23,318	149	692
2013	43,770	2,332	1,439	868	14,751	23,632	129	619
2012	42,527	2,203	1,444	869	14,440	22,935	113	523
2011	39,842	2,116	1,462	870	14,134	20,722	89	449
2010	38,021	2,034	1,468	888	13,789	19,367	74	401
2009	35,550	1,917	1,470	935	13,433	17,359	66	370
2008	33,499	1,826	1,458	969	13,306	15,525	65	350
2007	30,856	1,748	1,460	1,002	13,081	13,184	61	320
2006	29,233	1,643	1,475	1,066	12,864	11,828	59	298
2005	28,367	1,473	1,495	979	12,769	11,346	42	263

출처 : 보건복지부(2015). 2014년 보육통계.

- 법인 · 단체 등 어린이집 : 사회복지법인이 설치 · 운영하는 어린이집
- 직장어린이집 : 사업주가 사업장의 근로자를 위하여 설치 · 운영하는 어린이집
- 가정어린이집 : 개인이 가정이나 그에 준하는 곳에 설치 · 운영하는 어린이집
- 부모협동어린이집 : 보호자들이 조합을 결성하여 설치 · 운영하는 어린이집
- 민간어린이집 : 제1호부터 제5호까지의 규정에 해당하지 아니하는 어린이집

영유아보육법 제10조

2) 다양한 보육서비스

(1) 대상에 따른 보육서비스 유형

- 영아3세 미만 전담보육 : 20인 이상
- 장애아 전담보육 : 장애아 20인 이상
- 장애아 통합보육 : 장애아 3명 이상
- 위기보육 : 위기에 처한 아동의 일시적 보육

표 12-6 | 유형별 어린이집 재원 현황(2014년 현재)

구분		계	국·공립 어린이집	사회복지법인 어린이집	법인·단체 등 어린이집	민간 어린이집	가정 어린이집	부모협동 어린이집	직장 어린이집
2014	계	1,496,671	159,241	104,552	49,175	775,414	365,250	3,774	39,265
	남	773,987	82,306	55,049	25,478	400,579	188,152	2,012	20,411
	녀	722,684	76,935	49,503	23,697	374,835	177,098	1,762	18,854
2013	계	1,486,980	154,465	108,834	51,684	770,179	364,113	3,226	34,479
	남	768,523	79,934	57,048	26,670	397,270	187,899	1,735	17,967
	녀	718,457	74,531	51,786	25,014	372,909	176,214	1,491	16,512
2012	계	1,487,361	149,677	113,049	51,914	768,256	371,671	2,913	29,881
	남	769,573	77,321	59,562	26,867	397,021	191,722	1,572	15,508
	녀	717,788	72,356	53,487	25,047	371,235	179,949	1,341	14,373
2011	계	1,348,729	143,035	112,688	50,676	706,647	308,410	2,286	24,987
	남	699,806	73,850	59,408	26,341	366,164	159,878	1,248	12,917
	녀	648,923	69,185	53,280	24,335	340,483	148,532	1,038	12,070
2010	계	1,279,910	137,604	114,054	51,126	671,891	281,436	1,898	21,901
	남	665,305	71,195	60,124	26,846	348,844	146,009	1,051	11,236
	녀	614,605	66,409	53,930	24,280	323,047	135,427	847	10,665

(2) 시간에 따른 보육서비스 유형

- 반일제 : 6시간 이내
- 종일제 : 12시간 이내
- 시간제 : 필요에 따라 보육
- 방과후 보육, 24시간 보육, 휴일보육, 계절보육

표 12-7 | 다양한 보육서비스 기관 유형 현황(2014. 12. 31. 현재)

(단위 : 개소, 명)

구 분			설립 주체별							
			총계	국·공립 어린이집	사회복지법인 어린이집	법인·단체 등 어린이집	민간 어린이집	가정 어린이집	부모협동 어린이집	직장 어린이집
영아 전담	어린이집	어린이집 수	613	58	214	19	271	51	0	0
	아동	아동정원	29,844	2,887	13,822	767	11,365	1,003	0	0
		영아아동 현원	23,722	2,518	9,970	658	9,598	978	0	0
	보육 교직원	영아반 보육교사	4,439	496	1,747	130	1,855	211	0	0
장애아 전문	어린이집	어린이집 수	174	37	103	6	27	1	0	0
	아동	아동정원	8,339	1,525	5,472	270	1,054	18	0	0
		장애아동 현원	5,860	1,070	3,785	211	776	18	0	0
	보육 교직원	장애아반 보육교사 특수교사, 치료사	2,505	447	1,638	86	329	5	0	0
장애아 통합	어린이집	어린이집 수	872	605	40	37	167	18	1	4
	아동	아동정원	80,573	56,415	4,250	3,416	15,609	342	37	504
		장애 아동현원	3,835	2,781	159	210	643	23	1	18
	보육 교직원	장애아반 보육교사 특수교사, 치료사	1,370	1,018	61	70	212	4	0	5
방과후	어린이집	어린이집 수	351	72	59	84	126	7	1	2
	아동	아동정원	29,047	6,185	6,646	4,619	11,107	133	77	280
		방과후 아동현원	3,991	1,171	359	1,591	817	12	0	41
	보육 교직원	방과후반 보육교사	227	78	15	72	59	0	0	3
시간 연장	어린이집	어린이집 수	8,644	1,607	359	180	2,626	3,741	8	123
	아동	아동정원	414,290	123,690	34,749	13,113	163,141	67,159	418	12,020
		시간연장 아동현원	41,655	5,583	1,750	1,086	15,539	16,420	55	1,222
	보육 교직원	시간연장 보육교사	9,224	1,449	403	250	3,611	3,077	11	423
휴일	어린이집	어린이집 수	294	120	45	16	66	37	0	10
	아동	아동정원	21,603	10,486	4,477	1,395	3,539	673	0	1,033
		휴일 아동현원	477	39	97	81	175	27	0	58
	보육 교직원	휴일반 보육교사	239	44	54	27	70	7	0	37
24시간	어린이집	어린이집 수	277	69	14	4	95	90	0	5
	아동	아동정원	14,736	5,562	1,155	443	5,407	1,681	0	488
		24시간 아동현원	867	193	55	9	361	230	0	19
	보육 교직원	24시간 보육교사	300	37	18	2	125	103	0	15

6. 보육사업의 전망

1) 보육서비스 내용

보육의 본질은 돌봄보호과 양육, 발달을 말하며, 돌봄을 베푸는 서비스는 생존과 생활, 생산, 양육 참여 서비스는 영양과 건강, 안전, 발달을 돕는 서비스는 몸과 맘의 조화를 의미한다.

(1) 돌봄 서비스

① 돌봄의 다양한 의미

영유아를 돌본다는 의미는 어원적, 철학적, 윤리적, 심리적, 목회적 관점으로 사용되고 있어 이 각각의 의미를 살펴본 후 종합적인 의미를 살펴보고자 한다. care는 돌봄=보호=배려라는 용어로 번역된다. care는 근심anxiety, 걱정하고 슬퍼하는 것과 배려solicitude, 남을 위하는 입장에서 걱정하고 관심을 갖고 사랑하는 것라고《옥스퍼드 영어사전》에 설명된다. 하이데거Martin Heideger는 우리 자신의 삶에 관하여 느끼는 근심으로서의 돌봄과 남을 위하여 기울이는 배려로서의 돌봄이 있다고 철학적 관점에서 설명한다. 인간을 인간되게 만드는 것이 돌봄이라는 것이다. 만일 우리가 돌보지 않는다면 우리는 인간성을 상실하게 된다. 즉, 돌봄이란 인간 실존의 기본 현상, 인간 실존의 해석의 단서이다.

네딩스Nel Noddings는 돌봄은 소외를 줄이고 도덕적 행위를 인도하는 데 필요한 덕목으로 돌봄은 애정과 존중에 의해 행동하는 것이다. 돌보는 태도의 원형은 모자관계돌봄을 받았던 최초의 기억, 돌봄 기억의 증가이고 윤리적 돌봄은 원형에 근거하지만 의도적이라는 돌봄care의 윤리적 의미를 제공해준다. 프롬Erich Fromm은 사랑의 기술이라는 책에서 성숙한 사랑의 네 구성 요소는 보호care, 책임, 존경, 지식이라고 강조한다. 보호는 사랑을 이루어가는 활동이다. 즉, 자녀에 대한 어머니의 사랑–수유, 목욕시킴, 육체적 안정 제공–으로 감동을 준다. 또한 사랑이란 우리가 사랑하는 생명과 성장에 대한 능동적인 관심인 보호를 말한다. 패튼은John Patten 자신과 타인의 돌봄관계성과 책임 속에 하나님의 형상을 찾아볼 수 있으며 근심으로서의 돌봄, 존재를 위한 돌봄은 자신의 유한성과 타인의 유한성의 표현이라고 주장한다. 타인의 돌봄은 자신을 돌보는 것과 분리될 수 없으며 충분하고 적절한 돌봄을 행하지 못한 결과로서 죄의식이 나타나게 된다고 한다. 돌봄은 인간성의 근본이고 우리 존재의 무의식적인 표현 틸리히Paul Tillich라고 한다.

영 · 유아를 보호한다는 것돌봄은 영 · 유아를 위한 걱정, 관심, 배려 등 인간됨의 본연의 표현으로 영 · 유아에 대한 애정과 존중의 행동, 영 · 유아에 대한 사랑의 노동수고이다. 영 · 유아를 돌봄은 하나님의 형상을 찾는 일이며, 유한성의 표현이고 돌봄의 부족에서 죄의식을 나타낸다. 영 · 유아 보호에 참여한다는 것은 내림 사랑의 실천나도 돌봄을 받았으니 돌봐줘야 한다이며, 빚진 자의 마땅한 도리너희가 거저 받았으니 거저 주라이고, 인간사랑 실현의 기회이며 감사한 일아름다운 삶을 이루는 특권이다이다.

② 돌봄서비스의 대상 : 영유아의 라이프

우리가 영유아를 돌본다는 것은 그들의 무엇을 돌본다는 것인가? 영유아의 모든 돌봄 활동의 핵심은 영유아들의 라이프life와 관련된 것이어야 한다. 한 단어로 표현하자면 라이프를 위한 직접적인 활동이고 라이프에 의한 활동이다. 이 '라이프'라는 가장 중요한 단어는 세 가지 의미를 내포하고 있다. 세상에서 가장 귀중한 것은 생명이다. 인간의 모든 활동은 무엇이든지 이 생명을 돕도록 하고 이 생명을 해치는 것을 줄이거나 피하도록 하는 일이다. 영유아교육도 결코 예외가 아니기 때문에 이런 관점으로 영유아교육은 이루어져야 한다. 생명이란 무엇인가를 생각할 때에 가장 실제적이고 구체적이면서도 교육과 관련하여 설명하려면 그리 쉽지 않다. 결국 이 생명과 관련된 설명을 세 가지로 나눠 영유아교육을 설명하려고 한다. 진정한 생명은 생존과 생활과 생산의 유기체적인 결합이다. 다시 말하면,인간의 생명은 생명physical life, biological life을 유지하는 생존survival과 활동을 하며 살아가는 생활living과 살아가는 동안에 능력의 범위 내에서 무엇인가를 만들어 내는 생산production 활동의 세 가지 요소가 연속되고 결합된 현상이라는 전인유아교육활동의 내용을 설명하고자 한다.

◎ 영유아 돌봄서비스의 대상은 생명 유지 도움 활동이다

세상에서 가장 귀한 인간의 생명은 어떤 값으로도 살 수 없고 그 가치를 규정할 수도 없다. 고귀한 생명의 소유자인 우리의 아이들을 돌본다는 의미는 영유아가 자신의 고귀한 생명의 의미를 진지하게 이해하고 어린이 스스로 생명을 유지해 나갈 수 있는 능력과 자신감과 기술을 점차 익혀 가도록 돕는 일이다. 이런 관점에서 본다면 영유아 돌봄서비스 실천자의 중대한 책임과 특권을 수행하고 있다는 것을 뜻한다. 건강한 신체와 건강한 정신을 어렸을 때부터 가지고 산다면 행복한 삶의 기반을 이미 다진 것이다. 영유아보육은 영유아의 신체발달을 조화롭게 이루도록 도우며 안전하고 위생적으로 건강한 삶을 유지할 수 있는 기본 습관을 형성해 주는 일을 집중적으로 실행하고 있다.

생명 유지생존, survival에 도움을 주는 활동은 이후의 생활과 생산의 기틀을 마련하는 기초 작업인 셈이다. 영유아보육에서는 생존을 위한 교육을 글자나 숫자 지도보다 더 중요하고 긴요한 교육으로 다루고 있다. 아이들이 건강한 생활을 유지하는 활동을 하고, 위생적인 생활을 할 수 있도록 생활 습관을 형성하도록 노력한다. 생명을 보존시키는 안전생활과 조심성 있는 태도 함양, 골고루 음식을 맛있게 먹는 식생활 습관 형성, 운동을 통한 소근육, 대근육발달활동 등이 생존을 위한 가장 긴급하고 중대한 기초 활동이다. 특히, 학기 초에 이루어져야 할 기초생활습관은 주로 이런 철학의 실천을 위한 것이다. 누리과정에서 신체운동 · 건강영역에서 안전, 위생, 건강을 위한 활동은 모두 생존을 위한 돌봄서비스 활동으로서 이러한 돌봄서비스를 통해 영유아들의 생명력은 더욱 강해지고 평생 동안 왕성한 생명을 가지고 활달하게 살 수 있게 될 것이다. 진정한 영유아 돌봄서비스는 영유아의 생존의 기틀을 형성해 주는 과정이다.

◎ 영유아 돌봄서비스의 대상은 생기발랄한 활동적 생활로 이루어진다

간혹 "내가 이렇게 살면 뭘 해. 죽은 목숨인 걸"하면서 자탄하는 말을 들어본 적이 있을 것이다. 목숨은 있어 살아 있지만 자신이 의도하는 활동social life이 없다

는 것이다. 자유를 박탈당한 경우나, 신체활동이 매우 불편한 경우 경제적 · 사회적인 이유로 자율적인 생활을 이끌어 갈 수 없는 경우가 바로 그런 경우이다. 이제 신체적 성장이 급속히 이루어지고 여러 영역에서 발달하고 있는 유아들은 유아교육을 통하여 원기 왕성한 활동을 하고 그런 삶의 방식을 익혀가고 있다. 아픈 아이는 움직이지 않고 가만히 있으며 활동을 싫어하는 경향을 쉽게 알 수 있다. "우리 인간의 몸은 움직이도록 만들어졌다."는 평범한 진리이다. 인간은 부지런히 신체의 각 부분을 움직여야 건강해질 수 있다는 것이다. 우리 아이들은 생명을 가지고 있기에 움직여야만 한다. 영유아보육에서 가장 중요한 교육방법은 자기 활동self-activity을 보장해 주는 분위기와 자유로운 활동을 격려하는 일이다. 실제로 영유아교육에서 영유아들을 피교육자로 여겨 수동적으로 앉아서 교사가 하는 것을 보고 모방하게 하는 것이 가장 좋지 않은 것으로 여긴다.

영유아들을 위한 실질적인 활동practical activities에는 상상놀이imaginative play, 바깥놀이, 책과 이야기 나누기, 야외 견학outings, 어지럽히며 하는 놀이messy play, 책상 위에서 하는 장난감 놀이table-top toys, 요리, 쌓을 수 있는 장난감construction toys, 모래, 물, 찰흙 같은 자연적natural이고 두드리거나 눌려서 모형을 만들 수 있는 malleable 재료의 사용, 음악과 동작, 미술활동, 컴퓨터활동 등이다.

영유아들이 풍성한 생명력을 키우고 그것을 누릴 수 있게 하는 또 다른 방법은 스스로 활동을 선택할 수 있는 자유를 가능한 최대한 제공하고 재미에 빠져 몰두할 수 있는 분위기를 형성해 주는 것이 바로 영유아를 위한 돌봄서비스 대상으로서의 활동이다. 어린이집 교실은 조용한 교실 분위기라기보다는 활기찬 교실이다. 움츠리고 있기보다는 활기찬 모습의 움직임으로 이어지는 시간이 더 많다. 이런 바탕 위에서 이루어지는 교육활동이어야 성공적이며 결과적으로 생기 있는 활동을 조장하는 생명을 위한 교육이 된다. 누리과정의 의사소통과 사회관계는 바로 생기발랄한 영유아들의 사회적 활동을 최대한 원활하고 활발하게 어린이의 신체 각 부분을 최대한으로 움직이게 하고 친구들과 함께 활동하는 상호작용적인 활동이 주된 내용이다. 따라서 영유아 돌봄서비스 대상과 내용은 영유아의 활동성생활의 풍성함을 이루어나가는 활동이다.

◎ 영유아 돌봄서비스는 창조적인 생산활동이다

생명은 또 다른 생명을 낳는다. 그러므로 생명의 소유자인 영유아들에게 무엇인가를 스스로 하도록 허용해 주고 무엇인가를 만들도록 격려해 주는 일로 돌봄서비스는 이루어진다. "나도 할 수 있어요."라고 외치는 영유아들의 강력한 생명의 외침을 외면하면 그들은 많은 것을 상실하게 되는 불행한 경우가 된다. 이 외침을 들을 수 있는 귀와 그러한 생명의 몸부림을 볼 수 있는 눈을 소유한 교육자와 부모는 이미 교육의 성공적인 단계에 와 있다고 볼 수 있다. 생명은 무엇인가를 해내고 변화시키며 해결하려는 자발적인 시도인데, 이것을 창의성이라고 표현하기도 한다. 이런 창의성 활동을 돌봄서비스 대상으로 삼는 영유아교육자들은 영유아를 믿는 분위기를 만들어간다. 그래서 그들이 실수를 하더라도 생각한 바대로 해보고, 만들어 보고, 변경시키려는 시도를 계속하도록 격려해 준다. 말을 만들어 하고, 동작을 표현하고, 손으로 조작하고, 자기만의 생각으로 문제해결을 시도하는 일이 생산적인 생활productive life이고, 창조성이다.

이런 창의적 활동의 다양한 경험은 에릭슨이 말하는 아동기 초기 위기단계인 자율성과 근면성 확립을 수월하게 만들어 주는 것이다. 생물학적인 관점에서 생명은 자손을 번식시키고 생식활동을 통해 생명을 존속시킨다. 이 원리를 교육에 그대로 적용시키는 것은 매우 자연스러운 일이고, 그 결과가 매우 놀랍게 나타난다는 것은 새삼 강조할 필요가 없다. 나이가 어릴수록 이 원리는 더 잘 적용된다. 누리과정의 예술경험과 자연탐구영역은 바로 여기에 해당한다. 영유아를 위한 부모와 교사의 진정한 존재의 의미는 우리 영유아들의 생산적 활동과 창의성을 더욱 활발하게 하여 생명을 풍성하게 해주는 데 있다고 확신한다. 영유아 돌봄서비스 대상은 영유아의 생산적창조적인 활동이다.

영유아가 가진 존재론적 특성이나 인식론적 한계를 인정하면서 인간으로서의 초기 단계에 있는 자들에게 우리가 배우도록 해주어야 할 것이 무엇인가? 세상에서 가장 귀중한 것을 제일 먼저 배울 수 있도록 도울 수 있다면 얼마나 그들에게나 우리 모두의 인생에 흐뭇한 일이 될까? 영유아가 다른 사람으로부터 사랑의 보호를 통해 존중받고 있다는 사실을 알아가고 그 고귀한 자신의 생명을 가꿔 나가는 방법을 삶을 통해 서서히 익혀 가는 과정이어야 한다고 생각한다. 여기에 보호와 교육의 방향과 목적과 내용이 담겨 있다. 영유아보육은 영유아의 생명과 관련을 맺고 그것에 의해 이루어지는 돌봄과 교육이어야만 한다. 영유아보육에서 활동으로 배워야 하는 내용은 영유아가 가진 목숨을 소중히 여기며 그것을 위험으로부터 지키고 유지하면서**생존** 인간답게 자유롭고 자기 의지를 발휘하며 활동하고**생활** 결과적으로 생산성이 있는 삶을**생산** 살아 자신과 타인에게 도움을 줄 수 있도록 그들의 삶을 익혀가도록 돕는 과정이다.

(2) 영유아 양육서비스

영유아 양육서비스의 3영역은 영양, 건강, 안전이다. 어린이의 발달에 관련된 서비스로서 성인들보다 더 빨리 자라고 많은 영양소가 필요한 특성상 이러한 양육서비스는 본질적인 영역이다.

① 영양관리서비스

영유아관리서비스는 영양분을 제공하고 영양교육을 하며 식생활지도와 요리활동 등으로 이루어진다. 영양분 제공은 모든 영양소를 양적, 질적으로 균형 있게 섭취하도록 음식물의 선택 및 배합을 적합하게 하여 이유식, 간식, 급식을 제공한다. 영양교육은 영양과 식생활에 대한 지식, 태도 및 행동의 변화를 가져오기 위한 교육을 한다. 식생활지도는 식습관 형성 시기이므로 음식 준비에 참여시키고 지도를 철저히 진행한다. 요리는 놀이이며 어떤 놀이보다 즐겁고 행복하고 맛있는 음식을 먹을 수 있는 기회이다.

② 건강관리서비스

건강관리서비스의 목적은 영유아가 신체적·정서적으로 건강한 생활을 하여 최적의 성장발달을 이루도록 하는 것이다. 건강관찰과 검진에는 영유아의 건강 정보 수집, 일일건강관찰, 정기건강검진이 포함된다. 질병관리에는 질병 예방지도, 예방접종, 전염병 관리의료적 조치와 따스한 보살핌을 제공해 준다. 위생관리는 표면 살균, 기저귀 관리대, 변기, 장난감유아침대, 침구 등 실내·외 환경의 위생적인 관리를 해주어야 한다. 건강지도는 손 씻기, 이 닦기, 배변훈련, 낮잠 및 휴식 등 규칙적인 생활과 건강습관지도이다.

③ 안전관리서비스

보육시설 실내·외 시설 설비와 비품, 놀잇감, 영유아용품 등은 영유아의 발달 특성에 맞도록 안전한 것으로 구입·설치한다. 또 문서화된 안전점검목록표, 일지 등을 사용하여 실내·외 시설 설비와 비품, 놀잇감, 영유아용품 등이 안전한지 연간, 월간, 주간, 일일 단위로 점검·기록하고, 위험요소가 발견되거나 파손된 곳이 있을 경우 즉시 수리·보완한다. 영유아를 항상 주의 깊게 감독하고 일관성 있는 안전교육**교통, 운동, 재난, 환경, 동·식물안전교육**을 실시하여 생활한다. 또 안전사고 발생 시 적절하게 대처하여 피해를 최소화할 수 있도록 사고 처리 절차나 대비책을 마련하고 응급처치, 심폐소생술을 익혀 즉시 시행할 수 있게 훈련한다.

(3) 전인적 발달

보육의 목적은 몸과 마음의 조화로운 발달을 의미한다. 발달영역을 신체발달, 인지발달, 언어발달, 사회성발달, 정서발달과 영적발달의 단계와 원리를 이해하고 적용하여 전인적 발달이 조화롭게 이루어지도록 서비스를 제공한다. 영유아의 성장과 발달에 도움을 주는 바람직한 환경을 제공하여 발달에 대한 이해와 지식을 토대로 발달에 적합한 하루 일과와 보육교육과정을 구성하여 적용한다.

2) 보육서비스 평가

(1) 보육서비스 평가 이해

보육평가활동은 보육 프로그램과 시설환경을 개선하여 양질의 보육을 실시하기 위해 다양한 자료를 수집 분석하여 해당 기관 관련자들에서 정보를 제공해주기 위해 시도되는 지속적인 활동이다. 현재 영유아의 발달에 관한 정보뿐만 아니라 보육 프로그램의 궁극적 목적인 영유아의 전인적 성장과 발달을 도모하기 위해 반드시 필요한 활동이다. 내실 있는 보육 프로그램의 질적 관리체계의 확립과 변화하는 사회의 다양한 보육 수요에 대한 욕구를 충족시키기 위한 보육시설의 질적 수준 향상이 반드시 이루어져야 한다.

(2) 보육서비스 평가대상

보육평가의 대상에는 보육서비스에 참여하는 모든 사람들과 활동과 시설 모두가 포함된다는 점에서 총체적이다. 영유아의 발달, 교사들의 업무 수행, 부모들의 평가, 프로그램에 대한 점검과 시설 등이 포함된다.

- 영유아평가는 부모와의 수시 면담, 관찰일화기록, 시간/사건표집, 평정척도, 체크리스트, 포트폴리오 등로 이루어진다.
- 교사평가는 자기활동평가로 영유아보육의 질적 수준을 향상시키고 교사의 자기 발전에 필요한 활동이다.
- 부모평가는 부모 면접, 질문지, 관찰, 가정환경 자극검사로 이루어진다.
- 보육 프로그램 평가는 사용한 프로그램의 적절성과 효과를 비교 평가한다.
- 보육시설평가에는 물리적 환경, 인적자원, 프로그램 질적 수준의 정보에 대한 기준을 가지고 실시한다.

(3) 보육시설평가인증제

보육시설평가인증제란 보육현장을 일정한 기준에 의해 점검해 보고 국가가 그 인증 자격을 부여하는 제도로 2005년 3월부터 시범적으로 시행되었다. 평가인증제의 목적은 보육시설에 있는 영유아가 안전한 보육환경에서 건강하게 성장할 수 있도록 하기 위한 것이다. 평가대상은 모든 보육시설이다. 평가인증지표의 구성은 영유아 21명 이상 시설에는 7개 영역 80항목, 영아전담시설은 6개 영역 70항목으로 구성된 내용으로 평가한다.

평가인증과정은 5단계로 이루어지는데, 1단계에서는 인증 신청 및 자격 심의, 2단계에서는 자체 점검위원회 구성 및 자체점검 실시, 3단계에서는 현장 관찰, 4단계에서는 인증, 인증 유보, 불인증으로 진행된다. 평가결과는 영유아보육의 질적인 향상에 도움을 줄 수 있는 방향에서 적용되어야 한다. 또한 자체 연수, 자율 장학을 통해 교사로 하여금 질적으로 향상된 역할수행을 할 수 있도록 도움을 주며 보육시설에 대한 평가결과를 토대로 환경을 개선한다.

3) 보육사업서비스 전망

우리 사회에서 영유아보육서비스에 갖는 국민들의 관심이 매우 높다는 뜻은 기대와 실망의 두 곡선의 교차 때문이다. 이런 관점에서 영유아보육서비스의 지난날에 대한 반성적 사고와 나가야 할 바람직한 목표 사이에서 고려해 보아야 할 과제와 방향과 전망을 살펴보자.

(1) 보육서비스의 과제

우리 국민들이 보육을 보는 시각은 균형 잡혀 있는가? 육아지원책으로서 보육사업은 한계가 있으며 영유아의 발달적 특성과 미래의 인적자원을 보호하고 함께 행복하게 살아간다는 측면에서 보육정책이 이루어져야 한다는 과제가 우리 앞에 있다. 한 아이를 기르는 데 온 마을이 필요하다는데, 지금 우리가 듣는 걱정의 뉴스는 당장 다음 달 보육서비스에 지불할 비용이 없다는 소식이다. 모든 영유아가 혜택을 볼 수 있도록 지속적인 재원 확보가 요구되는 만큼 우리나라의 보육재정정책이 근시안적이고 취약하여 함께 극복해야 할 입장이다. 인구 · 가족 · 경제 · 사회 변화에 따른 보육정책의 수립도 해결되어야 할 문제로 제기된다. 보육서비스 기회의 제한과 공급의 지역적 불균형도 해소되어야만 서비스 이용자인 부모들의 만족도를 높이는 좋은 서비스가 될 것이다. 영아와 장애아, 취약 계층을 위한 보육서비스가 부족하고 양육 지원체계도 미비하여 그 보완책이 시급한 것도 과제 중 하나이다.

보육서비스의 질은 어떠한가? 보육시설을 이용한 경험이 있는 가구의 46.4%가 보육서비스의 질적 수준이 낮다고 평가한다면 심각한 수준이다. 보육담당 행정기관, 보육시설, 보육 교사, 보호자가 상호 연계되는 지원망이 형성되어야 하는데, 아직은 업무가 유기적으로 운영되지 못하고 있는 실정이다. 영유아의 권리와 요구 중심으로 통합된 서비스를 제공하는 방향으로 유보 통합 발전을 위한 기반을 확보해야 할 큰 과제가 해결되면 발전의 단계로 나갈 수 있을 것이다.

(2) 보육서비스의 방향

보육서비스가 남긴 위와 같은 과제는 가야 할 길을 제시해준다. 모든 일에서 열정만큼 중요한 것은 방향이다. 우리 보육서비스가 가야 할 두 방향은 수준 향상을 위한 전문적 노력과 아동학대 행위를 줄이려는 중대한 업무이다.

- 평가인증 어린이집에 체계적 · 전문적 사후관리를 하기 위한 보육 컨설팅으로 보육수준 향상을 유도하는 정책을 시행하는 방향으로 나가야 한다.
- 어린이집 아동학대 근절책 발표 시행
  - 「영유아보육법령」에 체벌 등 일체의 아동학대 행위 금지
  - 아동학대자와 해당 어린이집, 보육 현장에서 퇴출
  - 어린이집 설치 · 운영 및 종사자 결격사유에 포함하여 영구 퇴출
  - 시설 운영정지 또는 폐쇄 처분, 각종 정부 보조금 지원 중단
  - 아동학대 예방교육 및 캠페인 전개, 학대 신고자 포상금 지급

(3) 보육서비스의 전망

어린이들의 행복한 현재의 삶과 미래의 삶에 부작용이 없는 보육서비스를 기대하며 우리 사회의 협력으로 이루어 낼 수 있는 전망은 다음과 같다.

- 가족정책 패러다임의 전환과 가정 친화적 정책의 수립으로 더 나은 보육서비스를 제공할 수 있다. 가족을 위하고 가족의 기대에 부응하는 정책이라야 만족스러운 보육서비스를 제공할 수 있기 때문이다.
- 영유아의 권리 보장이 확대되는 사회를 바란다. 생존권, 성장발달권, 시민권과 자유권, 양육보장권**가정환경 및 대리보호에 대한 권리**, 복지권**기초보건 및 복리권**, 교육권 및 문화향유권**교육, 여가 및 문화적 생활을 위한 권리**, 특별보호권 같은 사회에서 힘이 없는 영유아에게 행해질 수 있는 사회는 분명 아름다운 사회일 것이다.
- 사회복지서비스의 패러다임 전환이 일어나야 한다. 선별주의에서 보편주의로, 보육서비스의 양적 확충 중심에서 질적 확충 중심으로, 공급자**시설** 중심에서 수혜자**아동** 중심적 정책으로 전환될 때 영유아보육서비스는 질 높은 서비스이다.
- 영유아보육의 공공성이 확립되어야 한다. 보육비용을 국가가 지원함으로써 다양한 가정의 아동일지라도 영양실조, 문화적 결손, 사회적 소외를 뛰어넘는 함께 사는 세상의 아름다움을 즐기고 그들도 나중 세대를 위한 책임성을 발휘하게 됨으로써 반드시 보육비용과 책임의 공공성 확립이 전제되어야 한다.
- 부모의 보육 욕구를 고려한 양육 지원체계의 구축이 요구된다. 보육 수요에 따른 보육시설의 수급계획을 수립하고, 다양한 영유아보육 및 교육 프로그램을 개발, 보급해주며, 보육서비스의 질적 개선이 꾸준히 이루어져야 한다. 보육시설의 설립 및 운영 주체의 다양화와 자율성이 보장되는 것도 중요한 요소이다. 지역사회 보육지원체계와 효율적 보육행정체계의 구축이 되어야 다양한 욕구를 충족시킬 수 있는 여건이 된다.

CHAPTER

13

장애를 가진 아동을 위한 복지서비스

CHAPTER

13 장애를 가진 아동을 위한 복지서비스

우리 생활환경은 다양한 신체와 정신적 기능을 발휘해야 적응하고 삶의 목적을 달성할 수 있도록 되어 있다. 이런 환경에서 신체나 정신적 기능의 일부가 제한받고 지내는 장애를 지닌 아동들이 많은 어려움을 지니고 살고 있다. 어떤 형태의 장애 유형을 가진 아동들이 우리와 함께 살고 있으며 그들의 행복한 삶을 위해 그들과 가족들에게 구체적으로 무엇이 필요한지를 알아보자. 우리나라에서는 장애를 가진 아동들을 위해 어떤 복지서비스를 제공하고 있으며 우리들이 그들을 위해 할 수 있는 활동들이 무엇인지를 알아보고 실천해보자. 또 흔히 장애아동이라는 용어를 본 서에서는 장애를 가진 아동이라고 사용하는 특별한 이유가 있다.

장애를 가진 아동이라는 표현은 장애가 그 아동의 전체가 아니고 한 영역이라는 의미로 존중하는 언어 사용을 의도하려는 것이다. 한 아동이 가진 신체나 정신의 일부분의 특징을 과대 사용하여 장애아동이라고 호칭하는 것은 그 아동 전체가 마치 그런 것처럼 인상을 주고 본인에게도 부정적인 영향을 줄 수 있기 때문이다. 예를 들어, 신체장애아동이라는 표현보다는 신체장애를 가진 아동이라는 용어가 그 아동에게 부정적인 자아상을 갖지 않도록 해줄 수 있는 이유는 그 어린이의 신체 일부만이 장애이고 나머지 많은 부분은 다른 사람과 다름이 없다는 것을 본인에게 알려주는 표현이기 때문이다.

1. 장애를 가진 아동의 이해

1) 장애의 개념

장애의 개념은 나라와 시대와 사회적 환경에 따라 다르게 정의되며, 학문 분야와 이론과 임상에 따라서도 각각 다르다. 더욱이 장애연구와 사회적 이해가 높아짐에 따라 그 개념의 다름 정도도 더욱 심화되는 실정이다. 좁은 의미로 장애란 신체 또는 정신의 기능 저하, 상실 등을 지칭하는 의학적 수준의 개념이 있다. 넓은 의미의 장애개념은 의학적 수준뿐만 아니라 이로 인해 발생되는 능력의 저하와 사회적 핸디캡handicap을 포함하는 개념WHO 정의으로 사용된다. WHO에서는 새로운 장애분류표(1997)를 장애의 부정적 의미에서 중립적 의미로 개정하였다. 장애가 개인적 손상에서 출발하여 고정된 개념의 능력장애나 사회적 분리로 고착된다는 잘못된 의미를 바꾸기 위해 중립적 의미의 장애개념으로 개정하였다. 즉, 장애를 손상, 활동, 참여로 정의하면서 이것은 상호관련성을 갖고 개인 질환과 보건상태와 사회환경적 요인사회적 태도, 건축 장벽의 특징, 법 체계이 복합적으로 상호작용하여 나타나는 결과라고 설명한다.

활동 13-1

내가 알고 있는 장애아동의 삶의 현장을 가능하면 자세하고 생생하게 여기에 기록한 후 친구들에게 이야기해보자.

이런 어린이가 이렇게 살고 있어요!

장애를 정의하는 새로운 사회적 모델을 사용하는 경향성도 있다. 기존의 의학적 모델, 개인적 비극 모델이 지금까지 각국에서 널리 사용한 장애에 대한 정의인데, 그 정의에는 장애의 주안점을 치료를 통한 개인의 변화를 시도하는 의도가 포함되었다. 그러나 새로운 장애의 사회적 모델은 사회적 구조가 장애인을 거의 배려하지 않았기 때문에 장애인들이 사회 주류에서 배제되고 있음을 인정하면서 장애를 유발하는 사회적 환경을 개선해야 한다고 주장하는 관점이다. 장애인의 개념과 유형에 대한 다양한 접근내용을 알아보자.

(1) UN의 장애인 개념

1975년 UN장애인 권리선언에 의하면 장애인이라 함은 선천적이든지 후천적이든 신체적 · 정신적 능력의 불완전으로 인하여 일상의 개인적 또는 사회적 생활에서 필요한 것을 확보하는 데 자기 스스로 완전히 혹은 부분적으로 확보할 수 없는 사람을 의미한다. 한편, 1979년 UN총회에서는 장애는 개인과 그 환경 간의 관계로 파악되어야 한다고 규정하였다.

(2) 세계보건기구의 장애 유형 분류

① 심신의 손상(impairments)

- 신체구조학적, 해부학적 기능 및 심리적 구조나 기능의 일부가 상실된 상태
- 전문가적 결정으로 증후나 증상, 검사소견 또는 심리검사에 입각해서 평가된 해부학적 또는 기능적 이상이나 의미 있는 행동상의 변화
- 시각, 청각, 지체, 정신지체, 정서장애 등 외부로 현저하게 나타나는 비정상적인 특성을 가진 자

② 능력장애(disabilities)

- 손상으로부터 야기된 것으로서 정상적인 것으로 간주되는 범위 내에서 또는

그러한 방식으로 활동을 수행하는 능력의 제약 또는 결여

- 정신적 · 신체적 손상의 결과만이 아닌 그 상태에 대한 그 개인의 적응의 결과로서 개인적 차원에서 일상적 활동영역에 나타나는 이차적 장애
- 행동상의 장애, 의사소통장애, 개인생활 보호장애, 운동장애, 숙련장애, 신체자세장애, 상황적 장애

③ 사회적 핸디캡

- 사회적 차원에서의 장애의 개념으로 손상이나 능력장애로부터 야기되는 것으로서, 개인의 손상이나 기능의 제약으로 인해 사회생활에 대한 참여에 제약을 받거나 지장을 초래하는 것
- 장애인과 그를 둘러싼 주변 환경과의 관계에서 발생하는 문제
- 신체적 자립의 불리, 이동성 불리, 직업상 불리, 사회통합 불리 등이 포함된다(세계보건기구, 1980).

(3) 우리나라 장애인의 법적 정의

우리나라 실정법인「장애인복지법」,「특수교육진흥법」,「장애인 고용촉진법」및「직업재활법」에서 장애인의 개념을 다루고 있다. 그중「장애인복지법」제2조의 내용은 다음과 같다. "장애인"이란 신체적 · 정신적 장애로 오랫동안 일상생활이나 사회생활에서 상당한 제약을 받는 자를 말한다. ① "신체적 장애"란 주요 외부 신체 기능의 장애, 내부기관의 장애 등을 말한다. ② "정신적 장애"란 발달장애 또는 정신질환으로 발생하는 장애를 말한다.

2) 장애아동

장애를 가진 아동이라는 표현이 보편화되지 않고 법적으로 장애아동이라고 사용하는데, 이 용어는 장애를 가진 아동의 복지와 밀접한 관련이 있는「장애인복지법」,「특수교육진흥법」,「아동복지법」등을 고려하여 정의된 것이다.「장애인복지법」

의 "장애아동"이란 18세 미만의 사람 중 「장애인복지법」 제32조에 따라 등록한 장애인을 말한다. 다만, 6세 미만의 아동으로서 장애가 있다고 보건복지부장관이 별도로 인정하는 사람을 포함한다**장애아동복지지원법 제2조**. 장애아동이란 중 · 고등학교 이하에 재학하고 있는 아동, 즉 19세 미만으로 「장애인복지법」에서 규정한 장애를 가진 사람을 말한다. 「특수교육진흥법」의 장애아동이란 특수교육이 필요한 장애인으로 진단평가된 사람으로 시각장애, 청각장애, 정신지체, 정서장애**자폐 포함**, 언어장애, 학습장애, 기타 교육부령이 정하는 장애를 가진 사람과 「장애인복지법」 제32조와 「장애아동복지지원법」 제2조 조항에 해당하는 아동이다.

표 13-1 | 장애분류표

대분류	중분류	소분류	세분류
신체적 장애	외부 신체기능의 장애	지체장애	절단장애, 관절장애, 지체기능장애, 변형 등의 장애
		뇌병변장애	뇌의 손상으로 인한 복합적인 장애
		시각장애	시력장애, 시야결손장애
		청각장애	청력장애, 평형기능장애
		언어장애	언어장애, 음성장애, 구어장애
		안면장애	안면부의 추상, 함몰, 비후 등 변형으로 인한 장애
	내부기관의 장애	신장장애	투석치료 중이거나 신장을 이식받은 경우
		심장장애	일상생활이 현저히 제한되는 심장기능 이상
		간장애	일상생활이 현저히 제한되는 만성 · 중증의 간기능 이상
		호흡기장애	일상생활이 현저히 제한되는 만성 · 중증의 호흡기기능 이상
		장루 · 요루장애	일상생활이 현저히 제한되는 장루 · 요루
		뇌전증장애	일상생활이 현저히 제한되는 만성 · 중증의 뇌전증
정신적 장애	발달장애	지적장애	지능지수가 70 이하인 경우
		자폐성장애	소아청소년 자폐 등 자폐성장애
	정신장애	정신장애	정신분열병, 분열형 정동장애, 양극성정동장애, 반복성우울장애

출처 : 보건복지부 고시 제2015-188호, 장애등급판정기준 고시

3) 장애아동의 유형

표 13-1에 나타난 장애 유형을 보면 장애아동의 유형을 알 수 있다. 그 구체적인 증상과 기능의 내용은 다음과 같다.

(1) 신체적 장애아동

신체적 장애아동은 외부 신체기능의 장애와 내부기관의 장애로 구분된다. 외부 신체기능 장애를 가진 아동은 지체장애아동, 뇌병변장애아동, 시각장애아동, 청각장애아동, 언어장애아동, 안면변형장애아동으로 모두 여섯 가지 유형이다. 내부기관에 장애를 가진 아동은 신장장애아동, 심장장애아동, 간장애아동, 호흡기장애아동, 장루 · 요루 장애아동, 뇌전증장애아동 모두 일곱 가지 유형이 있다. 구체적인 신체 구조와 기능의 특징은 다음과 같다.

• 지체장애아동은 사람의 몸 중 골격, 근육, 신경 중 질병이나 외상 등으로 그 기능에 장애가 있을 때 대체로 운동장애감각장애 동반의 상태로 그 증상이 영구적으로 나타나게 된 아동을 말한다.
  - 한 팔, 한 다리 또는 몸통의 기능에 영속적인 장애가 있는 사람
  - 한 손의 엄지손가락을 지골指骨 : 손가락 뼈 관절 이상의 부위에서 잃은 사람 또는 한 손의 둘째 손가락을 포함한 두 개 이상의 손가락을 모두 제1지골 관절 이상의 부위에서 잃은 사람
  - 한 다리를 리스프랑Lisfranc, 발등뼈와 발목을 이어주는 관절 이상의 부위에서 잃은 사람
  - 두 발의 발가락을 모두 잃은 사람
  - 한 손의 엄지손가락 기능을 잃은 사람 또는 한 손의 둘째 손가락을 포함한 손가락 두 개 이상의 기능을 잃은 사람
  - 왜소증으로 키가 심하게 작거나 척추에 현저한 변형 또는 기형이 있는 사람
  - 지체肢體에 위 각 목의 어느 하나에 해당하는 장애 정도 이상의 장애가 있

다고 인정되는 사람

- 뇌병변장애아동은 뇌성마비, 외상성 뇌손상, 뇌졸중 등 뇌의 기질적 병변으로 인하여 발생한 신체적 장애로 보행이나 일상생활의 동작 등에 상당한 제약을 받는 아동이다.
- 시각장애아동이란 시력이나 시야에서 아래 기준 이하인 아동을 말한다.
  - 나쁜 눈의 시력이 0.02 이하인 사람
  - 좋은 눈의 시력이 0.2 이하인 사람
  - 두 눈의 시야가 각각 주시점에서 10° 이하로 남은 사람
  - 두 눈의 시야 2분의 1 이상을 잃은 사람
- 청각장애아동이란 일상생활에서 청각을 사용할 수 없는 상태인 농聾과 주로 큰 소리로 해야만 들리는 난청으로 구분한다.
  - 두 귀의 청력 손실이 각각 60데시벨dB 이상인 사람
  - 한 귀의 청력 손실이 80데시벨 이상, 다른 귀의 청력 손실이 40데시벨 이상인 사람
  - 두 귀에 들리는 보통 말소리의 명료도가 50% 이하인 사람
  - 평형 기능에 상당한 장애가 있는 사람
- 언어장애아동이란 음성기능이나 언어기능에 영속적으로 상당한 장애를 가진 아동이다.
- 안면변형장애아동은 안면 부위의 변형이나 기형으로 사회생활에 상당한 제약을 받는 아동을 말한다.
- 신장장애아동은 신장의 기능부전으로 인하여 혈액투석이나 복막투석을 지속적으로 받아야 하거나 신장기능의 영속적인 장애로 인하여 일상생활에 상당한 제약을 받는 아동이다.
- 심장장애아동이란 심장의 기능부전으로 인한 호흡곤란 등의 장애로 일상생활에 상당한 제약을 받는 아동이다.
- 호흡기장애아동이란 폐나 기관지 등 호흡기관의 만성적 기능부전으로 인한

호흡기능의 장애로 일상생활에 상당한 제약을 받는 아동이다.

- 간장애아동이란 간의 만성적 기능부전과 그에 따른 합병증 등으로 인한 간기능의 장애로 일상생활에 상당한 제약을 받는 아동이다.
- 장루장애아동이란 배변기능이나 배뇨기능의 장애로 인하여 장루 또는 요루를 시술하여 일상생활에 상당한 제약을 받는 아동이다.
- 간질장애아동이란 간질에 의한 뇌신경세포의 장애로 인하여 일상생활이나 사회생활에 상당한 제약을 받아 다른 사람의 도움이 필요한 아동이다.
- 뇌전증장애아동이란 일상생활이 현저히 제한되는 만성·중증의 뇌전증을 가진 아동이다.

(2) 정신적 장애아동

정신적 장애를 가진 아동은 발달장애아동과 정신장애아동으로 구분되고 발달장애아동은 지적장애아동과 자폐성장애아동으로 구분된다. 각 장애의 특성은 다음과 같다.

① 지적장애아동

정신 발육이 항구적으로 지체되어 지적 능력의 발달이 불충분하거나 불완전하고 자신의 일을 처리하는 것과 사회생활에 적응하는 것이 상당히 곤란한 아동이다.

- 제1급 : 지능지수와 사회성숙지수가 34 이하인 사람
- 제2급 : 지능지수와 사회성숙지수가 35 이상 49 이하인 사람
- 제3급 : 지능지수와 사회성숙지수가 50 이상 70 이하인 사람

② 발달장애(자폐증)아동

- 소아기 자폐증, 비전형적 자폐증에 따른 언어·신체표현·자기조절·사회적응 기능 및 능력의 장애로 인하여 일상생활이나 사회생활에 상당한 제약을 받아 다른 사람의 도움이 필요한 사람

• 18세 이전에 발생하는 지적 장애, 뇌성마비, 간질 또는 자폐증에 기인한 지속적이고 본질적인 증세를 가진 아동이다.

③ 정신장애아동

• 정신병, 인격장애, 기타 비정신병적 정신장애를 가진 자로 의학적 진단분류에 따라 정신과 전문의에 의해 진단명을 받은 자
• 지속적인 정신분열병, 분열형 정동장애, 양극성정동장애 및 반복성우울장애에 의한 기능 및 능력장애로 생활을 영위하기 위한 기능 수행에 현저한 제한을 받아 도움이 필요한 사람

4) 특수교육을 필요로 하는 장애아동

(1) 시각장애아동

시각적 장애를 가진 아동들은 시각의 장애로 인해 신체발달에 간접적인 영향을 미치며, 시각적 자극의 제한, 모방 학습 제한, 환경적 요인 등이 발달의 중요 요인이 된다. 정적 운동기능은 일반 아동과 비슷하게 발달하지만 동적 운동은 느린 편이다. 이 아동들은 학습매체의 발달로 학업 성취는 비슷하며 선천성 맹아들은 언어발달이 지연되고 뜻을 모르고 사용하는 단어가 많다.

(2) 청각장애아동

청각적 장애를 가진 아동들은 청력 손실 정도, 청력 손실 시기, 지능, 가정과 지역사회의 특성, 교육적 경험에 따라 특성이 다르다. 언어표현능력발달 전에 청력 손실이 발생한 경우 구어 기술 습득에 어려움을 겪는다. 지적 성숙은 언어발달과 연관성이 높아 인지능력에 장애가 발생할 수 있다.

(3) 언어장애아동

언어적 장애를 가진 아동이란 의사소통이 곤란하여 학습에 어려움이 있는 아동을 의미한다. 언어장애 원인과 현상에 따라 조음장애와 유창성장애, 음성장애 등으로 구분한다. 조음장애란 말소리를 만드는 데 잘못이 생겨 발음이 제대로 되지 않고 부정확한 상태이다. 유창성장애는 소리의 조절, 말의 리듬이나 속도조절에 문제가 있는 경우말더듬를 가리킨다. 음성장애에는 공명장애과대비상과 이상비성와 발생장애목쉰 소리가 해당된다. 그 외에 언어발달지체, 실어증, 구어 실행증, 언어지체 등이 있다.

(4) 지적장애아동

지적장애는 생물학적 원인다운증후군, 신생아 영양결핍, 뇌막염, 뇌염, 출산 시 두뇌 외상, 저체중, 산모의 알코올 중독, 풍진, 매독, 에이즈 등과 환경적 원인열악한 환경하에서 보살핌의 부족이 발생 원인으로 생긴다. 지적장애를 가진 아동들의 학습능력은 고등학교 졸업 시기에도 초등학생 정도의 학습능력을 가진다. 대인관계가 원만하지 못하고 여러 상황에 대처능력이 떨어지며, 언어에 지체가 있어 사회적응상 많은 문제가 뒤따른다.

(5) 지체장애아동

지체장애를 가진 아동들의 발달적 특성은 신체발달은 개인차가 심하며, 장애로 인한 동작의 제한, 자세의 이상 등으로 인한 심리적 갈등을 겪을 수 있다. 지체장애아동이 겪는 어려움은 생활의 어려움보다 신체장애로 인한 활동의 제약을 받아들이지 않는 심리적 문제가 크다. 부정적 자아개념과 과보호로 인한 의존성이 나타나는 특징이 있다.

(6) 뇌성마비아동

뇌성마비 증상이 있는 아동들은 지적인 결함을 보이는 학생이 있으나약 70% 보통 이상의 우수한 지적 능력을 보이는 아동도 있다. 의사소통의 장애를 가지고 있는데, 그 정도가 다양하고 뇌성마비의 유형에 따라 특성도 다르다. 출산과 밀접한 관계가 있다.

(7) 발달장애(자폐증)아동

발달장애를 가진 아동들은 언어 및 비언어적 의사소통과 사회적 상호작용에 심각한 문제를 겪는 장애로 일반적으로 3세 이전에 나타나다. 환경 및 일상의 변화를 거부하며 독특한 감각반응과 몸을 앞으로 흔들거나 깡충깡충 뛰는 등 반복적 행동을 나타내는 특징이 있다. 1만 명당 4~7명이 여기에 속하고, 남자가 3~4 : 1로 많은 현상이다. 그 원인은 정신·사회적, 유전적, 생물학적으로 복합적이다.

(8) 정서 및 행동장애아동

아동들에게 정서 및 행동장애가 생기는 원인은 크게 생물학적 요인, 심리사회적 요인 또는 가족요인과 학교요인 등이 있다. 가족요인으로는 부모의 일관성 없는 양육태도와 거부적 양육 태도, 너무 높거나 낮은 기대이다. 학교요인으로는 개별성에 대한 교사의 무관심이다. 읽기, 쓰기, 셈하기 등에서 많은 문제를 나타내며 기초생활기능에서도 문제가 나타나고, 과잉행동, 산만성, 충동성이 나타난다.

(9) 학습장애아동

학습장애를 가진 아동들은 정상지능임에도 불구하고 학습이 부진한 정도를 넘어서 성적이 현저히 낮은 아동들로 읽기, 쓰기, 셈하기 등에 현저한 장애를 보인다. 학습장애가 발생하는 요인으로는 생물학적 요인과 환경적 요인이 있다. 생물학적 요인은 신경학적 요인이나 중추신경계의 기능장애이고, 환경적 요인은 어린 시기에 열악한 환경 조건으로 인한 학습 기회의 부족이다.

표 13-2 | 장애아동 유형별 연령별 통계

나이	지체	시각	청각	언어	지적	뇌병변	자폐	정신	신장	심장	호흡기	간	안면	장루·요루	간질	합계
	합계	합계	합계	합계	합계	합계	합계	합계	합계	합계	합계	합계	합계	합계	합계	
전 연령	1,295,608	252,825	252,779	18,275	184,355	251,543	19,524	96,963	70,434	6,401	12,445	9,668	2,689	13,867	7,084	2,494,460
1~18세	5,283	3,326	4,807	1,661	39,680	13,030	12,184	82	270	496	55	423	87	70	187	81,641
비율	0.4%	1.3%	1.9%	9.1%	21.5%	5.2%	62.4%	0.1%	0.4%	7.7%	0.4%	4.4%	3.2%	0.5%	2.6%	3.3%
0	4	7	16	0	0	2	0	0	1	0	0	1	0	0	0	31
1	31	28	100	1	0	268	0	0	4	0	1	12	0	0	1	446
2	60	52	143	6	149	618	2	0	5	5	3	15	0	6	3	1,067
3	80	75	176	57	326	730	93	0	4	16	1	20	0	3	2	1,583
4	95	67	202	92	535	760	231	0	4	10	4	22	0	4	6	2,032
5	103	86	223	141	811	662	434	0	0	9	0	21	0	1	7	2,498
6	135	109	191	174	1,330	650	719	0	3	9	3	26	2	4	6	3,361
7	167	133	241	160	1,844	737	839	0	9	11	5	31	1	3	7	4,188
8	132	120	202	125	1,799	687	630	0	8	20	1	21	2	2	8	3,757
9	184	132	225	113	1,967	690	607	0	6	25	3	21	5	4	12	3,994
10	216	177	239	125	2,148	665	701	0	9	31	2	23	6	8	14	4,364
11	263	214	256	110	2,401	735	732	2	7	32	3	31	10	6	13	4,815
12	292	215	293	90	2,547	798	842	2	14	43	2	34	7	3	10	5,192
13	331	252	311	89	3,037	829	891	3	25	44	5	22	8	4	11	5,862
14	482	276	373	115	3,630	964	1,090	5	22	57	5	27	11	5	12	7,074
15	494	304	367	90	3,806	889	1,137	10	24	52	4	32	11	3	13	7,236
16	548	326	383	70	4,376	851	1,211	13	27	47	2	21	7	4	16	7,902
17	739	345	409	55	4,281	757	1,036	20	39	52	5	24	10	4	17	7,793
18	927	408	457	48	4,693	738	989	27	59	33	6	19	7	6	29	8,446

출처 : 보건복지부(2014). 통계 재정리.

2. 장애아동의 생활실태

1) 가족갈등

장애를 가진 아동의 문제는 아동 개인의 문제로 국한되는 것이 아니고 다양한 문제가 발생되면서 가족 전체의 심리적 안정과 결속의 위험요소로 작용할 수 있다. 장애아동의 부모는 높은 스트레스와 양육에 대한 부담감을 가질 뿐만 아니라 양육으로 인한 심리적·신체적·경제적 부담과 함께 장애아동의 미래에 대한 불안을 느끼게 된다. 자녀를 돌보는 데 많은 시간을 소비하여 신체적으로 만성적인 과로상태로 지쳐 있다. 외부와의 관계를 피하는 경향이 있으며, 가족 외출 등에 제약을 받게 된다. 경제적 측면에서도 특별한 지출이 많으며 장애아동의 치료와 교육 및 재활을 위한 장애아동에 대한 관심 집중은 가족 갈등을 유발하기도 한다.

2) 장애아동의 형제문제

한 가정에서 자라는 장애아동의 형제들은 부모가 장애아동에 대한 관심을 집중하기 때문에 소외감을 느낀다. 장애아동에 대한 과도한 책임감을 부여받는 것도 힘든 일이다. 또한 장애 자녀에 대한 부모의 실망감을 보상해 주기 위해 과도한 성취 욕구에 시달릴 수 있다. 부모의 인생 후반기에 장애를 가진 형제를 돌보아야 한다는 책임감을 가질 수 있다. 그러한 책임감으로 인해 배우자 선택에 두려움을 겪기도 한다. '과잉동일시' 현상으로 발달이 지체되는 경우도 발생한다. 장애에 대한 전염성에 대한 우려 혹은 자신이 장애아를 출산할지도 모른다는 미래에 대한 염려를 가지기도 한다. 반면에, 뛰어난 통찰력을 가지고 타인의 어려움에 관용적이며 삶에 대한 목적이 보다 분명하고 더 성숙한 경향을 나타내기도 한다.

3) 경제적 문제

장애아동을 양육하는 가정은 기본적인 양육비용 외에도 추가비용이 많이 들기 때문에 경제적 부담이 가중된다. 경제적 부담으로 인해 장애아동이 적절한 치료와 교육을 받지 못하고 방치되어 장애 정도를 심화시키고 재활의 가능성과 기회를 축소시킴으로써 사회적 손실을 초래하게 되는 경우가 적지 않다. 재가 장애인 중 50% 이상이 복지욕구 중 생계보장 욕구가 가장 시급하다고 응답하였다(2000). 장애수당은 중증장애를 가진 기초생활보호대상자로 국한되어 있고, 장애아동부양수당도 지원대상이 제한적인 데 문제가 있다. 장애아동을 둔 부모는 맞벌이를 통한 경제적 자립 기회가 적으며, 장애아동양육에 전념해야 하는 데서 오는 경제적 어려움이 발생한다. 장애아동가정의 가장 근본적인 문제는 빈곤으로 인한 다양한 형태의 소외현상이다. 영국의 경우 전체 장애아동 가정의 50%가 빈곤을 경험하고 있고, 한국의 경우 2004년 국민기초수급자의 34%가 장애인 가구라는 점을 통하여 다수의 장애아동이 빈곤한 현장에서 생활하고 있음을 추정할 수 있다.

4) 교육문제

장애아동의 특수교육은 초등학교 및 중학교과정은 의무교육이고, 유치원 및 고등학교교육은 무상교육으로 제공된다. 학령기 장애아동은 적절한 교육을 받을 수 있도록 법에 규정되었음에도 불구하고 실제로 장애아동이 학교로부터 받는 서비스는 제한적이다. 지역에 따라 특수학교와 특수학급이 균형이 맞지 않아서 생기는 현상이다. 미국은 대부분의 장애인은 비장애인보다 낮은 수준의 교육을 받고 사회로 진출하며, 기술교육에 있어서도 비장애인에 비해 저급한 수준의 기술과 자격증을 가져 취직률이나 고용 지위 수준도 낮다고 한다. 우리나라는 장애인의 53.5%가 초등학교 이하의 학력이며 전문대 이상은 8.7%에 불과하다(한국보건사회연구원, 2001). 낮은 수준의 교육은 향후 사회경제적 지위에 많은 영향을 주기 때문에 이 문제를 해결하는 것이 중요하지 않을 수 없다.

3. 장애아동을 위한 복지서비스 현황

위에서 알아본 것처럼 장애를 가진 아동 자신과 가족들이 겪는 경제적 · 의료적 · 사회적 · 심리적 · 교육적 어려움이 있어 이러한 결손과 결핍의 부분을 우리나라에서 법적 기준을 정하여 복지서비스를 베풀고 있다. 이러한 복지서비스의 내용의 근거를 제시하는 장애아동의 권리는 다음과 같다**장애아동가족지원법 제4조 장애아동의 권리**.

- 장애아동은 모든 형태의 학대 및 유기 · 착취 · 감금 · 폭력 등으로부터 보호받아야 한다.
- 장애아동은 부모에 의하여 양육되고, 안정된 가정환경에서 자라나야 한다.
- 장애아동은 인성 및 정신적 · 신체적 능력을 최대한 계발하기 위하여 적절한 교육을 제공받아야 한다.
- 장애아동은 가능한 최상의 건강상태를 유지하고 행복한 일상생활을 영위하기 위한 의료적 · 복지적 지원을 받아야 한다.
- 장애아동은 휴식과 여가를 즐기고, 놀이와 문화예술활동에 참여할 수 있는 기회를 제공받아야 한다.
- 장애아동은 의사소통능력, 자기결정능력 및 자기권리 옹호능력을 향상시키기 위한 교육 및 훈련 기회를 제공받아야 한다.

1) 경제적 지원

(1) 연금과 수당

① 장애아동수당

장애아동 보호자의 경제적 수준 및 장애아동의 장애 정도를 고려하여 매월 일정 금액을 수당으로 지급하는 제도이다. 지원대상은 만 18세 미만의 등록 장애인 중 기초생활수급자 및 차상위 계층이며 신청일이 속한 월의 말일까지 만 18세가 되는

활동 13-2

다음은 현재 국가에서 제공하고 있는 장애아동 서비스 현황이다. 아래 리스트를 작성한 후 그 친구를 위해 필요한 서비스를 찾아 연결시켜 혜택을 받을 수 있도록 그들의 손과 발과 머리가 되어 나 때문에 놓치고 있었던 당연한 권리로서의 혜택을 받게 해주는 구체적인 맞춤형 서비스 연결자가 되는 활동을 한 후 그 사례를 나중에 나눠보자.

1. 내가 아는 장애아동 친구의 현황 작성하기
   - 나이 :
   - 성별 :
   - 학력 :
   - 장애 유형 :
   - 경제상황 :
   - 건강상태 :
   - 일상생활 유지상태 :
   - 긴급한 서비스 :
2. 이 친구에게 적용되는 서비스 목록 찾기
3. 이 친구가 현재 받고 있는 서비스 알기
4. 이 친구가 받을 수 있는데, 받지 못하고 있는 서비스 목록 작성
5. 이 친구에게 설명해준 후 받기 원하는 서비스에 연결해서 받게 해주는 작업
6. 새로운 서비스를 받고 이전과 어떤 다른 모습으로 사는지 그 변화내용 기록하기

자는 제외한다. 단, 만 18~20세 이하로서 「초 · 중등교육법」 제2조에 따른 학교에 재학**휴학 및 의무교육대상자 중 유예자도 포함** 중인 자는 포함된다.

표 13-3 | 소득수준 및 장애등급에 따라 매월 일정액의 급여 지급(2015년 현재)

구분	기초생활수급자		차상위계층		보장시설 수급자	
	중증*	경증**	중증	경증	중증	경증
지원금(1인/월)	20만 원	10만 원	15만 원	10만 원	7만 원	2만 원

주 : * 중증장애인 : 1~2급 장애인, 3급 중복장애인[1)]
** 경증장애인 : 3~6급 장애인

② 장애인연금

경제활동이 어려운 중증장애인의 생활안정을 위하여 매월 일정액의 연금을 지

1) 3급 중복장애인 : 3급 장애인으로 3급에 해당하는 장애 유형 외에 다른 유형의 장애가 하나 이상 있는 사람, 즉 주된 장애가 3급이면서 4~6급의 부장애가 추가 등록되어 있는 사람(단, 주장애 4급, 부장애 4급에 따라 3급으로 상향조정된 이는 3급 중복장애에 해당 안 됨)

급하는 사회보장제도로서 18세 이상 자격을 구비한 장애인의 수급대상이다. 만 18세 이상의 등록 중증장애인 중 본인과 배우자의 소득과 재산을 합산한 금액=소득인정액[2)]이 선정기준액[3)] 이하인 자

③ 경증장애수당

생활이 어려운 경증장애인의 생활안정을 위하여 매월 일정 금액을 수당으로 지급하는 제도로서 만 18세 이상의 등록 경증장애인3~6급 중 기초생활수급자 및 차상위계층이 대상이다3급 중복장애인은 '장애인연금' 대상임.

(2) 감면공제

생활에 도움이 될 수 있는 다음과 같은 비용에 대한 감면 공제를 제공한다. 장애인용 차량에 대한 취득세 · 자동차세 면제, 승용자동차에 대한 개별소비세 면제, 승용자동차에 대한 LPG연료 사용 허용, 차량 구입 시 도시철도채권 구입의무 면제, 소득세 공제, 상속세 상속공제, 증여세 과세가액 불산입 및 비과세, 장애인보장구 부가가치세 영세율 적용, 장애인용 수입물품 관세 등 감면, 국민건강보험 지역가입자 보험료 경감, 특허출원료와 기술평가 청구료 등의 감면 등이다.

(3) 요금할인

장애아동가족을 위한 요금할인 내용은 유선전화요금 할인, 초고속인터넷 요금 감면, 장애인차량에 대한 고속도로 통행료 50% 할인, 교통요금과 공공시설 등의 요금 할인, 장애인자동차 검사수수료 할인, 기타 요금할인제도가 있다.

---

2) 소득인정액 = ① 소득평가액 + ② 재산의 소득환산액(① 소득평가액 = 월소득 합계 − 상시근로소득 공제, ② 재산의 소득환산액 = [(일반재산 − 기본재산)+(금융재산 − 2,000만 원)+(자동차가액) − (부채) × 재산의 소득환산율(연 5%)÷12개월)

3) 선정기준액 : 단독가구(월 930,000원), 부부가구(월 1,488,000원)

2) 의료 지원

국가와 지방자치단체는 장애아동의 의료적 욕구에 따라 적절한 의료비 지원을 할 수 있다. 의료비 지원은 「국민건강보험법」과 「의료급여법」에 따라 제공되는 의료에 드는 비용 중 장애아동의 부담을 지원하는 것으로 한다. 의료비 지원의 지원 대상 · 기준 · 범위 및 방법 등에 관한 사항은 「장애인복지법」 제36조에 따른다**장애아동 가족지원법 제19조, 의료비 지원**. 의료지원 내용을 살펴보자.

(1) 장애진단 지원

장애자등록, 장애진단서 발급 비용 지원, 장애 검사비 지원이 이 장애진단 지원에 해당된다. 자세한 내용은 중앙장애아동 · 발달장애인지원센터 홈페이지www.broso.or.kr에서 정보를 얻을 수 있다.

① 장애자등록

등록 희망자는 본인의 주소지 관할 읍 · 면 · 동 주민센터를 방문하여 신청서 작성 및 제출한다. 단, 18세 미만의 아동, 거동이 불가능한 경우 등 본인이 직접 등록 신청을 하기 어려운 경우 보호자가 대리 신청이 가능하고 대리 신청이 가능한 보호자는 장애인의 배우자, 직계존비속, 직계존비속의 배우자, 형제 · 자매의 배우자와 장애인을 보호하고 있는 장애인복지시설의 장이다.

등록장애인의 희망에 따라 다음 중 한 종류의 카드만을 발급한다. 장애인등록증**신용카드 또는 직불카드기능이 없는 장애인등록증**, 장애인복지카드**신용카드 또는 직불카드기능이 부여된 장애인등록증**, 장애인통합복지카드**기존의 장애인등록증(복지카드 포함)에 장애인 고속도로 통행료 할인기능을 통합한 카드** 중 하나만을 선택하여 받을 수있다.

② 장애진단서 발급비용 지원

기초생활보장수급자로서 신규 등록 장애인 및 재판정 시기가 도래한 장애인이 신청 자격이 있다. 2015년 7월 1일부터 기초수급자 및 차상위계층 기준이 변경되었는데, 기초수급자는 의료급여수급자를 포함하고 차상위계층인 중위소득 50% 이하는 의료급여수급자를 제외한다. 지원내용은 진단서 발급비용 지원**지적장애 및 자폐성 장애 4만 원/ 그 외 장애 1만 5,000원**하는 것이고 장애판정을 위한 검사비용은 본인 부담이며 장애진단서 발급비용과 검사비 중복 지원이 불가하다.

③ 장애검사비 지원

지원대상은 기존 등록 장애인 중 장애인연금, 활동 지원 및 장애아동수당 신청 및 의무재판정으로 재진단을 받아야 하는 기초생활보장수급자 및 차상위계층인 자로서 시·군·구청장 직권으로 장애상태를 확인하고자 하는 자이다. 2015년 현재 지원내용은 표 13-4와 같다.

표 13-4 | 장애검사비 지원내용

구분		내용
수당신청 및 재판정대상	기초생활수급자	소요비용이 5만 원 이상 초과금액 중 최대 10만 원 범위 내에서 지원
	차상위계층	소요비용이 10만 원 이상 초과금액 중 최대 10만 원 범위 내에서 지원
직권재진단대상		소요비용과 관계없이 10만 원 이하의 범위 내에서 지원

주 : 장애진단서 발급비용과 검사비 지원은 중복 지원 불가

(2) 의료비 지원

장애아동에 대한 의료비 지원에는 장애인 의료비 지원, 미숙아·선천성 이상아 의료비 지원, 희귀난치성 질환자 의료비 지원, 여성장애인 출산비용 지원 등 네 가지가 있다.

장애인 의료비 지원은 생활이 어려운 저소득 장애인에게 의료비 본인부담금을 지원하는 서비스다. 지원대상은 「의료급여법」에 의한 의료급여 2종 수급권자인 등록 장애인과 건강보험의 차상위 본인부담 경감대상자인 등록 장애인**만성질환 및 18세**

미만 장애인이다. 지원내용은 진료, 검사, 조제 관련 지원과 보장구 관련 지원이 있다. 다음에 제시하는 보장구 지원정보는 '의료지원 > 보조기구'에서 자세한 정보를 확인할 수 있다. 이용방법은 의료급여기관 이용 시 장애인등록증, 의료급여증 및 건강보험증을 제시하면 지원을 받는다.

미숙아 · 선천성 이상아 의료비 지원은 미숙아[4] 및 선천성 이상아에 대한 의료비를 지원하여, 과다한 의료비 지출로 인한 치료 포기 등으로 발생하는 장애 및 영아 사망을 예방하기 위한 정부 지원사업이다. 지원대상은 전국 월평균가구소득 150% 이하의 미숙아 출산 가정, 다자녀3명 이상 가구에서 출생한 미숙아 및 선천성 이상아인 경우, 소득수준에 관계없이 지원을 받는다첫째아 이후 출생한 쌍둥이 및 삼태아는 모두 셋째아로 인정. 상기 기준을 원칙으로 하되, 예산의 범위 내에서 시 · 도지사 또는 시장 · 군수 · 구청장보건소장이 추가 지원이 필요하다고 인정하는 경우에도 받을 수 있다. 자세한 내용은 주소지 보건소 및 보건복지 콜센터 129로 문의하면 된다.

희귀난치성 질환자 의료비 지원사업은 과중한 의료비 부담으로 인해 가정의 경제적 어려움이 우려되는 희귀 · 난치성질환자에 대해 의료비를 지원해주는 서비스다. 서비스대상과 내용 등 자세한 희귀난치성질환센터 홈페이지헬프라인나 보건복지 콜센터 129로 문의하면 된다.

여성장애인 출산비용 지원은 임신과 출산 시 추가비용이 필요한 여성장애인에게 출산비용을 지원하는 서비스다. 지원대상은 1~6급의 모든 여성장애인 중 출산 및 유산, 사산임신기간 4개월 이상한 자이다. 지원내용은 출산유산, 사산 포함 시 태아 1인 기준 100만 원을 지원하며 국민기초생활보장 해산급여[5]와 지원목적을 달리하여 중복 지급이 가능하다. 신청방법은 다른 지원과 마찬가지로 주소지 읍 · 면 · 동주민센터에 신청한다.

---

4) 미숙아란 임신 37주 미만의 출생아 또는 출생 시 체중이 2.5kg 미만의 출생아로서 보건소장 또는 의료기관의 장이 임신 37주 이상의 출생아 등과는 다른 특별한 의료적 관리와 보호가 필요하다고 인정하는 자

5) 해산급여 : 수급자가 출산(출산 예정 포함)한 경우 인당 60만 원 지급

(3) 보조기구 지원

국가와 지방자치단체는 장애아동의 학습과 일상생활 활동에 필요한 보조기구를 교부 · 대여 또는 수리하거나 구입 또는 수리에 필요한 비용을 지급할 수 있다. 보조기구 지원의 품목, 대상, 기준 및 방법 등에 관한 구체적인 사항은 「장애인복지법」 제66조에 따른다**장애아동가족지원법 제20조, 보조기구 지원**. 이런 규정에 의해 이루어지는 보조기구는 장애인 보장구 지원, 장애인보조기구 지원, 정보통신보조기기 지원이 있다.

장애인 보장구 지원은 장애인의 생활안정 및 의료보장을 위해 장애인보장구 구입 시 본인부담금을 지원해 주는 서비스이다. 지원대상은 등록 장애인 중 건강보험대상자와 의료급여수급권자이다. 지원내용은 장애종류와 필요에 따른 의사의 진단에 따라 결정한다. 국민건강보험공단 지사**1577-1000** 또는 주소지 읍 · 면 · 동 주민센터에 신청한다.

장애인보조기구 지원은 저소득 장애인의 생활능력 향상 및 복지증진을 위해 장애인보조기구를 교부해 주는 서비스이다. 지원대상은 지체 · 뇌병변 · 심장**1~2급** 및 시각 · 청각 등록 장애인, 기초생활수급자 및 차상위계층에 속한 자이다. 교부 우선순위[6]가 정해져 있으며 지원내용은 대상자의 장애 유형에 적합한 장애인보조기구**18개 품목**를 기준액 내에서 무상교부하며 기준액은 2015년 현재 1인당 2만~150만원이다. 신청방법은 주소지 읍 · 면 · 동주민센터에 방문하여 신청한다. 문의기관은 장애인보조기구 콜센터**장애인보조기구 종류, 구입처, 금액 등 문의, 1670-5529**, 중앙보조기구센터**제품정보, 상담, 평가, 품질관리 문의, 02-901-1953~8, www.knat.go.kr**이다.

정보통신보조기기 지원서비스는 장애인의 생활안정 및 의료보장을 위해 정보통신보조기기를 보급하는 일이다. 지원대상은 등록 장애인이며 지원내용은 보조기기 제품 가격의 80%를 정부 지원하며 기초생활보장수급자 및 차상위계층 장애인은 개인부담금의 50%를 할인해 준다. 신청방법은 광역 시 · 도별 접수처에 우편, 방문, 홈페이지를 통해 신청한다.

---

6) 교부 우선 순위 : 장애등급이 상위인 자, 「국민기초생활 보장법」상 수급자, 1가구에 2인 이상의 장애인이 거주하는 자, 재가 장애인, 당해사업으로 교부받은지 더 오래된 자

(4) 검사 · 검진 지원

검사 · 검진서비스 내용은 영유아 건강검진, 난청조기진단신생아 청각선별검사 지원, 선천성대사이상검사와 환우 관리 서비스가 포함된다.

영유아 건강검진은 지원대상이 만 6세 미만 모든 영유아이다. 지원내용은 영유아검진기관으로 지정된 곳에서 영유아 건강검진 7회, 구강검진 3회를 실시할 수 있다. 검진결과한국영유아발달선별검사 : K-DST '심화평가 권고'로 통보받은 의료급여 수급권자 및 건강보험료 하위 30% 이하인 자의 피부양자인 영유아에게는 발달장애정밀진단비[7])를 지원연간 1인당 1회한다. 신청방법은 주소지 관할 보건소에 신청한다. 검진주기는 4개월, 9개월, 18개월, 30개월, 42개월, 54개월, 66개월총 7회이고, 구강검진의 경우 18개월, 42개월, 54개월이다. 검진항목은 문진시각 · 청각 문진 포함, 진찰, 신체계측키, 몸무게, 머리둘레, 건강교육, 한국영유아발달선별검사K-DST를 통한 평가 및 상담 등이다. 문의는 건강보험공단 1577-1000, 보건복지부 콜센터 129이다.

난청조기진단신생아 청각선별검사 지원은 저소득층 신생아의 난청을 조기 발견하여 재활치료 및 인공와우이식 등 연계를 통해 언어장애, 사회부적응 등의 후유증을 최소화하고자 검사 및 검진을 지원하는 서비스다. 지원대상은 기초생활보장수급자 및 의료급여수급자, 전국가구 평균소득 60% 이하 가구, 3명 이상의 다자녀 가구에서 출생한 신생아소득수준 무관이다. 지원내용은 신생아 청각선별검사비 지원AOAE 1만 원, AABR 2만 7,000원, 청각선별검사결과 재검refer 판정될 경우, 난청 확진 검사비 지원ABR 본인부담금이다. 이용방법은 주소지 보건소에서 쿠폰을 신청 · 발급받아 청각선별검사 실시 지정검사기관에서 출생 후 1개월 이내 실시 사용한다.

선천성대사 이상 검사 서비스는 선천성대사 이상의 유무를 조기에 발견 및 치료함으로써 지적장애발생의 사전 예방을 돕기 위한 사업이다. 선천성대사 이상 검사 지원대상은 전 신생아이며 지원내용은 전 신생아 대상으로 6종의 선천성대사 이

7) '발달장애 정밀진단비' 지원금액
- 의료급여수급권자, 차상위계층 : 최대 40만 원
- 건강보험료 부과금액 하위 30% 이하(차상위 제외) : 최대 20만 원

상[8] 검사를 무료로 실시해 준다. 검사항목은 페닐케톤뇨증, 갑상선기능저하증, 호모시스틴뇨증, 단풍당뇨증, 갈락토스혈증, 선천성부신과형성증이다.

선천성대사 이상 환아 관리서비스 지원대상은 선천성대사 이상 질환으로 진단된 자로서 만 18세 미만의 환아이며 지원내용은 특수조제분유 지원, 의료비 지원, 저단백식품 지원 등 희귀난치성 질환 중 크론병 및 단장증후군 환아에게는 특수분유 필요량의 50%를 지원하고, 갑상선기능저하증 환아에게는 진료비 내역에 따라 2015년도 진료비 중 연 27만 6,000원 범위에서 의료비를 지급해 준다. 갑상선기능저하증 외 선천성대사 이상 환아에게는 희귀난치성질환 대상 의료비 지원이 가능하다. 신청방법은 의사진단서와 의료비 영수증을 지참하고 주소지 관할 보건소를 방문하여 신청하면 되고 문의는 보건복지콜센터 129, 주소지 보건소에 하면 된다.

(5) 건강 · 영양 지원

건강 · 영양 지원서비스는 영양플러스 서비스와 필수예방접종 지원사업이 있다.

영양플러스 서비스는 취약계층 임산부 및 영 · 유아의 건강증진을 위해서 영양교육 및 상담을 실시하는 한편 영양보충식품을 일정기간 동안 지원하는 제도다. 지원대상은 임산부**임신부, 출산부, 수유부**와 만 6세**72개월** 미만의 영유아 중 영양위험요인**빈혈, 저체중, 성장부진, 영양섭취상태 불량 등**이 있는 자이다. 기초생활수급자, 최저생계비

표 13-5 | 건강 · 영양 지원서비스 내용

구분	내용
영양교육 및 상담	대상범주 및 영양위험요인을 고려해 바람직한 식생활관리방법, 모유 수유 촉진 및 지원 등의 교육 · 상담 실시
보충식품 공급	대상 구분 및 특성에 따라 6종 패키지 처방. 쌀, 감자, 달걀, 우유, 검은콩, 김, 미역, 당근, 참치통조림, 귤/오렌지주스 등의 식품 공급
정기적 영양평가	신체계측(신장 및 체중), 생화학적 검사(빈혈 판정), 영양섭취상태조사(24시간 회상법), 영양지식 및 태도조사, 만족도 조사 등 실시

8) 선천성대사 이상 : 태어날 때부터 물질의 대사에 관여하는 특정효소 등이 결핍되어 대사되어야 할 물질이 신체에 축적되고, 그로 인해 다양한 기능장애가 나타나는 질환

200% 미만 가정에 한정되는 서비스로 지원내용은 표 13-5와 같다.

필수예방접종 지원은 영유아 건강과 감염병 예방을 위해 꼭 필요한 '예방접종 서비스' 지원이다. 지원대상은 만 12세 이하 모든 어린이이고 그들에게 제공하는 지원내용은 국가필수예방접종14종 백신비와 시행비용 전액을 지원한다. 이용방법은 지정 의료기관에 방문하면 주소지에 관계없이 전국 어디서나 접종이 가능하다. 신청서류는 신분증, 예방접종수첩이다.

3) 교육 · 재활 지원

「장애아동가족지원법」 제21조에서 발달재활서비스 지원에 관한 내용이 다음과 같이 법적으로 규정되어 있다.

- 국가와 지방자치단체는 장애아동의 인지, 의사소통, 적응행동, 감각 · 운동 등의 기능향상과 행동발달을 위하여 적절한 발달재활서비스를 지원할 수 있다.
- 제1항에 따른 발달재활서비스를 지원할 때에는 장애아동의 장애 유형 · 장애 정도와 그 가족의 경제적 능력 등을 고려하여 지원할 대상 및 내용을 결정할 수 있다.
- 지방자치단체는 발달재활서비스의 제공경험 및 전문성, 서비스 내용의 적정성 등을 고려하여 발달재활서비스를 제공하는 기관을 지정하여 운영할 수 있다.
- 발달재활서비스 제공기관은 장애아동에게 적합한 발달재활서비스를 제공하기 위하여 발달재활서비스 제공계획을 수립하고 실시하여야 한다장애아동가족지원법 제21조, 발달재활서비스 지원.

이러한 법적 규정에 따라 다음과 같은 발달재활서비스가 실시되고 있다.

(1) 발달재활

발달재활서비스는 보건복지부에서 지원하는 정신적 · 감각적 장애아동의 인지, 의사소통, 적응행동, 감각 · 운동 등의 기능 향상과 행동발달을 위한 적절한 서비스 지원이다. 지원대상은 만 18세 미만 장애아동이다. 대상아동이 「초 · 중등교육법」 제2조에 따른 학교에 재학 중인휴학생은 제외 경우에는 만 20세가 되는 달까지 지원 연장이 가능재학증명서 첨부하다. 대상 장애 유형은 뇌병변, 지적, 자폐성, 청각, 언어, 시각장애아동이다. 소득기준이 전국가구 평균소득의 150% 이하인 가구이지만, 단 장애아 2명 이상 가구, 부모 중 1명 이상이 중증장애인1, 2급 및 3급 중복장애인 가정은 소득기준이 전국가구평균소득 150%를 초과하는 경우라도 시 · 군 · 구청장이 인정하는 경우 예산범위 내에서 지원이 가능하다.

지원내용은 언어, 청능聽能, 미술, 음악, 행동, 놀이, 심리운동 · 재활심리, 감각 · 운동 등 발달재활서비스를 제공하며, 장애 조기 발견 및 발달진단서비스 중재를 위한 부모상담서비스 등을 지원한다. 물리치료, 작업치료 등 의료기관에서 행해지는 의료 지원은 하지 않으며 지원금액은 총 22만 원치료 회당 2만 7,500원, 월 8회, 주 2회 실시 기준이다. 서비스단가 정보는 중앙장애아동 · 발달장애인지원센터www.broso.or.kr와 사회서비스전자바우처www.socialservice.or.kr에서 얻을 수 있다. 서비스 제공기관별로 단가는 상이하다.

발달재활서비스 지원금액표는 표 13–6과 같다2015년 현재.

표 13–6 | 발달재활서비스 지원금액

소득기준	바우처 지원액	본인부담금
기초생활수급자(다형)	월 22만 원	면제
차상위 계층(가형)	월 20만 원	2만 원
차상위 초과 전국가구 평균 소득 50% 이하(나형)	월 18만 원	4만 원
전국가구평균소득 100% 이하(라형)	월 16만 원	6만 원
전국가구평균소득 150% 이하(마형)	월 14만 원	8만 원

신청방법은 주소지 읍 · 면 · 동 주민센터이고 신청기간은 매월 1~21일까지 익월 1일부터 서비스 개시이다. 제출서류는 신청서읍 · 면 · 동 주민센터 비치, 신분증과 소득증

명 자료, 영유아만 6세 미만의 경우 의사진단서와 검사자료 제출최근 6개월 이내, 바우처 카드 발급재발급 및 개인정보 제공 · 이용 동의서이다. 문의는 주소지 관할 보건소, 보건복지콜센터 129이다.

치료 지원서비스는 장애자녀를 둔 가정의 치료비 부담을 경감시키고자 특수교육대상 학생들에게 일정금액의 치료비를 지원하는 것을 말한다. 지원대상은 유치원~고등학교 특수교육대상자 중 아래 요건을 충족하는 자이다.

- 기존 대상자 : 단위학교 개별화교육지원팀의 심의를 거쳐 선정된 자
- 신규 대상자 : 특수교육지원센터의 치료 지원 진단 · 평가를 통해 선정된 자
  (또는 특수교육대상자 배치통지서에 치료 지원 관련 내용이 기재된 자)
  (단, 만 3세 미만 장애영아의 치료 지원은 특수교육지원센터의 계획에 의함)

※ 제외대상
1) 보건복지부 발달재활서비스 및 타 사업과 동일 영역을 지원받는 경우
2) 어린이집 재원 원아, 취학 연기 · 유예자, 학교장이 위탁하지 않는 대안학교에 재학 중인 학생

지원내용은 치료 지원으로 물리치료, 작업치료 등이고 기타 특수교육 관련 서비스로 보행훈련, 심리 · 행동 적응훈련 등이다. 지원금액은 일 3만 원 이내, 인당 월 12만 원 한도이다. 지원절차는

- 수요조사 : 치료 지원 희망 여부 후
- 센터/학교에서 진단평가결과를 가지고
- 학부모 의견수렴 : 치료사, 바우처, 유관기관, 기타
- 센터/학교 : 개별화 교육계획 수립 및 기재하는 순서이다.
- 의견수렴을 별도로 실시하지 않고, 개별화 교육계획 수립 시 학부모 의견을 수렴하는 것이 가능하며 신청방법은 연중 신청이 가능하고, 각급학교 재학생은 학교담당자에게 치료 지원 신청서를 제출, 학교담당자는 특수교육지원센터에 치료 지원계획서를 제출한다. 장애영아는 특수교육지원센터에 치료

지원 신청서를 제출한다. 문의는 지역교육지원청 특수교육지원센터와 교육부 02–6222–6060을 이용한다.

(2) 보육교육비 지원

「장애아동가족지원법」 규정[9)]에 의해 보육교육비를 지원하는데, 그 내용에는 장애아보육료 지원, 장애영유아 무상교육, 장애아동 양육수당, 시간연장형 보육, 시간제 보육, 방과후 학교 자유수강권 지원, 방과후 보육료 지원, 장애인자녀 학비 지원, 한부모가족 아동양육비 지원 서비스가 있다.

장애아보육료 지원은 장애영유아의 충분한 보육 지원과 가족의 보육료 부담을 경감하기 위한 서비스이다. 지원대상은 만 12세 이하의 미취학 장애아동, 장애인복지카드**등록증** 발급 아동대상, 특수교육대상자 진단·평가 결과 통지서를 제출한 만 6~8세 아동, 휴학한 경우 만 6~12세의 복지카드소지 아동, 장애인 복지카드**등록증**를 미소지한 만 5세 이하 장애아동**장애진단서 혹은 특수교육대상자 결과통지서 제출**이다. 지원내용은 장애아 보육료를 정부 지원 기준단가의 100% 지원한다. 장애영유아를 위한 어린이집의 세부 유형은 다음과 같다**장애아동가족지원법 제19조, 제32조 제7항**.

- 장애아 전문 어린이집 : 12명 이상의 장애영유아를 보육할 수 있는 시설을 갖춘 어린이집
- 장애아 통합 어린이집 : 3명 이상의 장애영유아를 보육하는 어린이집이다.

---

9) 「장애아동가족지원법」에는 ① 국가와 지방자치단체는 「영유아보육법」 제27조에 따른 어린이집 이용대상이 되는 장애아동(이하 "장애영유아"라 한다)에 대하여 같은 법 제34조에 따라 보육료 등을 지원하여야 한다. ② 국가 및 지방자치단체는 「영유아보육법」 제10조에 따른 어린이집 또는 「유아교육법」 제2조 제2호에 따른 유치원을 이용하지 아니하는 장애영유아에게 「영유아보육법」 제34조의 2에 따라 양육수당을 지급할 수 있다. ③ 제32조에 따른 장애영유아를 위한 어린이집은 장애영유아에 대한 체계적인 보육 지원과 원활한 취학을 위한 보육계획을 수립·실시하여야 하며 대통령령으로 정하는 자격을 가진 특수교사와 장애영유아를 위한 보육교사 등을 배치하여야 한다. ④ 제3항에 따른 특수교사와 장애영유아를 위한 보육교사의 자격 및 배치는 국가와 지방자치단체의 재정 및 교원수급여건을 고려하여 대통령령으로 정하는 바에 따라 순차적으로 실시한다(제22조).

표 13-7 | 장애아보육료 지원금액(2015년 현재)

지원대상	연령	지원 단가		
		종일	야간	24시간
만 12세 이하 장애아동	만 0~2세 만 6~12세	406,000원	406,000원	609,000원
3~5세 연령별 누리과정 장애아	만 3~5세	420,000원	420,000원	621,000원

장애 · 영유아 무상교육은 장애영유아의 장애 중증화 예방과 적합한 발달을 위해 조기교육을 무상으로 지원하는 서비스이다. 지원대상은 특수교육대상자로 선정된 만 3세 미만의 영아, 특수교육대상자로 선정된 만 3~5세의 아동**만 6세 초등학교 취학의무 유예자 중 특수교육대상 아동 포함**이다. 특수교육 대상자는 가까운 특수교육지원센터에서 진단평가받아야 선정 가능한데, 장애인 등록 영유아가 모두 특수교육대상 유아로 선정되는 것은 아니다. 지원내용으로는 ① 특수학교의 유치원과정, 영아학급 또는 특수교육지원센터에서 교육 제공**의료기관, 복지시설, 가정 등에 있는 영아에게는 순회교육 제공**, ② 기본생활 습관, 인지, 언어, 대소근육 운동, 사회성 등의 영역에서 발달특성에 맞는 개별화된 교육 무상 지원, ③ 입학금, 수업료, 교과용 도서대금 등 면제**그 외 학교운영 지원비, 통학비, 현장 · 체험학습비 등 예산범위 내 지원**를 받는다. 유아특수교육기관은 특수학교 유치부, 초등학교 병설유치원 특수학급, 단설 공립유치원 및 사립유치원 특수학급이 있다. 문의는 지역교육지원청 특수교육지원센터에 한다.

취학의무 유예자 지원내용

- 만 3~5세에 무상교육비를 지원받지 않은 경우, 1년에 한해 일반유치원[10] 취원 시 교육비 지원
- 만 3~5세에 무상교육 지원 실적이 있더라도, 거주지 관내에 특수학교 초등부 또는 초등학교 특수학급이 없어 일반유치원에 취원하는 경우
  (유예아동) 1년에 한해 무상교육비 지원

10) 일반유치원 : 공립유치원(병설 · 단설) 일반학급 및 사립유치원 일반학급

장애아동 양육수당은 어린이집 및 유치원 · 종일제 아이돌봄서비스를 이용하지 않는 아동에게 양육수당을 지원하여 부모의 양육부담을 경감하고 보육료 지원아동과의 형평성을 제공하는 서비스이다. 지원대상은 어린이집 · 유치원 · 종일제 아이 돌봄서비스를 이용하지 않는 취학 전 만 5세 이하의 등록 장애아동이다. 지원내용은 양육 수당 지원이며 표 13-8과 같다. 이용방법은 주소지 읍 · 면 · 동주민센터에 신청하고 문의는 소재 읍 · 면 · 동주민센터 또는 보건복지콜센터 129에 한다.

표 13-8 | 장애아동 양육수당 지원금액(2015년 현재)

연령(개월)	지원 금액
0~35개월	20만 원
36~84개월	10만 원

시간연장형 보육료 지원은 취업부모의 양육부담을 줄여, 일과 육아의 양립을 지원하는 사업이다. 지원대상은 장애아 무상보육료취학 전 지원 아동과 12세 이하 취학 중인 등록장애아동복지카드 미소지자인 취학 장애아동은 만 8세까지 지원이다. 지원내용은 기준시간은 평일 오후 7시 30분, 토요일 오후 3시 30분 초과 시, 시간당 3,800원을 지원전 연령 동일하고 매월 60시간22만 8,000원의 지원한도액이 적용된다. 신청방법은 이용을 희망하는 어린이집에 방문신청한다. 문의는 보건복지부 콜센터 129나 아이사랑 헬프데스크 1566-0233이다.

시간제 보육은 양육수당을 지원받는 가정이 단시간 보육서비스를 이용하면서 자녀 양육부담을 경감하고 부모의 보육서비스 선택권을 보장하는 사업이다. 지원대상은 가정양육수당을 지원받는 6~36개월 미만의 영아이다. 신청방법은 온라인 신청사전예약을 아이사랑보육포털에서 한다. 전화 신청사전 및 당일 예약은 시간제보육 대표전화 1661-9361로 한다. 지원내용은 표 13-9와 같다.

표 13-9 | 시간제 보육료 지원내용(2015년 현재)

구분		기본형	맞벌이형
이용 부모		가정양육가정	시간제 근로자 등 맞벌이가정, 한부모가정, 기타 양육부담 가정 등
지원시간		월 40시간	월 80시간
보육료	정부 지원	시간당 2,000원	시간당 3,000원
	자부담	시간당 1,000원	시간당 1,000원

주 : 1) 운영시간 : 평일(9 : 00~18 : 00), 주말 및 공휴일 제외
2) 아이사랑카드 이외의 결제수단(현금) 결제 시 전액 본인 부담

방과후 학교 자유수강권 지원은 저소득층 자녀가 원하는 방과후 학교 프로그램을 수강할 수 있도록 지원하는 서비스이다. 지원대상은 초 · 중 · 고등학교에 재학하는 저소득층 학생**기초생활수급자, 차상위계층, 한부모가정 등**이다. 지원내용은 본교, 타교, 공공기관에서 운영하는 개설된 방과후 학교 프로그램**영어, 논술, 음악, 미술 등**을 선택 수강할 때 이용한다. 자유수강권을 초등돌봄교실, 방과후 보육료, 토요 프로그램에도 활용 가능하다. 지원금액은 1인당 연간 60만 원 내외이다. 신청방법은 주소지 읍 · 면 · 동 주민센터를 방문 접수하거나 온라인 신청을 복지로**www.bokjiro.go.kr**에 한다. 교육비 원클릭 신청 시스템**http://one click.mest.go.kr/es/index.jsp**을 활용할 수 있다. 문의는 교육부 방과후 학교지원과 044-203-6416이다.

방과후 보육료 지원은 부모의 자녀양육 부담 경감 및 원활한 경제활동을 돕기 위한 지원이다. 지원대상은 장애아동 및 차상위 이하의 취학아동이다. 지원내용은 방과후 보육료 지원**방과 후에 1일 4시간 이상 보육시설을 이용하는 경우**을 한다. 이용방법은 주소지 읍 · 면 · 동 주민센터에 신청하고 문의는 주소지 읍 · 면 · 동 주민센터 또는 보건복지콜센터 129에 한다.

표 13-10 | 방과후 보육료 지원내용(2015년 현재)

구분	지원 금액
장애아동	장애아 무상보육료 50%(203,000원) 단, 반 편성 시 교사 대 아동 비율을 1 : 3으로 하고 방과후 장애아보육보수교육과정을 이수하는 교사를 별도 배치하지 않은 경우에는 시 · 도지사가 정한 보육료 수납한도액의 50% 지원 *방학기간 중 종일제 보육을 실시한 경우 장애아 보육료 100% 지원
일반아동	월 10만 원 (일일 4시간 미만 이용 시 미지원) *방학기간 중 월 20만 원 지원

장애인자녀 학비 지원대상은 최저생계비 130% 이하 가정 1~3급 장애인의 초 · 중 · 고등학생 자녀나 최저생계비 130% 이하 가정 1~3급 장애인인 초 · 중 · 고등학생 본인에게 지원내용은 입학금 및 수업료 전액 지원고등학생, 특수목적고, 자율형 사립고 포함, 교과서대 12만 9,500원고등학생 연 1회, 학용품비 5만 2,600원중 · 고등학생 학기당 2만 6,300원, 부교재비초 · 중학생, 특수교육대상 고등학생 3만 8,700원 연 1회, 특수교육대상자의 경우, 고등학교까지 의무교육대상이므로 입학금, 수업료, 교과서대를 면제한다. 신청방법은 주소지 읍 · 면 · 동 주민센터에 신청하고 문의는 주소지 읍 · 면 · 동 주민센터에 한다.

한부모가족 아동양육비 지원은 여성가족부 사업으로 저소득 한부모 가족 및 조손가족의 가족기능 유지 및 생활안정을 지원하는 서비스이다. 지원내용은 2015년 현재 아동양육비 월 10만 원1인, 추가아동 양육비 월 5만 원1인, 학용품비 연 5만 원1인의 지원액이다. 신청방법은 주소지 읍 · 면 · 동주민센터에 한다. 신청지원대상은 표 13-11과 같다.

표 13-11 | 한부모가족 아동양육비 지원대상

지원구분	지원대상
아동양육비	저소득 한부모가구의 12세 미만 아동
추가아동 양육비	조손가족 및 만 25세 이상 미혼 한부모가구의 만 5세 이하 자녀
학용품비	한부모가족(조손가구 포함)의 중 · 고등학생 자녀

주 : 1) 소득인정액 최저생계비 130% 이하의 한부모 및 조손 가구
2) 제외대상 : 최저생계비 100% 이하의 기초생활수급 생계비 지원가구

4) 가족 지원

「장애아동가족지원법」제23조, 가족 지원에 있는 다음과 같은 규정에 의해 가족 지원서비스를 제공한다. ① 국가와 지방자치단체는 장애아동의 가족이 장애아동에게 적합한 양육방법을 습득하고 가족의 역량을 키울 수 있도록 가족상담 · 교육 등의 가족 지원을 제공할 수 있다. ② 지방자치단체는 제1항에 따른 가족 지원업무를 비영리 법인에 위탁할 수 있으며 필요한 경우 예산의 범위에서 그 비용을 지원할 수 있다.

(1) 장애아가족 양육 지원

장애아가족 양육 지원이란 장애아동가족의 돌봄 부담을 줄이고 보호자의 정상적인 사회활동을 돕기 위해, 돌보미를 파견해 일시적인 돌봄서비스를 제공하거나, 장애아동 가족대상의 상담, 모임 등 '휴식 지원 프로그램'을 제공하는 사업이다. 이 서비스는「장애아동가족지원법」에 근거하여 제공한다.[11)]

장애아동 돌봄서비스의 지원대상은 만 18세 미만 1~3급 장애아동과 거주하는 전국가구평균소득 100% 이하 가정이다. 맞벌이가구의 경우, 맞벌이 합산 소득의 25%를 감액 적용한다. 제외대상은 다른 법령또는 국가 예산에 따라 장애아가족 양육 지원사업, 아이돌봄서비스와 유사한 재가서비스를 받고 있는 자, 예를 들어 장애인 활동보조 지원서비스, 기타 이에 준하는 서비스 수혜자이다. 지원내용은 일시적 돌봄서비스 필요시, 돌보미를 파견하여 장애아동 보호 및 가족 휴식 지원을 한다. 아동의 가정 또는 돌보미 가정 등에서 돌봄서비스 제공은 1가정당 연 480시간 범위 내에서 지원하고 특별한 경우 연장이 가능하다. 연장이 가능한 특별한 경우는 한부모가정, 조손가정, 장애부모가정, 다자녀자녀 3인 이상가정, 출산모가정, 맞벌이가정, 양육자 질병 및 사고로 인한 입원 가정 등 지방자치단체별로 다양하게 적용이 가능하

11) 제24조(돌봄 및 일시적 휴식지원 서비스지원) ① 국가와 지방자치단체는 장애아동 가족의 일상적인 양육부담을 경감하고 보호자의 정상적인 사회활동을 돕기 위하여 돌봄 및 일시적 휴식지원 서비스를 제공할 수 있다. ② 제1항에 따른 복지 지원을 제공할 때에는 장애아동의 장애 유형 · 장애 정도와 그 가족의 경제적 능력 등을 고려하여 지원할 대상 및 내용을 결정할 수 있다.

다. 서비스 제공은 월 80시간 이내를 원칙으로 하고 부득이한 사유로 초과 요청 시 사유의 타당성을 판단하여 결정한다.

아이돌봄서비스 지원대상은 장애아동의 경우, 장애아돌봄서비스 지원대상이 아닌 경우에만 아이돌봄서비스를 제공한다. 시간제는 만 3개월 이상~만 12세 이하 아동에게, 영아종일제는 만 3개월 이상~만 24개월 이하 영아에게, 질병 감염 아동에게 특별 지원하는 경우에는 법정 전염성 질환 및 유행성 질병에 감염된 아동에게 돌봄을 제공한다. 신청방법은 읍 · 면 · 동주민센터 및 온라인 신청http://online.bokjiro.go.kr을 하고, 문의는 아이돌봄 대표전화 1577-2514로 한다. 관련 사이트는 아이돌봄서비스 홈페이지이다.

휴식 지원 프로그램 지원대상은 소득기준에 상관없이 만 18세 미만의 모든 장애아 가족이며 장애아 돌봄서비스를 받는 가정을 우선적으로 지원돌봄서비스를 받지 않는 가정도 참여 가능한다. 지원내용은 가족관계 회복 및 돌봄부담 경감을 위해 장애아가족 문화 · 교육 프로그램, 휴식 박람회, 가족 캠프 등 휴식 지원 프로그램을 운영하고 돌보미를 통한 장애아가족 상담서비스, 생활지도 등 제공 및 자조모임 결성을 지원하며 가족휴식 지원 및 가족역량강화 프로그램, 즉 가족상담치료 프로그램, 가족교육 프로그램부모교육, 비장애형제자매, 가족관계개선 등을 운영한다. 신청방법은 거주지와 가까운 장애아가족양육 지원사업 시행기관에 연중 신청이 가능하다. 문의처는 중앙장애아동 · 발달장애인지원센터 02-3433-0748이다.

(2) 발달장애인 부모 심리상담

발달장애인 부모 심리상담서비스는 돌봄 부담이 과중한 발달장애인 부모에게 전문 심리 · 정서 상담서비스를 제공해 심리적 안정감을 갖도록 돕는 서비스이다. 지원대상은 전국가구평균소득 150% 이하 발달장애자녀의 부모와 장애인복지법상 지적 · 자폐성 장애인 자녀의 부모부 · 모 동시 지원 가능, 그리고 중복장애로 지적 · 자폐성 장애를 가진 자녀의 부모이다. 단, 6세 미만 자녀의 경우 발달장애가 의심된다는 의사 소견서를 제출하면 서비스를 받을 수 있다. 지원내용은 개별 심리상담을 1인당 6개월 기본으로 제공한다. 1회 최대 6개월 연장 가능하며, 필요한 경우 일부 회기는 부부상담을 진행한다. 지원금액은 월 20만 원정부 지원 : 월 16만 원/개인부담 : 월 4만 원이고 상담서비스 제공인력 기준은 국가자격, 국가공인민간자격, 공신력 있는 민간자격, 또는 관련 학과 박사 이상 학위취득자이다. 이용방법은 주소지 읍·면·동 주민센터에 신청한다. 문의처는 주소지 읍·면·동 주민센터 또는 보건복지콜센터 129이다.

(3) 장애인활동 지원

장애인활동 지원제도는 신체적·정신적 사유로 일상생활, 사회생활을 하기 어려운 장애인에게 활동 지원인력을 제공함으로써, 가족의 부담을 줄이고 장애인의 자립생활을 지원하는 서비스이다. 지원대상은 만 6세 이상 만 65세 미만의 1급·2급 등록 장애인 중 다음 기준을 충족하는 사람이다. 2015년 6월 1일부터 「장애인복지법」상 3급 장애인까지 신청자격이 확대되어 활동 지원서비스인정조사표에 의한 인정점수 220점 이상, 인정점수 220점 미만인 자 중 인정점수 20점 이내 조정으로 수급자격 인정이 가능하며 추가급여 사유가 있는 경우, 그리고 만 65세 이상의 예외경우에는 활동지원서비스 대상자였다가 '노인장기요양보험'에서 탈락한 사람이 해당된다.

지원범위는 활동보조, 방문목욕, 방문간호가 있다. 활동보조에는 신체활동지원개인위생관리, 신체기능유지, 식사 도움, 실내이동 도움 등, 가사활동 지원청소 및 주변정돈, 세탁, 취사 등, 사회활동 지원등·하교 및 출·퇴근 보조 지원, 외출 동행 등이 있다. 활동보조급여는 기본급여가 8,810원이고 심야22시~다음날 6시 및 공휴일 급여는 1만 3,210원이다. 방문목욕은 가정을 방문하여 목욕서비스를 제공하고 방문목욕 급여는 목욕용 차량은 7만 2,540원, 가정 내 목욕은 6만 5,410원이다. 방문간호는 간호, 진료, 요양상담, 구강위생 등 서비스이고 방문간호 급여는 30분 미만은 3만 1,760원, 30분 이상~60분 미만은 3만 9,850원, 60분 이상은 4만 7,940원을 지불한다.

지원시간 기본급여는 1등급 380~470점은 104만 원, 2등급 320~379점은 83

만 4,000원, 3등급 260~319점은 62만 8,000원, 4등급 220~259점은 42만 2,000원이다. 추가급여로는 1인 가구/취약가구 인정점수 400점 이상은 241만 1,000원, 인정점수 380~399점은 70만 5,000원, 인정점수 380점 미만은 17만 6,000원이고, 출산가구 70만 5,000원, 자립준비 17만 6,000원, 학교생활 8만 9,000원, 직장생활 35만 2,000원, 보호자 일시부재 17만 6,000원, 가족의 직장 · 학교생활 64만 3,000원 등이 있다.

(4) 방과후 돌봄 지원

방과후 돌봄서비스는 방과후 돌봄이 필요한 만 18세 미만의 아동에게 보호, 교육, 급식, 지역사회 연계 등의 서비스를 제공한다. 지원대상은 방과 후 돌봄이 필요한 취약계층 및 맞벌이가구 아동이다. 우선보호아동은 ① 기초생활수급가정 ② 차상위계층, 조손, 다문화, 보호대상 한부모, 장애가정아동장애아동 본인 또는 장애부모의 자녀, ③ 전국도시가구 평균소득의 70% 이하 가구 아동을 말한다. 지원내용은 지역아동센터를 통한 돌봄 서비스를 제공하지만 기관별로 서비스내용이 상이할 수 있다. 빈곤 · 방임 아동보호, 일상생활지도, 급식 제공, 위생지도 등을 해주고, 학습지도학교생활 준비, 숙제지도 외, 예체능 교육, 독서지도 등을 하며, 문화체험, 견학, 캠프, 놀이활동 지원, 특기적성 등을 하고, 상담 및 지역사회 연계활동을 한다. 신청방법은 주소지 읍 · 면 · 동 주민센터 혹은 지역아동센터에 방문 접수하고 문의처는 보건복지부 콜센터 129, 지역아동센터 중앙지원단 02-365-1264이다.

청소년 방과후 아카데미는 여성가족부 관할 서비스로서 청소년들의 건강한 방과후 생활, 삶의 질 향상을 위해 청소년 대상 종합서비스를 지원하는 정부 지원 사업이다. 지원대상은 초 4~중 3 장애청소년, 초 4~중 2 취약계층 청소년기초생활수급자, 차상위계층, 장애인 부모 가정들이다. 여기서 장애청소년은 학교장 및 특수교사, 전문가의 추천을 받은 특수교육대상자들이다. 지원내용은 청소년방과후아카데미프로그램, 즉 전문체험활동, 학습 지원, 자율체험, 특별 지원, 생활 지원 등을 운영한다. 단, 지역적 특성, 대상학생의 욕구에 따라 다양하게 제공되고 있다. 지원금액은 청소년 방과후 아카데미 프로그램 교육비 전액을 지원하지만 교재비, 준비물은 본인 부담이다. 신청방법은 청소년 방과후 아카데미 운영기관 방문 접수 혹은 전화 신청이 가능하고 문의처는 한국청소년활동진흥원02-330-2831~2833이다.

엄마품 온종일 돌봄교실은 교육부 관할 서비스로서 사교육비 경감, 교육격차 해소를 통해 저소득층 및 맞벌이 가정 자녀의 돌봄을 지원한다. 지원대상은 저소득층 및 맞벌이 가정 유치원생, 초등학생인데, 신청자가 많은 경우 해당 학교에서 저소득, 맞벌이, 저학년 순으로 우선순위를 적용한다. 지원내용은 정규교육과정 시간 외 종일 돌봄서비스를 제공조식, 석식 포함한다. 서비스시간은 아침7 : 00~9 : 00, 오후 방과후~17 : 00, 저녁17 : 00~22 : 00 모두 해당한다. 지원금액은 교육비 전체를 지불하여 수강자는 무료국민기초생활수급자, 기타 차상위계층 등이다. 단, 무료지원대상자가 아닌 경우, 교육비를 자부담한다. 프로그램은 구성 학교마다 상이하다.

- 유아 : 돌봄 프로그램휴식, 수면, 씻기 등의 기본생활습관지도을 운영하고 초등학생을 위해서는 교육 프로그램교과과정, 특기적성영역지도, 돌봄 프로그램교육활동, 자율활동지도을 운영한다.
- 초등돌봄교실 : 초등 저학년초 1~3을 대상으로 방과 후부터 부모 귀가 시까지 보육을 지원한다. 신청방법은 엄마품 온종일 돌봄교실이 설치된 초등학교에 신청하고 문의처는 교육부 방과후지원과044-203-6774, 시 · 도 교육청 방과후학교팀이다.

5) 권익옹호 지원

(1) 차별시정 · 권리구제

차별 시정 및 권리구제는 장애를 이유로 차별을 받은 사람은「장애인차별금지법」에 의해, 차별행위로 인한 피해에 대한 시정과 구제를 요구할 수 있으며, 이를 국가인권위원회에 진정할 수 있다. 장애인 차별 행위 및 영역은 차별 행위장애인차별금지법 제4조와 차별금지영역장애인차별금지법 제10~37조 등이 있다. 국가인권위원회는 차별

행위에 대한 진정이 접수되면, 조사를 통해 인권침해나 차별로 인정되는지를 판가름하여, 합의 혹은 조정 · 구제 조치를 권고한다.

(2) 무료법률구조제도

무료법률구조제도란 경제적으로 어렵거나 법을 몰라 법의 보호를 제대로 받지 못하는 국민을 대상으로 민 · 가사 사건의 소송대리를 무료로 해주는 사업이다. 지원대상은 등록장애인, 기초생활대상자, 기타 영세민과 대한법률구조공단 홈페이지에서 명시한 대상이다. 무료법률구조 범위는 민 · 가사 사건국가소송사건 제외, 승소가액이 2억 원 이하, 구속사건, 공판절차에 회부된 사건, 소년부에 송치된 사건, 재심사건 같은 형사사건, 행정심판 · 행정소송사건, 헌법소원사건 등이다. 신청접수와 문의는 해당 지역 법률구조공단국번없이 132이다.

(3) 장애인 사법 지원

장애인 사법지원은 장애가 있는 사람이 소송절차 참여에 필요한 지원 및 편의 제공을 법원에 신청할 수 있는 서비스이다. 지원대상은 소송절차 진행에 있어 법원으로부터의 각종 도움이 필요한 장애인으로, 등록장애인이 아니어도 무방하고 당사자로 참여하는 경우원고, 피고, 증인으로 참여하는 경우 모두 가능하다. 지원내용은 소송절차의 효과적인 참여를 위해 신청한 장애인이 필요로 하는 사법 지원 제공을 해준다. 장애의 유형과 내용에 따라 필요로 하는 다양한 편의는, 예를 들면 수화통역, 문자통역, 보청기, 확대경, 문서를 변환하여 읽을 수 있는 파일, 이동을 위한 휠체어 등의 조치, 활동이동과 의사소통 보조 인력, 휴식시간 보장 등이다. 단, 신청 내용이 과도한 부담이 필요하거나 소송절차의 진행에 현저한 지장을 주는 경우 신청 불허가 가능하다. 신청방법은 소송 진행 중인 담당 재판부에 사법 지원을 신청한다. 문의처는 대법원 종합민원과02-3480-1147이다.

(4) 발달장애 공공후견

발달장애인 공공후견 지원은 의사결정능력의 제약으로 어려움을 겪고 있는 성인 발달장애인에게 공공후견인을 선임할 수 있도록 해 필요한 권리의 보장을 돕는 사업이다. 지원대상은 만 19세 이상 등록 발달장애인지적 · 자폐성 중 의사결정 지원이 필요한 사람이며, 단 전국가구평균소득 150% 이하 가구인 경우에 해당한다. 발달장애 외 다른 유형의 장애인 중 지방자치단체, 법원에서 긴급하게 후견이 필요하다고 판단한 등록 장애인의 경우도 포함한다. 지원내용은 후견심판청구 지원비 최대 30만 원, 공공후견인 활동 지원비 월 10만 원후견인 1인당이다. 본 사업에서 지원하는 후견 유형은 특정후견으로, 단 가족이 후견인이 되거나 장기적 후견이 요구되는 경우, '한정후견'이 가능하다. 신청 가능대상은 발달장애인 당사자, 가족, 사회복지시설 종사자 등이고 신청 장소는 주소지 읍 · 면 · 동 주민센터 또는 시 · 군 · 구청이다.

6) 자립 · 주거 지원

(1) 장애인일자리

중증장애인직업재활지원사업보건복지부은 중증장애인의 자립기반 마련 및 사회참여증진을 위하여 지역사회 내 직업재활서비스 기관을 통해 직업재활 관련 서비스를 제공한다.

재정 지원 장애인일자리사업은 보건복지부 주관으로 미취업 장애인에 대한 일자리 제공을 통해 소득보장과 사회참여 기회를 제공한다. 지원대상은 표 13-13과 같다.

표 13-12 | 장애인 일자리 지원서비스

구분	(일반)직업재활서비스	(특화)직업재활서비스
지원대상	만 15세 이상 등록 장애인 (단, 지원내용에 따라 세부 지원대상이 상이할 수 있음)	

구분	(일반)직업재활서비스	(특화)직업재활서비스
지원내용	• 직업상담 및 직업 평가 – 직업상담 및 고용 정보 제공 – 직업능력평가, 취업 지원 ※ 직업평가센터 찾기 바로 가기 • 직업적응훈련 – 직업환경 및 직무적응과 연관된 훈련 제공 * 직업적응훈련수당 지급 : 월 7만 원 지급/상해보험가입 지원 • 직업능력개발훈련 *직업능력개발훈련수당 지급 • 훈련준비금 : 1회 4만 원 • 가계보조수당 : 월 7만 원 • 가족수당 : 부양가족 1인당 월 3만 원(3인까지) • 식비 : 월 5만 원 • 교통비 : 월 5만 원 • 자격증 취득수당 : 1회 5만 원	• 중증장애인 지원고용확대사업 – 대상 : 일반고용으로 취업이 어려운 장애인 – 장애 유형과 정도, 직업능력 고려한 사업장 배치 및 현장훈련을 통한 직장 적응력 강화 서비스 제공 – 훈련수당, 사업비, 사업주 보조금, 성과수당 등 지원 *훈련생 수당 지급(사업종료 후) • 훈련준비금 : 1회 4만 원 • 훈련일비 : 1인 1일 1만 2,000원 • 장애청소년 직업재활사업 (기관 직접 지원) – 대상 : 장애청소년 직업재활서비스 제공기관 (특수학교, 장애인복지관 및 단체) – 직업교육, 취업알선 등 직업서비스 제공 – 전환기 직업재활서비스 제공
	• 취업알선(일반고용, 보호고용 등) • 지원고용(3~7주) – 중증장애인 대상으로 직무지도 통해 고용 지원 *지원고용수당 지급 • 훈련준비금 : 1회 4만 원(의무 출석일 준수 시) • 훈련수당 : 1일 1만 2,000원 • 사업주보조금 : 1일 1만 7,650원 • 취업 후 적응 지원	• 공공기관 연계 창업형 일자리 지원사업(기관 직접 지원) – 공공영역에서의 카페, 매점, 인테리어 설치, 장비구입비 설치 지원 • 직무 지원인 지원사업(기관 직접 지원) – 취업 초기 직장적응에 어려움 겪는 중증장애인의 근무 사업체에 '직무지원인' 배치
이용방법	가까운 직업재활서비스 기관에 서비스 신청 *중증장애인직업재활지원사업 수행기관 바로 가기	
문의	한국장애인개발원 직업재활부 직업재활팀(02-3433-0707)	

표 13-13 | 미취업장애인 일자리서비스

일반형 일자리	복지일자리		특화형 일자리	
	참여형	특수교육-복지 연계형	발달장애인 요양보호사 보조일자리	시각장애인 안마사 파견
만 18세 이상 등록 장애인	만 18세 이상 등록 장애인	특수교육기관 고 3 또는 전공과재학생	만 18세 이상 지적 또는 자폐성장애인	안마사 자격(의료법에 의거)이 있는 만 18세 이상 등록 시각장애인

우선선발기준은 ① 1순위 : 신규 참여 1~3급 장애인, ② 2순위 : 1~3급 장애인, 여성장애인, 저소득층기초생활수급권자, 차상위계층 장애인이다. 반복참여 제한 기준이 있는데, 반복참여는 최대 2년까지 허용하고 2년 초과 시 1년간 참여 제한중증장애인과 기초생활수급 등은 2년 초과 참여 가능하며, 신규 참여 모집이 어려운 지역은 일부 참여 가능한다. 지원내용과 이용방법 문의는 문의처는 한국장애인개발원 직업재활부 일자리개발팀02-3433-0662, 보건복지부 장애인자립기반과044-202-3324, 거주지 시·군·구청 장애인일자리사업 담당 공무원이다.

장애인 취업 지원은 고용노동부 사업으로 장애인을 위한 직업상담, 직업능력개발 등 다양한 프로그램을 통해 장애인의 취업을 지원한다. 지원대상은 15세 이상 장애인 중 한국장애인고용공단에 구직 등록한 장애인이다. 단, 지원내용에 따라 세부 지원대상이 상이할 수 있다.

이용방법은 가까운 한국장애인고용공단 각 지사에 이용신청을 하고 지원서비스에 따른 세부 신청방법은 별도로 문의한다. 문의처는 한국장애인고용공단1588-

표 13-14 | 장애인 취업 지원서비스

구분	내용
중증장애인 지원고용	중증장애인 대상으로 사업체 현장훈련 지원 후 취업 연계 지원(기간 : 3~7주) • 지원고용수당 지급 – 훈련준비금(40,000원) 및 훈련수당(1일 17,000원) 지급 – 재해보험가입 – 직무지도원 배치
시험고용	청장년층 장애인(만 15~38세) 대상으로 사업체 현장연수를 통한 직무습득 기회 제공(기간 : 1~3개월) • 연수생 대상 연수 지원금 지급 – 월 80만 원 지급(단, 중도탈락 시 일할 계산) – 재해보험 가입
장애인 취업성공 패키지	취업 희망 장애인(만 15~64세) 대상으로 단계별 프로그램 제공하여 취업 후 적응기간까지 종합 서비스 지원 • 프로그램 참가활동 수당 지급(최대 20만 원) • 취업 성공금 지급(최대 100만 원, 취업 후 6개월까지 근속 시) *단계별 프로그램 : 진단·경로설정 → 지원·시험고용, 직업훈련 등 서비스 지원 → 집중 취업알선

1519이고 관련 사이트는 한국장애인 고용공단, 장애인고용 포털이다.

워크투게더센터는 고등부 장애학생 취업 지원을 하는 고용노동부의 업무이다. 장애학생의 욕구, 능력에 맞는 맞춤형 서비스 제공을 통해 사회 진출을 지원하고 있다. 지원대상은 고등학생2 · 3학년 및 전공과 재학 중인 장애학생이다. 단, 진학 희망자를 제외하고 취업희망자로 제한한다. 지원내용은 진로설계 컨설팅워크투게더센터 : 초기상담, 직업능력평가, 개별진로계획 → 취업준비 프로그램워크투게더센터 : 구직역량강화 프로그램, 현장견학 프로그램, 지원고용형 기업연수제 → 취업알선서비스공단지사취업 지원부 : 취업연계 프로그램, 취업알선, 취업 후 적응지도로 이루어진다. 문의처는 한국장애인고용공단 1588-1519이다.

직업능력개발은 고용노동부 사업으로 장애인의 직업능력개발에 도움이 되는 다양한 직종훈련을 지원한다. 지원대상은 직업능력개발훈련을 희망하거나 필요로 하는 15세 이상의 장애인이지만 훈련과정별로 세부 지원대상이 상이할 수 있다. 지원내용은 교육훈련비 및 숙식을 전액 국비 지원한다. 훈련과정은 표 13-15와 같다.

표 13-15 | 장애인 직업능력개발 훈련

구분		훈련기간	내용
양성과정	일반훈련	1개월 및 140시간~2년 이내	직업에 필요한 기초적 직무수행능력을 습득할 수 있도록 하는 일반적인 양성훈련 (12개 분야 59개 직종)
	장애 유형별 특성화훈련		장애특성을 고려해 운영하는 직업능력개발훈련 (시각, 청각, 지적 · 자폐성, 정신, 뇌병변장애)
향상과정	재직근로자 능력향상훈련	3개월 이내	재직장애인 대상으로 직무수행능력 향상을 위해 실시하는 훈련
특별과정	공직진입 프로그램	2년 이내	공무원, 교원 등을 희망하는 대상으로 실시(대구직업능력개발원)
	중증장애인 직업훈련체험	1주 미만	공단 워크투게더센터 추천 특수학교(급) 학생
	직업훈련준비 프로그램	1~3개월	직업능력개발원 입학선발평가 탈락자에게 기초학습능력, 작업능력, 의료재활 및 생활적응훈련을 제공하여 정규 훈련과정에 참여할 수 있게 돕는 프로그램

이용방법은 한국장애인고용공단 각 지사 혹은 직업능력개발원에 방문, 온라인, 전화로 신청한다. 이 서비스를 이용하는 절차는 구직등록 신청 → 입학선발평가 → 입학심의 → 직업능력개발훈련 → 취업알선으로 이루어진다. 문의처는 한국장애인고용공단1588-1519과 한국장애인고용공단 직업능력개발원이고 관련 사이트는 한국장애인고용공단 직업능력개발원과 KEAD 디지털능력개발원온라인교육이 있다.

(2) 주거 지원

장애인에 대한 공동주택 특별공급 알선 서비스가 있다. 이 서비스는 무주택자 세대주인 장애인에 대한 특별공급을 알선하여 주거 안정을 지원하는 사업이다. 지원대상은 입주자 모집공고일 기준으로 무주택세대주인 장애인이다. 무주택세대주 장애인이란 장애인 무주택 세대주 지적장애 · 정신장애인과 1~3급 뇌병변 장애인의 배우자가 세대주인 경우를 말한다. 관할 시 · 군 · 구청에 문의하면 된다.

지역사회전환서비스체험홈, 그룹홈는 자립을 희망하는 장애인에게 지역사회자립까지 체계적인 주거서비스를 지원하는 사업이다. 장애인자립생활 지원체계 모델을 서울시에서 운영하고 있는데, 서울시전환서비스지원센터http://happy.welfare.seoul.kr에서 자세한 절차과정을 알 수 있다. 관련 사이트는 한국장애인자립생활센터협의회와 전국장애인공동생활가정 찾기이다.

주거약자 주택개조비용 지원서비스는 장애인 · 고령자 등 주거약자가 안전하고 편리한 주거생활을 할 수 있도록 주택 내 편의시설 설치를 지원한다. 지원대상은 월평균 소득액이 전년도 도시근로자 가구당 월평균 소득액 이하인 주거약자 가구와 주거약자 임대 목적으로 주택을 개조하는 임대사업자이다. 이 서비스의 상세내용으로는 주택규모가 전용면적 85m^{2}25.7평이고 주택종류는 단독, 다세대, 다가구, 아파트, 연립주택이나 무허가건물을 제외한다. 지원내용은 주거약자가 자가주택 또는 임대주택에 편의시설을 설치할 시 주택개조비용을 장기간 저이율인 금리 연 2.0%, 상환기간 1년 거치 19년 또는 3년 거치 17년 분할상환 조건으로 국민주택기금을 대여해 주는 서비스이다. 주택개조항목은 단차 제거, 미끄럼방지 바닥, 비상연락장치, 안

표 13-16 | 장애인 주거 지원 서비스

구분	자립생활 체험홈	장애인공동생활가정(자립생활가정)
지원대상	거주시설 퇴소 장애인	• 공동생활가정 입소 희망 장애인 • 기본 입소조건 – 낮시간 동안 근로, 고용훈련, 교육 및 재활훈련 등에 참여하는 자
지원내용	• 단독주택, 아파트 등 1개 주택에 3~4인 거주(1인 1실 원칙) • 거주기간 : 6~24개월간 • 프로그램내용 – 일상생활관리 : 건강관리, 금전관리, 의식주 관리 – 지역사회관계 : 동료상담, 대중교통 이용, 지역사회기관활용(은행,관공서, 동주민센터 등), 지역주민과의 교류 – 직업탐색 : 직업훈련 연계, 근로시설 방문, 이력서 쓰기 및 면접법 등	• 일반가정과 같은 환경에서 기본 2년 거주(1년씩 3회 연장 가능/최장 5년) • 1주택 3~4명 거주(1인 1실 원칙)하며 사회재활사의 지원 • 개인위생관리와 주택관리, 가사 등의 역할분담 및 규칙준수
입주방법	1) 입주서 신청 → 2) 현장상담 → 3) 심의위원회 심사 → 4) 입주자 확정 및 결과송부 → 5) 입주자 배치	1) 입주 신청 → 2) 심의위원회의 입주 여부 결정 → 3) 입주통보
문의	체험홈 운영단체 바로가기	서울시그룹홈지원센터

전손잡이, 출입문 폭 확보, 출입문 손잡이 교체 등이다. 신청방법은 거주지 읍·면·동 주민센터에 신청한다. 문의처는 국토교통부 주거복지기획과044-201- 3358이다.

(3) 금융 지원

디딤씨앗통장은 저소득층 아동이 사회로 진출할 때 필요한 학자금·취업·주거마련 등에 소요되는 초기비용 마련을 위한 자산 형성을 지원하는 금융 지원서비스이다. 지원대상은 만 18세 미만의 요보호아동아동복지시설·공동생활가정·장애인시설 아동, 가정위탁·소년소녀가정 아동과 기초생활수급가정 아동을 예산 범위 내에서 선별하여 지원한다. 지원내용은 아동, 후원자 또는 보호자가 일정금액을 저축하면 국가가 월 3만원 내에서 1 : 1 매칭 지원하여 자유적립식 정기적금기본적립금 3만 원 이하, 본인 추가 적립금 한도 월 47만 원인 아동계좌에 저축하도록 하는 서비스이다. 단, 서울시 희망

플러스, 꿈나래 통장 등과 중복 지원 불가하고 보건복지부 '희망키움통장'은 지원대상, 사업취지를 고려하여 일부 중복 지원이 가능하다. 정부지방자치단체 매칭 지원금은 국 · 공채적립식 펀드운용기본적립금 월 3만 원 내 매칭한다. 적립금 사용은 만 18세만기 이후 학자금, 기술자격 및 취업훈련비용, 창업 지원금, 주거마련 지원 등 자립을 위한 용도에 한하여 사용이 가능하고 만 15세 이상인 아동은 5년 이상 적립 후 사용 용도 범위 내에서 적립금 사용이 가능하다. 신청은 주소지 읍 · 면 · 동 주민센터에서 하고 문의처는 주소지 읍 · 면 · 동 주민센터 또는 한국사회복지협의회02-790-0786이다.

희망키움통장은 일하는 저소득층이 목돈을 마련할 수 있도록 자립자금을 지원한다. 지원대상과 지원내용 및 신청방법은 표 13-17과 같다2015년 현재.

표 13-17 | 희망키움 통장서비스

구분	희망키움통장 I	희망키움통장 II
지원대상	일하는 기초생활수급가구로서 가구 전체의 총 근로 · 사업소득이 최저생계비 60% 이상인 가구	최근 1년 내 근로활동자(비수급가구, 최저생계비의 120% 이하)로서 가구 전체의 총 근로 · 사업소득이 최저생계비 70% 이상인 가구
지원내용	매월 본인 저축액에 대한 근로소득장려금(정부지원금) 추가 지원 (예 : 매월 10만 원 저축 시, 정부지원금 월평균 25만 원(최대 43만 원) 지급)	본인 저축액 월 10만 원, 정부 지원금 월 10만 원으로 1 : 1 매칭 지원
	가입기간 : 3년(만기일시지급식) -	가입기간 : 3년(만기일시지급식) *본인통장의 경우, 5년까지 유지 가능
	가입금액 : 10만 원(본인 부담)	가입금액 : 10만 원(본인 부담)
지원내용	적용금리 : 최대 3.85%	• 적용금리 : 최대 3.85% • 지급내역 : 저축액(360만 원)+정부 지원(360만 원)+이자=720만 원
	지급조건 : 3년 만기 후 기초생활수급자에서 벗어난 경우	지급조건 : 3년간 통장 유지 시 지급 * 단, 연간교육 2회, 사례관리 2회 등 참여 의무

구분	희망키움통장 I	희망키움통장 II
	중도해지 : 근로(사업)소득이 5개월 연속 소득 하한 미달 또는 본인 저축액 3회 연속 미납 시(본인 적립금만 지급)	중도해지 : 적립기간 중 연 2회 소득조사 시 대상기준 미달(최저생계비 150% 초과 시) 또는 본인저축액 3회 연속 미납 시 본인 사망, 압류 · 가압류, 만기 전 본인 요청 시(본인 적립금만 지급)
신청방법	거주지 읍 · 면 · 동 주민센터에 방문신청, 보건복지부 지정 기간에만 신청 가능	
문의	• 주소지 읍 · 면 · 동 주민센터 또는 보건복지부 콜센터(129) • 관련 사이트 희망 · 내일키움통장	

장애인자립자금대여 서비스는 저소득 장애인의 생업, 기술훈련, 보조기구 구입 등에 필요한 자금을 장기간 저이율로 대여해준다. 지원대상은 소득인정액이 최저생계비 300% 이하 가구의 성년 등록 장애인이지만 여신취급제한자[12)]는 제외된다. 2015년 현재 지원내용은 표 13-18과 같다**(2015년 현재)**. 신청은 주소지 읍 · 면 · 동 주민센터에서 연중 신청하고 문의는 거주지 읍 · 면 · 동 주민센터 또는 보건복지부 콜센터 129이다.

표 13-18 ｜ 장애인 자립자금 대여서비스

구분	한도액	이율	융자기간
무보증대출[13)]	가구당 1,200만 원 이하	연 3% 고정 5년 거치,	5년 상환
보증 대출[14)]	가구당 2,000만 원 이하		
담보 대출	담보 범위 내 (5,000만 원 이하)		

장애인근로자 자동차 구입자금 대여서비스는 장애인 근로자의 직업생활 이동편의 제공 및 고용안정 도모를 위해 출퇴근용 자동차 구입 자금을 장기간 낮은 금리로 대여해 준다. 지원대상은 등록 장애인 근로자 중 여신취급제한자에 해당하지 않

12) 여신취급제한자 : 금융채무 불이행자, 신용회복 중인 자, 개인회생 및 파산면책자, 당행채권 면책보유자 등

13) 무보증조건 : 기존대출금 2,000만 원 이하, 재산세 2만 원 이상 납세자(또는 연소득 600만 원 이상인 자)

14) 보증인 : 재산세 2만 원 이상 납세자(또는 연소득 800만 원 이상인 자)

은 자이다. 지원내용은 1,000만 원 이내**이율 연 3% 고정** 한도 및 5년 균등 분할상환 조건**분기별 연 4회**으로 융자를 해주는 것이다. 특수설비 부착 시 대출한도액 1,500만 원 이내로 한다. 신청은 주소지 읍·면·동 주민센터에 연중 신청할 수 있다. 문의는 거주지 읍·면·동 주민센터 또는 보건복지부 콜센터 129로 할 수 있다.

(4) 문화여가 지원

국가와 지방자치단체는 복지 지원 외에 문화·예술·스포츠·교육·주거 등의 영역에서 장애아동에게 필요한 서비스가 지원되도록 최대한 노력하여야 한다**장애아동가족지원법 제26조 문화·예술 등 복지 지원**. 이 법의 규정에 의해 실시되는 서비스가 문화여가 지원에 문화누리카드, 스포츠강좌이용권과 책나래 서비스가 있다.

문화누리카드**통합문화이용권**는 경제적, 사회적인 여건으로 문화생활을 누리기 힘든 이들을 위해 문화, 여행, 스포츠 관람의 향유 기회를 제공하기 위한 지원사업이다. 지원대상은 기초생활수급자, 법정차상위계층, 우선돌봄차상위가구이다.[15] 2015년 현재 지원내용은 지원금액으로 개인카드 연간 5만 원을 지원해주거나 복지시설 거주자 개인카드로 연간 5만 원을 지원하여 사용할 수 있도록 한다. 사용기간은 2015년 2월 9일~2015년 11월 30일이며 위 기간 내 사용되지 않은 금액은 국가로 반납되어 다음 연도로 이월되지만, 현금 교환이 불가하다. 문화누리카드 사용처는 표 13-19와 같다.

표 13-19 | 장애인 문화여가 지원서비스

구분	이용분야
문화	공연, 전시, 영화, 도서, 음반, 온라인 문화콘텐츠(음원, e-book, 영화 다운로드), 아트상품, 문화예술 강좌 등

15) 「국민기초생활 보장법」에 의한 기초생활수급자, 차상위자활근로자, 본인부담경감대상자, 「장애인 복지법」에 의한 장애인연금, 장애수당, 장애아동 수급자, 「한부모가족지원법」에 의한 저소득 한부모가족, 「국민기초생활 보장법」 소득기준에 의한 우선돌봄 차상위 가구

구분	이용분야
여행	• 관광여행업으로 가맹된 여행사에서 판매하는 모든 상품 • 국내선 항공권, 철도 탑승권(협의 중), 여객선 승선권, 고속버스 승차권, 여행기간 중 차량 임차비 • 숙박업으로 가맹된 숙박업소(호텔, 모텔, 펜션 등) • 주요 테마파크, 워터파크, 휴양림 및 스키장 입장권 • 지역 축제 및 관광 명소 • 문화누리카드 홈페이지를 통해 온라인 이용 가능 • 캠핑장은 별도의 가맹업종 구분 없음, 인터파크 티켓에 캠핑장, 스키장, 워터파크, 인터파크 투어 등 이용 가능
스포츠 관람	• 국내 4대 프로스포츠(축구, 농구, 야구, 배구), 국제스포츠 대회, 경기(국내 개최) 및 기타 스포츠경기 관람 입장권 • 스포츠 강좌는 이용 불가(국민체육진흥공단 스포츠 강좌 이용권 사업 참조)

① 문화누리카드 이용안내(2105년 현재)

신청방법은 문화누리카드 고객관리센터1544-3412, 카드 이용 관련 콜센터 1588-1600로 문의할 수 있고 관련 링크는 문화누리카드 홈페이지이다.

스포츠강좌이용권은 경제적 여건 때문에 레저 · 스포츠 활동을 하기 어려운 저소득층 아동 및 청소년에게 스포츠강좌 수강료스포츠강좌이용권를 지원하는 제도이다. 지원대상은 기초생활보장수급자로 만 5~19세 아동 및 청소년으로 신청자가 없을 경우, 개별법에 근거한 차상위 계층동일 연령대까지 확대 가능하다. 지원금액과 지원기간은 해당 시 · 군 · 구에서 결정하도록 되어 있는데, 지원금액은 월 최대 7만 원 지원카드에 강좌한도로 부여하고 지원기간도 시 · 군 · 구 별로 부여한 한도기간최대 12개월 내에서 가능하다. 신청방법은 온라인신청과 방문신청이 있다. 온라인신청은 스포츠이용권 홈페이지에서 직접 신청하고 방문신청은 주소지 시 · 군 · 구 스포츠이용권 담당자에게 서면으로 신청한다. 매년 대상자가 새로 선정되기 때문에 기존 이용자도 기간 내 재발급을 신청할 필요가 있다. 스포츠강좌이용권 문의는 02-410-1298로, 카드 사용 관련 문의는 1544-7000로 할 수 있다.

책나래 서비스는 장애인을 위한 무료 도서 대출 · 반납 택배서비스이다. 지원대상은 1~3급 모든 등록 장애인단, 시각장애인은 1~6급 모두 해당과 장기요양등급이

1~2등급에 해당되는 사람노인장기요양보험법 기준이다. 지원내용은 희망 도서자료 대출 및 반납을 자택에서 이용할 수 있도록 지원우체국 택배 이용하는 서비스이다. 이용범위는 관외 대출 가능한 모든 도서관 자료거주지 공공도서관이다. 이용절차는 다음과 같은 과정이다.

- 대출 시 : 이용자자료 대출 신청 → 도서관대출 접수 및 택배 요청 → 우체국자료 배송 → 이용자
- 반납 시 : 이용자자료 반납 신청 → 도서관반납 접수 및 택배 요청 → 우체국자료 배송 → 도서관
- 문의처는 국립장애인도서관1644-6044, 장애인 전용전화이고, 관련 사이트는 국립장애인도서관 홈페이지http:// nlid.nl.go.kr이다.

7) 시설서비스

장애인복지법에 규정한 장애인복지시설에는 ① 장애인 생활시설, ② 장애인 지역사회 재활시설, ③ 장애인 직업재활시설, ④ 장애인 유료복지시설이 있는데, 각 시설에 속한 각종 시설은 다음과 같다.

- 장애인 생활시설 : 장애 유형별 생활시설, 중증 장애인 요양시설, 장애 영유아 생활시설
- 장애인 지역사회 재활시설 : 장애인 복지관, 장애인 의료재활시설, 장애인 주간보호시설, 장애인 단기보호시설, 장애인 공동생활가정, 장애인 체육시설, 장애인 수련시설, 장애인 부름센터, 수화통역센터, 점자도서관, 점서 및 녹음서 출판시설 포함
- 장애인 직업재활시설 : 장애인 작업활동시설, 장애인 보호작업시설, 장애인 근로작업시설, 장애인 직업훈련시설, 장애인 생산품 판매시설
- 장애인 유료복지시설 : 장애인 작업활동시설, 장애인 보호작업시설, 장애인 근로작업시설, 장애인 직업훈련시설, 장애인 생산품 판매시설

장애인 복지관은 증가하고 있으나 서비스 이용자 수가 큰 편차를 보이고 있다. 장애인 생활시설은 무연고자나 국민기초생활 수급자만 입소 가능하여 이용희망자를 위한 유료복지시설 설치에 주안점을 두고 있는 형편이다. 장애아동의 사회적응 및 자립을 위하여 장애아동 재가복지센터, 장애인 주간 및 단기보호시설, 장애인 공동생활가정 등의 이용시설들이 증가하고 있는 추세이다.

4. 장애아동의 행복생활을 드높일 수 있는 복지 실천방향

1) 장애 예방 대책 활동 강화

장애는 발생 전에 예방하는 것이 사후 대책보다 사회적 비용을 줄일 수 있다는 것은 주지의 사실이다. 그러나 우리나라의 장애인복지정책은 장애가 발생한 이후 치료 중심의 사후 처리적 정책에 중점을 두어 장애예방사업이 미흡한 실정이다. 따라서 장애예방사업을 강화하고 활성화하기 위한 노력이 요구된다. 예를 들어, 선천적 장애나 출생 시 장애 예방을 위한 모자보건사업을 강화하는 정책적 사업이 더 다양화되고 전문화되어야 한다. 신생아에 대한 선천성 대사 이상 검사를 무상으로 실시하여 이상 유무를 조기에 발견하고 치료하도록 하는 사업도 이와 같은 맥락이다. 후천적 장애를 예방하기 위한 각종 안전시설 확충, 안전교원과 장애 예방 지원체계를 구축하기 위하여 보건복지부에 장애 예방 전담기구를 설립해 장애 발생 예방 종합 대책을 마련할 필요가 있다.

2) 장애아동서비스제도의 활성화

앞에서 살펴본 바대로 현재 실시되고 있는 소득보장, 의료보장, 교육보장, 문화활동 지원, 권익보호서비스 등 다양한 가족지원제도가 있다. 이러한 보장내용에 대한 향상된 실천방향을 살펴보자.

소득보장 서비스는 장애아동이 있는 가정은 경제적 어려움을 극복할 수 있는 방향으로 이루어져야 한다. 장애아동수당을 장애로 인한 추가 비용을 감당할 수 있는 정도로 상향 조정하고 수당을 모든 장애아동에게 확대하는 방향으로 발전시켜야 한다. 장애아동의 자립생활을 유지할 수 있도록 고용서비스에 대한 질적인 변화도 요구되는 중요한 사항이다.

의료보장서비스는 장애아동에 대한 의료적 대책으로 예방대책과 산업재해나 일반사고 예방뿐 아니라 의료비 지원에 이르는 대책까지 포함하고 있다. 장애아동 치료시설이 제한되어 서비스의 공급이 제한되고 있는 실정을 타개하기 위해 전국적으로 확대 설치되어야 한다. 지역사회 보건의료재활 시스템을 구축하여 다양한 재활 프로그램이 연속적으로 서비스 실시된다면 장애아동들의 삶의 질과 행복한 생활에 향상이 있을 것이다. 요양 및 간병에 따른 비용을 보전해주고, 의료기관 접근성 확보를 위해 이동 및 교통 지원에 대한 방안이 마련되어야 하는 것도 개선 방향이다.

교육보장은 장애아동에 대한 교육기회의 제한으로 인한 낮은 교육수준은 취업을 어렵게 만드는 요인을 극복하는 수준으로 이루어져야 한다. 장애로 인해 교육받을 기회가 제한되지 않도록 장애 특성에 적합한 교육을 확대하고 통합교육의 기회를 확대해야 하다. 장애인이 쉽게 접근할 수 있는 지역학교, 학급 배치가 요청되며 장애인 조기교육과 평생교육 지원도 더 확대 실시되어야 한다.

3) 장애아동 가족 지원서비스의 향상

장애아동 가족은 부부갈등, 부모-자녀 갈등, 형제자매 갈등 등으로 인한 어려움을 겪고 있음을 앞에서 알아보았다. 부모님들은 장애자녀의 거취에 대한 걱정을 하고 있다. 이러한 장애아동 가정을 위한 복지서비스를 제공하는 데 있어 가족 기능 강화 서비스에 중점을 두고, 특히 장애아동 양육에 따른 부담감을 경감시킬 수 있는 장애아동 가족지원서비스를 개발해야 한다. 「장애아동복지지원법」2012년 7월 시행에 의해 다양한 서비스가 제공되고 있고, 장애아동복지 지원을 위한 공적 전달체계인 중앙/지방 장애아동 지원센터를 설립 운영하고 있다. 그 내용을 보면 의료비 지원,

보조기구 지원, 발달재활서비스, 보육 지원, 가족 지원, 돌봄 및 휴식 지원서비스, 지역사회전환서비스, 문화 예술 등 기타 복지 지원, 취약가정 우선 지원제도들이 있는데, 지금보다도 더 현실적이고 실제적인 방향으로 향상될 때 장애아동 가족들의 삶의 질이 향상될 것이다.

재활서비스 개선과 제도 도입도 가족들의 삶과 깊은 관계가 있다. 재활서비스는 장애를 제거 혹은 경감시킴으로써 잔존 기능을 회복시키고 사회통합을 위한 의료적 · 직업적 · 교육적 · 사회적 · 심리적 서비스의 종합적 접근이다. 여러 분야의 전문가들이 참여하고 상호 보완적으로 서비스에 개입하여 재활 분야의 질적 향상을 위해서 전문가 양성에 대한 국가적 지원이 있어야 한다.

4) 장애아동과 가정을 위해 우리가 할 수 있는 복지서비스

장애인에 대한 사회적 편견은 우리 사회 곳곳에 존재하므로 장애아동에 대한 사회적 인식 개선과 변화를 위한 노력이 절실하다. 먼저 우리가 장애인에 대한 인식의 개선 캠페인에 적극 참여하고 활동하는 사회단체에서 적극 장애아동의 현실을 정확하게 전파해주는 알림이가 되어야 한다.

또한 장애아동이 가진 연약한 부분으로 인해 공격을 받거나 불공평한 따돌림을 받는 경우를 볼 때마다 우리가 그들의 지킴이가 되어 주어야 한다. 장애아동 학대의 많은 사례들이 알려지고 있는데, 가까이 있는 우리들이 그들의 신체, 인격, 마음을 공격과 학대로부터 철저하게 막아주는 방패가 되어 주어야 한다.

장애아동교육에서 강조하는 바는 통합교육이다. 그들이 살아야 할 사회는 바로 우리가 사는 이 세상이다. 유아 시절부터 장애를 가진 친구들과 지낸 어린이들은 성인이 되어도 장애를 가진 이들에 대해 전혀 선입견이나 편견을 갖지 않는 경향이 높다. 통합된 사회에서 불리한 신체 정신 조건을 가진 이들을 위해 할 수 있는 가장 현실적인 실천방향은 그들의 친구가 되어 주는 일이다. 그냥 친구가 되어야 한다. 지금 나에게 친구에 더 한 명의 장애를 가진 이들을 친구로 삼아 살아간다면 우리 세상은 더 밝아질 것이 분명하다.

Part

VI

결론

C H A P T E R

14

아동의 행복한 삶을 드높이는 우리

CHAPTER 14

아동의 행복한 삶을 드높이는 우리

지금까지 아동권리와 아동복지라는 하나의 주제로 길고 많은 이야기를 나누며 여기까지 왔다. 아동들의 과거 생활상도 들춰보고 아동들의 현재 아프고 고달프며 힘든 삶들도 펼쳐보았다. 더불어 지금 우리 사회와 국가가 해주는 일과 해주지 못하는 부족한 점들을 점검해 보았다. 아동복지를 마무리 짓는 시점에서 다시 우리 자신에게로 돌아와 이런 상황에서 아동의 행복한 삶을 드높이기 위해 내가 할 수 있는 일과 우리가 해야 할 일은 무엇인가를 세 가지 관점으로 결말을 지어보려고 한다. 내 삶의 주변에 있는 아동을 위해 지금 여기서 그들을 위하여 할 수 있는 일을 하는 삶이 우선이고, 둘째는 가정생활이 아동의 모든 생활영역의 터전이기에 부모됨을 위한 준비를 개인적으로는 물론 모든 사회기관과 국가가 전폭적으로 실현하는 일이 확대되도록 함께 노력하려는 삶을 실천하려는 것이며, 마지막으로 개인과 가정의 빈곤문제해결을 위한 통합적 노력방향을 찾아보려고 한다.

1. 내 주변의 아동을 위한 생활의 실천

활동 14-1

지오디(god)의 '촛불 하나' 노래를 들어보면서 내 주변의 아이들을 위해 나는 살아가고 있는지 생각해보자. 내 주변의 어린이를 위한 나의 촛불 하나는 켜져 있는가?

촛불 하나

세상엔 우리들 보다 가지지 못한 어려운 친구들이 많이 있습니다.
지금도 힘들어 하고 있을 그 친구들을 위해
이 노래를 부릅니다. 힘내라 얘들아.

왜 이렇게 사는 게 힘들기만 한지
누가 인생이 아름답다고 말한 건지
태어났을 때부터 삶이 내게 준 건
끝없이 이겨내야 했던 고난들뿐인 걸
그럴 때마다 나는 거울 속에 나에게 물어봤지
뭘 잘못했지 도대체 내가 뭘 잘못했길래
내게만 이래 달라질 것 같지 않아 내일 또 모레

하지만 그러면 안 돼
주저앉으면 안 돼 세상이 주는 대로
그저 주어진 대로
이렇게 불공평한 세상이 주는 대로
그저 받기만 하면 모든 것은 그대로
싸울텐가 포기할텐가
주어진 운명에 굴복하고 말텐가
세상 앞에 고개 숙이지 마라 기죽지 마라
그리고 우릴 봐라

지치고 힘들 땐 내게 기대
언제나 니 곁에 서 있을게
혼자라는 생각이 들지 않게
내가 너의 손잡아 줄게

너무 어두워 길이 보이지 않아
내게 있는 건 성냥 하나와 촛불 하나
이 작은 촛불 하나 가지고 무얼 하나
촛불 하나 켠다고 어둠이 달아나나

저 멀리 보이는 화려한 불빛
어둠 속에서 발버둥치는 나의 이 몸짓
불빛향해서 저 빛을 향해서 날고 싶어도
날 수 없는 나의 날개짓

하지만 그렇지 않아
작은 촛불 하나 켜보면 달라지는 게
너무나도 많아
아무것도 없다고 믿었던 내 주위엔
또 다른 초 하나가 놓여져 있었기에
불을 밝히니 촛불이 두 개가 되고
그 불빛으로 다른 초를 또 찾고

세 개가 되고 네 개가 되고
어둠은 사라져가고

지치고 힘들 땐 내게 기대
언제나 니 곁에 서 있을게
혼자라는 생각이 들지 않게
내가 너의 손잡아 줄게

기억하니 아버님 없이 마침내 우리는 해냈어
그건 바로 나의 어릴 적 얘기였어
사실이었어 참 힘들었어
하지만 거기서 난 포기하지 않았어
꿈을 잃지 않고 용기를 잃지 않고
계속 노력하다 보니 결국 여기까지 왔고
이제 너희들에게 말해 주고 싶어
너희도 할 수 있어

지치고 힘들 땐 내게 기대
언제나 니 곁에 서 있을게
혼자라는 생각이 들지 않게
내가 너의 손잡아줄게

출처 : 추억의 명곡 god의 '촛불 하나'

우리는 가끔 상대방이 나를 위해 해준다고 한 일이 결코 나 자신을 편하거나 행복하게 하지 못하고 불편하게 하거나 어떤 경우에는 더욱 언짢게 하는 경우를 경험한다. 불행하게도 실제로 아동에 대한 성인들의 태도와 우리사회의 정책실현과정에서 이런 일을 자주 보게 된다. 우리가 어린이를 위해 쏟는 정성과 노력이 정말 어린이 스스로 느끼기에 행복한 경우에만 아동을 위한 일이 우리를 위한 일이 되는 것이기 때문에 정말 아동을 위하는 일을 무엇인지를 진지하게 고려해 보는 일이 우선적으로 해야 할이다. 진정으로 아동을 위하는 것은 무엇인가?

1) 지금 여기서 아동의 기본적인 욕구를 충족시켜 주려는 배려

아동복지의 방향과 목적을 어디에 두느냐 하는 것은 매우 중요하다. 부모가 원하는 것을 억지로 시키기 위해 어린이를 울리면서 "그게 다 너 잘되라고 하는 일이야."라고 말한다. 지금 현재 순간순간이 행복하지 못하면 미래의 어떤 행복도 보장되지 않는다는 것은 확실하다. 모든 인간이 행복해지기 위해서 노력하며 산다면 아동 역시 말은 못하지만 그러한 간절한 욕구와 권리가 있기 때문에 아동복지에 참여하는 우리는 그들의 행복에 최대의 관심을 쏟아야 한다. 아동의 최대 행복은 과연 무엇일까? 다양한 의견이 나올 수 있지만 그들을 진정으로 사랑하는 부모나 교사들은 어떻게 하면 그들이 행복할 수 있는지 이론이 아닌 실제 경험으로 다 알고 있다. 다만, 이러한 모든 견해에 관심을 갖고 가능한 그들이 행복할 수 있도록 만들어주려고 하는 태도를 갖기만 하면 어린이를 지금 여기서 행복하게 해줄 수 있다.

구체적으로 말하면 아동의 복지를 교육보다 더 중요하게 여겨 지금 여기서 그들에게 절실한 기본적인 욕구를 우선적으로 충족시켜 주려는 배려가 있어야 아동을 진정으로 위하는 일이다. 모든 욕구를 반드시 만족시켜 주어야 한다는 것은 결코 아니다. 그럴 수도 없고 그럴 필요도 없다. 다만, 그들의 요구에 신속한 반응을 보여 만일 요구를 들어줄 필요가 없는 경우라면 설득을 시켜 심리적인 만족을 주든지 아니면 기다리라는 합리적인 설명을 해야 한다는 것이다. 귀로 들어주지도 않고 반응도 보이지 않아 무시당한다는 느낌을 주지 않아야 한다는 것을 의미한다.

2) 아동들의 현재와 미래의 생활을 동시에 고려하는 성인들의 노력

특히, 이러한 성인들의 노력은 어린이를 위한 정책결정과정과 관련될 때 더욱 요구된다. 어린이를 위한 모든 계획과 정책이 본질적으로 현재와 장래에 부작용이 없는가를 진지하게 검토하는 일에 최선을 다하는 사회적 관심을 쏟아야 한다. 그렇지 못한 경우에는 어린이를 위한다는 미명 아래 다른 목적을 달성하려는 미봉책에 불과할 뿐만 아니라 어린이들과 그들을 위한 교사와 부모와 사회복지사들에게 치명적인 손상을 입히는 무서운 결과를 가져온다. 어린이들의 지금이 중요한 것처럼 그들의 미래 또한 똑같이 중요하기 때문에 지금의 어떤 정책이 우선 좋아 보일지 모르지만 미래에 부작용이 있는 것이라면 그 일을 중단해야 한다는 것이다.

어린이들은 시키면 시키는 대로 하고 그 결과는 대부분 바로 나타난다. 그러나 그 일로 인해 어린이가 흥미를 상실하거나 의욕을 잃게 되면 장기적으로 어린이에게 큰 손실을 주는 일이 되고 만다. 아동을 위하는 교육자들이 조기 교육의 열풍과 선행학습에 대해 염려하는 이유가 바로 여기에 있다. 새로운 약을 개발하는 과정이 길어지는 이유는 그 약이 병을 치료하는 약효와 함께 부작용을 일으키지 않을 수 있도록 만들어야 하기 때문이다. 아동복지의 경우도 마찬가지이다. 현재 아동에게 부작용을 일으키지 않게 하는 정책과 실천이 미래와 현재를 위해 좋은 것이기 때문이다. 현재의 효과보다 미래에 부작용을 가져오지 않는지를 고려하는 아동정책과 실천이 진정으로 어린이를 위한 일인 것이다.

3) 아동의 인간 존엄성을 인정하는 자세

큰 것을 중요한 것으로 여기는 시대 풍토 속에서 키도 작고 자기의 주장도 집단적으로 표출하여 이 사회에 대해 목소리도 낼 수 없는 어린이는 자칫하면 한쪽으로 몰려 인간적인 대접을 받지 못하는 수가 있다. 어린이를 위한다는 진정한 의미는 나이와 성과 능력에 관계없이 어린이를 한 인간으로서 대접해 주는 일이다. 흔히 말하는 인간의 존엄성을 인정해 주는 자세이다. '공부 잘하기 때문에', '예쁘고 귀엽게 생겼기 때문에', '착하기 때문에'라는 특별한 이유와 관계없이 인간이기 때문에 우리가 그들을 위해주어야 한다는 생각을 가져야 한다. 사실 이러한 삶의 태도는 성숙한 인격의 표현이기도 하다. 다른 말로 하면, 어린이를 잘 대해주려고 노력하면 우리의 인격은 자연스럽게 성숙하게 된다.

4) 아동을 항상 삶의 주체(주인공)로 여기는 태도

아동이 아동 자신의 삶의 주인owner이라고 생각하고 있는가? 그렇다면 아동복지 프로그램에서 진행하는 어떤 활동의 선택과 진행을 누가 해야 하는가? 어리다는 이유로 모든 것을 어른이 결정하고 따르게 한다면 언제 어린이들은 자립할 수 있는 삶을 연습할 수 있겠는가? 우리가 진정으로 어린이를 위한다는 것은 성장과정에 있는 어린이들이 목표점을 이뤄가는 과정에 도움을 줄 수 있어야 한다는 것이다. 아동들의 삶의 현장인 가정과 유치원 현장에서 그들의 의견과 주장을 들어주고 존중해 주고 있다면 우리가 그들을 항상 삶의 주체로 여기고 있는 자세이다. 아동들과 인연을 맺고 생활하는 모든 사람들과 부모들은 아동을 주인공으로 여기는 자세가 필요하다는 것이다. 이런 생각은 그대로 아동에게 전해지며 이런 자세는 아동에게 매우 긍정적인 영향을 줄 수 있을 것이다. 결국 그들도 남을 존중하는 사람이 되기 때문이다.

5) 아동을 개성(다른 사람과 다른 점)을 가진 인격체로 수용해 주는 일

우리가 아동을 대할 때 흔히 하는 실수 중 하나는 아동들을 똑같이 여겨 그들에게 상처를 준다는 것이다. 같은 일의 결과라도 동기에 따라 판단을 다르게 해야 한다는 것은 도덕적 생활의 기본이다. 아동에 대한 이해와 행동에 대한 대책을 마련하는 일에서 그 어린이의 입장을 고려해 주는 일이야 말로 그를 진정으로 위하는 일이 된다. 아동복지와 아동교육현장에서 우리가 어린이를 독특한 성격을 가진 존재로 수용하는 일보다 더 중요한 일은 없다.

아동발달의 연구가 말해주는 아동 발달의 보편적 경향성은 아동들의 발달을 돕고 아동복지와 아동교육의 방향성과 목적을 설정하는 데 도움을 주기 위한 것이고, 아동의 개성에 대한 수용은 아동을 이해하고 실질적으로 돕는 데 필요한 것이다. 이것을 혼동하는 교사나 부모는 "왜 수민이는 제 또래의 행동을 하지 못할까?"라는 평균적 사고를 가져 자신과 아동에게 어려움을 야기시킨다. 이런 교사나 부모는 통제를 위해서, 다른 목적을 위해서라면 개성이 별로 중요하지 않다는 방향으로 아동복지를 실현하려고 하기에 문제를 발생시키고 만다. 섬세한 부분의 차이를 감안해 주며 아동들과 함께 지낼 때 그들은 성인들이 자기를 위해 준다고 생각한다.

6) 어떤 경우든지 아동들을 목적으로 대하고 수단으로 여기지 않는 태도

우리가 살면서 가장 분노하게 되는 경우는 누군가에 의해 자신이 이용당하게 된 것을 뒤늦게 알게 된 경우이다. 즉, 자기가 수단으로 이용당하는 것은 어떤 대가를 받았더라도 자기를 위한 것이라고 여기지 못하고 비참하다는 느낌을 갖게 되는 것이다. 아이들의 경우라고 예외가 되겠는가? 어떤 경우든지 아동들을 목적으로 대하고 수단으로 여기지 않는 태도를 가져야 한다. 사실 이 원리는 칸트의 실천 이성 비판에 나오는 도덕적 정언 명령을 적용한 것이다. 아동들과 관계를 맺고 있는 모든 사람들이 다시 한 번 확인하고 재확인해야 하는 원칙이다. 아동들이 순수한 존재이고 저항하거나 비판할 능력이 아직 갖추어지지 않은 연약한 자들이기에 성인들의 이러한 태도가 더욱 절실하게 요구되는 것이다. 만일 어떤 경우에서든지 어린이들이 수단으로 여겨지는 경우가 발견된다면 우리는 어린이들을 대신하여 그들의 권리를 찾아주는 일에 최선을 다하는 임무를 감당해야만 아동을 위하는 일을 하는 것이다.

아동복지는 모든 아동들이 지금보다도 더 행복한 생활을 할 수 있도록 베푸는 모든 서비스 활동이다. 그러므로 위에서 제시한 아동을 위한다는 진정한 원리가 적용되지 못한다면 아동복지의 결과는 우리가 의도한 밝고 행복한 결실을 거두기 어려울 것이다. 결국 아동을 위하는 부모나 교사의 생활이란 아동이 행복한 삶을 유지할 수 있도록 성인으로서 그들을 도우며 삶을 함께 나누는 동반자의 삶을 뜻하는 것이다.

2. 부모 됨을 위한 삶의 준비와 실천

길에서 차를 운행하기 위해서도 우리는 법적인 절차에 따라 운전면허시험을 치른다. 운전면허증 없이 운전하면 불법으로 처벌을 받게 된다. 그런데 아이러니하게도 우리 사회에서는 가장 중요한 부모 됨에 대한 아무런 준비를 하지 않아도 되는 것처럼 우리 사회가 돌아가고 있어 부모가 되는 자신들도 당황스러운 일이 한두 번이 아니며 그 슬하에서 자녀로 자라나는 아동들도 참으로 많은 고통을 분담하며 살아가고 있다. 아동복지의 가장 큰 문제는 가정과 부모 사이에서 발생하는 것임을 앞에서 살펴봐 알게 되었고 이런 문제해결을 위한 많은 노력을 기울이고 있지만 아동복지 실현의 가장 좋은 방법은 부모 됨의 준비를 개인도 해야 하고 국가가 전국민을 대상으로 준비할 수 있는 환경을 만들고 실현하도록 해주는 일이다. 이런 프로젝트를 '3세대 행복누림교육' 실현계획이라고 제안하며 그런 날이 오기를 희망해 본다. 3세대조부모-부모-손자 행복 누림 교육은 가정회복과 가정을 바로 세우는 일을 통해 우리 국민 모두가 행복하게 살아갈 수 있는 성공적인 삶의 지름길이다.

1) 3세대 행복누림교육의 필요성

어린이와 함께 생활하는 모든 사람들은 부모 되기 전에 교육을 받아야 할 필요성을 다음과 같은 이유에서 공감하고 있다. 그래서 지금도 사회 각 분야에서 많은 부모교육이 실행되고 있다.

① 우리나라 가정과 사회의 절실한 요청

우리 사회의 저출산의 문제는 더 이상 설명이 필요 없을 만큼 모두 우려하고 있는 사회적 해결과제이다. 가정생활의 경제적 측면과 함께 행복한 가정생활의 기반이 흔들리고 있지만 부분적인 해결책의 제시와 정책으로 아직도 미봉책에 머무르고 있어 가정을 살리는 사회 전체의 관심과 노력이 절실하게 요청되고 있다.

② 현 부모의 아픔

우리 주변에 있는 모든 사람들은 부모이거나 부모가 될 사람들이다. 준비되지 않은 상태에서 부모역할을 하는 이들은 자신의 부족함과 역할 수행의 실수로 인해 자녀교육의 실패나 가정생활의 아픔을 경험하는 경우가 우리 삶의 주변에 너무 많이 산재해 있다.

③ 자녀들의 고민

부모가 될 젊은 청소년들은 자신의 부모들에 대한 이해의 부족, 의사소통의 한계, 관계성의 부적절함으로 인해 다양한 상처와 고민을 안고 살아간다. 그럼에도 불구하고 자신이 적절한 시기에 부모가 되고 싶고, 되려 할 의지가 있더라도 부모 됨의 준비에 필요한 삶의 기회를 배울 기회가 거의 없는 실정이다.

④ 교사들의 하소연

유아교육현장이나 초・중・등 교육현장 교직자들의 부모와의 관계성과 교육에 대한 이해의 공통된 기반에 너무나 현격한 차이가 있어 교육의 협력관계 partnership로 행복한 교육을 협조적으로 이루어가야 함에도 불구하고 이 문제가 해결되지 않아 많은 부작용이 일어나고 있는 현실이다. 특별한 부모상담이나 문제에 직면한 문제 처리에 급급한 임시방편으로는 개인, 가정이나 우리 사회 전반에 걸쳐 당면한 현실적 문제를 근본적이고 전체적인 방향을 바꾸거나 교육을 통한 행복을 이룰 수 없다는 현직 교사들의 하소연은 매우 심각한 합리적인 주장이다.

2) 3세대 행복누림교육의 비전

홍익인간 교육이념에 의한 교육을 받고 21세기를 살아야 할 이 나라의 청소년들이 3세대 행복누림교육을 받음으로써 부모와의 관계를 회복하고 치유받으며, 자신의 가정을 아름답게 설계하여 꾸려 갈 수 있는 구체적인 마인드mind와 함께 기술들skills을 습득하여 사회에 나가 생활한다면 자신의 행복은 물론 바른 인성과 행복한 삶으로 가정, 직장, 교회, 지역봉사, 국가와 사회가 필요로 하는 인재양성이라는 우리나라의 교육이념 달성에 기여할 수 있다.

부모 공경과 자녀 사랑은 창조주의 원리와 모든 사회의 덕으로서 이것을 배워 실천할 수 있는 능력을 길러주고 가르치는 공식적인 교육기관과 사회교육기관에서 이 교육을 모든 예비 부모 젊은이들을 대상으로 가르치고 그 효과가 있음이 입증되면 다른 사회와 국가에 불을 지피는 선도적 역할을 하게 될 것이다.

3세대 행복누림교육과정 개발과 실행을 위해 심리학, 실천신학, 사회복지학, 간호학, 유아교육, 상담학 등 다양한 학문분야 전문가들의 참여와 노력이 요구되어

유능한 전문 인력들이 교육문제 해결을 위한 선구자적인 정신으로 하나되어 이 사회를 섬기는 공동 프로젝트를 완성해 나가는 과정 속에서 보람과 행복을 배가시키는 경험을 가질 수 있게 된다.

3) 3세대 행복누림교육과정 신설 기대 효과

첫째로, 청소년의 부모관계 회복으로 인한 행복한 삶을 되찾게 해준다. 어린 시절의 단란했던 부모-자녀관계의 행복한 기억을 되살리고 잃어버린 행복을 되찾아 현재 가정생활이 더욱 행복한 삶으로 이어져 분명한 가족의 정체성을 가진 삶을 일관되게 유지할 수 있다.

둘째로, 미래 부모역할 수행 준비로 인한 시행착오의 감소로 삶의 질이 향상된다. 자녀를 위한 환경적 준비와 계획적인 삶으로 불안감이 적어지고 실질적인 자녀양육에 대한 정보와 수행능력의 배양으로 경제적으로나 정신적으로나 낭비를 줄이면서 효과적인 자녀교육에 성공적인 역할수행을 할 수 있어 죄책감과 패배의식으로 인한 불안감에서 해방될 수 있다.

셋째로, 교사와 부모와의 파트너십partnership 고취로 인한 자녀교육현장에 활력이 회복된다. 부모와 교사의 일치되거나 함께 협력하려는 의지작용으로 가정과 학교의 불일치로 인한 갈등이 줄어들고 학습자들이 자신의 길을 선택하여 갈 수 있도록 최선을 다해 서로 도울 수 있는 환경과 확실한 진로지도 및 직업상담으로 교직의 보람이 향상될 수 있다. 종국에는 교육기관의 본질적 목적 달성에 기여한다. 공교육의 활성화와 불필요한 사교육 낭비를 최소화하여 본질적인 공교육기관의 목적달성에 이바지할 수 있다.

넷째로, 자신의 변화가 부모와의 관계에서 효도와 자녀 사랑으로 나타나 내 가정에서 삶의 열매인 행복한 삶을 유지할 수 있게 개인을 돕고 그 개인이 봉사하는 직장과 교회, 지역사회가 아름다워질 수 있도록 인간다운 삶을 실현하도록 적극적으로 인도하는 각 교육기관의 교육목적을 이뤄 학생들과 학생 가족들이 새 생활을 찾고 행복한 삶을 누리게 할 수 있는 전문능력이 있는 생활인으로 살아갈도록 하는 교육목적 달성에 기여할 수 있다.

다섯째로, 국가 인적자원의 개발목표 달성에 큰 힘이 된다. 청소년들에게는 각자 가진 능력대로 필요한 곳에서 일할 수 있는 편안하고 안정된 가정생활을 형성하도록 도와주며 성공적인 부모 모델과 부모교육 전문 강사들의 보람된 활동으로 직업의 적절한 연결성과 국가 인적자원들이 효과적으로 활용되어 개인적 보람과 경제적 직업활동으로 베이비 붐 세대들과 전문가들의 일자리 창출에 공헌할 수 있다.

마지막으로 복지사회로 가는 지름길을 제공하여 모두가 행복한 가정생활, 학교생활, 직장과 노후의 인생 재설계가 이루어져 심리적으로 안정적이고 경제적으로 탄탄한 개인의 복지와 공동사회의 복지를 이뤄가는 빠른 길을 만들 수 있는 한 방법일 수 있다.

4) 3세대 행복누림교육내용

3세대 행복누림교육목적은 ① 한 개인이 행복한 인생을 살 수 있도록 가정을 꾸리기 전에 현재의 부모와의 좋은 인간관계를 개선하고 회복할 수 있고, ② 미래의 가정생활을 구체적으로 설계하며, ③ 꾸려갈 수 있는 삶의 기술들을 몸과 마음으로 익힐 수 있는 평생교육 차원의 교육과정을 전교생을 대상으로 실천할 수 있도록 하는 데 그 목적이 있다. 이 목적을 달성하기 위해서는 부모-자녀 이해와 관계 개선, 행복한 가정 설계를 위한 준비 내용, 부모 역할수행에 필요한 내용을 몸과 마음으로 익혀 행복한 삶을 이룰 수 있도록 구성되어야 한다. 이러한 목적을 달성하기 위한 구체적인 교육내용은 다음과 같이 이루어진다.

- 1부 **나와 부모관계 이해하기** : 한 개인이 출생할 때부터 지금까지 맺은 현 부모와의 삶의 여정들을 살펴보고 이해와 감사와 회복과 관계 유지를 시킬 수 있는 감동적인 프로그램에 참여하도록 교육과정을 개발한다.
- 2부 **행복한 가정 설계** : 자신의 경험과 기대에 근거하여 자기 삶에 적합한 가정을 설계해 보는 구체적인 경험을 갖게 해주는 내용으로 구성한다. 나의 성격과 추구하는 직업과 수입에 맞는 배우자 찾는 방법, 배우자와의 이상 맞춰보

고 조정하기, 살고 싶은 지역과 집 모양 설계해보기, 자녀를 낳고 싶은 나이와 수, 자녀에 대한 기대 적어보기 활동 등이다.

- 3부 **부모역할 수행 연습**: 2부의 설계에 맞게 아기를 갖고 태교를 실시하고 임산부 가정환경 조성과 그 역할, 출산방법의 다양함과 그 선택의 장・단점, 산후관리, 아빠의 역할, 수유방식 선택과 장・단점, 모유 먹이는 방식, 아기 건강관리, 도움을 받을 수 있는 기관 등 구체적으로 아기 키우는 방식을 몸과 마음으로 익히는 과정으로 구성한다.

5) 3세대 행복누림교육 실행방법

위와 같은 국가 사회의 요청, 현 부모의 아픔, 자녀들의 고민, 교사들의 하소연에 대해 각 고등학교, 대학, 군대, 직장, 평생교육기관, 각종 종교단체 등에서 귀를 기울여 그 사회의 아픔에 답변을 제시해야 한다. 어느 기관에서든 소정의 부모 됨의 교육을 받을 수 있는 기회를 제공하여 결혼식을 위한 주례와 혼인신고 시에 반드시 교육을 마친 자만이 결혼식을 하고 혼인신고가 가능한 제도까지 만들어 실행해야 한다. 고등학교에서는 졸업 전까지 가능한 시간, 예를 들면 수능 후 시간을 이용할 수 있고, 대학 입학생 모두에게 대학교양과정에서, 군 입대자들에게는 정신훈련시간에, 평생교육기관이나 각종 종교단체에서 자신과 부모와의 의사소통과 관계성을 이해하여 회복하고 개선할 수 있는 내용을 배우고 실현하며 미래의 자녀교육에 필요한 마인드와 기술을 동시에 익힐 수 있는 기회를 모두 갖게 해 대중화시킨다면 머지않은 장래에 가정과 유아교육현장과 우리 사회의 현실은 놀랍게 변화될 것이라고 확신할 수 있다.

6) 3세대 행복누림교육 실행을 위한 준비과정

3세대 행복누림교육 실행과 같은 거대하고 중대한 프로젝트 목적의 달성을 위해서는 준비과정이 철저하고 매우 신중해야 한다. 이런 프로젝트에는 많은 전문가들의 집중적인 헌신이 요구된다. 다음과 같은 방법과 절차가 있으면 성공적인 교육이 이루어질 수 있을 것이다.

① 다학문적 접근 연구 : 평생교육, 유아교육, 특수교육학, 사회복지학, 성격심리학, 긍정심리학, 인류학, 인간관계, 의사소통, 소아과 의사, 간호사 등의 부모 전문가들이 종합적 인적 구성을 통해 각종 경험과 의견을 최대한 수렴하고 교재와 교육기관과 정책방안들을 델파이 기법으로 발전시켜 나간다.

② 현존하는 부모교육 국내·외 문헌집을 통한 부모교육의 내용 효과 분석연구 : 부모역할수행에 필요한 인성, 의사소통, 인간관계 기술을 비롯한 자녀양육에 필요한 필수적인 지식임신, 수유, 영양, 건강관리, 발달과업 등 등을 전체적으로 파악하여 부모 되기 교육과정내용을 선정한다.

③ 현장 방문 및 면담 : 다른 나라영국, 독일, 일본, 이스라엘, 미국 등의 성공적인 부모교육의 사례 탐색을 위한 외국 기관 방문 및 면담으로 구체적인 사례를 이해하고 우리나라에 적용할 수 있도록 접근하는 방법이다.

④ 청소년용 교재가 만들어진 후에는 전문 강사를 위한 전문 교재와 강사훈련과정 및 관리, 배치와 감독 평가 등의 정책을 수립하고 실행한다.

프로젝트 운영 단계는 4단계로 점차 이뤄지고 확대 진행되는 것이 바람직하다. 그 4단계는 다음과 같다.

① 1단계Pilot scheme 단계 : 일정한 대상을 선정하여 참여하도록 하여 그 효과를 수강한 후 평가로 확인한다.

② 2단계확대 단계 : 점진적으로 대상을 확대하여 실시하여 모든 예비부모 젊은이들이 다 참여할 수 있게 한다.

③ 3단계 : 각 학교의 특성과 형편에 따라 적용하되 학생들의 부담이 줄 수 있는 방향으로 교과과정을 융통성 있게 적용한다예 : 수능 후 고등학교 프로그램으로 활용할 수 있음.

이 모든 단계에서 부모교육 강사는 무슨 전공자이든 행복한 가정생활을 꾸리고 보람차게 살아가는 검증된 전문인으로서 소정의 부모교육 전문 강사 워크숍에 참여한 자이어야 한다. 우리나라의 어려운 가정과 사회와 교육현장의 문제를 근원적으로 해결할 수 있고 실천적인 삶의 실현을 가정에서 이뤄 행복한 삶을 이룰 수 있는 3세대 행복누림교육을 신설해 운영하면 작은 씨 한 알처럼 행복한 3세대 가정생활이 우리 사회에 확대되어 삶의 질이 높은 사회와 국가가 되리라 확신한다.

3. 빈곤문제해결을 위한 통합적 노력

아동복지의 많은 문제는 빈곤한 삶에서 기인한다. 빈곤은 생산적인 삶의 현장, 즉 직장생활과 관련되어 있다. 이런 문제를 근본적으로 해결하기 위한 행복한 인생 실현을 위한 교육–진로–직업 연계 제도가 있어야 한다. 개인적으로 자신의 소질과 성격을 잘 파악하여 진로를 정하고 직업생활에까지 연결하는 것이 바람직하다고 알고 있으나 우리나라에서는 참으로 이런 도움을 주는 정보나 제도가 매우 단편적이고 부분적이라서 한계가 많아 많은 젊은이들이 미래의 삶에 대한 고심을 하고 있다. 한 개인의 어린 시절–청소년–성인–노년의 삶까지 전 생애whole life-span 관점으로, 그리고 학령전 교육–학교생활–직업생활 은퇴생활까지 연계하여 교육과 직업, 학교생활과 직장생활까지 연결이 되는 사회적인 체계가 확립된다면 우리의 삶은 빈곤문제뿐만 아니라 삶의 모든 영역에서 행복의 수준이 일약 향상될 것이다. 이런 문제를 해결하는 교육–진로–직업 연계 프로젝트 실행을 반드시 이루어나가야 한다는 강력한 희망으로 그 방향을 아동복지의 발전방향의 하나로 제시해 본다.

1) 교육–진로–직업 연계 프로젝트 실행의 필요성

우리 주변에 있는 모든 사람들은 행복한 삶을 간절히 추구하고 있다. 그러나 자신의 능력과 취미와 특기를 발견하지 못하거나 살리지 못하여 학교생활이 힘겹고 진학과 직업 선택의 면에서 실패하여 방황하고 힘겹게 사는 청소년과 장년층이 너무 많은 게 현실이다. 이러한 현실적 문제를 평생교육 차원에서 학교교육에서는 자신의 잠재능력을 찾을 수 있게 도와주고 그 능력을 꾸준히 살릴 수 있는 경로를 따라 희망을 지니고 노력하면 삶의 과정과 결과로 얻은 직장생활도 행복할 수 있을 수 있다. 단기적이고 산발적인 진학과 진로지도에 관한 안내는 있지만 인생 전반에 걸친 설계와 그 과정을 연결해 볼 수 있게 제시된 경로가 없어 행복할 수 있는 기회를 놓치지 않도록 요람에서 무덤까지 부모와 교사와 전문가들의 도움과 후원이 이루어질 수 있는 전반적인 우리 사회에 적합한 경로를 제공해줄 필요가 개인 또 사회 전체적으로 적실히 요청되고 있다.

2) 교육–진로–직업 연계 프로젝트 실행 목적

이 프로젝트 실행 목적은 한 개인이 요람부터 무덤까지 행복한 인생을 살 수 있도록 학교생활과 직장생활과 사회생활을 설계할 수 있는 평생교육 차원의 인생 경로를 확실하게 연결해 주는 지침을 제공해 주는 장기적인 개인 삶의 경로를 제공해 주는 것이다. 한 개인이 가정–학교–대학전공–직업–사회생활이 하나의 뚜렷한 자신의 목표를 가지고 일관되게 유지할 수 있는 자신의 경로를 설정할 수 있도록 구체적인 인생 경로 정보를 제시하여 행복한 삶을 이룰 수 있도록 돕는 것이 목적이다. 이런 목적을 달성하기 위한 연계적인 목표는 다음과 같다.

- 한 개인이 출생할 때 가지고 태어난 모든 능력을 가정과 학교**유아교육기관–초등학교**에서는 최대한 발휘하고 발견할 수 있는 교육환경과 교육활동을 제시하여 아동의 재능을 발견하는 다양한 경험과 환경을 제공하여 교사와 부모가 진로지도에 확신을 가질 수 있게 도와주는 일이다.
- 한 학생이 교육과정을 마치고 상급학교**중 · 고등학교** 진학을 할 때에 자신의 능력과 소질을 지속적으로 발전시키고 심화시킬 수 있는 학교나 기관을 선택할 수 있는 기준과 그에 적합한 국내 · 외 정보를 제공하여 바른 선택의 길을

구체적이고 분명하게 제시한다. 이런 과정을 통해 적합한 선택을 하면 학생들의 학교생활이 즐겁고 의미가 있으며 노력의 방향이 뚜렷하여 정체성 있는 삶 속에서 행복한 학교생활을 해나갈 수 있게 된다.

- 대학 진학에서 전공을 선택할 수 있는 소질과 성격과 과목 등을 종합적으로 연결하여 자신에게 가장 적합한 전공과 대학 혹은 직업훈련과정을 선택할 수 있는 총체적 정보를 제공하여 고등학생과 부모, 진로상담교사들이 효과적으로 활용할 수 있는 정보를 제공해 주는 것이다.
- 대학 전공 학업과정과 직업훈련과정에서 취득할 수 있는 자격에 관련된 모든 정보와 직업현장과의 연계를 위한 정보를 제공해주어 학생들이 직업에서 적응할 수 있는 기회를 최대한 가질 수 있는 경로를 제공해 준다.
- 목표를 수정하고 직업을 바꾸려고 하는 자들에게 대안적인 직업과 훈련과정과 직업 내용 등을 제시하여 당황하지 않고 차선책의 인생 설계와 안정적인 삶의 토대를 위한 탐색 경로를 제공할 수 있다.

3) 교육–진로–직업 연계 프로젝트 연구방법

본 프로젝트 설정목적을 달성하기 위하여 사용할 수 있는 연구방법은 다음과 같다.

- 양적 연구설문과 통계와 질적 연구현장 관찰과 참여를 통한 각급 학교 현장연구 : 각 학교유아교육기관, 초등학교, 중 · 고등학교에서 학습자들의 재능과 소질 및 기질을 발견하고 배양하기 위하여 노력하고 있는 현장 실태 파악과 제한 요소들을 현장연구 중심으로 파악하여 더 나은 방향으로 나갈 수 있는 대안을 국내 · 외적인 좋은 사례와 전문가들의 의견을 종합적으로 모아 제시한다.
- 문헌연구를 통한 직업정보 분석연구 : 각종 직업에 필요한 성격, 자질, 능력, 기술 등을 전체적으로 파악하여 관심 있는 학습자들이 현재 입장에서 목표로 삼을 수 있는 내용을 제시하고 그 목표 도달에 필요한 준비기관, 기간, 자

격증 제도, 경비 등을 제시할 자료를 수집 정리한다.

- 현장 방문 및 면담 : 다른 나라영국, 독일, 일본, 이스라엘, 미국 등의 교육과 직업과의 연계제도 탐색을 위한 문헌연구는 물론 심도 있는 적용 가능성을 위한 외국기관 방문 및 면담으로 구체적인 사례를 이해하고 우리나라에 적용할 수 있도록 접근하는 방법이다.
- 다학문적 접근연구 : 평생교육, 유아교육, 특수교육학, 사회복지학, 성격심리학, 기독교교육학, 실천신학 등의 전문가들이 국내·외에서 학습경험, 부모 입장, 현직 교육자로서의 삶을 총체적으로 집중하여 적용하는 방법이다.

4) 교육-진로-직업 연계 프로젝트 실행 효과

본 프로젝트 실행의 결과로 종합적인 교육적·기술적·전문적·학술적 자격과 직업과의 연계성을 제공하는 안내 지침서A complete guide to educational, technical, professional and academic qualifications in Korea를 발간할 수 있게 된다. 이 지침서의 활용으로 기대할 수 있는 현실적인 유익한 점은 다음과 같다.

- 학습자의 행복한 삶 유지 : 자신의 재능을 일찍 발견할 수 있는 기회를 갖고 학교생활을 할 수 있어 행복한 학교생활을 영위할 수 있으며 가야 할 방향이 선정되어 진로를 위한 준비내용과 해야 할 일이 뚜렷하여 정체성을 가진 삶을 일관되게 살아갈 수 있다.
- 부모 역할수행의 만족감 고취 : 자녀의 적성과 재능에 적합한 길을 용이하게 찾아 후원하고 협력해 줄 수 있어 경제적으로나 정신적인 낭비를 줄이면서 효과적인 자녀교육에 성공적인 역할 수행을 할 수 있어 죄책감과 패배의식으로 인한 불안감에서 해방될 수 있다.
- 교사의 사명수행의 성취 고양 : 학습자들이 자신의 길을 선택하여 갈 수 있도록 최선을 다해 도울 수 있는 환경과 확실한 진로지도 및 직업상담으로 교직의 보람이 향상될 수 있다.

- 교육기관의 본질적 목적 달성에 기여 : 공교육의 활성화와 불필요한 사교육 낭비를 최소화하여 본질적인 공교육기관의 목적 달성에 이바지할 수 있다.
- 직업 생산성 효율화 달성 : 직업현장에서 준비되고 자신감 있는 행복한 직업인의 직장생활로 생산성의 효율과 인간다운 직장생활이 향유될 수 있다.
- 국가 인적 자원의 개발 목표 달성 : 국민 모두가 각자 가진 능력대로 필요한 곳에서 일할 수 있는 교육과 직업의 적절한 연결성으로 국가 인적자원들이 효과적으로 활용되어 국가와 인류 발전에 공헌할 수 있다.
- 한민족과 다문화 공동체 통합에 공헌 : 남한과 북한의 통일 후 우리나라 공동체 형성과 세계 각국에 산재하여 활동하고 있는 한민족이나 타 민족과의 다문화적인 세계화 시대에 열린 사회에서의 직업과 자격에 대한 수준과 재교육 차원에서 이러한 지침서는 공동체 통합에 밑거름을 제공하는 안내 역할을 할 수 있다.
- 복지사회로 가는 지름길 제공 : 모두가 행복한 학교와 직장과 노후 인생 재설계가 이루어져 심리적으로 안정적이고 경제적으로 탄탄한 개인의 복지와 공동사회의 복지를 이루어가는 빠른 길을 만들 수 있는 한 방법일 수 있다.

모든 어른들과 사회가 지금 여기서 아동들을 진정으로 위해 주는 세상, 이 땅의 부모들이 자신의 부모들을 진정으로 존중하고 미래의 부모 됨을 준비하여 자신의 자녀들과 행복하게 사는 나라와 모든 아동들이 자신의 소질과 성격에 맞게 학교생활을 하고 진로를 정하여 행복한 직장생활을 하면서 빈곤의 문제를 스스로 해결하고 행복하게 사는 세상을 만들 수 있도록 지금의 환경과 미래의 사회를 점진적으로 개선해 나간다면 힘이 없는 아동들조차도 밝은 미소를 잃지 않고 편안하게 살 수 있게 될 것이다. 우리는 이런 사회를 꿈꾸며 만들어 가는 자로서 아동의 행복한 삶을 드높이는 아동복지 학습자가 되어야 한다.

활동 14-2

마틴 루터 킹의 유명한 연설 '나에게는 꿈이 있습니다(I have a dream)'를 읽어 본 후 내가 이루고 싶은 이 땅 위에서의 아동복지의 꿈을 그려보며 적어봅시다.

〈나에게는 꿈이 있습니다〉

참고문헌

국내문헌

경북북부아동보호전문기관(2015).

구자헌(1991). 한국사회복지사. 홍익재.

구차순(2008). 사회정보처리 관점에 의한 피해아동 및 양육자의 특성과 방임 심각성과의 관계. 한국가족학회지, 20(4), 7.

국가법령정보센터(2013). 다문화가족지원법. http://www.law.go.kr/

권석만(2008). 긍정심리학. 학지사.

권오구(1997). 사회복지발달사. 홍익재.

권해수(2002). 성학대 피해 청소년의 적응유연성에 영향을 미치는 관련 변인 연구. 홍익대학교 대학원 박사학위논문.

김경식・강이철・강현석・권민석・김병규・박재의・박형진・윤주국・이현철・최성보(2012). 다문화 사회와 다문화 교육. 신정.

김선택(2010). 아동의 권리의 헌법적 수용. 헌법의 '아동'수용 추진을 위한 공청회 자료집, 17-57.

김성경・김혜영・최현미(2009). 아동복지론. 양서원.

김성경・김혜영・최현미(2015). 아동복지론. 양서원.

김수진(2008). 우리나라의 법체계에서 본 아동정책, 2008 한국아동학회 추계학술대회 자료집, 17-34.

김연진(1997). 아동복지개론.

김운삼・박은주・이연희(2008). 아동복지. 동문사.

김정래(2004). 아동권리향연. 교육과학사.

김정원(2006). 외국인근로자 자녀교육 문제와 다문화교육. 국회도서관보, 43(5).

김종명(2013). 사회복지개론. 양서원.

도미향・남연희・이무영・변미희(2006). 아동복지론. 공동체.

Montgomery, H. 저, 정연우 역(2015). 유년기의 인류학(An Introduction to Childhood: Anthropological Perspectives on Chldren's Lives). 연암서가.

문선화・구차순・박미정・김현옥(2009). 한국사회와 아동청소년복지. 양서원.

문영희(2004). 아동학대와 레질리언스. 유풍출판사.

바클레이 저, 유재덕 역(1993). 고대세계의 교육사상. 기독교문서선교회.

박양리・현명호(2012). 용서치료 프로그램이 성인아이의 부정적 정서 및 주관적 안녕감에 미치는 영향. 청소년학연구, 19(2), 275-297.

박정란・서홍란(2001). 아동복지론. 양서원.

박효섭(2006). 다문화가족을 통해서 본 다문화교육의 현실과 가능성 : 아시아공동체학교를 중심으로. 제7차 국제이해교육 학술대회자료집, 60–75.

배창옥 · 심창학 · 김미옥 · 양명자(2015). 인권과 사회복지. 나남.

서울특별시동부아동전문기관(2015).

서혁(2007). 다문화가족 현황 및 한국어 교육 지원 방안. 인간연구, 12, 59–60. 가톨릭대학교 인간학연구소.

성영혜 · 김연진(2005). 아동복지의 이론과 실제. 동문사.

송성자(1993). 가정에서 버려진 아이들–방임아동에 대한 임상적 접근에 관한 연구. 한국아동복지학, 1(1), 58–80.

아동복지법[시행 2008. 12. 14], [법률 제9122호, 2008. 6. 13, 일부 개정], http://www.law.go.kr/LSW/LsInfoP.do?lsiSeq=87473#0000 2012년 1월 12일 웹사이트 방문.

안동현 · 장화정 · 이영애 · 홍강의 · 이재연 · 이양희 · 조홍식 · 곽영(2003). 신고된 사례의 아동학대 실태와 후유증 연구. 아동과 권리, 7(1), 1–20.

언론보도자료(동아일보, 문화일보, 세계일보), 인터넷(네이버, 다음).

Eric J. mash & David A, Wolf 공저, 송영혜 · 김귀남 공역(2001). 아동이상심리학[Abnomal child phychology]. 센게이지러닝코리아(주). (원전은 2009년에 출판). 중앙보호전문기관(2015).

오경자(2015). 아동복지서비스 전달체계의 효과정 영향요인에 관한 연구. 한성대학교 대학원 박사학위논문.

오정수 · 정익중(2008). 아동복지론. 학지사.

원희목(2008). 다문화가족 자녀 70%, 고등학교 안 다녀. 국정감사 정책 리포트, 23, 255–262.

이문국 외(1999). 사회복지대백과사전. 나눔의 집.

이복희(2007). 부모의 아동학대와 아동의 적응변인 연구. 교육문화연구, 13(1), 99–122.

이상욱(2008). 유아교육 사상사의 두 지평. 교육과학사.

이소희(2002). 그것은 아동학대예요.

이순형 외(2008). 아동복지 이론과 실천. 학지사.

이순형 외 11인(2003). 아동복지–이론과 실천. 학지사.

이재연(2010). 헌법에 명시되지 않는 아동의 문제, 헌법의 '아동'수용추진을 위한 공청회 자료집, 59–69.

이정희(2004). 아동학대예방과 보호 네트워크에 관한 연구–아동학대 예방 센터를 중심으로. 명지대학교 대학원 박사학위논문.

이종미(2007). 치료적 음악활동이 피학대 아동의 자아존중감과 정서 변화에 미치는 효과. 숙명여자대학교 음악치료대학원 석사학위청구논문.

이혜경(1992). 권위주의적 자본주의 사회에서의 복지국가의 발달: 한국의 경험. 복지국가의 현재와 미래. 사회복지 국제학술회의 자료집, 369-388.
이혜원(2006). 아동권리와 아동복지. 집문당.
임시아(2011). 아동복지론. 공동체.
임시아 · 이지애(2007). 아동복지록 재인용.
장인협 · 오정수(2001). 아동 · 청소년복지론. 서울대출판부.
전남련(2003). 아동복지. 형설.
전영실(2000). 피학대아동 보호방안에 관한 연구. 연구총서, 6, 1-240.
정상우(2008). '이주아동'의 기본권 보장에 관한 연구. 법제연구, 34, 309-345. 한국법제연구원.
정하성 · 유진이 · 이장현(2007). 다문화청소년이해론. 양서원.
Jtbc(2015). 김치 못 먹는 다문화 아동에게 "넌 반쪽 한국인" 막말. 2015년 2월 13일자.
조성연 · 이정희 · 천희영 · 심미경황혜정 · 나종혜(2005). 아동발달의 이해. 신정.
조영달(2006). 다문화가족의 자녀교육실태조사. 교육인적자원부.
조용남(2015). 아동복지정책의 효과성에 관한 연구-드림스타트 사업을 중심으로. 이화여자대학교 대학원 박사학위논문.
좌문경(2008). 학대를 경험한 아동이 지각한 사회적 지지가 탄력성에 미치는 영향. 부산대학교.
중앙아동전문보호기관(2015). 2014 전국 아동학대현황보고서. 보건복지부 간행.
최경옥(2012). 한국에서의 다문화가족 아동의 교육권. 공법학연구, 13(1), 307-339.
최윤영(2013). 아동복지법제의 개선에 관한 연구-권리와 전달체계를 중심으로. 이화여자대학교 대학원 박사학위논문.
최현미 · 이혜경 · 신은주 · 최승희 · 김연희 · 송성실(2008). 다문화가족복지론. 양서원.
표갑수(1993). 아동학대의 원인론과 대처방안. 한국아동복지학, 1(1), 156-177.
한미현 외(2015). 아동복지. 창지사.
한성심 · 송주미(2009). 아동복지론. 창지사.
함세남 외(1996). 선진국 사회복지발달사. 홍익재.
헤럴드경제(2010). 다문화가족 학생 부적응으로 학업중단 증가세. 2010년 9월 30일자. http://biz.heraldm.com
형사정책연구원(2000). 아동 성학대의 실태 및 대책. 형사정책연구원.
황범주(2008). 다문화가족 자녀를 위한 교육정채군석. 안양대학교 대학원 교육학과 박사학위논문 3.
황재성(2001). 빈곤지역의 아동방임에 관한 연구. 동아대학교 정책과학 대학원 석사학위논문.
황지민(2009). 일반 아동들의 다문화가족 아동에 한 사회 거리감에 향을 미치는 요인= The Factors Affecting Ordinary Children's Sense of Social Distance from Those in Multi-Cultural Family. 대구대학교 대학원 사회복지학 석사학위논문. pp. 25-26.

국외문헌

Aspinwall, L. G., & Brunhart, S. M.(2000). What I do know won't hurt me: Optimism, attention to negative information, coping, and health. In J. E. Gillham (Ed.), *Laws of Life symposia Series. The science of optimism and hope: Research essays in honor of Martin E. P. Seligman* (pp. 163–200). Philadelpia, PA: John Templeton Foundation Press.

Brandon, E., Iwona, C., & Mark, Z.(2007). Childhood emotional, physical, and sexual abuse, and diagnoses of depressive and anxiety disorders in adult psychiatric outpatients. *Depression and Anxiety, 24*(4), 256–263.

Bradburn, N.(1969). *The structure of psychological well-being*. Chicago: Adine.

Campbell, A., Converse, P. E., & Rodgers, W. L., (1976). *The quality of American life*. New York: Sage.

Cantor, N., & Sanderson, C. A.(1999). Life task participation and well-being: The importance of taking part in daily life. In D. Kahnemann, E. Diener, & N. Schwarz (Eds.), *Well-being: The foundation of hedonic psychology* (pp. 230–243). New York: Russell Sage Foundation.

CWLA(2004). *CWLA Standards of Excellence Residential Group Care Services*. Washington: the Child Welfare League of America.

Deci, E. L., & Ryan, R. M.(1985). *Intrinsic motivation and self-determination in human behavior*. New-York: Plenum.

Diener, E. (1984). Subjective well-being. *Psychological Bulletin, 193*, 542–575.

Diener, E., & Larsen, R. J.(1984). Temporal stability and cross-situational consistency of affective, behavioral, and cognitive response. *Journal of Personality and Social Psychology, 47*, 871–883.

Diener, E., & Lucas, R. E.(2000). Explaining differences in societal levels of happiness: Relative standards, need fulfillment, culture, and evaluation theory. *Journal of Happiness Studies, 1*, 41–78.

Diener, E., Suh, E. M., Lucas, R. E., & Smith, H. L.(1999). Subjective well–being: Three decades of progress. *Psychological Bulletin, 125*, 276–302.

Dunham, A.(1967). *Community Welfare Organization Principle & Practice*. N.Y.: Association Press.

Friedlander, W. A.(1961). *Introduction to Social Welfare*. Practice-Hall Inc.

Furniss, N. & Tilton, T.(1977). *The Case for the Welfare State: From Social Security to Social*

Equality. Bloomington: Indiana University Press.

Hart, S. N., & Brassard, M. R.(1987). *A Major Threat to Children's Mental Health*.

Healey, K., Smith, C., & O'Sullivan, C.(1998). *Batterer Intervention: Program Approaches and Criminal Justice Strategies*. Waskington, DC: U.S. Department of Justice.

Higgins, E. T.(1987). Self-discrepancy: A theory relating self and affect. *Psychological Review, 94*, 319–340.

Kotch, J. B., Browne, D. C., Ringwalt, C. L., & Stewart, P. W.(1995). Risk of Child Abuse or Neglect in a Cohort of Low-Income Children. *Child abuse & Neglect*, 19(9), 1115.

Lyubomirsky, S.(2001). Why are some people happier than others? The role of cognitive and motivational processes in well-being. *American Psychologist, 54*, 239–249.

Myers, C. G., & Diener, E.(1995). Who is happy? *Psychological Science, 6*, 10–19.

Peter, J., Pecora, James, K., Whittaker, Anthony, N., Maluccio, Richard, P.(2009). Barth, Diane DePanfilis, Robert D. Plotnick.

Psychological maltreatment. *American Psychologist,42*(2), pp.160–165.

Prevention of Mental Health and Bebavior Problems Among Sexually Abused Aboriginal Child in Care Child Adolescent Social Work Journal, Vol 21. No. 2. April 2004.

Review by: Anthony N. Maluccio, Social Service Review, Vol. 58, No. 3(Sep., 1984), pp. 472–474.

Romanyshin, J. M.(1971). *Social Welfare, Charity to Justice*. Random House.

Ryff, C. D.(1989). Happiness is everything, or is it? Explarations on the meaning of psychological well–being. *Journal of Personality and Social Psychology, 57*, 1069–1081.

Ryff, C. D., & Keyes, C. L. M.(1995). The structure of psychological well-being revised. *Journal of Personality and Social Psychology, 69*, 719–727.

Snyder, C. R., Rand, K. L., & Sigmon, D. R.(2002). Hope theory: A member of the positive psychology family. In C. R. Snyder, & S. J. Lopez (Eds.), *Handbook of positive psychology* (pp. 257–276). Oxford, England: Oxford University Press.

Taylor, S.(1989). *Positive illusions: Creative self-deception and the healthy mind*. New York: Basic Books.

Taylor, S., & Brown, J.(1988). Illusion and well-being: A social psychological perspective on mental health. *Psychological Bulletin, 103*, 193–210.

The Child Welfare Challenge Policy. Practice and Research.

Virginia M. Axlin(1981). *Play Theraphy*. Ballantine Books.

Wilensky, H. L. & Lebeaux, C. N.(1965). *Industrial Society & Social Welfare*. N.Y.: Free Press.
Zuckerman, Erva, Francis J. Turner, Herbert S. Strean(1984). *Child Welfare: Current Dilemmas*. Future Directions by Brenda G. McGowan, William Meezan.

웹사이트

http://liveinkorea.kr 다누리.
http://m.moi.go.kr 행정자치부.
http://moe.go.kr 교육과학기술부.
http://moj.go.kr 법무부.
http://www.dgms.or.kr 대구다문화지원센터.
http://www.fostercare.or.kr 중앙가정위탁지원센터.
http://www.law.go.kr 국가법령정보센터.
http://www.liveinkorea.kr 다누리.
http://www.mohw.go.kr 보건복지부.
http://www.mpak.co.kr 한국입양홍보회.
https://www.cswe.co.kr 한국사회복지협의회 시설평가원.

찾아보기

ㅈ

저자 약력

이상욱

영국 University of Surrey(유아교육전공 Ph. D)

우석대학교 아동복지학과 교수

현재 백석대학교 유아교육과 교수

정희영

영국 University of Aberdeen(기독교유아교육전공 Ph. D)

총신대학교 교육대학원 · 상담대학원 · 사회복지대학원 원장

현재 총신대학교 유아교육과 교수, 부속유치원장

김종명

영국 Goldsmiths University of London 사회정책 석사과정 수료

영국 University of Birmingham 석 · 박사과정 사회정책학 박사 취득

현재 백석문화대학교 사회복지학부 교수

김미애

전북대학교 교육학과 박사(교육심리전공)

예수병원어린이집 원장

현재 전북대학교 · 백석대학교 · 전주기전대학 출강

아동권리와 복지

2016년 2월 23일 초판 인쇄
2016년 2월 28일 초판 발행

지은이 | 이상욱 · 정희영 · 김종명 · 김미애
발행인 | 유제구
발행처 | 파워북
주 소 | 경기도 고양시 일산동구 호수로 358-25
동문굿모닝타워2차 529호
전 화 | (02) 730-1412
F A X | (031) 908-1410
등 록 | 1997. 1. 1 제 300-1997-13
편 집 | 북스북스(hynho3196@nate.com)

정가 20,000원
ISBN 978-89-8160-274-1 (93330)